국제사회의 이해

부산대학교 사범대학 국제이해교육연구팀 지음

부산대학교 출판부

왜 국제사회의 이해가 필요한가?

인간은 자신이 속해 있고 자신의 존재에 영향을 미치는 외부 환경에 대해 알고 적응하고 주도하고 극복하고 싶어 한다. 우리는 세계화 시대를 살고 있다. 그래서 우리들에게 세계화 시대, 국제사회에 대한 이해는 우선적이고 필수적인 생존조건이다.

국제사회를 이해한다는 것은 크게 세 가지 영역을 이해한다는 것이다. 첫째는 국제사회를 이해하는 시각을 배우는 것이다. 국제사회의 본질이 무엇이고 국제사회가 근원적으로 어떻게 작동하고 있는지를 이해하기 위해서는 국제관계학의 이론을 배울 필요가 있다. 국제관계학의 자유주의 이론, 현실주의 이론, 구조주의 이론에 대한 비판적 인식과 이해가 필요한 것이다.

둘째, 국제사회의 구조를 이해하는 것이다. 국제사회는 안보, 무역, 금융·통화, 지식, 국제법 등과 같은 다양한 구조들로 구성되어 있다. 개인이 자신의 생명 보존을 위해 우선적으로 노력하고 일상을 유지하기 위해 경제활동을 하듯, 개별 국가도 안보를 지키기 위해 노력하고 국가의 존속을 위해 무역과 금융, 투자 영역에서 다른 국가와 긴밀하게 경제적으로 교류한다. 그리고 개인이 스스로의 더 큰 성장과 만족을 위해 교육과 문화생활을 영위하듯, 국가도 미래성장을 위해 교육과 과학기술 및 문화 영역에 많은 시간과 돈을 투자한다. 또한 개인들이 모여 집단과 법을 만들고 이를 통해 이해관계를 대변하고 조정하고 최종결정하듯이 국가들도 국제기구를 건설하고 국제법을 통해 이해관계를 표출하고 조정하고 최종결정하려고 노력한다. 개별 국가들의 이러한 노력은 결국 국제사회에서 대표적인 몇 가지구조를 생성하고 유지・발전시키는데, 그것이 바로 국제사회의 안보구조, 무역구조, 금융・통화구조, 지식구조, 국제기구구조, 국제법구조 등이다. 세계화 시대, 국제사회를 이해하기 위해서는 국제사회의 다양한 구조에 대한 이해가 필요하다.

셋째, 국제사회에는 몇 가지 중요한 현안들(global issues)이 존재한다. 글로벌 이슈는 환경, 인권, 평화, 반전, 반핵, 다문화, 개발, 자원, 에너지, 식량, 인구 등과 같은 중요한 국제적 쟁점들을 포함된다. 지구 온난화와 환경 파괴, 전쟁과 폭력, 인종학살, 핵확산, 다문화 사회의 확산, 국가간 불균등 발전, 자원과 식량 및 에너지 부족 문제, 광범위한 인권 학대와 비민주적인 정치권력 등은 인류의 미래를 위협하는 대표적인 현안들이다. 국제사회를 이해하기 위해서는 이들 글로벌 이슈에 대한 이해도 필요하다.

이 책『국제사회의 이해』는 부산대학교 사범대학 국제이해교육연구팀이 지난 2년간(2008-2009) 수행한 한국연구재단 프로젝트 "중등 예비교사를 위한 국제이해교육 교육과정 개발 연구"의 결과물 중 하나이다. 부산대학교 국제이해교육연구팀은 총 3권의 연구총서를 발간한다.『국제사회의 이해』『국제이해교육의 이론과 실제』『동북아 평화와 국제이해교육』이 바로 그것이다.

이 책『국제사회의 이해』는 총 3부로 구성되어 있다. 1부는 국제관계 이론을 설명하고, 2부는 국제안보, 국제기구, 국제무역, 국제금융, 국제법 등과 같은 국제사회의 중요한 다섯 가지 구조를 설명한다. 그리고 마지막으로 3부는 세계화, 지역주의, 전쟁과 평화, 환경, 다문화주의, 인권, 세계시민성 등과 같은 글로벌 이슈들을 차례로 살펴본다.

『국제이해교육의 이론과 실제』는 국제이해교육과 관련된 이론과 실제를 접목한 책으로 국제이해교육 개관, 평화교육의 이론과 실제, 인권교육의 이론과 실제, 다문화교육의 이론과 실제, 세계시민교육의 이론과 실제, 환경교육의 이론과 실제 등으로 구성되어 있다. 이 책은 각 목차를 이론과 실제로 구분하여 연구했다는 점에서 독특하고 실용적이다. 현장성과 구체성 및 실천성이 없는 이론은 공허

하고, 이론이 없는 실제는 산만하고 체계적이지 못한 사상누각에 가깝다는 점에서 이 책은 평화교육, 인권교육, 다문화교육, 세계시민교육, 환경교육을 이론과 실제로 구분하여 구성했다. 이론을 담은 장에서는 이론을 통한 학습자 이해의 심화를 추구했다. 예를 들어, 평화교육 등 이론을 연구한 장에서는 평화교육의 정의, 평화교육의 발전과정, 평화교육의 국내외 사례, 평화교육의 한계와 과제 등을 차례로 다루고 있다. 반면, 실제를 다룬 장에서는 평화교육과 관련된 교육과정 분석, 국내외 우수사례 소개, 교수학습 지도안 등을 구체적으로 담아 교육현장에서 직접적이고 실질적인 도움이 될 수 있도록 노력했다.

『동북아 평화와 국제이해교육』은 동북아 지역에 국제이해교육을 적용한 책으로 구체적 사례연구를 수행하고 있다. 이 책은 동북아 지역의 역사분쟁, 영토분쟁, 온난화와 월경성 황사, 해양오염, 한중일 인권과 탈북자문제, 동북아 교통 네트워크, 동북아 에너지 협력, 경제통합과 지역통합, 동북아 군축과 평화체제 건설 등을 목차로 구성하여 집중적으로 탐구하고 있다. 이 책은 지역평화교육과 운동 측면에서 동북아의 다양한 현안을 국제이해교육 시각으로 접근한 국내외 유일한 연구물로 판단된다.

이들 연구총서가 예비 대학생, 대학생 그리고 현장 교사분들께 유익한 교재가 되었으면 한다. 국제이해교육연구팀을 이끌어주신 김대현 교수님과 김기홍 교수님, 박소영 교수님 그리고 학문적으로 영원한 선배이자 동반자인 홍익표 박사님의 헌신적 노력이 없었으면 이 책의 출간은 쉽지 않았을 것이다. 또한 좋은 원고를 써 주신 이진석 교수님, 이미식 교수님, 곽한영 교수님께도 이 자리를 빌어 깊은 감사의 마음을 전한다. 이 책 『국제사회의 이해』에 대한 독자 여러분들의 많은 관심과 비판을 부탁드린다.

국제이해교육연구팀을 대신하여
진 시 원 2010년 12월

차 례

제 I 부 세계를 바라보는 시각

제1장 국제관계 이론

진 시 원

〈개요〉

- 세계화가 심화・확대되면서 세계를 바라보는 시각에 대한 교육의 필요성이 강화되고 있다.
- 현실주의와 신현실주의 이론은 국제정치를 권력과 힘이라는 중심 개념을 통해 이해한다.
- 자유주의 이론은 국제정치를 이성, 합리성, 국제제도, 국제법 등과 같은 핵심개념을 통해 이해한다.
- 구조주의 이론은 국제정치를 착취와 종속, 불균등 발전 등의 중심 개념으로 이해한다.
- 중상주의는 국가중심주의 이론으로 자국의 부국강병을 추구한다.
- 경제적 자유주의는 시장주의로 고전적 자유주의, 개혁적 자유주의, 신자유주의 등으로 역사적으로 변화해왔다.

〈학습목표〉

- 세계를 바라보는 시각으로서의 국제정치 이론과 국제정치경제이론을 이해한다.
- 자신은 자유주의자인지, 국가중심론자인지, 아니면 구조주의자인지 판별해본다.
- 우리나라의 대미정책 등 외교정책과 대북정책은 현실주의에 기반해 있어야 하는가 아니면 자유주의에 기반해 있어야 하는가에 대한 자신의 주장을 동료학생들과 토론해본다.
- 우리나라 경제정책은 중상주의에 기반해 있어야 하는지 아니면 자유주의에 기반해 있어야 하는지에 대한 자신의 입장을 동료학생들과 토론해본다.

1. 세계를 바라보는 이론의 필요성

우리는 다양한 사회 속에 살고 있다. 작게는 이익집단이나 동호회 같은 집단(group)에서부터 시민사회(civil society), 지방(local), 국가(state), 지역(region), 세계(global) 등 다양한 사회 속에 살고 있는 것이다. 우리는 또한 세계화 시대를 살고 있다. 세계화(globalization)란 어떤 결과물이 아니라 현재 진행 중인 과정을 지칭하는 것으로 세계적 차원에서 집단, 시민사회, 지방, 국가, 지역, 세계 간의 상호의존과 상호취약 관계가 정치・경제・사회・문화 등의 영역에서 확대・강화되고 있는 현상이다. 세계화 시대의 가장 큰 특징은 상호의존성과 상호취약성이 독립성과 자율성들을 대체하고 있는 점이다.

특히 개별 국가의 독립성과 자율성은 세계화의 여파로 점점 축소되고 있으며, 국가 간의 상호의존성과 상호취약성이 영향력을 키우고 있다. 정치와 경제 영역을 보더라도 일국 내의 정치경제적 독립성과 자율성이 국외적 요인에 의해 위협받는 상황들이 확대되고 있다. 일례로 2008년 말에 발생한 세계금융위기의 여파는 개별국의 정치경제 영역에 커다란 영향을 미치고 있다. 세계금융위기는 국제정세가 얼마나 상호의존적이고 상호취약하게 서로 얽혀 있는지를 보여준 명확한 사례이다. 이렇듯 세계화는 세계와 나와의 관계를 더욱 밀착시키고 있다. 세계의 시간과 공간은 정보기술 혁명과 운송수단의 혁신으로 인해 더욱 압축되었고, 세계 다른 지역의 사건이 나에게 길지 않은 시간 내에 직접적인 영향을 미치는 상황이 된 것이다.

세계화 시대에 세계를 바라보고 이해하는 것은 더욱 중요해졌고, 세계를 어떻게 바라보고 이해해야 하는지에 대한 교육 필요성이 커지고 있다. 세계를 어떻게 바라보고 이해하는가에 따라 자신의 실천적 대응이 달라지기 때문이다. 세계를 바라보는 시각은 통일되어 있지 않다. 다양한 시각과 패러다임이 서로 경쟁하면서도 때로는 서로 보완하면서 우리가 세계를 바라보고 이해하는데 도움을 준다. 이론(theory)은 지도나 등대 역할을 수행하며 동시에 여과기(filter) 역할도 수행한다. 세계를 바라보는 시각과 패러다임은 몇 가지 국제정치 이론과 국제정치경제 이론으로 정리되는데, 이들 이론은 지도와 등대, 여과기 역할을 수행하며 세계를 바라보는 우리들의 이해를 도와준다. 세계는 다양한 쟁점과 문제들로 복잡하게 얽혀 있는데, 국제정치 이론과 국제정치경제 이론은 지도에서 찾아 가듯 자신의 목적지를 명확하게 드러내주고, 복잡한 국제체제의 쟁점 속에서 등대처럼 길을 잃지 않게 해줄 뿐 아니라 너무나 많은 관련 없는 정보들을 걸러내어 우리가 필요한 정보만을 간결하게 축약해서 제공해준다.

예를 들어, 우리나라의 대북정책과 대미정책은 어떠해야 하는가? 우리나라의 대외무역정책은 어떠해야 하는가? 세계금융위기를 어떻게 이해해야 하는가? 한국의 대내외경제정책은 어떠해야 하는가? 신자유주의 세계화를 어떻게 평가할 것인가? 등과 같은 질문에 대답하기 위해선 자기 나름대로 일관되게 세계를 바라보고 평가하는 시각을 지니고 있어야 한다. 국제정치 이론과 국제정치경제 이론은 이러한 질문에 대한 일관된 이해와 평가를 제공한다.

2. 국제정치 이론

1) 현실주의와 신현실주의

국제정치학 이론은 크게 현실주의(realism), 자유주의(liberalism), 구조주의(structuralism) 등으로 구분된다. 현실주의(realism)는 세계를 있는 그대로 이해하는 이론이다. 세계를 있는 그대로 이해한다는 것은 세계가 이렇게 되어야 한다든지 세계가 이렇게 되어야 좋은 것 아닌가와 같은 윤리적이고 기대적인 측면을 배제하고 세계가 작동하고 있는 현실을 있는 그대로 이해하고 그것을 바탕으로 대응방안을 준비한다는 점을 의미한다. 현실주의는 크게 고전적 현실주의와 신현실주의(neo-realism)로 분류할 수 있는데, 고전적 현실주의와 신현실주의의 차이점과 유사점은 다음과 같다.

한스 모겐소(Hans Morgenthau, 1904-1980)는 『국가간 정치 Politics among Nations, 1948』를 통해 고전적 현실주의의 토대를 마련했다. 모겐소는 국제정치를 권력투쟁저 측면에서 접근했다. 모겐소는 정치의 본질을 "권력(힘)으로 정의된 이익 interest defined as power"로 규정한다. 즉, 모든 국가의 외교적 목적은 자국 권력(힘)의 극대화라는 이익 추구에 있다는 것이다. 모겐소는 정치를 이해하는데 있어서 인간의 본성론에 기반한다. 그는 인간의 본성이 악에 가까운데, 악의 배경은 인간의 이기심(selfishness)과 무제한적 권력욕(desire for power)에서 찾을 수 있다고 주장한다. 모겐소는 국가들 역시 국제정치에서 이기심과 무제한적 권력욕을 추구한다고 보는 것이다. 모겐소는 보편적인 도덕률이 국가의 정책과 행동에는 적용되기 어렵다고 주장한다. 모겐소는 국가의 역할이 외부 위협과 침략으로부터 자국민을 보호하는 것이고 그러한 역할을 수행하기 위해 국가들이 무제한적 권력을 추구한다고 본다. 자국민을 보호하기 위해 국가가 국제정치에서 무제한적 권력을 추구하는 것은 그것 자체가 최상의 도덕률이기 때문에 보편적 도덕률이라는 잣대를 통해 국가정책과 행위에 판단하는 것은 곤란하다는 것이 모겐소의 입장이다.

모겐소의 이러한 주장은 과학적인 접근과는 상당한 거리가 있다. 과학적으로 입증하기 어렵고 논쟁적인 인간 본성론을 통해 국가의 무제한적 권력추구를 정당화한 것이기 때문이다. 그러나 모겐소의 선도적 연구가 비록 과학적이지는 못했다 하더라도 그가 주장한 국제정치의 권력투쟁적 측면은 현실주의의 핵심적인 측면으로 아직까지 남아있다. 국제정치에서 힘과 권력을 지향하는 국가들의 갈등과 전쟁 그리고 세력균형을 통한 평화 지향 노력은 지금도 국제정치의 근간을 이루고 있기 때문이다.

신현실주의는 케네스 월츠(Kenneth N. Waltz)가 주도한 현실주의로 구조적 현실주의(structural realism)라고도 지칭한다. 월츠는『인간, 국가, 그리고 전쟁: 이론적 분석 Man, the State and War: A Theoretical Analysis, 1959』과『국제정치 이론 Theory of International Politics, 1979』이라는 두 권의 저서를 통해 신현실주의를 소개하고 공고화했다. 최근의 현실주의는 신현실주의가 주도하고 있는데, 월츠의 신현실주의가 구조적 현실주의로 불리는 이유는 그가 국제정치를 국제체제의 구조적 특징을 통해 설명하기 때문이다. 모겐소가 인간의 본성을 통해 국제정치를 설명하려고 시도했다면, 월츠는 국제체제의 구조를 통해 보다 과학적이고 엄격한 수준에서 국제정치를 설명하려고 한 것이다.

월츠는『인간, 국가, 그리고 전쟁: 이론적 분석』에서 국제정치를 설명하는 분석단위는 개인, 국가, 국제체체 등 세 개 단위로 나눌 수 있는데, 가장 유용하고 엄격한 분석은 국제체제를 분석단위로 삼는 것이라고 주장한다. 예를 들어, 전쟁을 설명하는데 있어서 개인을 분석단위로 접근하면 인간의 사악함이라든지 이기심 그리고 무제한적 권력욕 등을 통해 전쟁을 설명하게 되고, 국가를 분석단위로 삼을 경우 어떤 유형의 국가가 전쟁친화적인지 등을 분석하게 되는데 반해, 국제체제를 분석단위로 할 경우 전쟁의 원인과 결과는 국제체제의 무정부성에서 기인한다고 보게 된다. 월츠는 국제체제 차원의 분석이 가장 엄격하고 과학적이라고 주장한다. 월츠는 국제체제의 무정부성이라는 구조가 개별 국가들의 정책과 행위에 가장 결정적인 영향을 미친다고 판단한 것이다. 월츠는 국제체제의 무정부성이 개별 국가들로 하여금 스스로 자구(self-help)하여 자국의 안보를 지키게끔 한다고 주장한다. 국제적 무정부상태에서 개별국들은 서로를 신뢰하고 협력하기보다 자국의 안전을 위해 군비를 확충이라는 자구책을 추진하는데, 이러한 상황은 결과적으로 국가 간의 군비경쟁과 대결 구도를 더욱 확대·심화한다는 것이다. 월츠는 체제(system)가 구조(structure)와 상호작용하는 단위들(units)로 구성되어 있다고 주장하고, 체제의 구성요소로서의 구조는 체제가 단위들의 단순한 결합체가 아니라 체제를 체제 자신 만의 독특한 특징을 가진 단위들의 결하베로 만들어주는 역할을 수행한다고 주장한다. 즉 월츠는 국제정치에서 단위체로서의 국가와 국가 간의 관계보다 체제와 구조의 영향력을 더욱 강조한 것이다.

정리하면, 고전적 현실주의와 신현실주의의 차이점은 인간 본성론과 체제의 구조 중 어느 것을 국제정치의 핵심적인 설명변수로 강조했느냐의 여부 그리고 과학적 방법론을 더욱 지향한 이론이 무엇이냐의 여부에 따라 구분된다고 볼 수 있다. 그러나 이러한 차이는 현실주의의 이론적 발전이라는 인식선상에서 이해해야지 고전적 현실주의와 신현실주의의 분리나 이질감으로 이해해서는 곤란하다. 이들 이론 간의 공통점이 더욱 압도적이기 때문이다.

두 이론 간의 공통점은 다음과 같다(Baylis and Smith 2001, 185-193; Katzenstein, Keohane and Krasner 1998). 첫째, (신)현실주의는 국가를 가장 중요한 국제관계의 행위자로 인식한다. 국제관계에서 국가 이외에도 국제기구, 지역기구, 다국적

기업, 테러집단, 비정부기구(NGOs) 등의 다양한 행위자들이 있지만 현실주의는 그 중에서 국가만이 가장 중요한 국제관계 행위자라고 주장한다.

둘째, (신)현실주의는 국가를 통일되고 합리적이고 이기적인 존재로 인식한다. 따라서 현실주의자들은 국가를 통합된 하나의 행위자로 인식하고 그러한 행위자로서의 국가는 국익을 위하여 합리적이고 이기적으로 행동한다고 주장한다. 국가는 일반적으로 분열되어 있다고 볼 수 있다. 계급이나 계층 혹은 지역적으로 국가는 분열되어 있는 것이다. 계급적으로 자본가와 노동자 및 농민은 다른 이해관계를 가지고 있으며 따라서 국가의 국내외 경제정책을 지지하거나 반대하는 데 있어서 서로 다른 입장을 견지한다. 예를 들어 노동자와 농민은 노동시장 유연화 정책과 농업개방을 반대하나 자본가 특히 재벌은 찬성한다. 인건비를 낮출 수 있고, 농업시장을 개방한 만큼 재벌이 국제경쟁력을 소유한 제조업시장을 다른 나라에서 확보할 수 있기 때문이다. 그러나 현실주의자들은 국가 내의 이러한 이해관계를 둘러싼 분열을 의도적으로 무시한다. 국제관계는 200여개가 넘는 국가들로 형성되어 있으며 이들 국가 간의 관계를 연구하기에도 벅찬 마당에 이들 국가 내의 분열상까지 연구하기는 힘들기 때문이다. 현실주의자들은 따라서 국가를 일종의 당구알로 보고 국제관계는 일종의 당구대로 본다. 당구대 위에서 당구알은 서로 간의 관계에 의해서만 움직이는 것이다. 당구알은 내부적으로 분열되어 있지 않다.

셋째, (신)현실주의자들은 국가를 이기적이고 합리적이라고 바라보기 때문에 국가들 간의 협력은 쉽게 이뤄지기 어렵다고 보며, 따라서 국가 간의 관계는 영합게임(zero-sum game)에 가깝다고 본다. 위에서 살펴본 세 가지 측면 즉, 국가는 가장 중요한 행위자이고 통합된 단일 행위자이며, 합리적이고 이기적인 행위자라는 가정 때문에 (신)현실주의를 국가 중심주의(state-centricism) 이론이라고 부른다.

넷째, 국제관계는 국가 간 협력을 추진하거나 갈등을 중재하고 해소해줄 권위체로서의 세계정부가 없으므로 무정부상태라는 구조적 특징을 지니고 있다고 본다. 무정부상태에서 각국에게 가장 중요한 것은 국가의 생존과 안보이며 따라서 국가들은 스스로 살아남기 위하여 자구(self-help)하여야 한다는 것이 (신)현실주의자들의 입장이다.

다섯째, (신)현실주의자들은 무정부 상태에서 국가는 안보를 유지하기 위하여 다른 국가와 동맹을 형성하고, 동맹의 형성과 해체를 통한 다른 국가와의 세력균형(balance of power)을 이룸으로써 평화를 유지할 수 있다고 본다. 세력균형은 모겐소에 의하면 국가 간에 거의 동등하게 권력이 배분된 상태를 의미한다. 예를 들어 냉전질서 하에서 한국과 미국, 일본이 한 축을 형성하고 북한, 소련, 중국이 한 축을 형성한 상황을 세력균형이라고 볼 수 있다. (신)현실주의의 또 다른 평화 방안은 패권안정론으로 대변된다. 압도적인 힘의 우위(preponderance of power)를 확보한 국가가 등장하면 세계평화의 가능성이 높아지고 역으로 패권국이 약화되거나 사라지면 세계분쟁과 전쟁이 활성화된다는 주장이다. 브루스 러셋(Bruce Martin Russett)은 패권국을 다른 국가들이 어떤 결정을 하지 않으면 안 되도록 하는 맥락을 좌우할 수 있는 능력을 가진 국가로 보고 있고(Russett 1985), 로버트 코헤인(Robert O. Keohane)은 국가 간의 관계를 지배하는 본질적인 법칙을 충분히 유지할 만한 힘과 의지를 지닌 국가로 정의하고 있다(Keohane 1984). 패권안정론에서 주장하는 패권국이 되기 위한 조건은 정치, 경제, 군사, 문화적 능력(capability)과 패권을 행사하려는 의지(willingness)이다. 패권안정론을 뒷받침하는 대표적인 예는 19세기 영국의 패권시기와 20세기 미국의 패권시기에 국제통화체제가 안정되었고 그러한 통화체제의 안정에 기반하여 국제무역과 투자가 활성화되었다는 점이다. 19세기 영국은 패권을 행사하면서 금본위제에 기반한 고정환율제를 중심으로 국제통화체제를 안정시켰고, 20세기 미국은 달러를 기축통화화하여 고정환율제를 유지시킴으로써 국제통화체제를 안정시켰다는 주장인 것이다.

여섯째, (신)현실주의는 절대적 이득보다 상대적 이득을 강조한다. (신)현실주의자들은 개별 국가들이 무정부 상태에 가까운 국제체제에서 비록 오늘은 협력하고 있더라도 언젠가 협력이 깨지면 경쟁국이나 적국으로 변화될 수 있다고 본다. 따라서 지금은 협력하고 평화로운 국가라 하더라도 잠재적으로 미래의 경쟁국이나 적국이 될 가능성이 있기 때문에 개별 국가들은 협력을 하더라도 상대적 이득에 민감하게 된다는 것이다. 협력을 통해 서로 이득을 얻더라도 얻는 정도가 차이가 난다면 국가 간의 협력은 장기화하기 어렵다는 것이다(Grieco 1988). 이상의 내용을 토대로 (신)현실주의 이론의 핵심 가정을 정리하면 다음과 같다(Baylis and Smith 2001, 185-193: Katzenstein, Keohane and Krasner 1998: 홍익표・진시원 2009).

〈표 1〉 현실주의 국제정치 이론의 핵심 가정

<현실주의 국제정치 이론의 핵심 가정>
1. 국가 간의 관계는 근본적으로 권력투쟁적이다.
2. 국제관계의 핵심어는 권력과 힘이다.
3. 국가는 가장 중요한 국제관계 행위자이다(국가중심론).
4. 국가는 통합된 단일 행위자이다(국가중심론).
5. 국가는 합리적이고 이기적 행위자이다(국가중심론).
6. 국가간 관계는 협력이 어려운 영합 게임 관계(zero sum game)이다.
7. 국제체제는 무정부 상태에 가깝다.
8. 국제체제에서 국가에게 가장 중요한 건 자구(self-help)이고 국가안보이다.
9. 국가간 관계에서 상대적 이득(relative gains)을 강조한다.
10. 국가 간 평화방안은 동맹, 세력균형, 힘의 우위(패권안정론) 등이다.

2) 자유주의

자유주의(liberalism)는 여러 가지 측면에서 현실주의와는 상반된 대척점에 서 있다. 우선 자유주의는 현실주의가 권력, 힘, 인간의 악한 본성 등과 같은 핵심 주제어를 통해 국제정치를 설명하는데 반해, 자유주의는 인간의 이성과 합리성에 대한 신뢰, 국제법, 국제제도 등과 같은 핵심 주제어를 통해 국제정치를 설명한다. 이외에도 자유주의는 현실주의의 핵심가정들과는 상반된 입장을 지니고 있다. 첫째, 자유주의는 국가만이 국제관계에서 중요한 행위자가 아니라는 점을 강조하고 비국가 행위자들(non-state actors)의 중요성도 강조한다. 둘째, 자유주의는 국가 간의 협력이 가능하다고 주장한다. 셋째, 자유주의자들은 또한 국제체제는 무정부 상태가 아니라 국가 간의 협력이 가능한 공간으로 인식하며 넷째, 현실주의의 영합게임 세계관과는 달리 상호이득(positive sum game) 관계라는 세계관을 통해 국제체제를 이해한다.

자유주의 계열의 이론은 기능주의(functionalism), 신기능주의(neo-functionalism), 상호의존론(inter-dependence theory), 초국적관계론(transnational relations), 신자유주의적 제도론(neo-liberal institutionalism) 등이 있는데, 이들은 모두 현실주의의 핵심가정에 대한 도전과 회의를 이론적 기반으로 삼고 있다. 기능주이와 신기능주의 이론은 모두 유럽통합을 주도하는 통합이론(integration theory)으로 등장했다. (신)기능주의는 국가 간의 협력이 용이한 경제, 문화적인 측면에서 협력을 먼저 시도하고 이후 신뢰가 조성되고 협력관계가 공고화되면 정치나 외교안보 분야 등 본래적으로 협력이 어려운 영역에서도 국가 간 협력이 가능해진다고 주장한다. 유럽연합이 초기 경제협력에서 시작해서 현재의 외교안보, 내부치안 분야에서의 협력까지 발전해 온 과정이 (신)기능주의 이론의 유용성을 뒷받침해준다. 기능주의는 1940-50년대 데이비드 미트라니(David Mitrany 1888-1975)의『작동하는 평화체제 A Working Peace System, 1943)에 의해 선도적으로 연구되었는데, 미트라니는 현대사회에서 중요한 것은 국가안보가 아니라 국민들의 복지(welfare)이며, 현대 사회의 상호의존이 심화되면서 국가 간 기술협력에 대한 필요성이 증가한다고 보았다. 예를 들어, 해상 운송, 국제우편, 국제적 라디오 주파수 등과 같은 기술분야의 국가 간 협력이 활성화되면 정치적인 분야에서도 협력가능성이 높아진다고 본 것이다.

신기능주의는 언스트 하스(Ernst Haas, 1924-2003)의『유럽통합: 정치, 경제, 사회적 힘들 1950-1957, The Uniting of Europe: Political, Economic, Social Forces, 1950-1957, 1958』에 의해 소개된 이론으로 미트라니의 기능주의 이론을 한 단계 발전시킨 것이다. 기능주의와 신기능주의의 차이점은 경제, 사회, 문화적 협력이 정치, 외교, 안보적 협력으로 파급(spill-over)되는 과정에 대한 이견에서 찾아진다. 기능주의는 파급효과의 자동성을 주장하는 반면, 신기능주의는 파급효과의 자동성을 거부하고 정치적 의지가 필요하다는 점을 강조한다. 즉, 협력이 용이한 분야에서 협력이 용이하지 않은 분야로의 파급효과는 자동적으로 이루어지는 것이 아니라 정치적인 희망과 추진이 뒤따라야 가능하다는 것이다. 예를 들어, 남북한 간의 통합이 경제, 사회, 문화적 면에서부터 시작해서 자동적으로 정치, 외교, 안보 분야의 협력으로 까지 이어질지에 대해 기능주의는 그렇다고 보는 것이고, 신기능주의는 그렇지 않고 정치적인 의지와 정책적인 노력 및 제도적 지원이 있어야 협력의 파급효과가 가능하다고 본다.

초국적관계론은 국제관계에서 초국가적 행위자들의 연결망이 확대되고 강화되어 국가만이 중요한 국제관계 행위자가 아니라는 점을 강조한다. 초국적관계론은 코헤인과 나이(Robert O. Keohane and Joseph S. Nye Jr.)의『초국적관계와 국제정치 Transnational Relations and World Politics, 1972』에서 구체화된 이론이다. 코헤인과 나이는 이 책을 통해 국가의 통제를 벗어나 국경을 넘나드는 초국적 상호작용과 관계를 이해하는 것이 국제정치를 이해하는데 중요하게 되었다고 선언했다. 현실주의의 국가중심론으로는 국제정치를 제대로 이해하기 어렵다고 주장한 것이다. 이들이 보기에 초국적 관계는 초국적 상호작용과 초국적 기구로 구성되는데, 통신, 운송, 금융, 관광 등의 영역에서 발생하고 있는 초국적 상호작용은 국가 뿐 아니라 다국적기업, 비정부기구, 혁명단체, 노동단체, 과학기술단체, 교황청 등과 같은 초국가행위자들(trans-national actors)이 참여하여 일어나는 현상이다. 초국가관계론은 국가와 정부 간 기구(inter-governmental organizations: IGOs)의 의사결정과정에서 초국가행위자들의 영향력이 대폭 증가했음을 강조한다. 예를 들어, 세계사회운동과 다국적기업 그리고 국제투기자본의 영향력은 현대 국제관계를 이해하는데 빼놓을 수 없는 측면이 되었다. 초국적관계론은 그린피스(Greenpeace)의 환경보호운동, 신자유주의 반대를 위한 전 세계 비정부기구의 연대, 헤지펀드를 중심으로 한 투기자본의 국제통화체제에 있어서의 파괴적 영향력, 다국적 기업의 직접투자에 의한 국제경제 내의 영향력의 확대, 국제신용평가 회사의 영향력 등을 이해하지 않고서는 국제관계를 제대로 이해하기 어렵다는 점을 보여주는 것이다. 초국적관계론은 현실주의의 국가중심론에 대한 도전이자, 국가 이외의 다른 국제체제의 행위자들도 중요하다는 자유주의 이론의 핵심가정을 체계화한 것이다.

상호의존론은 코헤인과 나이가 자신들의 새로운 공저『권력과 상호의존: 전환기의 세계정치, Power and Interdependence: World politics in Transition, 1977』를 통해 초국가관계론을 한 단계 더 심화・발전시킨 이론이다. 의존(dependence)이라는 말은 다른 외부 세력에 의해 내부의 일들이 규정되거나 크게 영향 받는 상황을 의미하는데, 상호의존(inter-dependence)이라는 말은 서로 의존적인 입장에 함께 놓여 있음을 의미한다. 코헤인과 나이는 이 저서를 통해 국제체제에서 국가 뿐 아니라 비국가행위자나 초국가행위자들도 중요한 역할을 수행하며, 군사안보 뿐 아니라 에너지, 환경, 인구, 자원 등의 쟁점들도 중요하다고 주장했다. 이들은 또한 상호의존관계에 있는 국가들 간에는 군사력이 더 이상 효율적인 정책수단이 아니라고 보았다. 정책수단으로서 군사력의 효용성이 상호의존관계 놓인 국가 간에는 다분히 떨어진다고 본 것이다. 한마디로 현실주의의 국가중심론과 군사적 안보중심론에 모두 도전장을 내민 것이다. 현실주의는 초국적 관계나 안보 이외의 지구적 쟁점들을 모두 등한시 한데 반해, 상호의존론은 초국적관계와 초국가행위자들의 역할에 주목하고 에너지, 자원, 환경, 인구 등과 같은 비군사적 영역들에도 관심을 보인 것이다.

코헤인과 나이는 상호의존관계를 설명하면서 국가 간 불균등한 상호의존관계가 국제정치에서 영향력과 권력의 원천이라고 주장했다. 즉, 상호의존성이 적은 국가가 상호의존성이 심한 국가에게 영향력과 힘을 행사할 수 있는 공간이 마련된다는 것이다. 국가 간 상호의존관계가 심화되었다는 말은 국가 간 상호취약성이 심화되었다는 의미이기도 하다. 현재의 국제체제는 무역과 투자, 환경 등의 분야에서 국가 간의 상호의존(즉, 상호취약)관계가 극도로 심화되었다. 예를 들어, 미국 증시 동향이 바로 한국 증시에 영향을 미치고, 중동에서의 전쟁은 국제유가를 끌어올려 바로 한국경제에 타격을 가한다. 이것 뿐 아니라 일본 엔화와 미국 달러화의 약세는 바로 한국경제에 영향을 미치고 북한의 핵개발은 동북아 뿐 아니라 세계적 안보 불안을 가중시킨다. 이러한 국가 간 상호의존관계의 심화는 국가 간의 협력과 대화를 촉진하는 역할을 하게 된다고 상호의존론은 주장한다. 중동과 한반도에서의 전쟁의 방지와 평화유지는 모든 국가의 국익과 직결되기 때문이다. 상호의존론은 현실주의의 핵심가정인 국가 간의 협력은 이루기 쉽지 않다는 가정에 대한 도전인 동시에 국가간 협력이 가능하다는 자유주의 이론의 핵심가정을 이론화한 것이다.

신자유주의적 제도론은 1980년대 후반 이후 등장한 자유주의 이론으로 신현실주의와 경쟁하면서 보다 정교화 되었다. 코헤인은 『국제제도와 국가 권력: 국제관계이론에 대한 논문, International Institutions and State Power: Essays in International Relations Theory, 1989』을 비롯한 몇 권의 저서를 통해 신자유주의적 제도론의 핵심을 처음으로 개척했다. 신자유주의적 제도론은 이전의 자유주의 이론들이 (신)현실주의와 경쟁하고 점차 수정되면서 비교적 최근에 개발된 자유주의 이론으로 (신)현실주의와 많은 면에서 유사해지면서도 핵심적인 부분에서는 자유주의 이론의 특징을 보유하고 있다. 신자유주의적 제도론은 (신)현실주의가 주장하는 국제체제의 무정부성에는 근본적으로 동감하지만, 국제제도를 통해 국가들이 협력을 증진시킬 수 있다고 주장하는 점에서 (신)현실주의 이론과 다르고 자유주의 시각을 계승한 이론이다. (신)현실주의는 국가들이 상대적 이득을 중시하여 국가간 장기적인 협력은 불가능하다고 주장하고 있지만, 신자유주의적 제도론은 (신)현실주의가 국제정치에는 국제제도가 존재한다는 점을 보지 못했다고 지적하는 것이다. 명시적이거나 묵시적인 국제제도를 통해 국가들이 자신들의 국익을 재정의하고 협력이 장기화된다고 신자유주의적 제도론은 주장한다.

코헤인은『국제제도와 국가 권력: 국제관계이론에 대한 논문』에서 국제제도를 UN과 같은 국제기구, 국제레짐(international regime), 그리고 국제적 관례(convention)로 구분하고 있는데, 코헤인은 이러한 종류의 국제제도를 통해 국가간 협력이 가능하다고 주장한다. 국제레짐은 국제정치 이론 중 하나로 상당히 정의하기 어려운 개념인데, 크래스너(Stephen D. Krasner)에 의하면 “국제정치의 특정한 한 영역에서 행위자들의 기대가 수렴되는 묵시적이거나 명시적인 원칙(principles), 규범(norms), 규칙(rules), 정책결정절차(decision making procedure)의 집합”이다(Krasner 1983). 국제기구와 국제레짐을 구태여 구분하자면, 국제통화기금(IMF)이나 세계무역기구(WTO)는 국제기구이고 브레턴우즈 체제(Bretton Woods system)는 국제레짐이라고 볼 수 있다. IMF와 세계은행(World Bank) 그리고 관세 및 무역에 관한 일반 협정(GATT)으로 구성되었던 브레턴우즈 체제의 원칙은 자유주의와 시장주의였다. 즉, 자유무역과 금융자유화 및 투자자유화가 원칙이었으며, 내국민대우와 최혜국대우는 규범으로 볼 수 있다.

국제제도가 국가 간 협력을 증진시켜주는 이유와 배경은 많은 수의 자유주의 국제정치학자에 의해 제시되고, 가장 설득력 있는 설명은 국제제도가 국가들의 거래비용을 줄여줄 뿐 아니라 정보를 제공하여 불확실성을 줄여주기 때문에 국가간 협력이 가능하고 장기화된다는 주장이다. 코헤인은 『패권 이후: 세계정치 경제에서의 협력과 불화, After Hegemony: Cooperation and Discord in the World Political Economy, 1984』에서 국가는 다른 국가와 무엇을 협상할지 알아내는 비용, 다른 국가와 협상하는 비용, 협정 결과를 명문화하는 비용, 다른 국가가 협정을 준수하는지 감시하는 비용, 합의사항을 강제하는 비용 등을 지불해야 하는데, 국제제도가 이러한 거래비용들을 줄여주고, 국제제도를 통해 얻을 수 있는 편익이 거래비용보다 많을 경우 국가들은 협력에 나서고 그 협력은 장기화된다고 주장했으며, 이에 덧붙여 국제제도가 회원국 간의 정보공유를 활성화하여 불확실성을 줄여주기 때문에 국가간 협력이 더욱 가능하다고 지적했다.

정리하면, 신자유주의적 제도론은 국제체제의 무정부적 구조가 국가 간 협력을 제약하고는 있지만, 국가 간 상호의존관계가 심화되면서 국가 간 정책조정의 필요성이 확대되었고 그 결과 국제제도를 통해 국가 간 협력을 가능하다고 주장한다. 예를 들어 국가 간 무역과 투자가 증가함으로써, 환율안정 등과 같은 국제통화체제의 안정과 질서에 대한 국가들의 필요성과 절실성이 일치하고 그 결과 국제통화체제를 안정시키려는 국가 간 협력이 국제제도를 중심으로 강화되고 있다고 볼 수 있는 것이다.

신자유주의적 제도론과 (신)현실주의의 차이점과 유사점은 몇 가지로 정리된다. 첫째, 신자유주의적 제도론과 (신)현실주의는 국제체제가 무정부적 구조를 지니고 있다는 점에는 동의한다. 둘째, 두 이론은 모두 국가가 국제체제의 중요한 행위자이고 통합된 하나의 행위자라는 점에 동의한다. 셋째, 국가간 협력이 가능한지에 대해 신자유주의적 제도론은 가능하다고 보지만 (신)현실주의는 불가능하다고 본다. 넷째, 국제제도가 국가 간 협력과 평화를 가져올 수 있는가에 대하여 신자유주의적 제도론은 그렇다고 보지만 (신)현실주의는 그렇지 않다고 본다

(Grieco 1988). 지금까지 살펴 본 다양한 자유주의 이론들이 공유하는 핵심 가정들을 정리하면 다음과 같다(Baylis and Smith 2001, 185-193: 홍익표 · 진시원 2009).

〈표 2〉 자유주의 국제정치 이론의 핵심 가정

<자유주의 국제정치 이론의 핵심 가정>
1. 자유주의 이론은 인간의 이성과 합리성에 대한 신뢰를 지닌다.
2. 국제법과 국제제도, 국제윤리 등을 통해 국제협력과 평화 건설이 가능하다고 본다.
3. 국가 뿐 아니라 다른 국제정치 행위자들도 중요하다고 본다.
4. 국제관계를 이해하는데 국내정치 영역도 중요하다.
5. 국가 간 관계는 상호이득 관계이다(positive sum game).
6. 국제체제는 무정부 상태가 아니고 협력이 가능한 사회이다
7. 국가 간 협력은 국제기구나 지역기구 등을 통해 가능하다.
8. 국가 간 관계에서 절대적 이득(absolute gains)을 강조한다.
9. 국가 안보만 중요한 것이 아니라 경제, 환경, 인권, 자원 등의 이슈들도 중요하다.

3) 구조주의

구조주의(structuralism)는 개인 간의 그리고 국가 간의 빈부격차의 확대와 종속 문제를 강조하여 국제관계를 바라보는 이론인데 크게 마르크시즘과 종속이론, 세계체제론 등이 있다. 마르크시즘은 『자본론(Das Kapital)』 등과 같은 마르크스(Karl Marx, 1818-1883)의 저작을 통해 정형화된 정치 이론이자 이데올로기이다. 『자본론』은 산업혁명 당시 영국사회를 배경으로 한 연구물인데, 이 책을 통해 마르크스는 임금을 받는 노동자는 자기가 생산한 것의 일부만 받아 생활하고, 노동자가 생산한 것의 나머지 즉 잉여가치(이윤)는 자본가가 가져간다고 주장했다. 노동자들은 자신이 만든 것들을 모두 소비하기에는 너무 작은 임금을 받게 되고, 그에 따라 한 국가의 자본주의 체제에서 과잉생산이 지속되어, 경제불황이 재발하고 공항이 심화되어, 결국에는 자본주의 체제가 붕괴할 것이라고 마르크스는 내다보았다.

마르크스는 자본주의 체제가 내재적이고 필연적으로 세 가지의 위기성향을 지니고 있다고 주장했다(김명섭 외, 2003, 40-41). 첫째는 이윤율 저하의 법칙이다. 마르크스에 의하면 이윤은 '노동'에서만 나오지 '기계'로부터 나오는 것은 아니다. 마르크스는 노동가치설을 주장한 것이다. 그런데 자본가 간의 경쟁이 심화되면서 자본가는 생산을 늘리기 위해, 노동이 아니라 기계에 더욱 의존하고 그에 따라 착취율이 아무리 높아도 이윤율은 떨어진다. 이윤율 저하는 자본가의 투자 동기와 고용창출 동기를 상실하게 하고, 결과적으로 경기침체와 노동자의 빈곤은 심화된다. 둘째는 불균형의 법칙이다. 시장의 무정부성은 자본주의 체제에서 생산과 소비의 불균형을 야기하고, 생산과 소비의 불일치는 주기적 불황과 공항을 야기한다. 불황과 공항은 사회불안을 야기하고 혁명과 변화를 촉발한다. 셋째는 자본집중의 법칙이다. 자본가들 간의 효율성 경쟁은, 경쟁에서 살아남은 소수 자본가에게 자본을 집중시키고, 역으로 노동자와 실업자의 수를 증가시킨다. 노동자와 실업자의 증가는 자본주의 체제 전체로 볼 때, 소비감소로 귀결되는데 이는 다시 불균형의 법칙으로 연결된다.

마르크스는 역사가 진보한다고 보았는데, 마르크스의 역사관을 역사적 유물론(Historical materialism)이라고 한다. 유물론은 관념론(idealism)과 대척점에 서

있는 철학적 인식론으로, 관념보다 물질의 선차성을 주장한다. 마르크스는 이러한 인식을 기반으로 사회의 물적 토대(base)가 사회의 상부구조(superstructure)를 규정한다고 주장했다. 토대는 사회의 경제적 기반을 의미하며, 상부구조는 경제적 기반 위에 세워진 정치, 법, 문화, 예술 등을 지칭한다.

역사적 유물론은 생산력(forces of production)과 생산관계(relations of production)의 모순에 의하여 역사는 진보한다고 믿는다. 생산력은 생산수단과 노동력이 결합된 것인데, 생산수단은 다시 노동대상(예를 들어 사냥동물, 토지, 자연자원, 삼림, 제품원료 등)과 노동도구(예를 들어 창, 화살, 쟁기, 컴퓨터 등의 도구와 기계 등)의 결합으로 이루어진다. 생산관계는 사회의 계급관계를 지칭하는 것으로, 생산수단을 누가 소유하고 통제하고 있느냐에 따라 규정된다.

마르크스는 생산력과 생산관계가 결합된 것을 생산양식(mode of production)이라고 불렀는데, 역사상 존재한 생산양식은 원시공산제 - 고대 노예제 - 중세 봉건제 - 근대 자본제가 있었으며, 자본주의 생산양식은 사회주의 생산양식으로 진보적으로 이행할 것이라고 내다보았다. 마르크스는 생산관계에 의해 생산양식이 내재적으로 도전받고 붕괴된다고 주장했다. 즉, 노예와 노예주, 농노와 영주, 노동자와 자본가 간의 갈등이 고조되어, 결국에는 기존 생산양식이 붕괴되고 새로운 생산양식이 등장한다는 본 것이다. 마르크스는 생산양식이 변화하더라도 생산력은 지속적으로 성장하고 발전한다고 보았다. 계급관계(생산관계)가 사라진 사회주의 생산양식에서는 모든 사람은 평등할 뿐 아니라, 최고의 생산력을 바탕으로 물질적 풍요를 누리게 된다는 게 마르크스의 전망이었다.

마르크시즘에 영향 받은 이론은 다양하다. 마르크시즘에 기반한 마르크시스트 국가론이 등장했으며, 레니니즘(Leninism)과 마오이즘(Maoism) 그리고 종속이론(Dependency theory)과 세계체제론(World System Theory) 등의 이론들도 생산되었다. 마르크시즘은 현대 사회에 정치 실천적 측면과 인간 해방적 의미에서 지대한 영향을 미쳤다. 러시아와 중국 등 현실 사회주의 진영이 마르크시즘 이론을 실천하여 건설되었으며, 인간사회의 경제적 불평등과 종속을 극복하고 인간해방을 추구하는 차원에서 이론적으로 많은 기여를 해온 것이다.

종속이론은 1950-60년대 제3세계 국가 특히 남미 국가들이 왜 근대화이론이 주장한 대로 경제성장을 이루지 못하고 오히려 퇴행하고 있는지에 대한 고민의 결과물로 등장한 국제정치 이론으로, 라울 프레비쉬(Raul Prebish), 안드레 군더 프랑크(Andre Gunder Frank), 사미르 아민(Samir Amin), 도스 산토스(Dos Santos), 아기리 임마누엘(Arghiri Emmanuel) 등에 의하여 발전된 이론이다. 종속은 한 나라의 경제가 다른 나라 경제의 발전과 확장에 조건 지워지는 상황으로 한 나라의 경제잉여가 다른 나라로 지속적으로 유출되는 구조를 의미하는데, 산토스는 "종속이란 어떤 국가의 경제가 그들을 종속시키고 있는 다른 경제의 발전과 팽창에 의해서 조건 지워지는 상황"이라고 정의한다(Santos 1970).

프레비쉬는 국제연합라틴아메리카경제위원회(UN's Ecoomic Commission for Latin America: ECLA)를 통해 다소 온건한 구조주의 시각을 제시했다. 프레비쉬는 국가들을 산업화된 중심부(center)국가와 산업화가 안 된 주변부(periphery) 국가로 분류하고 주변부 국가는 교역조건(terms of trade)에서 중심부 국가에게 불리하게 구조되어 있다고 주장했다. 예를 들어 라틴 아메리카 저발전 국가들은 자본주의 세계체제 내에서 미국을 비롯한 선진국들에게 값싼 1차 산업 생산물을 수출하고 값 비싼 공산품을 수입하는 구조적 위치에 놓여 있다고 지적했다. 프레비쉬는 이러한 불평등 교환과정을 통해 국가들이 연결되어 있다고 본 것이다(Prebisch 1950). 프레비쉬를 비롯한 ECLA 학자들은 내수지향적 발전경로와 수입대체산업, 완제품 수출 증대, 국제적 차원에서 주변부 국가들에게 유리한 제도 마련 등을 대안으로 제시했는데, 그 결과 국제연합무역개발회의(United Nations Conference on Trade and Development: UNCTAD)가 발족되었고, GATT 내에서 개도국 무역상품에 대한 일반특혜관세(Generalized System of Preferences: GSP) 제도가 도입되는 성과를 얻기도 했다.

프랑크는 ECLA 학자들로부터 영향을 받아 저발전(underdevelopment)이라는 개념과 중추(metropolis)와 위성(satellite)이라는 개념을 통하여 종속이론을 발전시켰다. 프랑크에 의하면 저발전은 개도국의 경제를 후퇴시키고 저해하는 과정임과 동시에 선진국의 발전에 기여하는 상태를 의미한다(Frank 1966). 즉, 개도국은 선진국에 종속되어 지속적으로 착취당하고 그 결과 개도국은 저발전에 시달리는 만큼 선진국은 발전을 이루게 되는 구조가 고착되었다는 것이다. 프랑크에게 발전과 저발전은 동전의 양면과 같은 현상으로, 공업화된 중심부 국가의 발전은 그에 상응하는 주변부 국가의 저발전에 의해서 가능하다는 것이다. 프랑크에게 선진국은 중추지역이고 개도국은 위성지역이다. 프랑크는 위성 지역 국가들이 중추 지역 국가들의 착취를 벗어나기 어렵다고 전망하고, 사회주의 혁명과 선진국들과의 경제적 단절 만이 유일한 대안이라고 주장했다.

아민은 프랑크의 중추와 위성 개념을 발전시켜 중심부(center)와 주변부(periphery)라는 개념을 제시했다. 아민은 자본의 세계적 축적과정에서 중심부 자본주의 국가들과 주변부 자본주의 국가들 간의 양극화가 발생한다고 보고, 중심부 국가와 주변부 국가 간의 부등가 교환이 불균등발전(unequal development)을 야기한다고 주장했다. 아민은 불균등 발전이 지속되면서 주변부 국가들의 저발전은 가속화되고 성장은 봉쇄되어 결국 독자적인 발전이 불가능하게 된다고 내다보았다(Amin 1976).

임마누엘은 선진국과 개도국 간의 경제적 잉여 착취구조를 부등가교환론(unequal exchange)을 통해 설명한다. 임마누엘은 부등가교환론을 통해 주변부의 저임금에 기반한 생산물 가격은 그 생산물의 실제 가치 이하에서 결정되는 반면 중심부의 고임금에 기반한 생산물의 가격은 그 가치 이상에서 결정되기 때문에, 두 나라 간의 무역은 부등가교환에 의해 이루어지게 된다고 주장했다(Emmanuel 1972). 임마누엘은 부등가 교환이 지속되면서 중심부와 주변부 국가 간의 빈부격차는 더욱 확대된다고 보았다.

세계체제론은 프랑크나 임마누엘 월러스틴(Emmanuel Maurice Wallerstein) 등에 의하여 발전된 이론인데, 특히 월러스틴은 프랑크의 중심, 주변 개념에 준주변(semi-periphery)이라는 새로운 범주를 첨가한다. 중심부는 선진국으로 이뤄지고 주변부는 종속된 경제를 가진 개도국으로 이뤄지며 준주변부는 혼합적이고 중간적인 경제를 가진 국가들로 구성되는데, 이들 국가 간에는 불균등 발전이 이루어지게 된다는 것이다. 여기서 중요한 점은 준주변부는 체제안정에 기여한다는 점이다. 주변부에서 준주변부로 상승한 국가의 존재는 주변부 국가에게 지위상승에 대한 기대를 갖게 하고 따라서 종속적인 구조 내에서 지속적으로 경제행위를 하게 해주는 기능을 수행하는 한편, 준주변부는 주변부 국가의 핵심부 국가로의 저항과 압력을 중간에서 완화해주는 역할을 수행한다고 월러스틴은 주장한다. 월러스틴은 중심부 국가 특히 패권국은 세계 자본주의 체제가 안정적으로 유지되는데 큰 기여를 하는 국가라고 주장한다. 패권국은 경제적이고 군사적인 우위를 통해 모든 국가간 거래를 떠받드는 국제제도를 제공함으로써 자본축적이 가능하게 기능한다는 것이다. 반면 주변부 국가에서는 매판계급이 존재하는데, 이들 역시 세계 자본주의 체제가 유지되는데 역할을 수행한다고 원러스틴은 주장한다. 매판자본가 계급은 자국의 이익보다 중심부 국가의 이익이 증대되는 방향으로 행동한다는 것이다.

3. 국제정치경제 이론

국제정치경제학(International Political Economy)은 1970년대 이후 등장한 새로운 학문으로서 국제정치학의 분과학문이며 국제적 차원에서 정치와 경제의 상호관계를 연구하는 학문이다. 국제관계학이 국가와 국가 간의 관계, 국가와 국제기구 및 지역기구와의 관계, 외교사, 안보학, 외교분석 등을 중점적으로 다루는 학문이었다면, 국제정치경제는 여기에 국제통화, 국제무역, 국제자본, 다국적기업 등의 경제적 행위자들이 수반하는 국제적인 문제들을 새로 추가한 학문이라고 할 수 있다. 국제관계는 정치적 논리만을 통해서도 이해될 수 없고, 경제적 논리만을 통해서도 이해될 수 없다. 즉, 국제적인 차원에서 정치의 이해는 경제에의 이해가 없이는 한계가 있으며, 역으로 국제적 차원에서 경제의 이해는 정치에의 이해가 없이는 한계가 있다는 것이다.

예를 들어 세계무역기구(WTO)에 의한 무역의 자유화, 특히 농업사유화는 한국농민의 생존문제와 직결되어 있어 국내 정치적인 갈등을 동반하며, 농산물을 수출하는 나라와 수입해야 하는 나라 간의 국익을 둘러 싼 정치외교적인 갈등 또한 수반한다. 따라서 국제관계를 제대로 이해하기 위해서는 정치적인 논리와 경제적인 논리에 대한 공동의 이해를 필요로 한다고 할 수 있다. 그러나 개인, 집단, 사회, 지방, 국가, 지역, 국제체제 등 모든 인간 사회의 구조와 법칙을 연구하는 사회과학은 정치학과 경제학 등으로 분리되어 있어 국제관계를 제대로 이해하는 데 하나의 장애물로 존재해왔기 때문에, 이러한 학문적인 제약을 극복하기 위하여 국제정치경제라는 학제간 연구가 1970년대에 등장하게 된 것이다.

국제정치경제는 국제정치경제 체제 내에서 누가 무엇을, 언제, 어떻게 얻나? 국제정치경제 체제를 누가 주도하고 있나? 국제정치경제 체제에서 누가 이득을 보고 누가 손해를 보나? 등과 같은 질문에 천착하는데, 이러한 질문들을 바라보는 시각은 크게 국가중심주의(중상주의), 자유주의(시장주의), 구조주의(급진주의) 등으로 구분된다.

국가중심주의는 현실주의 국제관계 이론을 국제경제 차원으로 적용하면 이해가 쉬워진다. 위에서 살펴본 현실주의 국제관계 이론은 한마디로 국가중심론이라고 불린다. 국가를 국제관계에서 가장 중요한 행위자로 인식하고 국가를 통합되고 단일하며 이기적이고 합리적인 행위자로 인식하기 때문이다. 정치경제학은 결국 국가와 시장 간의 관계를 다루는 학문이라는 점을 염두에 두면 국가중심론은 시장이 아닌 국가의 경제적 역할을 중시하는 입장인데, 이러한 입장은 역사적으로 고전적 중상주의(mercantilism), 경제 민족주의(economic nationalism), 신중상주의(neo-mercantilism) 등으로 이름을 바꾸며 이어져오고 있다. 중상주의는 국가가 시장에 개입하여 국부를 창출하는 부국강병의 입장이다.

국제정치경제에서 자유주의는 시장주의를 의미한다. 우선 국제관계 이론에서 자유주의와 세계정치경제에서 자유주의 간의 유사점과 차이점을 파악할 필요가 있다. 국제관계 이론에서 자유주의는 기본적으로 인간의 이성을 신뢰하고 국제법과 국제기구 들을 통하여 국제평화 건설이 가능하다고 보는 이론이다. 반면, 국제정치경제에서 자유주의는 시장주의를 의미한다. 국제정치경제에서 자유주의는 중상주의와 달리 시장에 대한 무한한 신뢰를 지니고 있는 시장주의인 것이다.

국제정치경제에서 자유주의를 이해하기 위해서 자유주의 정치사상을 이해할 필요가 있다. 정치사상으로서의 자유주의는 다양하고 복잡한 지식과 사상의 계보를 지니고 있으나 크게 두 가지 정도의 핵심 가정을 지니고 있다. 첫째, 자유주의자들은 정도의 차이는 있으나 기본적으로 개인의 자유와 권리(특히 재산권)는 어느 누구도 침해할 수 없는 천부인권이라고 생각한다. 그러나 자유주의자들이 보기는 국가는 개인의 자유를 속박하고 재산권을 침해하는 사례가 많다. 이런 점은 자유주의 정치사상에 근본적으로 반국가사조가 존재하고 있음을 의미한다. 정치경제학은 국가와 시장 간의 관계를 다루는 학문임을 다시 염두에 둔다면, 자유주의가 지닌 반국가 사조가 자유주의를 당연히 시장주의로 이끌고 있음을 이해하기 쉽다. 자유주의는 아담 스미스(Adam Smith)와 데이비드 라카도(David Ricardo)의 고전적 자유주의, 존 스튜어트 밀(John Stuart Mill)과 토마스 힐 그린(Thomas Hill Green), 존 메이너드 케인스(John Maynard. Keynes)의 근대 자유주의 그리고 프리드리히 하이예크(Friedrich A. von Hay다)와 밀턴 프리드만(Milton Friedman)의 신자유주의 등으로 역사적인 흐름을 거쳐 왔으며 이들은 정도의 차이는 있지만 기본적으로 모두 시장주의자들이다.

둘째, 자유주의자들은 개인들이 이기적으로 자신의 이익만을 추구하더라도 사회 전체는 조화롭게 발전한다는 믿는다. 자유주의는 개인 간의 관계를 서로 득이 되는 관계(positive sum game)로 보는 것이다. 이러한 시각을 국제정치경제 차원으로 확장하면 자유주의자들이 개별 국가가 이기적으로 자국의 국익만을 추구하더라도 세계 전체는 조화롭게 발전한다고 믿는 시각으로 이어진다. 자유주의자들은 국가들이 자유무역을 통해 이기적으로 자국의 국익만을 추구하더라도 국제사회 전체의 조화로운 발전이 가능하다고 믿는 것이다. 데이비드 리타도(David Ricardo)의 비교우위론은 자유주의의 포지티브섬게임 세계관을 그대로 반영한 이론이다. 자유주의자들은 자유무역이 비교우위를 통해 참여국 모두에게 절대적 이득(absolute gains)을 제공한다고 믿는 것이다. 정리하면 자유주의자들은 시장주의자들이며, 무역 자유화와 투자 자유화 등이 모든 참여 국가에게 절대적 이득을 제공한다고 생각한다.

국제정치경제의 구조주의 이론은 국제관계학의 구조주의 이론과 일치한다. 국제정치에서의 구조주의 이론들, 즉, 마르크시즘, 레닌의 제국주의론, 종속이론, 근대세계체제론 등은 이미 그 자체가 정치경제학이므로 국제정치경제에 변형 없이 그대로 도입되어 있기 때문이다.

<탐구과제>

- 우리나라의 WTO 정책이 어떠해야 하는지 국제정치경제 이론을 통해 설명해보자.
- 구조주의 이론이 소련과 중동부유럽 공산주의 국가들의 몰락 이후 함께 몰락한 것인지 설명해보자.
- 우리나라 경제구조를 구조주의 이론을 통해 설명할 수 있는지 생각해보자.
- 국제무역에서 자유무역과 공정무역 중 어느 것이 더욱 중요한지 설명해보자.
- 신자유주의적 경제 세계화의 명암을 비교해보자.

〈참고문헌〉

김명섭, 조성대, 진시원. 『세계의 정치와 경제』. 서울: 한국방송통신대학교 출판부. 2003.

홍익표, 진시원. 『세계화 시대의 정치학』. 서울: 오름. 2009.

Andre Gunder Frank. "The Development of Underdevelopment." Monthly Review XVIII(September 1966).

Arghri Emmanuel. Unequal Exchange, A Study of the Imperialism of Trade(New York: Monthly Review Press, 1972).

Bruce Russett. "The Mysterious Case of Vanishing Hegemony: or Is Mark Twain Really Dead?" International Organization Vol. 39. No.2(Spring 1985).

David Mitrany. A Working Peace System(Chicago: Quardrangle Press, 1964).

Ernst B. Haas. The Uniting of Europe: Political, Economic, Social Forces, 1950-1957(Stanford: Stanford University Press, 1958).

Joseph M. Grieco. "Anarchy and the Limits of Cooperation: A Realist Critique of the Newest Liberal Institutionalism." International Organization Vol. 42. No. 3(Summer 1988).

Hans J. Morgenthau. Politics among Nations: The Struggle for Power and Peace(New York: Alfred A. Knopf, 1948).

John Baylis and Steve Smith. eds. The Globalization of World Politics(Oxford: Oxford University Press, 2001).

Joseph. M. Grieco. "Anarchy and the Limits of Cooperation: A Realist Critique of the Newest Liberal Institutionalism." International Organization Vol. 42. No. 3(Summer 1988).

Kenneth N. Waltz. Man, the State and War: A Theoretical Analysis(New York: Columbia University Press, 1959).

Kenneth N. Waltz. Theory of International Politics(Readig, Mass: Addison -Wesley, 1979).

Peter J. Katzenstein, Robert O. Keohane and Stephen D. Krasner. "International Organization and the Study of World Politics." International Organization Vol. 52. No. 4(Autumn 1998).

Raul Prebisch. The Economic Development of Latin America and Its Principle Problems(New York: United Nations, 1950).

Robert O. Keohane and Joseph S. Nye Jr. eds. Transnational Relations and World Politics(Cambridge Mass: harvard University Press, 1972).

Robert O. Keohane and Joseph S. Nye Jr. Power and Interdependence: World Politics in Transition(Boston: Little Brown and Company, 1977).

Robert O. Keohane. After Hegemony: cooperation and Discord in the World Political Economy(Princeton: Princeton University Press, 1984).

Robert O. Keohane. International Institutions and State Power: Essays in International Relations Theory(Boulder: Westview Press, 1989).

Samir Amin. Unequal Development: An Essay of the Social Transformations of Periphery Capitalism(New York: Monthly Review Press, 1976).

Stephen D. Krasner. ed. International Regime(Ithaca, N.Y.: Cornell University Press, 1983).

Theotonio Dos Santos. "The Structure of Dependence." American Economic Review Vol. 60. No, 2(May 1970).

제II부 국제사회의 이해

제2장 국제안보

홍 익 표

〈개요〉

- 냉전시기에 안보에 대한 관심은 군사적 관점에서 정의된 국가안보(national security)에 그 초점이 주어졌다. 탈냉전시기에는 안보영역이 다양한 분야로 확대되고 개념상의 복잡성과 모호함이 더욱 증대되었다. 특히 비군사적 안보영역의 중요성이 증대되면서 포괄적 안보(comprehensive security) 개념이 부각되고 있다.
- 그렇지만 안보는 군사적 안보영역과 비군사적 안보영역이 서로 긴밀하게 연결되어 있기 때문에 양자를 우선이나 차선의 문제가 아니라 동시적으로 사고하고 대응해야 하는 것이 필요하다.
- 탈냉전기에 들어와 세계의 군사비 지출은 다시 증가하는 추세를 보이고 있는데 이를 주도하는 국가는 군사적 헤게모니 국가인 미국이라 할 수 있다.
- 2차 대전 후 지역안보협력이 뚜렷하게 전개된 곳은 유럽이다. 유럽은 북대서양조약기구(NATO), 서유럽동맹(WEU), 유럽안보협력기구(OSCE) 등 상이한 구성원과 협력관계를 가진 중첩적 기구를 토대로 한 안보협력체제를 구축해 왔다.
- 동아시아 지역은 유럽에 비해 지역안보협력 구축이 취약한 데 이는 공통의 안보이익의 부재, 역사, 정치와 문화의 이질성, 국경분쟁 등의 요인으로 인한 것이다.

〈학습목표〉

- 안보란 무엇을 의미하며, 냉전과 탈냉전 시기에 그 주안점은 각각 어디에 주어졌는지 파악한다.
- 탈냉전 시기에 들어와서도 전 세계적인 군비지출 증대가 계속되고 있는 까닭을 살펴본다.
- 2차 대전 후 유럽의 안보체제는 어떻게 구성되었는지를 북대서양조약기구(NATO)를 중심으로 이해한다.
- 동아시아의 지역안보협력은 유럽에 비해 왜 취약하며, 지역안보의 구축방안으로는 어떤 것들이 있는지 알아본다.

1. 탈냉전과 안보개념의 변화

안보는 국제관계에서 가장 중요하게 다루어지는 문제이다. 이는 우리가 살고 있는 세계가 갈등과 분쟁이 끊이지 않고 이로 말미암아 국제관계의 다양한 행위자들이 소중히 여기는 가치들이 늘 위협을 당하고 있는 데에 그 까닭이 있다. 그렇다면 안보는 무엇을 의미할까? 안보는 학자들 간에 논란의 소지가 많은 개념이지만 대부분의 학자들은 안보가 기본적으로는 개인 및 집단의 핵심가치(core values)에 대한 위협이 없는 상태라는 데 공감대가 형성되어 있다. 그렇지만 핵심가치가 무엇인지에 대해서는 학자별로 생존, 자유, 부, 복지 등과 같이 다양한 것들이 제시되고 있다. 나아가 논의의 초점이 개인, 국가, 혹은 국제안보여야 하는지에 대해서도 상당한 견해의 차이가 존재한다.

현재의 안보구조를 배태시킨 것은 냉전시기였다. 냉전(cold war)은 2차 대전 후 처음으로 등장하여 대략 4반세기가 넘게 지속된 대치상태를 일컫는 용어이다. 냉전은 2차 대전 시기 추축국에 대항하여 함께 싸웠던 미국과 영국이 중부 유럽 및 동아시아에서 이른바 '얄타정신'의 구체적 실행을 놓고 대립하는 것에서 비롯되었다. 1945년 2월 연합국의 지도자들이었던 루스벨트, 처칠, 스탈린은 크림반도의 얄타에서 종전 후 독일을 비롯한 패전국들의 처리문제를 논의하였다. 그 결과 패전국이나 해방국에서 "모든 민주세력들을 폭넓게 대표하는 인사들에 의한 임시정부 조직을 구성할 것"과 "가능한 빠른 시일 내에 자유선거를 통해 인민의 의지에 책임을 지는 정부를 수립할 것"에 합의했다. 그러나 이 합의는 제대로 지켜지지 않았다. 소련과 미국, 영국은 자국이 지지하는 세력을 포기하지 않으려 했다. 특히 소련은 동유럽을 자국의 세력권으로 간주하여 이 지역에 친소정권의 수립을 추진하였다. 이에 대응해 미국과 영국도 타협보다는 대립노선을 채택함으로써 체제와 이념을 달리하는 두 진영 간의 본격적인 대립이 시작되었다.

이런 점에서 냉전은 두 개의 양립할 수 없는 세계관이 상호 경쟁적인 체제를 바탕으로 반세기가 넘게 대립한 시기였다. 핵폭탄의 사용만이 엄청난 파괴력을 고려해 금기시되었을 뿐 이 전쟁에서 승리하기 위해 모든 것이 총동원되었다. 이에 따라 냉전은 정치 · 이데올로기적, 경제적, 기술 · 과학적, 문화 · 사회적 대립의 양상을 띠었고, 그 여파는 일상생활에까지 미쳤다. 인류를 절멸시키기에 충분한 핵무기를 보유하고 있었던 미국과 소련 양국은 세계 곳곳에서 대리전을 벌였다. 한국전쟁과 베트남전쟁이 발발했고, 쿠바에서는 미사일 위기로 양국이 일촉즉발의 핵전쟁 직전까지 갔다. 따라서 냉전시기에 안보에 대한 관심은 당연히 군사적 관점에서 정의된 국가안보에 그 초점이 주어질 수밖에 없었다. 핵무기라는 인류전체를 절멸시킬 수 있는 파괴력을 보유했던 두 진영이 대치했던 냉전 시기에 상대진영으로부터의 침략으로부터 자국의 영토 및 국민의 안전을 보호하는 국가방위는 거의 모든 국가에서 정책의 최우선적인 고려요소로 간주되었다.

냉전 시기 전통적 국가안보정책으로는 세력균형(balance of power)과 집단안보 (collective security) 두 가지 원리가 중심을 이루었다. 세력균형과 집단안보는 양지 모두 힘은 힘으로 억제해야 한다는 논리에서 출발하는데 공통점이 있다. 그러나 전자는 국가 또는 국가군 간의 세력 균형에 의해 평화와 질서 보장하려는 데 비해, 후자는 어느 한쪽의 지배적인 힘의 우위를 통해 평화와 질서를 확보하려 하는데서 차이가 있다. 현실주의 이론에 기초하는 세력균형은 2차 대전 후 냉전의 발발과 국제기구에 대한 의구심이 확산되면서 다시 긴급한 문제로 대두하였고, 핵무기로 인한 '공포의 균형(balance of terror)'이 출현하면서 이론적 세련화를 거쳤다.

최근 들어와 이러한 냉전시기의 안보관이 안보에 대한 협소한 정의에 기반하는 것으로 인종중심적이며, 문화적으로 편향된 것이라는 비판이 제기되었다. 이러한 비판의 제기는 무엇보다 탈냉전이라는 국제정세의 변화에 힘입은 바 크다. 탈냉전은 1980년대 중반 소련의 고르바초프(Mikhail Gorbachov)가 개혁과 개방 정책을 공식적 지도이념으로 채택한 후 정치제도의 개혁과 탈국유화 및 시장경제로의 이행을 추진하면서 비롯되었다. 이로 말미암아 동유럽 사회주의 정권들이 붕괴하고 체제전환이 시작되었으며, 동・서독이 통일을 달성하고, 거대한 소련제국은 해체되었다. 군사적으로 대치하던 한 축이 무너져 내리자 많은 이들은 전쟁 없는 평화로운 세상의 도래를 기대하였다.

그러나 평화는 오지 않았다. 다양한 민족과 국가가 혼재하고 있던 발칸반도에서는 소연방의 해체 이후 슬로베니아와 크로아티아가 유고연방에서 독립을 선언하면서 민족분리와 대량학살을 동반한 전쟁이 발발하였다. 조직적이고 계획적으로 비합법적인 폭력을 사용하거나 위협을 통해 공포심을 부여하는 테러행위는 탈냉전 이후에는 정치적 목적에 국한되지 않고 민족적, 종교적, 사회적 문제 등 다양한 쟁점과 관련해 더욱 자주 발생하였다. 난민과 불법노동인구의 이동과 마약과 연계된 국제범죄 역시 급증하였다. 에너지 및 주요자원의 안정적인 수급을 둘러싼 국가 간 경쟁이 불붙었고, 지구온난화를 비롯한 전 지구적인 환경문제가 심각한 문제로 등장했다.

당연히 기존의 국가안보 개념의 한계를 극복하고 다양한 고려사항을 포함하는 안보개념이 주창되었다. 탈냉전과 더불어 세계화가 진척되면서 안보개념 역시 편협하게 국가적 수준에서만 볼 것이 아니라 국제적, 혹은 전 지구적 맥락에서 고찰해야 된다는 것이다. 그 대표적인 학자로 우리는 오랜 기간 코펜하겐 평화연구소(COPRI)에서 안보 프로젝트팀을 이끌었던 배리 부잔(Barry Buzan)을 들 수 있다. 부잔은 <국민, 국가와 두려움(People, States and Fear)>이란 저서에서 국가안보가 행위주체로서 국가가 가지는 취약성과 국가에 대한 다양한 위협 때문에 문제가 있다고 지적한다. 그는 새로운 시대의 국가안보는 다차원적이라면서 다음과 같이 지적한다: "안보는 복수의 주체를 가지고 있다. 국가사회가 팽창하기 때문만이 아니라 국가 하부의 개인차원, 또 국가 위로 국제체계 차원도 있기 때문이다". 이런 문제인식에 입각해 부잔은 군사적 측면뿐만 아니라 정치, 경제, 사회, 환경 등 제반 요소들을 포함하고 국제적 맥락에서 정의된 안보개념을 제시하였다.

탈냉전시기에는 안보영역이 다양한 분야로 확대되고 개념상의 복잡성과 모호함이 더욱 증대되었다. 특히 비군사적 안보영역의 중요성이 증대되면서 포괄적 안보(comprehensive security)라는 개념이 등장하였다. 이러한 안보개념은 안보위협의 다양화에 따라 안보에 영향을 미치는 정치・군사적 위협은 물론이고 경제, 환경, 에너지, 사회 등 모든 분야에서 야기되는 위협에 대처하는 종합적인 안보개념을 의미한다. 나아가 이러한 변화는 종래의 정치적, 군사적 측면을 중시하는 이른바 '상위정치(high politics)'서 비정치적, 비군사적 측면의 '하위정치(low politics)'로 안보의 범위가 확장되었다는 것을 뜻한다.

안보연구의 새로운 흐름으로 파악되는 것은 1994년 UN 개발계획(UNDP)의 '인간개발보고서'에서 제기된 이른바 '인간안보(human security)'의 개념이다. 이 보고서는 인간안보를 다음과 같이 정의한다.

> "인간안보는 두 가지 측면을 갖는다고 말할 수 있다. 첫째로, 인간안보는 굶주림, 질병, 억압과 같은 고실적인 위협으로부터 안보를 추구하는 것을 의미한다. 둘째로, 인간안보는 가정이나 직장, 공동체 등 일상적인 생활패턴으로부터 갑작스럽고 고통스럽게 격리되지 않도록 보호하는 것이다. 이러한 위협은 국민소득이나 개발 등 모든 수준에서 나타나고 있다."

인간안보 개념은 현재 정치와 경제, 교육과 문화 분야 등에서 널리 확산되면서 새로운 평화의 개념으로 인식되고 있다. 이것은 국가와 국가 사이에서 일어나는 세계적 정세에서 주는 불안보다 일상생활에서 제기되는 기아, 질병, 실업, 범죄 등의 문제가 더 개개인의 안보에 커다란 영향을 준다는 인식에서 비롯된 것이다. 이와 같은 안보개념은 곧 평화의 개념과 같은 것이며 그 이전에 제기된 갈퉁(Johan Galtung)의 '적극적 평화' 개념이나 '구조적 폭력'에서 누락된 구체적인 인간 개개인의 존재와 역할의 문제를 인간안보란 개념으로 제기하고, 평화의 내용이 실질적인 인간에 맞춰져야 한다는 것을 보여준다.

그러나 탈냉전 이후 국제안보의 주된 쟁점이 군사적인 것에서 비군사적인 것으로 옮겨가면서 그 우선순위도 바뀌었다고 단순히 말할 수는 없다. 군사안보 문제는 여전히 국가뿐만 아니라 개인에게도 생존에 즉각적이고 직접적인 위협이 되기 때문이다. 현재에도 전 세계적으로 지속적인 군비경쟁이 벌어지고 있는 것은 많은 국가들이 군사안보의 중요성을 잘 인식하고 있음을 보여준다. 그렇지만 비군사적 위협이 빈발하는 현실에서 안보를 군사영역에만 한정할 경우에도 안보공백이 초래될 수 있다. 따라서 점차 복잡해지고 있는 세계에서 안보는 군사적 안보영역과 더불어 비군사적 안보영역이 서로 긴밀하게 연결되어 있는 것으로 이해하고, 양자를 우선이나 차선의 문제가 아니라 동시적으로 사고하고 대응해야 하는 것으로 이해하는 것이 필요하다.

2. 세계 군비경쟁과 미국의 군사적 헤게모니

자본주의와 사회주의 양진영이 군사적으로 대치하던 냉전구조가 종식되면서 많은 이들은 전 세계적으로 전쟁이 줄어들고 군비도 감축될 것이라고 기대했다. 이러한 기대는 앞 절에서 언급했듯이 각종 분쟁이 연달아 발생하고 테러행위가 증대하면서 실현되지 않았다. 특히 탈냉전기에 들어와 세계의 군사비 지출은 잠시 감소되는 경향을 보이다가 1998년 이후 다시 증가하는 추세를 보이고 있다. 2차 세계대전 이후 최악의 경제난이 찾아온 2008년의 경우 세계의 군비 지출은 2007년보다 오히려 4% 늘어났다고 스톡홀름 국제평화연구소(SIPRI)가 밝혔다. 2007년 세계가 지출한 군사비 총액은 1조 4640억 달러로 1999년 이후 10년 동안 45% 증가했다. 세계 국내총생산(GDP)의 2.4%에 이르는 군비를 지구촌 인구 1인당 217달러씩 쓴 셈이다. 스톡홀름 국제평화연구소는 "테러와의 전쟁이 많은 나라들로 하여금 높은 군비 지출을 정당화해 줬다"고 밝혔다.

여기서 눈길을 끄는 점은 전체 세계 군비의 약 절반 가량을 미국 한 나라가 차지하고 있다는 사실이다. 2008년의 경우 미국은 혼자서 6070억 달러를 지출해 전체 세계 군비의 42%를 차지했다. 지난 10년 동안 증가한 세계 군비 지출의 58%는 미국의 몫이었다. 여기서 보듯이 미국은 명실공히 전 세계적인 군사비 지출의 증대를 주도하는 군사적 헤게모니 국가라 할 수 있다. 미국은 군사력뿐만 아니라 경제력, 과학기술력 등 물리적 힘의 모든 구성요소에서 세계를 압도하고 있는데서 유일한 헤게모니 국가로 지칭된다. 이와 관련하여 현 세계질서를 세력균형이 불가능한 헤게모니 체제가 지배하는 단극질서로 보는 견해 역시 존재한다

(물론 일부 학자들은 현 국제질서를 미국이 여타 국가들을 통제하고 지배하는 헤게모니 체제로 볼 수 없다고도 한다. 미국의 힘의 우위는 문자 그대로 우위(preponderance)일 뿐 아직 지배(dominance)의 수준에는 미치지 못하고 있다는 것이다). 그렇다면 미국이 군비지출 증대를 이끌고 있는 까닭은 무엇일까? 그 까닭을 우리는 미국의 정치경제계에 막대한 영향력을 가진 군산복합체(the military-industrial complex)와 부시정권이 의욕적으로 추진한 미사일 방어망(Missile Defense: MD) 계획, 그리고 중대한 이해관계가 얽힌 각종 전쟁 등에서 찾을 수 있다.

우선 군산복합체는 미국의 정치와 경제계에 막강한 영향력을 행사하고 있는 세력으로 정부의 군비지출에 깊이 관여하는 군부, 군수산업체, 정치가들로 구성되어 있다. 군수산업체로부터 지원을 받는 보수적 싱크탱크와 보수 언론 역시 이들과 긴밀한 네트워크를 형성하고 있다. 군수산업체와 펜타콘, 의회 사이에는 이른바 '철의 삼각(iron triangle)'이 구축되어 있다는 지적처럼 미국의 외교안보전략과 국방예산 수립에 대한 이들의 영향력은 실로 막강하다. 군산복합체라는 용어는 1961년 아이젠하워(Dwight D. Eisenhower)의 대통령 퇴임 연설에서 처음으로 사용되었다.

> "오늘날 미국의 군사기구는 평화롭던 과거에 알고 있던 것과 전혀 다르다. 얼마 전까지만 해도 미국에는 군수산업이라는 것이 없었다. 미국 제조업체들은 평상시에는 보습을 만들다가 필요할 때면 칼을 생산했다. 하지만 지금은 국방을 임기응변에 맡길 수 없기 때문에 엄청난 규모의 영구적인 군수산업이 생겨났다.... 미국 역사상 거대한 군사체제와 대형 군수산업이 결합한 예는 한 번도 없었다. 이로 인한 총체적 영향이 모든 도시, 모든 주, 연방전부 내 모든 부처에 매우 크다... 정부위원회는 군산복합체의 부당한 영향력에 맞서야 한다. 제자리를 벗어난 권력은 비대해져 재앙을 일으킬 가능성이 상존한다. 우리는 이 결합의 무게가 우리의 자유와 민주적 절차를 짓

누르지 못하도록 해야 한다.”

아이젠하워가 경고한 미국 사회 전체에 중대한 영향을 미치는 군산복합체는 일종의 유착구조를 형성하고 이익을 위해 군비 지출의 증대를 도모하고 있다. 정부와 의회뿐만 아니라 국제기구와 외국 정부 및 의회까지 로비스트들을 파견하여 군비지출 증액 압력뿐만 아니라 친군사적인 정치인 당선 지원, 신무기 개발 사업 요구, 군수산업에 대한 정부보조금 확보, 정부의 국방 관련 연구개발비 증액 등을 꾀하고 있다. 특히 군수산업체를 지역구에 둔 의원들은 지역주민들의 고용과 자신의 정치자금을 이유로 정부에 자신의 지역구에서 생산되는 무기를 구입할 것을 강력히 요구하는 것이 비일비재하다.

군비증강과 국제분쟁, 전쟁은 특히 군산복합체에 의해 제공되는 무기를 소비시켜 준다. 최첨단무기의 전시와 실험장이 되고 있는 최근 전쟁들로 인해 각 국 정부와 이를 생산하는 소수의 기업 간의 의존은 더욱 더 심화되고 있다. 미국의 경우 대표적인 군수산업체는 보잉, 록히드 마틴, 레이시온, 톰슨 라모 울드리지(TRW) 등이 꼽힌다. 이들은 이라크전쟁에서 나타난 것처럼 외교적 노력보다 군사행위를 중시하고, 적의 능력을 있는 그대로 평가하기 보다는 부풀리고, 위기를 조장할 수 있는 새로운 전쟁 상대를 물색하는 경향이 있다. 2001년 9.11 테러공격 이후 전개된 ‘테러와의 전쟁’은 냉전종식으로 위기에 빠졌던 군산복합체에게는 군수산업을 일으킬 절호의 기회였다.

전 세계적으로 군비 지출을 부추기는 것으로 미사일방어망 계획을 들 수 있다. MD는 전 지구적 규모에서 미국을 겨냥한 미사일을 공중에서 레이저나 요격미사일로 파괴시키는 것을 핵심애용으로 하는 방어망 계획을 일컫는다. 이는 냉전 시대 레이건 행정부가 주도했던 ‘스타워즈(Star Wars)’라 불렸던 전략방위이니셔티브(SDI)의 재판으로 볼 수 있다. 클린턴 행정부에 들어와 미국 본토 방어를 목적으로 하는 국가미사일방어체제(NMD)와 해외 주둔 미군과 동맹국의 방어를 염두에 둔 전역미사일방어체제(TMD)로 구분하여 후자만 발사시험이 성공할 경우 추진하는 것으로 바뀌었다. 이는 다시 아들 부시 행정부에 들어와 이른바 '깡패국가'들의 미사일 위협에 대비한다는 명목으로 NMD와 TMD를 통합해 다층적이고 전 지구적인 미사일 방어망을 추진하는 것으로 나타났다. 아들 부시 정부 집권 기간에 발생한 9.11 테러사건은 MD체제 구축 압력을 증가시키는 데 적절히 이용되었다.

미국이 MD를 추진하는 이유는 세계 유일의 군사적 헤게모니 전략을 군사적으로 뒷받침하려는 데서 찾을 수 있다. 동시에 신자유주의적 세계화로 요약되는 미국 중심의 세계질서를 군사적 측면에서 보장하고, 탈냉전으로 위기에 빠진 미국의 군산복합체들에게도 막대한 이윤을 보장해주기 위한 것으로 볼 수 있다. 또한 우주를 군사적으로 선점하고 정치, 경제, 군사적으로 부상하는 중국을 봉쇄하려는 의도 역시 존재한다. 그러나 MD 추진으로 인한 여러 문제점 역시 지적되고 있다. 무엇보다 MD는 새로운 군비경쟁을 촉발하고 있다. 당장 중국과 소련은 전략적 동반자 관계를 강화하면서 군비 강화에 박차를 가하고 있고, 대표적인 '깡패국가'로 지목되는 북한은 핵과 미사일 개발에 나서고 있다. 천문학적인 예산이 소요되는 데 비해 기술 개발 성공률은 매우 낮다는 점 역시 반대의 근거로 제시되고 있다.

미국의 MD 추진은 국제적인 갈등도 초래하고 있다. 미국은 그동안 러시아가 아니라 중동의 위협으로부터 동맹국들을 보호한다는 명분으로 폴란드와 체코 등 동유럽 지역에 MD 기지를 세우는 계획을 추진해 왔는데 이는 러시아의 강한 반발을 불러 일으켰다. 유럽연합(EU) 역시 미국의 MD 계획에 반대하고 있다. 대표적으로 프랑스의 니콜라 사르코지(Nicolas Sarkozy) 대통령은 "유럽에 MD 기지를 설치하려는 계획은 상황을 더 어렵게 할 뿐 유럽 안보에 도움이 되지 않는다"고 말한 바 있다. 러시아의 드미트리 메드베데프(Dmitry Anatolyevich Medvedev) 대통령 역시 유럽안보협력기구(OSCE) 회의 개최를 제안하면서 그전까지는 MD

와 관련된 논의를 하지 말자고 제안했다. 메드베데프 대통령은 "전 세계적인 합의가 이뤄지기 전까지는 어느 국가든 유럽의 안보에 영향을 미칠 수 있는 사안에 대해 일방적인 조치를 취해서는 안 된다"는 점을 강조하고 있다.

3. 유럽의 지역안보협력 사례

유럽의 역사는 분열과 통합이 반복되어 나타났다. 중세에는 기독교 사상에 기반한 보편적 세계질서가 지배했던 반면 근대에 들어서면서부터는 국민국가의 수립과 확장, 산업화의 추진 과정에서 다양한 집단 간에 균열과 갈등이 발생하였다. 특히 강력한 국가가 팽창을 시도하거나 특정한 종교집단이 갈등을 부추길 경우 유럽은 극심한 전쟁에 빠지곤 하였다. 이런 상황에서 유럽은 세력균형과 같이 분열된 상황을 유지하려는 메커니즘이 발전될 수밖에 없었다.

베스트팔렌 조약(1648)의 결과 수립된 베스트팔렌 체제는 근대 국민국가가 등장하는데 필요한 국제법적 기초와 국가 중심의 국제질서를 구축하였다는 점에서 중요하다. 유럽 역사상 최초의 다자간 조약이라 할 베스트팔렌 조약은 독일의 신구교도들 간의 대립에서, 그리고 황제의 권위에 대항해 반란을 일으킨 독일 제후들의 투쟁에서 발생하여 결국 강대국들 간의 헤게모니 쟁탈전으로 변모하였던 30년 전쟁을 종식시킨 평화조약이었다. 종교권력과의 싸움에서 승리한 국가권력의 위상을 국제적으로 확정함으로써 국가권력이 종교의 제약 없이 빠른 속도로 발전하게 되었다. 모든 국가는 적어도 국제법적으로는 동등하다는 것을 확인하였고, 주권의 두 가지 측면인 상호인정과 독립성을 보장하게 되었다. 이는 1648년서부터 1945년 사이를 포괄하는 국제법과 국제관계를 규정하는 개념이 되었다. 영토주권, 국가 간의 공식적 평등, 공식적으로 인정된 타국가에 대한 내정 불간섭, 국제법적 의무의 토대로서 국가의 동의 필요 등이 국제사회의 핵심 원칙이 되었다. 이는 국가 외의 다른 권위가 존재하지 않는 영토국가, 주권국가로 이뤄진 정치질서의 발전을 보여 준다.

베스트팔렌 체제가 작동되었던 약 3세기 동안 유럽에서는 다극적 세력균형이 존재했다. 어떤 한 강대국 혹은 연합이 유럽을 지배하는 것을 국가간의 유동적이고 경쟁적인 동맹관계를 통해 성공적으로 저지했다. 예를 들어 1800-1815년 프랑스가 위협국가로 등장하자 영국, 러시아, 오스트리아, 프러시아가 연합하여 나폴레옹을 패퇴시켰다. 다극적 세력균형체제는 1차대전을 계기로 흔들리기 시작하여 2차대전 후에 붕괴된 후 미국과 소련 간에 양극적 세력균형이 존재하게 된다. 냉전 시기에는 핵에 의한 공포의 균형에 의해 세력균형이 유지되었다. 이러한 까닭에 유럽에서는 다른 지역보다도 뚜렷하게 안보분야에서 국제협력이 전개되었다.

2차 대전 후 유럽과 대서양지역은 북대서양조약기구(NATO), 서유럽동맹(WEU), 유럽안보협력기구(OSCE) 등 상이한 구성원과 협력관계를 가진 다수의 중첩적 기구를 토대로 한 안보협력체제를 구축해 왔다고 평가된다. 원래 유럽방위공동체(EDC) 중심으로 유럽적 정체성을 확보하려는 범유럽주의(Pan-Europeanism) 구상은 발의국인 프랑스의회에서 통과되지 않으면서 WEU로 굴절되고, 대신 대서양주의(Atlanticism)적 관점의 NATO가 독일군을 포함한 강력한 군사기구로 발전하게 되었다. NATO는 회원국 일방에 대한 공격을 전 회원국에 대한 공격으로 간주하는 집단방위기구로 발전하게 되었다. 미국이 주도하는 집단안보기구의 출범에 대항해 소련을 위시한 동유럽 사회주의 국가들은 바르샤바조약기구(WTO)를 출범시킴으로써 동·서대립은 더욱 표면화하게 되었다.

NATO와 EDC, WEU와 함께 지역안보협력을 위한 유럽의 경험에서 빼놓을 수 없는 것이 OSCE이다. OSCE는 보다 큰 틀에서 유럽의 안보를 논의하기 위해 1973년부터 2년여에 걸쳐 개최되었던 헬싱키회의에서 35개국 정상 및 정부수반이 최종의정서를 채택하면서 처음에는 유럽안보협력회의(CSCE)로 출범하였다. 세차례에 걸친 유럽군축회의를 개최하고 '스톡홀름 협약'을 채택하는 등의 성과를 거둔 CSCE는 안보문제를 협력과 조화를 통해 해결하려는 다자안보협력기구라 할 수 있다. CSCE는 정치·군사 분야의 신뢰 구축과 군비 축소, 소수민족 보호, 인권 존중, 환경 보호, 비정치 분야의 협력, 예방외교를 펼쳤다. 이후 제도화 과정을 거쳐 1995년 OSCE로 상설기구화 되었다.

NATO는 1991년 대항조직이던 WTO가 해체되자 체제 변화 문제가 핵심 쟁점으로 대두되었다. 그 결과 NATO는 미국 주도로 지역분쟁에 대처하는 유럽 안보기구로 자리매김한다는 신전략을 채택하였다. 정치 불안, 경제 붕괴, 대량무기 확산, 민족 갈등, 테러리즘을 새로운 안보위협으로 설정한 NATO는 1999년에는 유럽 일부지역에서 발생한 불안정이 전체 회원국의 위협이 될 수 있다는 논리를 내세워 UN 결의 없이 코소보를 단독 공습하기도 하였다. 2002년에는 긴급사태 시 1주일 인에 병력 출동히는 신속배치군(RDF) 창설을 승인하는 한편 동유럽 국가들과 '평화를 위한 동반자 관계' 협정을 맺었다.

창설 60주년을 맞는 NATO가 직면한 문제는 깊고 크다. 냉전 시기의 주적이던 소련이 사라진 상황에서 정체성 혼란에 시달리는 NATO는 지금 아프가니스탄 전쟁, 러시아와의 관계 설정, 활동범위 확대와 새로운 의사결정 체계 정립이라는 3중고에 직면하고 있다. 핵심의제는 아프간 전쟁에 대한 회원국들의 기여 확대 문제는 미국이 요구하는 병력 증파보다는 결정이 되었다. 나토의 정체성 혼란의 근본 배경인 러시아와의 관계 설정 문제도 돌파구를 찾지 못하고 있다. 체코와 폴란드에 레이더와 요격비사일 기지를 건설하는 것을 내용으로 하는 동유럽 MD체제 구축을 둘러싸고 러시아와 갈등을 겪고 있다. 이는 러시아의 안보 위협을 여전히 의식하는 동유럽의 신규 회원국들과 러시아와 관계정상화를 원하는 서유럽 기존 회원국들 사이의 입장 차이에서 비롯된 것이라고 할 수 있다. 알바니아와 크로아티아를 회원국으로 받아들이면서 28개국으로 늘어난 회원국은 NATO에게 의사결정체계의 개혁 역시 과제로 제시하고 있다.

한편 NATO에 압도되어 오랫동안 방치되어 온 것은 1948년 베네룩스 3국과 프랑스, 영국이 맺은 상호방위조약을 모태로 한 유럽 안보기구인 WEU이다. 탈냉전 후인 1992년 6월 WEU 회원국들은 페테르스부르크 선언을 통해 역외지역의 평화유지활동을 위한 병력 파견 등 군사적 역할의 확대에 합의하였고, 1997년 암스테르담 조약에서는 독자적으로 방위역할을 수행하기로 한 EU 안보체계에서 WEU가 핵심적 역할을 수행하기로 결정하였다. 그러나 이후 회원국들은 WEU의 군사임무를 EU의 공동외교안보정책(CFSP)에 이전하기로 하고, 유럽헌법안이 유럽의 공동방위를 NATO에 주기로 하면서 WEU는 유럽통합의 발전과정에서 새로운 역할을 모색하게 되었다.

4. 동아시아의 안보 현실과 전망

동아시아 지역은 그 어느 지역보다도 안보 불안이 높은 지역이다. 그럼에도 이 지역에서는 유럽과 달리 아직 지역분쟁을 사전에 예방하고 완화시킬 수 있는 다자간 안보협력이 부재한 가운데 평화가 제도적으로 안정되지 못하고 다만 강대국간 세력균형에 의한 불안한 평화상태가 계속되고 있다. 지금까지 동아시아 각국은 안보문제를 개별적 혹은 양자적 협력을 통해서만 해결하려 하고 있다. 이렇게 된 데는 무엇보다 동아시아 지역에서는 공통의 안보이익이 존재하지 않고, 역사, 정치, 문화적 전통 등에 있어서도 공통성이 없으며, 다자주의의 경험이 없을 뿐만 아니라 안보적 위협인식 또한 상이하다는 점을 들 수 있다. 이런 가운데에 중국과 일본 간의 군비경쟁이 심화되고 있고, 한반도에서는 남북한이 군사적 대치를 풀지 않고 있다. 해양영토와 경계선을 둘러싼 분쟁 역시 존재한다.

동아시아의 안보역학에서 가장 중요한 역할을 수행하고 있는 국가는 중국이다. 중국의 국력 신장과, 가속화되고 있는 군사력의 현대화는 동아시아 안정과 평화에 주요한 영향을 미치는 변수로 흔히 거론된다. 중국이 신장된 국력을 바탕으로 현존하는 미국 주도의 동아시아 안보질서의 변화를 시도하거나, 국익을 추구하고 의지를 실현하는 수단으로 군사력을 활용할 경우 동아시아 안보구도는 크게 변화할 수 있다. 현재 중국은 GDP 수준에서 독일을 제치고 세계 3위의 경제대국이 되었고, 군사적으로도 미국과 러시아에 이어 핵전력 세계 3위의 국가이다. 다른 한편으로 중국도 경제발전을 위해서는 동북아의 안정과 미국시장에 대한 접근이 필요하다는 점에서 군사 충돌 가능성은 희박하다는 시각도 있다. 무엇보다 미국과 중국이 상호 의존적인 교역에서 얻는 것이 너무 크다는 것이다.

일본 역시 동아시아 안보에서 핵심적인 국가로 꼽힌다. 전후에 미・일 안전보장체제를 기반으로 통상형 국가전략을 추구한 일본은 탈냉전 후 부시 행정부가 새로운 군사 변환전략과 해외주둔 미군 재배치계획을 전개하면서 국제사회에서 정치-군사적 활동을 강화·확대하고 있다. 1996년의 미・일 안보선언과 1997년 미・일 새 방위협력지침, 1999년 주변사태법은 일본을 미국 동아시아 안보전략의 군사적 파트너로 격상시키고, 미・일 동맹과 자위대 활동의 범위를 일본 열도 바깥으로 확장해 군사팽창의 길을 텄다. 2009년 8월 일본에서는 54년 만에 역사적인 정권교체를 이룬 민주당 정권은 미국과의 새로운 파트너십을 위해 앞으로 미・일 동맹관계를 재검토해 나가기로 하면서 동아시아 안보질서에 변화를 가져올 것으로 예상된다.

군사적 대치가 계속되고 있는 한반도 역시 동아시아 안보구도의 아킬레스건이라 할 수 있다. 남북한은 전쟁을 경험했고 이후 각각의 진영과 군사동맹을 체결하면서 주변 강대국들에게 한반도 안보에 개입할 수 있는 기회와 장치를 제공하였다. 이는 남북관계가 지닌 국제적인 성격을 잘 보여준다. 특히 북한은 1980년대 말부터 사회주의권의 대변혁이라는 세기적 변화로 말미암아 국제적 고립이 심화되고, 북한식 사회주의 체제의 변화를 목적으로 하는 외부의 압력이 가중되면서 심각한 안보위기 상황에 처하자 본격적으로 핵무기와 장거리미사일을 개발하기 시작하였다. 이는 한반도뿐만 아니라 동아시아 안보구도를 불안하게 하는 최대의 쟁점으로 떠올랐다. 안보불안 요인이 상존하고 있는 동아시아에서 한반도 문제의 평화적 해결이 역내 상생과 공영의 출발점이라 할 수 있다.

동아시아 안보구도에서 눈에 띄는 것이 동남아국가연합(ASEAN)이 주도하는 다자적이면서 포괄적인 안보협력이다. 1994년 7월에 출범한 아세안 지역안보포럼(ASEAN Regional Forum: ARF)은 정치・안보문제에 대한 아시아, 태평양 지역 역내국간 대화를 통해 상호신뢰와 이해를 깊게 함으로써 아시아, 태평양 지역의 평화와 안정을 추구하는 역내 유일의 정부 간 안보협력체이다. 무엇보다 ARF는 정치안보문제에 관한 건설적 대화와 협력의 습관을 조성하기 위해 신뢰구축, 예방외교, 분쟁해결을 추구하고 있는데 이는 ARF가 집단안보나 집단방위를 지향하지 않는다는 것을 보여준다. 마약, 환경, 테러, 불법이민, 해적, 국제범죄 등 비군사적 안보영역을 포함한 포괄적 안보에 기초한 다자안보협력을 지향하고 있는 점 역시 ARF의 또 다른 특징이다. 그러나 냉전의 정치적 · 군사적 유산들이 그대로 남아 있는 동아시아에서 미국, 중국, 일본 등 동아시아에 상이한 안보이해를 지닌 국가들과 어떻게 관계를 설정하고 리더십을 발휘할 것인가, 그리고 안보협력을 구체화하기 위해 제도화 수준을 어떻게 높일 것인가는 향후 ARF가 풀어야 할 과제들이라 할 수 있다.

<탐구과제>

- 안보란 무엇을 의미하며, 왜 중요한가? 탈냉전 이후 안보의 주안점은 어떻게 변하였는가?
- 미국은 왜 전 세계적인 군비지출 증대를 주도하는가? 이는 국제안보에 어떤 결과를 가져왔는가?
- 2차대전 후 유럽안보체제는 어떻게 구성되었으며, 탈냉전 이후 어떻게 변화하였는가?
- 동아시아의 지역안보협력은 유럽에 비해 왜 취약한가? ARF의 의의와 문제점으로는 어떤 것이 있는가?

〈참고문헌〉

김명섭 · 조성대 · 진시원(2003),『세계의 정치와 경제』, 서울: 방송통신대학교출판부.

박종철 외(2003),『동북아 안보 · 경제 협력체제 형성 방안』, 서울: 통일연구원.

장달중 · 임수호(2004),"부시행정부의 패권전략과 동아시아의 안보딜레마",『국가전략』, 제10권 2호.

홍익표 · 진시원(2009),『세계화 시대의 정치학』, 서울: 도서출판 오름.

Baylis, John, Steve Smith & Patricia Owens (eds.), 하영선 외 역(2009),『세계정치론』, 서울: 을유문화사.

Buzan, Barry, 김태현 역(1995),『세계화 시대의 국가안보』, 서울: 나남출판.

Croft, Stuart & Terry Terriff (eds.)(2000), Critical Reflections on Security and Change, London: Frank Cass.

Dorman, Andrew M. & Adrian Treacher(1997), European Security: An Introduction to Security Issues in Post-Cold War Europe, Aldershot: Dartmouth.

Eisendrath, Craig et.al., 김기협 외 역(2002),『미사일 디펜스』, 서울: 들녘.

Prezelj, Iztok(2007), "Challenges in Conceptualizing and Providing Human Security", HUMSEC Journal, Issue 2.

Scheer, Robert, 노승영 역(2009),『권력의 포르노그래피: 테러, 안보 그리고 거짓말』, 서울: 책보세.

Schneider, Marius(2002), Sicherheit, Wandel und die Einheit Europas, Opladen: Leske + Budrich.

Sjursen, Helene(2003), "Security and Defence", ARENA Working Paper 10/03.

Smith, Steve(2002), “The Contested Concept of Security”, Working Paper No.23, Institute of Defence and Strategic Studies, Singapore.
Stöver, Bernd, 최승완 역(2008), 『냉전이란 무엇인가』, 서울: 역사비평사.

제3장 국제기구

홍 익 표

〈개요〉

- 국제기구(international organizations)는 '두 개 이상의 주권국가들이 공동의 이익을 추구할 목적으로 협정에 의해 설립한 공식적인 조직체'라 할 수 있다. 그러나 국제기구의 정의를 둘러싸고는 학자들 간에 다양한 견해가 존재한다.
- 국제기구가 국제사회에 그 모습을 드러낸 것은 19세기이다. 특정의 국제문제를 다루기 위해 정기회의를 개최하고 이를 돕는 사무국으로 구성되는 국제하천위원회에 이어서 국제행정연합이 설립되었다. 국제기구는 1차 대전과 2차 대전 후에 각각 국제연맹과 국제연합으로 발전되었다.
- 국제관계를 보는 시각과 마찬가지로 국제기구를 보는 시각은 크게 현실주의, 자유주의, 급진주의로 구분해 볼 수 있다. 현실주의는 국제기구가 패권국이나 강대국의 이익을 주로 대변하며 국제관계에서 주변 역할을 할 뿐이라고 한다. 이에 비해 자유주의는 다양한 역할을 수행하는 국제기구의 존재를 강조한다. 급진주의에서는 국제기구가 세계자본주의체제의 지배를 위한 수단이라고 본다.
- 세계화의 진척으로 국제기구는 점차 다양한 영역에서 중요한 역할을 수행하고 있다. 국제안보, 국제무역, 지역통합, 지구환경, 식량 등은 국제기구가 활동하는 중심 영역으로 평가된다.
- 세계화라는 거대한 물결 속에서 다양한 영역과 수준에서의 무수한 행위자들의 활동을 조정하는 글로벌 가버넌스(global governance)의 중요성도 커지고 있다. 지구촌 전체 차원에서의 시민사회인 글로벌 시민사회도 형성되고 점차 활성화되고 있다.

〈학습목표〉

- 국제기구란 무엇이며, 국제제도와 국제레짐과는 어떻게 다른지 이해한다.
- 국제기구의 발전과정을 이해한다.
- 현실주의, 자유주의, 급진주의 시각에서 국제기구의 역할을 이해한다.
- 국제관계의 주요한 영역에서 국제기구들이 수행하는 역할을 이해한다.
- 글로벌 가버넌스의 대두를 글로벌 시민사회와 관련하여 이해한다.

1. 국제기구란 무엇인가?

다른 사회과학 용어처럼 국제기구(international organizations: IO)의 정의를 둘러싸고는 학자들 간에 다양한 견해가 존재한다. 그 중에서 많은 학자들이 수용하는 정의는 국제기구를 '두 개 이상의 주권국가들이 공동의 이익을 추구할 목적으로 협정에 의해 설립한 공식적인 조직체'로 본다. 이러한 정의는 국제기구가 국제관계의 핵심 행위자인 주권국가를 단위로 구성되고 이들에 의해 권리가 부여되었다는 점을 강조한다. 그러나 국가를 단위로 하지 않고 그 회원자격이 초국가 행위자에게 열려있는 비정부간국제기구(international non-governmental organizations: INGO)도 존재하기 때문에 국제기구를 여러 국가로부터 공식절차와 공식회원을 확보한 국제제도의 하나로 정의하는 경우도 있다.

우리는 국제기구라 번역되는 영어의 international organizations이라는 말이 구체적으로 무엇을 가리키는가를 살펴봄으로써 국제기구에 대한 이해에 도움을 받을 수 있다. 우선 international은 '국가 간(interstate)' 혹은 '정부 간(intergovernmental)'이란 의미를 지닌다. 중요한 것은 organizations이다. 이와 관련하여 이니스 클로드(Inis L. Claude Jr.)는 organization과 organizations를 구별하여, 전자를 조직화의 과정으로 후자는 조직화 과정의 구체적인 성과물인 조직체로 본다. 피터 윌레츠(Peter Willets)도 international organizations는 직원, 예산, 시설 등 구체적인 구조를 지니고 있는 물질적인 실체를, international organization은 제도화 여부에 상관없이 상호작용을 하는 규칙적인 구조의 의미로 사용한다. 이들 구분에 의하면 후자가 전자의 하위 개념이라 할 수 있다.

흔히 국제기구와 혼용되어 사용되는 용어로 국제제도(international institution)와 국제레짐(international regimes)이 있다. 로버트 코헤인(Robert O. Keohane)은 국제제도를 '역할을 규정하고 행동을 구속하는 기대를 구체화시키는 지속적이고 상호 연관된 공식적, 비공식적 규칙의 집합'으로 본다. 이는 공식적이고 지속적인 구조물을 지닌 국제기구와 국제관계의 특정 쟁역(issue area)에 있어 국가들에 의해 합의된 명시적인 규칙을 지닌 국제레짐, 그리고 행위자들의 기대하는 바를 규정짓는 묵시적인 규칙들과 이해를 지닌 비공식적인 제도로서 관습(conventions)을 포함한다. 그러나 코헤인의 정의는 일반적으로 수용되는 견해는 아니다. 통상적으로 국제레짐은 '국제관계의 특정 쟁역에 있어 국가들에 의해 합의가 된 명시적 혹은 묵시적인 규칙을 지닌 제도'라는 포괄적인 의미로 사용된다.

한편, 오란 영(Oran R. Young)은 국제기구를 '직원, 예산, 시설 등 구체적 구조를 지니고 있는 물적인 실체'로 보고 모든 국제레짐이 이러한 공식적인 기구 혹은 조직을 필요로 하는 것은 아니라고 지적한다. 영은 국제제도가 국제레짐을 포함한 상위개념이지만 국제기구를 포괄하지 않는다면서 국제제도와 국제기구를 구별하고 있다. 이 글에서는 영의 정의를 수용하여 국제기구를 하드웨어로 간주하고 국제레짐을 포함하는 국제제도를 소프트웨어로 별개이나 상호밀접한 관계를 가지고 있는 것으로 사용하기로 한다. 예를 들어 국제통화기금(IMF)과 세계은행(IBRD)은 국제기구이나 브레튼우즈 체제(Bretton Woods system)는 국제레짐 혹은 좀 더 넓은 의미의 국제제도라고 할 수 있다.

국제기구가 국제사회에 그 모습을 드러낸 것은 19세기이다. 당시 주권국가를 기본 단위로 하는 국제체제인 베스트팔렌 체제 하에서 국가 간의 관계는 쌍무외교(bilateral diplomacy)를 특징으로 하고 있었다. 1815년 비엔나회의와 더불어 유럽 강대국들은 공통의 문제를 해결하기 위해 다변외교(multilateral diplomacy)를 시작하였다. 국제회의는 제도화되지 않았으나 후에 국제기구가 따를 다변적인 협의, 집단외교, 특별지위 부여와 같은 중요한 관행이 확립되었다. 1899년과

1907년에 러시아의 니콜라스 황제가 네덜란드의 헤이그에서 국제평화회의를 개최하였다. 회의의 참가자들은 전쟁방지 방안을 논의하고 국제문제의 해결을 위한 중재와 협상, 법에 의한 해결을 논의하였다. 여기에서는 참여한 모든 국가들에 동등한 권한을 부여하고, 다변외교를 통해 의장을 선출하였으며 위원회가 조직되고 호명투표가 행해졌다.

국제하천위원회의 수립은 국제기구의 역사에서 중요하다. 비정치적 분야에서 국경을 넘은 인적, 물적 자원의 이동이 활발해지면서 '라인강 항해를 위한 중앙위원회'(1815), '유럽-다뉴브 위원회'(1856) 등 최초로 국제 하천을 관리하기 위한 위원회가 수립되었다. 후자는 항행에 있어 장애를 제거하고 항만을 건설하며, 통행세를 징수하고 위반자에 벌금을 부과하였다. 위원회는 항행규칙 제정 등 입법권한과 더불어 일정한 사법권한도 행사하였다. 회원국 대표로 구성된 위원회와 사무국 역시 설치되었다. 국제하천위원회에 이어서 국제행정연합이 설치되었다. 국제행정연합으로는 국제문제를 다루기 위해 정기회의를 개최하고 이를 돕는 사무국으로 구성되는 '국제전신연합'(1865), '만국우편연합'(1874), '국제도량형연합'(1875), '국제철도화물운송연합'(1890) 등이 있다.

1차 세계대전의 발발은 국제사회의 전반적인 문제를 다루는 포괄적인 국제기구의 필요성을 높였다. 국제연맹(League of Nations)은 연합국들이 파리 평화회의(1919)에서 국제연맹 규약에 합의해 창설되었다. 국제연맹은 집단안보와 국제분쟁의 중재, 무기감축, 개방외교정책의 원칙을 내용으로 하는 기구였다. 연맹의 주요 기관으로는 모든 회원국의 대표들로 구성되는 총회와 주요 회원국의 상임대표로 이루어지는 위원회, 실질적인 권한을 지닌 사무국 , 상설국제사법재판소 등이 설치되었다.

1차 대전 후에 설립된 국제기구인 국제노동기구(ILO)도 국제연맹과 마찬가지의 조직적 특성을 지니고 있다. ILO는 1919년 베르사이유 조약에 근거해 노동자의 노동조건을 개선하고 지위를 향상시키기 위해 창설된 국제기구이다. 총회, 이

사회, 사무국 조직을 갖춘 ILO는 이사회에 회원국 대표(2인) 외에 사용자 대표(1인)와 노동자 대표(1인) 도 구성원으로 참여해 투표권 행사를 하는 특징을 지닌다. 이 점은 대부분 정부가 회원국의 대표로 있는 다른 국제기구와 차별되는 특징이다. 총회와 이사회는 ILO조약과 권고 실시의 조사, 회원국 보고서 심리, 조약위반 조사와 권고 등의 권한을 지닌다.

2차 대전으로 국제연맹의 한계가 노정되면서 연합국측은 새로운 국제평화체제를 구상하기 시작하였다. 1944년 10월 미 영, 소, 중 4개국 대표들은 덤버튼 오우크스(Dumbarton Oaks) 회담에서 '일반 국제기구 설립에 관한 제안'을 발표하였다. 이에 따라 1945년 4월 샌프란시스코에서 개최된 '국제기구에 대한 연합국회의'에 참석한 50개국 대표가 국제연합 헌장을 작성하였고, 서명과 비준과정을 거쳐 10월 24일 국제연합(UN)이 정식 출범되었다.

UN의 주요 기구로는 총회와 사무국, 안전보장이사회, 경제사회이사회 등이 있다. 총회는 전 회원국이 참가하는 UN의 최고기관으로 UN의 활동과 산하 기구에 대해 심의, 권고 권한, 재정, 회원국 가입, 각종 이사국 선출 등의 권한을 지닌다. 1국 1표 원칙을 채택하고 중요 문제는 투표국 2/3 이상 찬성으로, 일반 안건과 절차상의 문제는 과반수 찬성으로 결정한다. 사무국은 상설 사무기관이며, 안전보장이사회는 국제평화와 안전유지에 책임을 진다. 미국, 영국, 러시아, 중국, 프랑스 5개 상임이사국과 10개의 비상임이사국으로 구성되며, 상임이사국은 거부권을 행사할 수 있다. 경제사회이사회는 경제, 사회, 문화, 인권 등을 관할하며, 54개 이사국으로 구성되어 있다. 이밖에 신탁통치 문제를 취급하는 신탁통치이사회, UN의 사법기관인 국제사법재판소, 그리고 각종 전문기구와 보조기구가 있다.[1)]

1) 전문기구로는 국제원자력기구(IAEA), 국제노동기구(ILO), 국제연합식량농업기구(FAO), 국제연합교육과학문화기구(UNESCO), 세계보건기구(WHO), 세계은행이라 불리는 국제부흥개발은행(IBRD) 등 16개가 있다. UN헌장 57조 1항은 정부간 협정에 의해 설치되고 경제, 사회, 문화, 교육, 보건 분야 및 관련 분야에서 기본문서에 따라 광범위한 국제적 책임을 지는 각종

UN의 핵심활동은 평화 유지라 할 수 있다. UN은 전 세계적 범위의 전쟁을 방지하고, 국지전에 개입해 분쟁을 조정한다. 평화유지는 안보리에 1차 책임이 있고 총회도 2/3 이상 찬성으로 안전보장에 관해 회원국들에 집단행동을 권고할 수 있다. 한편 UN은 각종 평화유지활동(peace-keeping operations: PKO)도 수행하고, 경제적, 사회적, 문화적, 인도적 차원에서 교류와 협력 증진 활동을 벌이며, UN 개발계획(UNDP)에 의거 개도국에 원조도 제공한다. UN의 발족에 이어 이후 북대서양조약기구(NATO, 1949), 바르샤바조약기구(WTO, 1955), 경제협력개발기구(OECD, 1960), 석유수출국기구(OPEC, 1960) 등의 지역기구들과 유럽공동체(EC, 1967)와 같은 초국가적 통합기구 등도 등장하였다. 한편 2차 대전으로 고통받는 사람들을 돕기 위해 설립되기 시작한 많은 NGO들도 1960년대에 들어서 다양한 분야로 확대되었다.

그렇다면 국제기구는 어떻게 분류될까? 우선 회원자격을 기준으로 분류할 수 있다. 정부간 국제기구(IGO)는 완전한 법적 회원자격이 공식적으로 국가에 한정되고, 정책결정이 갖는 권위가 정부 대표들에 부여된다. 비정부간 국제기구(INGO)는 회원자격이 초국가행위자에 개방된다. 국가와는 다른 형태의 외교 양식을 제공한다.[2)] 혼합적 국제기구(hybrid IO)는 정부 혹은 NGO 모두에게 회원자격을 부여하며, 정부와 NGO가 긴밀하게 협조한다. 이밖에 국제기구는 활동 목적을 기준으로 단일 목적 국제기구와 다목적 국제기구로 분류할 수 있다. 지역적 집단방위를 목적으로 하는 북대서양조약기구(NATO)나 보건문제만을 다루는 세계보건기구(WHO)는 단일 목적의 국제기구인데 반해 국제평화와 안전을 위시해 경제, 사회, 문화, 인권 등 다면적인 목적을 추구하는 UN은 복합적인 국

전문기구는 UN과 제휴관계를 설정한다고 규정하고 있다. 한편 보조기구로는 국제연합개발계획, 국제연합환경계획, 국제연합난민고등판무관 등이 있다.

2) NGO는 UN헌장 71조에서 처음 사용되었다. 시민사회 영역에서 활동하는 NGO는 의제 설정, 협력 창출, 갈등 조정, 정당성 부여, 문제 해결 등의 역할을 수행한다. 국제사회에서 NGO는 정부에 비해 전문적이고 단일 쟁점에 집중하는 데서 비교 우위를 지닌다.

제기구이다. 한편, 회원자격의 범위가 범세계적인 것인가 아니면 특정 지역, 특정 이념과 같은 특정 자격을 지닌 국가에 한정된 것인가를 기준으로 보편적 국제기구와 지역 국제기구로 구분할 수 있는데 UN과 UN 산하의 전문기구가 전자, 그리고 유럽연합(EU), 경제개발협력기구(OECD) 등이 후자에 속한다.

2. 국제기구를 어떻게 볼 것인가? 국제기구를 보는 세가지 시각

국제관계를 보는 시각과 마찬가지로 국제기구를 보는 시각은 크게 현실주의(realism), 자유주의(liberalism), 급진주의(radicalism)로 구분해 볼 수 있다. 현실주의는 오래된 고전사상의 전통에 기반을 둔 이론으로 투키디데스, 마키아벨리, 홉스, 루소, 마이네케 등은 국세체세의 무성부(anarchy)적 특성과 국가이성(raison d'état), 그리고 자조(self-help)를 강조한 바 있다. 이들은 국가지도자들이 중심적인 권위가 부재한 국제정치의 영역에서 행동해야 하는 원칙과 방식을 제시하였고, 불확실한 국제환경에서 국가들은 스스로 자신을 지켜야 된다고 주장하였다. 2차 세계대전 이후 체계화된 현실주의는 국제관계의 기본 행위자는 국가(state-as-actor)이며 국가는 단일하고 통합된 행위자로 합리적으로 행동한다는 소위 당구공 모델(billiard ball model)에 입각해 있다. 현실주의는 국가들 간에 이익의 조화는 부재하며, 그들 관계는 본질적으로 갈등적이고 무정부적이라고 본다. 따라서 정치는 권력을 추구하고, 국가는 권력으로 정의된 국가이익을 우선 순위에 입각해 추구해야 된다는 것이다.

현실주의 학자들은 또한 국가의 행위는 이기적이고 사악하며 권력지향적인 인간본성이나 지리와 같은 변하지 않는 요인에 의해 규정된다고 한다. 따라서 보편적인 도덕의 원칙은 국제관계의 분석과 실제에 적용되지 않는다고 주장한다. 그리고 이들은 생존은 중추적인 이익이라 하고, 평화는 국제법이나 국제기구가 아닌 세력균형에 의해 가능하다고 말한다. 현실주의 이론을 체계화한 학자로 한스 모겐소(Hans J. Morgenthau)를 흔히 꼽는다. 독일 출신의 미국 정치학자인 모겐소는 전통적 현실주의를 체계화한 학자로 평가된다. 그는 인간본성에서 유래하는 정치의 본질을 권력투쟁으로 보고 모든 국가가 '권력의 관점에서 정의된 국가이익'을 추구해야 한다고 주장했다.

그렇다면 이러한 특징을 지니는 현실주의자들은 국제기구를 어떻게 볼 까? 우선 현실주의자들은 국제기구가 두 가지 역할을 수행한다고 본다. 크게 논쟁적이지 않는 국제관계의 분야에서 국제기구가 미미하게 협력을 증진시킨다는 것이다. 국제사회에서 이해관계가 첨예하게 맞서는 분야에서 국제기구는 제 역할을 못하며 국제관계에서 주변 역할을 할 뿐이라는 것이다. 또한 현실주의자들은 국제기구가 주로 패권국이나 강대국의 이익을 대변한다고 본다. 중소규모의 국가들은 국제사회에서 국제기구를 이용하기는 하지만 특정 국가의 행위를 억제하지 못한다는 것이다. 이러한 견해는 국제기구가 국제정치와 강력한 국제적 행위자가 허용하는 것 이상으로 성공적일 수 없으며 주권국가의 단순한 도구로 남아있을 것임을 가리킨다.

다소 온건한 현실주의자들은 국제기구의 긍정적인 측면을 강조하기도 한다. 예를 들어 쉬웰러(Randall L. Schweller)와 프리에스(David Preiss)는 국제기구가 다음의 세 가지 중요한 기능을 하고 있다고 본다. 첫째, 국제기구는 강대국 단합의 장을 제공한다. 둘째, 국제기구는 현존 질서에서 기본 원칙과 규범은 유지한 채 약간의 수정을 가하는데 용이한 그룹이다. 셋째, 국제기구는 현존 질서를 정당화함으로써 지배당하고 있는 국가들의 현재 상태에 대한 인정을 얻어낸다. 이와 같은 국제기구에 대한 현실주의자들의 주장은 어떻게 평가할 수 있을까? 우선 현실주의자들은 냉전기의 UN 같이 국제기구가 독자적 역할 수행 못하는 현실을 설명하는데 제격이다. 그러나 제3세계 국가들에 대한 원조 제공과 같은 국가 간의 협력을 규명하지 못한다. 또한 현실주의자들이 상정하고 있듯이 국가만이 중요 행위자는 아니며, 국가는 비합리적일 수 있다. 아울러서 이러한 현실주의 이론은 경제와 사회발전, 문화, 환경 등 하위정치(low politics)를 경시하며, 국제관계의 불평등과 변혁에도 무관심하다는 비판을 받는다.

국제기구를 설명하는 두 번째 이론은 자유주의이다. 자유주의는 국제사회를 상대적 자율성을 지닌 다양한 비국가행위자들로 구성된 '다중심세계(multicentric world)'로 본다. 그들에 의하면 국가는 단일하고 합리적인 행위자가 아닌 분절된 행위자(fragmented actor)이며 국가를 구성하는 집단들은 서로 다른 이익을 추구한다. 정부기관들은 관련 국제기구와 접촉함으로써 국가의 자율성을 제한 가능하다는 것이다. 또한 자유주의자들은 안락과 복지를 위해 상호 협력이 행해지고 있고 경제력과 기술력이 상호의존의 심화를 초래했다고 주장한다. 국제사회에서는 다양한 쟁점들이 국제문제로 제기되고 있다는 것이다.

현실주의가 국제기구에 부정적인 입장을 갖는데 비해 자유주의는 다양한 역할을 수행하는 국제기구의 존재를 강조한다. 이들 국제기구들은 국가들이 집단행동의 문제를 해결하도록 도와준다고 한다. 즉, '죄수의 딜레마(prisoner's dilemma)' 게임으로 특징되는 상호불신과 비협력의 국제사회에서 국제기구는 게임에 중재자 역할을 담당함으로써 상호협력을 이끌어낸다는 것이다. 자유주의자들은 국제기구가 세계시장을 발전시킴으로써 경제적 번영과 복지를 증진시키고 전쟁 가능성을 감소시킨다고 주장한다. 아울러서 상호주의, 다자주의, 시장경제, 민주주의, 인권 등과 같은 공통의 가치와 규범을 발전시킨다고 한다. 이밖에 국제기구는 난민, 빈민, 전쟁피해자 등 '국제정치의 희생자'에 원조를 제공하는 역할도 수행한다고 한다.

국제기구에 대한 이와 같은 자유주의자들의 해석은 어떻게 평가할 수 있을까? 자유주의에 속하는 이론 별로 국제기구에 대해 다양한 해석이 존재한다. 이들은 비국가행위자들의 역할 강화와 상호의존의 심화 등과 같은 최근 국제관계의 변화를 잘 포착하고 있는 데서 장점을 지닌다. 그러나 이들은 자민족중심주의(ethnocentrism), 즉 변화하는 세계를 미국의 정치체제라는 렌즈를 통해 본다는 한계를 지닌다. EU에서 보듯이 국제기구로의 '주권의 이전(transfer of sovereignty)'은 일률적으로 말할 수 있는 것이 아니다. 그 형태와 수준이 다양하기 때문이다. 또한 자유주의 이론은 국제기구가 수행하는 부정적 역할을 간과한다.

국제기구에 대한 또 다른 이론으로는 급진주의가 존재한다. 급진주의는 다양한 갈래가 있지만 그 공통점은 이들 대부분이 마르크스주의에서 유래되었다는 데서 찾을 수 있다. 마르크스와 엥겔스는 개인이나 국가가 아닌 계급의 관점에서 자본주의의 정치경제적 본질 파악했고 이에 영향을 받은 많은 학자들이 이들의 이론적 직관을 국제관계에 적용하였다. 이들은 세계자본주의체제의 구조가 국제관계 행위자의 위치와 행동을 결정하고 구속한다고 본다. 정치·군사적 요소보다 자본주의적 축적과 착취라는 경제적 요소가 중요하다는 것이다. 그런 점에서 이들에게 국제관계는 본질적으로 갈등적이다. 특히, 자본주의적 착취와 폭력은 온갖 불평등을 초래하고 분쟁을 유발한다고 본다. 마르크스가 지적했듯이 "한쪽 극단에 부의 축적이 있다면 다른 극단에는 동시에 불행과 공통의 번뇌와 무지와 야만성의 축적이 있다"는 것이다. 무엇보다 급진주의 이론은 현존 질서에 대한 근본적인 도전을 제기하고 변혁의 비전을 제시하는 특징을 지닌다.

급진주의에는 전통적 맑스주의, 제국주의론, 종속이론, 세계체제론, 비판이론, 그람시주의 등 다양한 갈래가 있다. 이 중에서 독특한 위치를 점하고 있는 학자가 캐나다의 정치학자인 콕스(Robert W. Cox)이다. 그는 20세기의 가장 독창적인 맑스주의 이론가이자 실천가였던 그람시(Antonio Gramsci)가 사용한 헤게모니 용어를 빌려와 이에 기반을 둔 세계질서를 비판적으로 검토한다. 콕스는 현실주의자들은 세계를 있는 그대로, 있어 왔던 대로, 항상 그러할 것으로 잘못 해석하고 있다면서 이들이 세계질서의 헤게모니를 강화시키는데 기여하고 있다고 비판한다. 역사적으로 등장했던 국제체제의 지배권력은 그들 이익에 맞도록 세계질서 형성하였는데 이 과정에서 강제력뿐만 아니라 기존 질서에 불이익을 받는 이들로부터 광범위한 동의도 획득한다는 것이다. 대표적으로 자유무역이 모든 사람들에 이익을 준다는 주장은 많은 이들에게 '자연스럽고', '상식적인' 것이 되었다고 한다.

그렇다면 급진주의에서는 국제기구를 어떻게 볼까? 우선 급진주의 이론에 의하면 국제기구는 자본주의의 '정치적 보충재'이다. 국제기구는 자본주의 국가에 재정적으로 의존하고 통제되며 자본주의 의제를 증진한다는 것이다. 또한 국제기구는 지배를 위한 수단이다. 즉 국제기구들은 중심국들이 주변국들을 착취하고 통제하는데 사용되는 수단일 뿐이라는 것이다. 그 결과 주변국의 경제발전과 사회변혁이 억제되고 있다는 것이다. 그리고 국제기구는 세계자본주의 체제 내에서의 헤게모니, 즉 패권국과 강대국들의 강압적 지배와 동의의 유지와 발전에 기여한다고 본다.

이러한 급진주의자들의 주장은 어떻게 평가할 수 있을까? 무엇보다 급진주의는 아래로부터의 국제관계 분석에 설득력을 지닌다고 할 수 있다. 급진주의는 국제관계에 대한 도전적이며 논쟁적인 시각을 제공해준다. 주류 사회과학자들은 급진주의자들이 이론적 폐쇄성을 지니고 실증적인 근거도 부족하다고 비판한다. 이에 대해 급진주의자들은 현실주의와 자유주의도 마찬가지라고 반비판을 행한다. 행태주의적 방법이 현실을 이해하는 유일한 방법은 아니라는 것이다. 오히려 역사적 맥락의 국제비교에서는 급진주의가 우위에 있음을 내세운다. 반면 급진주의는 국제체제의 작용을 자본의 축적과정으로 축소하는데 정치 등 비경제적 요인도 중요하다는 점을 경시하는 문제점을 지닌다.

지금까지 살펴 본 국제기구에 대한 세 가지 접근법은 다음과 같이 종합적으로 평가될 수 있다. 첫째, 1980년대 중반 이후 세계화와 탈냉전이 진척되었다. 특히 '국경 없는 세계'가 도래하면서 자유주의 시각이 보다 큰 영향력을 갖게 되었다. 국제기구에 대해서도 현재 자유주의자들의 영향력이 사뭇 크다. 둘째, 국가가 국제관계에서 여전히 주도적 행위자라는 데서 현실주의 시각도 어느 정도 설득력을 지닌다고 할 수 있다. 셋째, 반면 급진주의 시각은 대부분 국가서 폐기되었다. 그러나 급진주의 시각은 다른 두 시각이 간과하고 있는 계급, 착취, 분배, 종속 등의 문제를 조망하는 데서 의의를 지닌다. 넷째, 어느 한 시각에 편향되지 않고 상호보완적으로 국제기구의 역할을 살펴보는 것이 중요하다. 국제기구를 둘러싼 복잡한 국제관계 현실에 대해 객관적이고 균형된 접근이 필요한 까닭이 여기에 있다.

3. 지구적 쟁점과 국제기구

1) 탈냉전 시대의 국제안보와 국제기구

냉전은 두 개의 양립할 수 없는 세계관이 상호 경쟁적인 체제를 바탕으로 반세기가 넘게 대립한 시기였다. 특히 미국과 소련 양국은 인류를 절멸시키기에 충분한 핵무기를 보유하고 있었고 세계 곳곳에서 대리전을 벌였다. 이러한 냉전시기에 안보에 대한 관심은 당연히 군사적 관점에서 정의된 국가안보(national security)에 그 초점이 주어질 수밖에 없었다. 그러나 탈냉전기에 들어서면서 이러한 안보의 개념이 인종중심적, 즉 문화적으로 편향된 정의라는 비판이 제기되었다. 따라서 국가안보 개념의 한계를 극복하고 다양한 고려사항을 포함하는 안보개념이 주창되었는데 예를 들어 베리 부잔(Barry Buzan)은 <국민, 국가와 두려움>란 저서에서 군사적 측면뿐만 아니라 정치, 경제, 사회, 환경 등 제반 요소들을 포함하고 국제적 맥락에서 정의된 안보개념을 제시하였다. 이처럼 탈냉전시기에는 안보영역이 다양한 분야로 확대되고 개념상의 복잡성과 모호함이 더욱 증대되었다. 특히 비군사적 안보영역의 중요성이 증대되면서 포괄적 안보(comprehensive security) 개념이 등장하기도 하였다.

탈냉전기에 들어와 세계의 군사비 지출은 잠시 감소되는 경향을 보이다가 1998년 이후 다시 증가하는 추세를 보이고 있다. 스톡홀름국제평화연구소(SIPRI) 연감에 따르면 2005년 세계 군사비 지출은 1조 달러를 넘어섰고, 미국이 47%를 차지하여 세계 최대 군비지출국으로 자리잡았다. 미국은 명실공히 전 세계적인 군사비 지출의 증대를 선도하는 군사적 패권국이라 할 수 있다. 그 까닭은 미국의 정치경제계에 막대한 영향력을 가진 군산복합체(the military-industrial complex)와 부시정권이 의욕적으로 추진한 미사일 방어망 계획(missile defense: MD), 그리고 각종 전쟁 때문이라고 지적된다. 특히 군산복합체는 군수산업체와 펜타곤, 의회 사이에 이른바 '철의 삼각(iron triangle)'을 구축하고 신보수주의자들의 지지를 받고 있다.

2차 대전 후 안보분야와 관련된 국제협력이 뚜렷하게 전개된 곳은 유럽과 대서양지역을 꼽을 수 있다. 유럽과 대서양지역은 북대서양조약기구(NATO), 서유럽동맹(WEU), 유럽안보협력기구(OSCE) 등 상이한 구성원과 협력관계를 가진 다수의 중첩적 기구를 토대로 한 안보협력체제를 구축해 왔다고 평가된다. 원래 유럽방위공동체(EDC) 중심으로 유럽적 정체성을 확보하려는 범유럽주의 구상은 발의국인 프랑스의회에서 통과되지 않으면서 WEU로 굴절되고, 대신 대서양주의적 관점의 NATO가 독일군을 포함한 강력한 군사기구로 발전하게 되었다. NATO는 회원국 일방에 대한 공격을 전 회원국에 대한 공격으로 간주하는 집단방위기구로 발전하게 되었다. 미국이 주도하는 집단안보기구의 출범에 대항해 소련을 위시한 동유럽 사회주의 국가들은 바르샤바조약기구(WTO)를 출범시킴으로써 동·서대립은 더욱 표면화하게 되었다.

NATO와 EDC, WEU와 함께 지역안보협력을 위한 유럽의 경험에서 빼놓을 수 없는 것이 OSCE이다. OSCE는 보다 큰 틀에서 유럽의 안보를 논의하기 위해 1973년부터 2년여에 걸쳐 개최되었던 헬싱키회의에서 35개국 정상 및 정부수반이 최종의정서를 채택하면서 처음에는 유럽안보협력회의(CSCE)로 출범하였다. 세차례에 걸친 유럽군축회의를 개최하고 '스톡홀름 협약'을 채택하는 등의 성과를 거둔 CSCE는 안보문제를 협력과 조화를 통해 해결하려는 다자안보협력기구라 할 수 있다. CSCE는 정치·군사 분야의 신뢰 구축과 군비 축소, 소수민족 보호, 인권 존중, 환경 보호, 비정치 분야의 협력, 예방외교를 펼쳤다. 이후 제도화 과정을 거쳐 1995년 OSCE로 상설기구화 되었다.

NATO는 1991년 대항조직이던 바르샤바조약기구가 해체되자 체제 변화 문제가 핵심 쟁점으로 대두되었다. 그 결과 NATO는 미국 주도로 지역분쟁에 대처하는 유럽안보기구로 자리매김한다는 신전략을 채택하였다. 정치 불안, 경제 붕괴, 대량무기 확산, 민족 갈등, 테러리즘을 새로운 안보위협으로 설정한 NATO는 1999년에는 유럽 일부지역에서 발생한 불안정이 전체 회원국의 위협이 될 수 있다는 논리를 내세워 UN 결의 없이 코소보를 단독 공습하기도 하였다. 2002년에는 긴급사태 시 1주일 안에 병력 출동하는 신속배치군(RDF) 창설을 승인하는 한편 동유럽 국가들과 '평화를 위한 동반자 관계' 협정을 맺었다. 그러나 체코와 폴란드에 레이더와 요격비사일 기지를 건설하는 것을 내용으로 하는 동유럽 MD체제 구축을 둘러싸고 러시아와 갈등을 겪고 있다. 반면 NATO에 압도되어 오랫동안 방치되었던 WEU는 EU의 발전과 더불어 새로운 역할을 모색 중이다.

지역안보협력이 비교적 잘 이뤄지고 있는 유럽에 비해 동아시아 지역은 안보 불안이 높은 데도 지역안보협력 구축이 취약한 지역이다. 현재 이 지역의 대표적 안보협력체는 1994년 7월에 출범한 아세안지역안보포럼(ARF)를 들 수 있다. ARF는 정치, 안보문제에 대한 아시아, 태평양 지역 역내국간 대화를 통해 상호 신뢰와 이해를 깊게 함으로써 아시아, 태평양 지역의 평화와 안정을 추구하는 역내 유일의 정부 간 안보협력체이다. 마약, 환경, 테러, 불법이민, 해적, 국제범죄 등 비군사적 안보영역을 포함한 포괄적 안보에 기초한 다자안보협력을 지향하고 있다. 특히 2000년 7월에는 북한이 ARF에 회원국으로 참여함으로서 남북한 문제에 대한 또 다른 협의의 장이 마련되었다.

2) 국제무역의 정치경제와 국제기구

국제무역은 국경을 넘어 재화와 서비스 등이 이동하여 교환되는 것을 의미한다. 국제무역체제는 2차 대전 말인 1944년 7월 미국과 영국의 주도 아래 44개국이 미국 뉴햄프셔 주에 위치한 브레튼우즈에서 전후 세계경제를 논의한데서 그 기원을 찾을 수 있다. 브레튼우즈 회담은 대공황을 막기 위한 안정된 금융체제와 자유무역체제의 확립과 파괴된 유럽경제의 재건을 주된 목적으로 한 회담이었다. 이 회담에서 미국 대표들은 미국 산업의 우위를 반영해 자유무역과 해외시장 개방을 주장한데 비해 영국 대표들은 자유무역 원칙을 지지하나 국내경제 자율성 상실을 우려하여 국경을 벗어난 자본이동을 통제하는 무역체제를 옹호하였다. 유럽재건의 주요 자금원으로서 강력한 경제대국으로 부상한 미국은 자국의 기업들이 원하는 경제정책을 다른 나라들이 받아들이게 만들고 무역협정의 궁극적인 진로를 결정하는데 상당한 정치적 압력을 행사할 수 있었다.

미국은 이미 1943년에 국제무역기구(ITO) 조례의 초안을 만들기 위한 예비회담을 주재하였는데 이는 국제적 정당성을 부여하기 위해 UN의 승인이 필요한 것이었다. 그래서 무역에 관한 네 차례의 예비회담이 UN의 찬조로 개최되었다. 3차 제네바회담서 관세 및 무역에 관한 일반협정(GATT)을 과도기적 체제로, 4차 아바나회담서 GATT에 조직적 형태를 부여해 국제무역 관장하는 국제기구인 ITO를 설립한다는 선언문 초안을 작성하였다. 그런데 미 국무부가 만든 ITO 구성 초안이 UN에서 상당히 많이 수정되자 미 의회에서 반발하게 된다. 미국 의회는 ITO가 독자적으로 움직여 미국의 국가이익을 위협하는 협약을 만들거나 제재를 결의할 가능성을 우려하였다. 결국 1950년 ITO 수립안은 미국상원에서 국내노동자, 산업 보호와 국내정책의 자주권 침해 이유로 거부되면서 발효되지 못하게 되었다.

그 결과 ITO가 창설될 때까지 역할을 수행할 잠정적인 협정이었던 GATT가 ITO를 대신하게 되었다. 1947년 체결된 GATT는 19세기의 고전적 자유무역 원칙을 부활시키려는 국제무역 규범으로 광범위한 역할을 수행하였다. GATT는 무차별(nondiscrimination), 투명성(transparency), 호혜주의(reciprocity) 원칙에 입각하고 있다. 이중에서 무차별원칙은 최혜국대우(most-favored-nation treatment)와 내국민대우(national treatment)를 내용으로 하는 것이었고, 호혜주의는 모든 협상을 호혜적인 입장에서 추진하여 한 국가가 관세를 낮추면 상대국도 따라서 인하를 하는 것을 의미하며, 투명성은 각국 정부가 채택하는 보호주의 정책이 항상 명확하게 정의되어야 하고 가시적 형태를 띠고 있어야 함을 의미하는 것이었다. 그러나 GATT는 권한과 책임 범위가 제한된 데서 협상을 위한 토론마당에 가까웠다는 한계를 지녔다. 규칙 제정 권한은 애초부터 갖지 못했고, 적절한 분쟁해결기구가 부재하였으며, 사법권은 제조품에만 적용되었고, 농업, 서비스, 지적재산권, 해외직접투자 문제는 다루지 못하였다.

1947년부터 연속적인 다자간 협상(round)이 제네바 1차 라운드부터 딜런, 케네디, 도쿄라운드 등을 거쳐 9차 라운드인 도하개발아젠다(DDA)까지 개최되었다. 이 중에서 가장 잘 알려진 것이 1986년 9월 우루과이의 푼타델에스테에서 시작된 8차 라운드인 우루과이라운드(UR)이다. 우루과이 라운드에서는 참가국 간에 농산물 개방과 문화적 예외의 인정을 놓고 대립이 벌어졌고 그 결과 원래 협상시한 4년을 넘어 7년 이상 계속되어 1993년 12월에야 겨우 타결될 수 있었다. 1994년 4월 모로코 마라케시에서 개최된 각료회의의 조인을 거쳐 1995년 1월 발효된 우루과이 라운드는 협정문만 2만 6천 페이지에 달하는 것으로 상품무역을 비롯해 포괄적 범위의 국제무역을 다루고 있다. 공업 분야에서는 전후 최대 규모로 관세 인하를 하기로 했고, 모든 농산물 교역 에는 균일 관세와 보조금 범위 합의를 약속했으며, 별도의 서비스무역에 관한 일반협정(GATS)을 제정하기로 했다. 무엇보다 중요한 결정사항은 국제무역을 관장하는 구속력 있는 국제기구인 세계무역기구(WTO)를 출범시키기로 한 점이다.

WTO의 공식적 목적은 '무역이 원활하고 자유로우며 공정하고 질서정연하게 이루어질 수 있도록 돕는 것'이다. 이를 위해 무역협정을 집행하고, 무역협상 논의의 공간을 제공하며, 무역분쟁의 해결을 돕고, 각 정부의 무역정책을 심의하거나 기술적 자문과 교육프로그램을 통해 개도국이 무역정책을 수립하는데 협조하도록 되어있다. 특히 WTO는 UR협정의 사법부 역할을 수행해 국가 간 무역분쟁에 판결권을 행사하고 분쟁을 조정하고 있다. 제네바에 본부를 둔 WTO의 조직으로는 각료회의, 일반이사회, 사무국, 분쟁해결기구와 무역정책심의기구 등이 있다.

국제무역에서 막강한 힘을 행사하는 WTO의 역할을 둘러싸고는 찬반 논쟁이 팽배하다. WTO는 차별이 없는 '공정한 무역' 체제를 창출하는 것이 목적인데 여기서 공정은 자유무역이 이루어질 수 있는 엄격한 조건이란 뜻으로 한정되어 쓰인다. 이는 중립적이지 않고 이데올로기적으로 평가된다. 예를 들어 자유무역이 가난한 나라에 경제성장과 소득증가를 안겨주지는 않는다. 무역정책심의는 매번 같은 정책처방을 내리는데 즉, 미국을 모든 나라가 따라야할 모델로 보여준다. 세계에서 가장 개방되고 투명한 경제라고 자화자찬하나 실제로 미국은 자국 농업분야에 엄청난 보조금을 지원함으로써 농산물 수출가를 낮게 유지하고 이로 인해 WTO가 개방하게 만든 대다수 국가들의 수백만 소농들을 파산시키고 있다. '고무한다', '도와준다', '공동으로 평가한다'는 표현으로 여러 나라들이 움직여 나가도록 규율을 강제하고 지도하고 경고하는데 이는 선진국들이 일방적으로 선언하고 시행하도록 밀어붙인 무역정책과 관행을 가리킨다. 이는 또한 엄청난 생산과 대량소비를 동반하면서 환경오염을 유발한다. 노동자를 위한 정책도 부재하여 무역을 소득, 소비, 생활패턴에 연결시키지만 고용이나 노동조건과 결부시키지는 않는 문제점을 지니고 있다. 이러한 점에서 WTO가 어떻게 하면 더 민주적이고, 투명하고, 사회적 형평성, 생태적 친화성, 문화적 생물학적 다양성, 국가적, 지역적 차원의 경제안보와 식량안보 등 기업의 부보다 훨씬 높은 위치에 있는 많은 가치의 위계질서에 순응하고 책임을 지는 기구로 거듭날 수 있을까가 모색되어야 한다. 노벨 경제학상을 수상한 조지프 스티글리츠(Joseph E. Stiglitz) 컬럼비아대 교수는 <Making Globalization Work(2006)>에서 지금까지 세계화가 진행되는 과정에 일방주의와 '민주적 결핍'이 나타났다고 지적한다. 국제기구는 선진국이나 이들 국가내의 특수 이해관계자들의 이익만을 반영하고 있다는 것이다. 그는 투표권 행사방식을 바꾸고, 정보공개법 시행을 통해 국제기구의 투명성을 향상시킬 것 등을 대안으로 제시한다.

3) 지구온난화의 정치경제와 국제기구

전 세계적 관계가 강화되는 세계화는 다양한 수준과 영역에 걸치는 복합적 현상이다. 세계화는 특히 환경 영역에서 두드러진다. 환경문제는 그 속성상 국경을 초월하여 전 지구적인 성격을 띠고 있다. 예를 들어 전 세계 도처에서 배출되는 오존층 파괴물질은 대기권 상층부의 변화를 가져와 다수 국가의 환경문제를 야기하는데 이는 한두 나라의 대응으로만 해결될 수 있는 문제가 아니다. 이러한 까닭에 해결을 위한 국제회의를 주최하고 광범위한 정책의 틀에 대한 합의를 도출하는 것이 필요하다. 이러한 이유에서 국제환경 영역에서 국제환경레짐이 발전되어 왔다. 여기서 국제레짐(international regime)은 특정의 문제영역에서 독자적인 구조, 규범, 규칙, 의사결정 절차를 가지고 국가들의 행위를 규율하는 제도로 국제협력의 중요한 형태이자 협력을 촉진하는 실체를 가리킨다. 환경에 부정적 영향을 미치는 요소의 규제를 목적으로 하는 국제환경레짐은 법적, 또는 정치적 구속력을 가진 국제조약의 바탕 위에 수립된 일련의 국제규제제도라 할 수 있다.

국제환경기구와 더불어 국제환경레짐은 환경에 대한 관심이 확산되고 환경문제를 해결하기 위한 집단적 노력이 행해진 1970년대 이후 다양한 형태로 발전해 오고 있다. 1972년 환경문제에 대한 국제적 해결책을 모색하기 위해 스톡홀름에서 UN 인간환경회의(United Nations Conference of the Human Environment)가 개최되었다. 이 회의에서는 109개의 권고사항을 포괄하는 '인간환경을 위한 행동강령'을 채택하고 그 후 제27차 UN 총회에서 지구환경문제를 다루기 위한 UN 전문기구를 수립하기로 합의하였다. 그 결과 국제기구 최초로 개도국인 나이루비에 본부를 둔 UN환경계획(UNEP)이 설립되었다. UNEP의 의무와 목표는 1992년 UN환경개발회의(UN Conference of Environment and Development)에서 채택된 수정사항, 1997년 제19차 UNEP 집행이사회에서 채택된 나이로비 선언(Nairobi Declaration), 그리고 2000년 3월의 말뫼선언(Malmö Ministerial Declaration)에 근거하고 있다. UNEP는 환경 분야의 국제협력을 도모하고 관련 정책을 추진하며, 지구 환경동향을 감시하고 환경정보를 수집, 보급한다. UN활동이 환경관련 사안에서 협력하도록 지원하기도 하는 UNEP는 1970년대 이후

환경에 대한 지구적 의제 형성에 주요한 역할을 하였다고 평가된다.

스톡홀름 회의 이후에 국제환경협력의 필요가 증대하면서 기후, 오존층, 포경 및 어획, 해양, 산성비, 생물종 등 지구환경의 다양한 하부 영역에서 국제환경조약을 체결하고 그것의 준수를 통제하는 국제환경레짐들이 수립되었다. 대표적인 것으로는 '습지보호에 관한 람사협약'(1971), '세계 문화자연유산 보호협약'(1972), '멸종위기에 처한 야생동물의 국제무역에 관한 조약'(1973), '이동성 야생식물에 관한 협약'(1979), '월경성 장거리 대기오염 물질에 관한 협약'(1979) 등을 들 수 있다. 비록 국제정치에서의 힘의 관계 때문에 레짐으로부터의 제약과 압력이 불평등하게 적용되는 것이 문제이기는 하지만 국제환경레짐은 국가의 환경정책에 일정한 제약을 가하여 지구 환경보전에 기여하고 있다.

1992년 6월 3-14일까지 브라질의 리우 데 자네이로에서 개최된 'UN 환경개발회의'는 국경을 초월한 국제적이고 전 지구적인 차원의 모든 환경문제를 다룬 회의였다. 리우회의에서는 세계은행의 환경기금 재구성과 UN 지속가능개발위원회(UNCSD) 설치 등 제도적 개혁의 합의가 이뤄졌다. 특히 리우회의에서는 '기후변화에 관한 기본협약(UN Framework Convention on Climate Change: UNFCCC)'과 '생물종의 다양성에 관한 협약(Convention on Biological Diversity: CBD)'이 체결되었다. 기후변화협약은 지구온난화(global warming) 방지를 위한 화석연료의 사용규제와 산림 등 온실가스 흡수원의 보존관리를 내용으로 하는 국제적 협약으로 156개국이 서명하여 1993년 하반기부터 발효되었다. 생물종의 다양성에 관한 협약은 생물종 보호하기 위해 관련 법제 정비, 개도국 지원, 서식지 지정 등 다양한 대책 추진을 내용으로 하였다. 또한 리우회의에서는 '의제 21(Agenda 21)'을 채택하였는데 이는 21세기에 전 지구적인 환경문제 해결을 위해 추진해야 할 과제를 제시한 것으로 지속 가능한 개발(sustainable development), 책임의 공유와 차별화, 오염자 부담원칙을 주된 내용으로 한 것이다. 리우회의는 환경문제의 전 지구적 성격을 이해하는데 기여했으며, 전 지구적 환경보호를 성취할 수 있는 지침을 제시한 데 의의가 있다. 그러나 이 문건이 작성되는 과정에서 다수의 NGO들이 주변부로 밀려났고, 수많은 쟁점들이 배제되었다고도 지적된다.

1995년 3월 베를린에서 개최된 기후변화협약 1차 당사국 총회에서 2000년 이후의 온실가스 감축을 위한 협상그룹(Ad hoc Group on Berlin Mandate)을 설치하고 논의결과를 제3차 당사국 총회에 보고하도록 하는 '베를린 위임(Berlin Mandate)' 사항을 결정하였다. 이에 따라 1997년 12월 교토에서 열린 당사국총회에서 '교또 기후변화에 관한 UN 기후협약 부속의정서(The Kyoto Protocol to the United Nations Framework Convention on Climate Change)'가 채택되었다. 교토의정서는 선진국(Annex I)의 구속력 있는 감축 목표 설정(제3조), 국가 간 연합을 통한 공동 감축목표 달성 허용(제4조)을 주된 내용으로 하는 것으로 기후변화협약 Annex I 국가들은 2008~2012년 기간 중 자국 내 온실가스 배출 총량을 1990년 대비 평균 5.2%를 감축하게 되어 있다. 각국이 공동이행(joint implementation), 청정개발체제(clean development mechanism: CDM), 배출권거래제(emissions trading) 등으로 이뤄진 '유연성체제(flexible mechanism)'를 통해 목표치 달성을 허용하는데 이는 시장원리에 입각한 새로운 온실가스 감축수단으로 평가된다. 이 중에서 공동이행은 다른 나라에서 온실가스 배출 프로젝트를 이행하고 자국의 할당량을 채우는 것을 허용하는 것이다. 이에 대해 개발도상국들은 선진국들이 국내적인 책임을 회피하고, 개발도상국의 정책과 우선순위를 왜곡시킨다며 비판을 가하였다. 이런 메커니즘들이 결과적으로 온실가스를 상품화함으로써 대기와 자연자원을 이용하는 데 남북 간의 불평등을 고정시키고, 다국적기업들에게 많은 새롭고 해로운 이윤창출 기회를 제공한다는 것이다.

그러나 교토의정서는 절반의 성공밖에 거두지 못했다. 이산화탄소 배출 세계 1위 국가인 미국은 자국 산업 보호를 내세우고, 의무감축국가에 개도국을 포함시키자고 주장하다가 결국 2001년 3월 교토의정서에서 탈퇴하였다. 온실가스 배출에서 상위국가인 중국, 러시아, 인도, 한국 등도 개발도상국이란 이유로 의무감축 국가에서 제외되었다. 우여곡절 끝에 교토의정서는 러시아가 비준해 '온실가스 배출량의 55%를 차지하는 55개국 이상의 비준'이란 발효조건이 충족되면서 2005년 2월 16일 정식 발효되었다. 이에 따라 유럽에서는 2005년 1월 배출권거래시장(ETS)이 문을 열었다. 2007년 12월 15일 폐막한 제13차 UN 기후변화협약 당사국 총회에서는 전 세계 190여 개국 정부와 기업 대표 1만 여명이 15일간의 릴레이 협상 끝에 교토의정서가 만료되는 2012년 이후의 기후변화 대처 기조를 정한 '발리 로드맵(Bali Roadmap/ Program)'을 채택하였다. 발리 로드맵은 의무감축국에만 온실가스 감축 의무가 부여되던 교토의정서의 1차 이행시기(2008~2012년)와 달리 2차 이행 시기인 '2012년 이후의 체제'에서 한국을 포함한 개발도상국도 '측정가능하고 검증 가능한 방법의 자발적 감축'을 협상하도록 규정하고 있다.

4) 식량의 정치경제와 국제기구

'풍요 속의 빈곤(poverty in the midst of plenty)'이란 말이 지칭하듯이 지구 한 편에서는 너무 많이 먹어서 비만이 걱정인 반면 다른 한편에서는 너무 많은 사람들이 굶주리고 있다. UN 식량농업기구(Food and Agriculture Organization: FAO)와 세계식량계획(World Food Programme: WFP) 등에 의하면 현재 전 세계 인구 가운데 약 8억 5000만 명이 만성적 영양부족 상태에 놓여있다. 대부분이 개발도상국인데 이 중에서 사하라 사막 이남 아프리카 국가들이 기아인구 비율이 가장 높다. 구 사회주의 국가 역시 기아인구가 존재한다. 탈냉전 이후 일부 제2세계 국가들이 3세계로 편입되면서 이전에 국가로부터 지원받던 수백만 명이 시장경제로 전환과정에서 빈곤층으로 전락한데서 비롯된 것이다. 신자유주의의 전 세계적 확대 적용으로 국가 간, 계급 간 불평등이 증가되면서 일부 선진국 국민들도 기아 선상에 놓인 것으로 알려졌다. UN아동기금(UNICEF)에 따르면 전 세계 약 22억 명의 어린이 가운데 절반 가량인 약 10억 명이 빈곤선(poverty line) 아래서 생활하고 있는 실정이다. 기아와 만성적인 영양부족은 가족은 물론 국가 차원에서도 '빈곤의 악순환'으로 이어지는 데에 문제가 있다.

그렇다면 세계적인 기아는 왜 발생하였는가? 근본적인 원인으로는 자본주의 발전의 영향으로 농가와 지역 공동체에서 수행되던 농업이 대부분 외부의 생산활동으로 대체되면서 자본주의 생산관계의 지배를 받게 된 점을 들 수 있다. 여기에 세계화가 진척되면서 식량공급과 식량접근에 대한 전 세계적 조직의 확대가 이뤄진 것이다. 농화학기업과 종자기업이 통합되고, 농식품 가공과 무역기업이 연합하여 농업과 식량에 대한 자본의 지배가 강화되었던 것이다. 이 과정에서 농업도 가격의 비교우위에 따라 국제적인 분업 체계 속에서 재배치되어 미국, 호주 등이 세계의 곡물 공급을 담당하고, 남반구는 커피와 카카오 같은 선진국의 기호식품을 재배하게 되었다. 대부분의 농업도 생산과정에서 석유, 화학비료, 농약, 농기계에 의존하고 판매과정은 세계시장에 편입되었다. 미국과 다국적기업이 주도적 역할을 수행한 이 과정은 저발전국가들에서 주요 식량의 국내 생산기반(농지, 농수 등)의 붕괴를 초래했다. 수입국들의 식량소비형태가 변화하였고 이로 인해 미국산 식량에 대한 수출시장이 형성되고 식량원조에 대한 의존성이 증가하였다. 환금작물 생산을 강조하는 경향이 생겨났고, 다수확종자와 산업화된 농업경영을 통해 농업혁명이 추진되었다. 농약, 비료와 부적절한 관개기술로 환경이 파괴된 것은 자명한 결과였다. 최근 국제 곡물가가 폭등하면서 방글라데시, 이집트, 세네갈, 에티오피아, 아이티를 비롯 지금까지 30여 개 국에서 식량 폭동이 발생할 정도로 세계식량위기는 심각한 모습을 보이고 있다.

세계식량위기에 처하여 국제기구들 역시 다양한 역할을 수행하고 있다. 그 대표적인 기구가 FAO이다. FAO는 인류의 영양상태와 생활수준을 높이고 농업생산성을 향상시키며 농촌주민들의 생활여건을 개선시킬 목적으로 1945년 설립되었다. 세계식량계획과 함께 식량원조와 긴급구호활동을 행하며, UN 개발계획(UNDP)과 함께 개도국에 대한 기술원조, 국제농업개발기금(IFAD)과 함께 재정지원을 제공하고 있다. UN 산하의 전문기구 중 최대 규모로 로마에 위치한 본부에 약 3,500명과 세계 각지에 파견된 현장 프로젝트 담당자 2,000여명이 활동하고 있다. 구성은 모든 회원국으로 구성되는 FAO의 최고의결기구인 총회와 총회의 집행기구로 49개 이사국으로 된 이사회, 그리고 이사회의 활동을 지원하는 각종 위원회가 있다. WFP은 1961년 UN총회 및 FAO 총회의 결의로 1963년부터 활동을 개시하였다. 설립 목적은 긴급 식량원조를 통한 각국의 비상사태 해결과 경제·사회 개발이다. WFP 산하의 식량원조정책계획위원회는 UN 경제사회이사회 및 FAO가 선출하는 30개국으로 구성되며 WFP의 정책 및 운영지침을 제공하고 원조계획안의 검토 및 승인하는 업무를 수행한다.

전 세계적인 식량위기현상에 직면하여 FAO는 1996년 11월 로마에서 세계식량정상회의(World Food Summit)를 개최하였다. 이 회의에서 187개국 대표들은 식량안전보장과 기아퇴치를 위해 노력하며 2015년까지 8억 명에 달하는 기아인구를 절반으로 줄인다는 로마선언과 구체적 행동강령인 세계식량정상행동계획을 채택하였다. 그러나 이 목적을 실현하기 위한 실질적인 조치는 취해지지 않았다. 식량과 기아문제를 위한 실천의 난항은 2002년 6월 로마에서 열린 '세계식량정상회의: 5년 후'에서도 지속되었다. 선진국과 개도국, 정부기구와 비정부기구간의 심각한 견해차를 드러낸 채 6년 전 합의내용을 다시 확인하는 수준에서 최종선언문을 채택하는 등 별 성과 없이 막을 내렸다. 그러나 이 회의에 참가 92개국 NGO 대표들의 포럼에서 논의한 3가지 핵심 안건은 식량위기의 해결책과 관련하여 중요한 의의를 갖는다. 이들은 ① 기아, 영양 불균형 이슈들에 대한 인권중심적 접근법의 마련, ② 식량안보(food security), 즉 각국의 농업 및 식량정책을 자국 스스로 결정할 수 있는 권리 확보, ③ 농업에 대한 산업주의적 모델을 폐기하고 생태적인 모델 구현을 주장하였다. 이는 식량=인권, 식량안보=주권, 농업=환경으로 요약되며, 식량=상품, 식량안보=세계화를 통한 교역자유화, 농업=비교우위의 경쟁력으로 몰고 가는 미국 중심의 신자유주의 흐름에 대한 정면도전으로 평가된다.

2008년 6월 세계 식량위기 극복을 위해 열린 유엔 식량안보정상회의가 다시 개최되었다. 이번 회의는 40여개국 정상들과 151개국 고위급 대표단이 참석해 3일부터 사흘간 진행됐다. 참석자들은 공동 선언문에서 "우리는 기아를 퇴치하고, 오늘과 내일의 전 인류의 식량을 보장할 것을 약속한다"고 선언하며 식량위기 타개를 위한 단기 및 중·장기 대처 방안을 제시했다. 구체적 내용을 살펴보면, 우선 현재 식량 문제를 겪고 있는 국가에 대한 식량 및 재정 지원 등 긴급 대응책이 담겨 있다. 농업생산에 대한 직접적인 지원 필요성도 포함됐다. 식량 증산을 위한 기술 지원은 물론, 현지 풍토에 알맞은 씨앗과 비료, 동물 사료 등을 제공하고, 국제기구와 지역기구의 사업에 개발 파트너의 참여를 요청했다. 공동선언문은"현 위기는 세계 식량 시스템들의 허약성과 충격에 대한 취약성을 분명히 보여줬다"며 식량 · 농업 시스템의 개선, 무역 장벽 완화, 시장 왜곡적 정책 폐지 등의 중·장기적 대책도 제시했다. 그러나 이 회의 역시 지난 회의처럼 '정치적 선언'에 그치고 공동선언문 외에 구체적인 실행계획을 내놓지 못했다.

4. 국제기구와 글로벌 가버넌스

냉전 종식 후 안보, 군사, 정치적 쟁점의 상위정치(high politics)에서 경제, 문화, 인권, 환경 등 하위정치(low politics)로 쟁점이 이동하였다. 정책의제가 평화와 안보에서 경제, 환경, 문화, 인권으로 변화하고 있고, 정책결정과정에도 국가와 정부만이 아닌 비정부기구를 비롯한 다양한 초국적 행위자들이 참여하고 있다. 이에 따라 국제사회의 다양한 영역에서 서로 연관성이 있는 일련의 문제인 의제도 급속히 증가하고 있다. '직원, 예산, 시설 등 구체적 구조를 지니고 있는 물적인 실체'인 국제기구의 역할이 부상한 것은 그 당연한 결과라 할 수 있다. 현재 국제평화와 안보, 국제금융과 무역, 경제발전, 환경, 문화, 인권 등의 분야에서 다양한 국제기구들이 활동하고 있다. 이 과정에서 다양한 형태의 국제기구가 글로벌 가버넌스의 주체가 되는 현상이 나타나고 있다.

세계화라는 거대한 물결 속에서 범세계적 문제들이 국경을 넘나들고 주권국가의 영역을 침범하며 주권국가 스스로의 문제해결능력을 약화시키는 상황에서 글로벌 가버넌스의 중요성이 커지고 있는 것이다. 글로벌 가버넌스는 전통적인 국가중심 국제정치이론이 지닌 한계를 극복하고 새로운 행위자들을 포함하려는 의도에서 도출된 개념으로 학자들은 다음과 같이 정의하고 있다.

> "글로벌 가버넌스는 점차 글로벌 이웃(global neighborhood)이 되고 있는 세계에서 자원, 이슈, 갈등과 가치들을 집단적으로 관리하고 통치하는 과정으로 느슨하게 정의될 수 있다"(OECD).

"글로벌 가버넌스는 개별 국가들의 영역을 초월한 것으로 증명되고 있는 사회정치적인 것들로부터 군사안보 문제에 이르는 무수한 초국가적 딜레마들을 해결하기 위해 글로벌, 지역 및 지방 차원들에서의 합의들을 오케스트라 하려는 노력으로 볼 수 있다"(Arthur Knight).

가버넌스는 세계화가 몰고 온 폐해를 피하고 기회를 포착하는데 필요하지만 아직까지 성공적으로 작동되고 있지 못하다. 동아시아 금융외환위기에서 보여주듯이 개발도상국들에게는 글로벌 가버넌스의 부적절성과 불평등성 때문에 장기적으로 많은 희생이 따랐다. 또한 세계화가 민주주의를 수반하고 있지 않으며 그 정반대로 민주주의를 궁지에 몰아넣고 있다는 지적도 제기된다. 예를 들어 경제적 파워가 초국적기업들과 WTO, IMF 및 세계은행 등에 집중되어 있다. 급진적인 시장이데올로기 역시 사회양극화를 초래하고 있다고 평가된다. 그런 까닭에 UNDP는 '인간의 얼굴을 가진 글로벌 가버넌스'가 필요하다고 지적한다. 인간에 대한 책임과 의무를 폭넓게 수용하는 공유된 가치, 기준 및 태도가 필요하며, 삶, 자유, 정의, 평등에 대한 존경과 관용과 상조의 정신이 이들 가치라는 것이다. 나아가 UNDP는 훌륭한 가버넌스(good governance)를 강조한다. 이는 가버넌스에 필수적인 원리를 갖추고 가버넌스가 추구하는 바람직한 목표를 지향하는 것을 일컫는다. 이를 위해서는 정책결정과정의 투명성을 갖추고, 일반시민의 참여를 확대하며, 정부의 책임성을 높이는 것이 요구된다.

국제기구 중에서 비정부간국제기구(INGO) 역시 국제사회에 다양한 방법으로 참여해 적지 않은 영향력을 행사하고 있다. 이는 NGO가 가진 자원인 전문지식과 여론동원능력, 실행능력 등을 통해 행사되고 있다. 이들은 국제사회의 주요 관심사 문제에 대해 국제여론을 조성하고 공론화하며, 새로운 국제조약이나 협약을 창출한다. 공론화나 대중적 지지 동원을 통해 정부나 국제기구의 결정 및 활동에 정당성을 부여하며, 난민 구호, 개발원조, 환경, 인권감시 등 문제해결에 기여하고 있다. 이들의 활동으로 인해 지구촌 전체 차원에서의 시민사회인 글로벌 시민사회(global civil society)가 형성되고 점차 활성화되고 있다. 즉, 다양한 행위자들이 대화, 토론, 충돌, 협상하는 사회적, 정치적 참여의 초국적 영역이 출현하고 있는데 이는 '시민사회의 세계화'라는 측면에서도 설명될 수 있다. 이는 주권국가들과 더불어 지구촌 문제해결에 막중한 역할을 수행한다는 점에서 중요하다. 앞으로 글로벌 시민사회라는 세계적인 네트워크를 형성하고 있는 각종 비정부기구들은 개별 국민국가와 글로벌 차원 모두에서 군사적 팽창주의와 테러리즘 등과 같은 평화를 파괴하는 모든 경향에 반대하고 소수집단들과 약자들의 권리를 보장하기 위한 노력을 수행함으로써 인류가 필요로 하는 세계평화라는 열망과 목적을 구체적으로 형상화하는 데에도 기여할 수 있게 될 것이다.

<탐구과제>

- 국제기구란 무엇인가? 국제제도와 국제레짐과는 어떻게 다른가?
- 국제기구는 역사적으로 어떻게 발전하였는가?
- 국제기구를 보는 대표적 시각으로는 어떤 것들이 있는가? 각각의 시각은 어떻게 비판될 수 있는가?
- 탈냉전기의 국제안보체제의 형성과정에서 국제기구들은 어떤 역할을 수행하였는가?
- 세계무역기구(WTO)의 역할을 둘러싼 찬반논쟁의 내용은 무엇인가?

〈참고문헌〉

도충구 외(2001), 『국제경제기구의 이해』, 학현사.

박재영(1998), 『국제기구정치론』, 법문사.

서창록(2004), 『국제기구: 글로벌 거버넌스의 정치학』, 다산출판사.

주성수(2000), 『글로벌 가버넌스와 NGO』, 아르케.

Anheier, Helmut, Mary Kaldor, Marlies Glasius, 조효제 외 역(2004), 『지구시민사회: 개념과 현실』, 아르케.

Archer, Clive, 김강녕 역(2002), 『국제기구론』, 문우사.

Baylis, John & Steve Smith, 하영선 외 역(2003), 『세계정치론』, 을유문화사.

Gilpin, Robert, 고현욱 외 역(2004), 『세계정치경제론』, 인간사랑.

Millet, Damien & Éric Toussaint, 조홍식 역(2006) 『신용불량국가: 국제금융기구와 외채에 관한 진실』, 창비.

Peterson, John & Michael Shackleton eds.(2002), The Institutions of the European Union, Oxford University Press.

Stiglitz, Joseph E. & Andrew Charlton, 송철복 역(2007), 『모두에게 공정한 무역』, 지식의숲.

『한겨레』 2008년 6월 6일자.

제4장 국제무역과 다국적 기업

김 기 홍

〈개요〉

- 제 2 차 세계대전 이후 지금까지 국제무역은 인류역사의 어느 시점과 비교할 수 없을 정도로 급격히 늘어나기 시작하였다. 국가 간에 거래되는 무역의 양이 과거와 비교할 수 없을 정도로 증가했을 뿐 아니라 거래되는 상품의 종류도 증가하기 시작했다. 또 거래되는 상품에는 유형의 재화(goods)뿐 아니라 무형의 서비스(services)도 포함되기 시작했다. 그리하여 20세기 후반부터 21세기 초엽에는 실로 세계무역의 황금시대가 열렸다.
- 1948년 발효된 이후 GATT는 세계무역의 확대에 큰 공헌을 해 왔다. GATT의 공헌은 국제무역에 대한 질서부여와 규칙 확립이라는 면이 강하지만 그보다는 GATT의 주관 아래 열리는 다자간무역협상을 통해 더욱 구체적으로 드러난다. 약 8년 간에 걸쳐 진행된 우루과이라운드(UR)를 통하여 WTO(World Trade Organization)라는 국제무역기구가 정식으로 출범할 수 있었다. GATT와 WTO를 거치는 동안 다자간무역협상을 중심으로 한 다자간무역체제는 세계의 무역자유화를 위하여 큰 공헌을 해 왔다.
- 지역주의는 다자주의와 반대되는 개념이다. 다자주의가 WTO와 같은 국제무역기구를 중심으로 그 기구에 참여한 모든 국가들을 대상으로 무역 자유화를 추진해 나가는 것이라면, 지역주의는 소수의 국가들만을 대상으로 무역자유화를 추진해 나가는 것을 의미한다. 이런 지역주의는 지역무역협정의 형태로 드러난다. 이런 지역주의 추세가 나타나는 것은 다자간무역체제가 제 기능을 다하지 못할 때 이를 보완 혹은 대체하기 위함이다.
- 다국적기업(multilateral corporation)이란 두 개 이상의 국가에서 현지법인을 운영하고 있는 기업을 말한다. 이런 다국적기업의 이면에는 '기업과 생산요소들의 활동영역이 일국의 국경내에 국한되지 않고 전 세계적으로 확장'되는 기업 활동의 범세계화라는 현상이 숨어있다. 그러니 기업 활동의 범세계화 결과

로 다국적기업이 생겨나게 된 것이다.

- 한국의 경우, 세계의 어느 나라보다 국제무역이 차지하는 비중이 높다. 따라서 국제무역이 확대되면 될수록 한국에는 긍정적인 효과가 커지게 된다. 한국은 다자주의를 선호하면서도 지역주의의 추세를 보다 잘 활용할 필요가 있다. 한국은 과거 다국적기업의 투자를 받아들이는 피투자국의 입장에서 한국에 기반을 둔 다국적기업이 발생하여 세계 각국으로 뻗어가는 단계에 접어들었다. 그래서 다국적기업을 보는 관점을 더 적극적으로 변화시킬 필요가 있다.

〈학습목표〉

- 지난 60여년간 국제무역의 범위가 확대되고 국제무역이 증가한 것을 이해해야 한다.
- 국제무역의 확대에는 WTO와 같은 국제기구의 무역자유화 노력이 중요함을 알아야 한다.
- WTO와 같은 국제무역기구가 잘 기능하지 않을 경우에는 지역주의가 발생함을 이해한다.
- 국제무역질서는 다자주의와 지역주의가 혼재하는 방향으로 진행하고 있음을 이해한다.
- 국제무역이 확대되면서 다국적기업의 역할과 기능이 증대하고 있음을 이해한다.
- 세계 경제가 불황에 처할 경우 보호주의의 경향이 나타남을 이해한다.
- 무역의존도가 높은 한국이 지속적으로 성장하기 위해서는 다자주의와 지역주의의 변화를 잘 이해하고 능동적으로 적응해야 함을 이해한다.

1. 국제무역의 확대와 변화하는 국제무역질서

제2차 세계대전 이후 지금까지 국제무역은 인류역사의 어느 시점과 비교할 수 없을 정도로 급격히 늘어나기 시작하였다. 무엇보다 먼저 국가 간에 거래되는 무역의 양이 과거와 비교할 수 없을 정도로 증가했다. 단순히 선진국과 개도국 사이의 무역만 증가했을 뿐 아니라, 선진국과 선진국, 개도국과 개도국 사이의 무역도 증가했다. 그 결과 산업 간 무역뿐 아니라 산업내 무역도 증가하기 시작했다. 이러한 무역양의 증가와 함께 거래되는 상품의 종류도 증가하기 시작했다. 1950년대 초기의 단순한 가공품에서 2000년대에는 그동안의 기술발전을 반영하여 최첨단 상품 또한 급격히 거래되기 시작하였다. 또 거래되는 상품에는 유형의 재화(goods)뿐 아니라 무형의 서비스(services)도 포함되기 시작했다. 그리하여 20세기 후반부터 21세기 초엽에는 실로 세계무역의 황금시대가 열렸다고 말해도 과언이 아니다.

이같은 국제무역의 급격한 확대는 제 3장에서 간략히 살펴본 세계화 현상과 밀접한 관련을 가지고 있다. 전 세계가 세계화 현상에 힘입어 하나의 시장으로 변해가면서 상품의 생산과 거래 또한 지역적인 색채를 탈피하여 전 세계를 대상으로 이루어질 수밖에 없었다는 것이다. 하지만, 무역의 측면에서 볼 때 국제무역의 급격한 확대는 국제무역을 규율하는 국제무역질서와 긴밀한 관련을 가지지 않을 수 없다. 그것은 국제무역질서가 보호무역주의적 성격을 띨 때는 개별 국가의 노력만으로는 무역의 확대를 이룰 수 없기 때문이다. 특히, 한국과 같은 소규모 개방형 국가로서는 국제무역질서가 어떤 방향으로 변하느냐에 따라 경제가 매우 큰 영향을 받을 수밖에 없다. 따라서 지난 60여년 간의 세계무역 확대의 이면에 자리잡은 국제무역질서의 변화는 반드시 살필 필요가 있다.

국제무역질서의 변화는 자유무역주의와 보호무역주의라는 이론적 틀 안에서 분석하게 될 것이다. 하지만, 지난 60여년 간의 국제무역질서가, 부분적인 변화는 있었다하더라도, 자유무역주의적 기조를 띠고 있음은 부인할 수 없는 사실이다. 이런 자유무역주의적 기조 하에서 GATT / WTO 같은 국제무역기구가 중요한 역할을 해 왔다. 그런 점에서 국제무역기구를 중심으로 한 다자주의(multilateralism)와 지역주의(regionalism)의 측면에서 국제무역질서를 살펴보는 것 또한 필요하다.

이러한 국제무역질서의 변화에 반드시 고려해야 할 것이 다국적기업이다. 무역은 국경의 범위를 넘어 이루어지지만, 무역은 국경 내에 존재하는 기업을 통해 이루어지며, 그 기업이 국경의 범위를 넘어서게 되면 무역의 개념 자체에 큰 변화가 일어나고 국제무역질서 또한 변하게 된다. 한국처럼, 무역에 의존하는 정도가 클수록 다국적기업의 변화에 더 큰 관심을 기울일 필요가 있다.

2. 국제무역 확대의 이론적 배경: 무역의 자유화를 위한 여정

1) 자유무역의 이론과 현실

국제무역이론에 따르면, 나라의 크기에 관계없이, 한 나라의 후생을 극대화하는 최선의 무역정책은 자유무역정책이다. 즉, 선진국 개도국 가릴 것 없이 어느 나라든 모든 무역장벽이 철폐될 경우 그 나라의 후생은 극대화된다는 것이다. 이 자유무역이 이론적으로 왜 최선의 정책이 되는지는 아래의 <표 1>로 정리되어 있다.

〈표 1〉 자유무역이 왜 최선의 정책인가?: 관세의 경우

이론적으로 자유무역이 최선의 정책이라는 것을 관세의 경우를 들어 설명하기로 하자. 규모가 작은 나라(소국)의 경우 자유무역정책 대신 수입품에 관세를 부과하는 정책을 시행하게 되면, 소국은 교역조건은 변하지 않는 가운데 무역량이 감소하기 때문에 국가 전체의 후생은 줄어들게 된다. 그러므로 소국의 경우 최선의 무역정책은 관세를 부과하지 않는 것, 즉 자유무역정책이며, 기존에 무역장벽이 있을지라도 그것을 철폐하는 것이 국가 전체의 후생을 극대화하는 길이 된다. 규모가 큰 나라(대국)의 경우 자유무역정책 대신 수입품에 관세를 부과하게 되면 국가전체의 후생은 줄어들 수도 있고, 늘어날 수도 있다. 그것은 관

세부과에 따른 경제적 효과의 상대적 크기에 달려있다. 대국의 경우 관세부과가 교역조건을 향상시키기도 하기 때문에 교역조건의 향상에 따른 후생의 증가정도(A)와, 관세부과에 따른 무역량 감소(B)의 크기에 따라 후생에 끼치는 영향이 다르다. 즉, A가 B보다 크게 되면 전체적으로 후생이 증가하나, 반대의 경우에는 감소하게 된다. 이런 측면에서 최적관세(Optimum tariff)라는 개념이 나온다. 즉, 대국이 관세율을 적절하게 부과함으로써 자신의 후생을 극대화할 수 있는 관세율을 최적관세율이라고 한다. 다시말해, 최적관세율을 부과하면 대국은 이론적으로 자신의 후생을 극대화할 수 있다. 하지만 이러한 최적관세 이론이 맞기 위해서는 최적관세를 부과하더라도 무역상대방이 보복을 하지 않아야 한다는 전제가 충족되어야 하며, 만약 이 조건이 충족되지 못할 경우에는 최적관세를 부과하더라도 자신의 후생이 극대화될 수 없다. 그러므로 대국의 경우에도 아주 예외적인 경우를 제외하고, 자신의 후생을 극대화할 수 있는 무역정책은 자유무역정책이다.

요약하면 무역이론에 근거하는 한 자유무역정책은, 국가의 크기를 막론하고, 최선의 무역정책이라고 결론지을 수 있다.

하지만, 이론적으로 보여지는 이런 자유무역이 완벽히 실현되고 있는 나라는 어디에도 없다. 자유무역이 정책으로 실행되기 위해서는 현재 시행되고 있는 모든 무역 제한적 조치가 철폐되어야 하는데, 어느 나라든 상대국으로부터의 일정한 대가를 받지 않고서는 일방적으로 무역을 자유화(unilateral liberalization)하지는 않기 때문이다. 일방적 무역자유화 현실적으로 실행되기 어려운 것은 다음과 같은 이유 때문이다.

우선 일방적 무역자유화는 장기적으로는 경제이론이 시사하는 바와 같이 한 나라의 후생을 극대화할 수 있으나, 단기적으로는 극심한 경상수지 상의 문제를 초래할 우려가 있다. 따라서 현재 경상수지 적자를 시현하는 국가로서는 일방적 무역자유화를 시행하기 어렵다. 둘째, 정치경제학적으로는 일방적 무역자유화를 시행하기 위해서는 국내 압력단체와 이해자의 협조 혹은 용인이 필수적인데, 이러한 이해와 협조를 구하기가 매우 어렵다. 국가의 크기를 막론하고 일방적 무역자유화는 현재의 무역제도와 구조에 대한 일종의 개혁프로그램의 성격을 띠기 쉬운데, 여기에는 심각한 저항이 따르기 때문이다. 즉, 일방적 무역자유화에 의해 손해를 보는 기업이나 단체는 정치적으로 이러한 개혁을 저지하기 위하여 노력한다는 것이다.

그래서 무역정책은 이익단체와 압력단체의 이해를 반영하는 경우가 많아지게 되고, 따라서 특별한 외부의 간섭이나 계기가 없는 한, 무역정책은 보호무역주의적 색채를 띠기 쉽다. 다시 말해, 한 나라의 무역정책은 경제이론을 배경으로 결정되기 보다는 이익단체나 압력단체라는 '고객(client)'의 입맛에 맞는 방향으로 결정되기 쉬운 측면이 있다는 것이다.

2) 어떻게 자유무역정책을 실현해 갈 수 있나?

자유무역이 최선의 방법이지만 위에서 논의된 제약 때문에 사실상 실행이 어렵다면, 국가 간의 무역에서 점진적으로 자유무역을 확대해 가는 것이 바람직할 수도 있다. 이런 관점에서 종종 채택되는 방법이 무역상대국과 무역자유화 공동보조(parallel liberalization)를 취하는 것이다. 이 방법은 자국의 무역자유화가 '일방적으로' 시행되는 것이 아니라, 상대국의 무역자유화에 대한 '대가'의 성격을 띠기 때문에, 자국과 무역상대국 모두에게 유리하다는 것에 근거하고 있다. 따라서 이익단체와 압력단체라는 '고객'의 요구를 거절하고 자유무역의 성격을 띠는 정책을 시행할 수 있다는 것이다.

이러한 무역자유화 공동보조는 그 포괄범위에 따라 다자 간 무역협정(다자주의)와 지역 간 무역협정(지역주의)로 나눌 수 있다. 다자 간 무역협정은 가급적 많은 나라가 함께 무역자유화의 공동보조를 취하는 것이며, 지역 간 무역협정은 지역적 인접성과 같은 요인을 기반으로 하여 소수의 나라들이 무역자유화의 공동보조를 취하는 것을 의미한다. 따라서 일방적 무역자유화에 대한 차선책은 다자간 무역협정과 지역 간 무역협정이지만 그 포괄범위로 볼 때 다자 간 무역협정이 더욱 바람직하다. 이론적으로 볼 때 다자 간 무역협정에 의한 무역자유화는 모든 나라가 동시에 일방적 자유화를 시행하는 것과 같은 효과를 가지기 때문이다.

그러나 다자간 무역협정도 지금까지의 국제경제사가 보여주는 것처럼, 불가능한 것은 아니었지만 항상 가능한 것도 아니었으며, 때로는 구성원의 의견 불일치 때문에 협상의 타결에 장기간이 소요되기도 하였다. 예컨대 우루과이 라운드는 무려 7여년의 협상기간이 필요하기도 하였다. 다자 간 무역협정이 어려울 경우 무역의 자유화 범위를 넓힌다는 측면에서 지역 간 무역협정이 다자간 무역협정의 차선책이라고 주장할 수도 있다. 그러나 지역 간 무역협정은 그 협정에 속한 나라들에게서는 일방적 자유화를 시행하는 것과 같은 효과를 가지나, 그 협정에 속하지 않은 나라에 대해서는 반드시 그렇지 않을 수도 있다. (이 문제는 다음 절에 상세히 서술).

또, 다자 간 무역협정과 지역 간 무역협정이 동시에 시행될 경우 지역 간 무역협정이 다자 간 무역협정의 향배에 어떠한 영향을 미칠지는 여전히 미지수이다. 하지만 정치경제학적 측면에서 지역 간 무역협정은 부분적으로 무역자유화를 실행하기 위한 방법으로 사용될 수도 있다. 즉, 상호주의적 성격을 가지는 지역 간 무역협정(예컨대 자유무역협정)은 정치경제적 이유로 일방적 자유화를 시행하기 어려운 상황에서 정치적 어려움을 타개하기 위한 방법으로 사용될 수 있다는 것이다. 따라서, 일방적 자유화보다는 무역자유화의 폭을 넓힐 수는 없으나, 현실적 차원에서 수용가능한 무역자유화를 유도할 수는 있다. 특히 상호주의적 방법에 근거하여 지역 간 무역협정(자유무역협정)이라는 '외형적 협정'의 틀을 가지게 된다면, 이 또한 국내적 반발을 무마하는 효과를 가질 수 있게 된다.

요약하면 일방적 무역자유화가 어려운 상황에서는 다자 간 무역협정을 차선책으로 볼 수 있다. 그리고 다자 간 무역협정이 어려운 상황에서는 지역 간 무역협정(자유무역협정)이 다자 간 무역협정의 차선책으로서 실제적으로 무역자유화를 추진해 나갈 수 있는 가능성을 가지게 된다. 바로 이러한 이유로 GATT와 WTO에서는 특정국들끼리의 지역 간 무역협정(자유무역협정)을 지지하는 조항을 유지하고 있다. 그러나 이들 조항이 전 세계적인 관점의 무역자유화라는 본래의 목적에 어느 정도 기여하고 있는지는 별도의 검토가 필요하다. (제3절 참고)

3. GATT와 WTO를 중심으로 한 무역자유화의 확대

1) GATT와 다자간무역협상

1948년 발효된 이후 GATT는 세계무역의 확대에 큰 공헌을 해 왔다. 1950-60년대의 지속적인 경제성장과 무역확대는 GATT 체제를 빼고서는 제대로 설명할 수 없다. 이 20년간은 보기 드문 자유무역기라고 할 수 있으며 이런 기조는 부분적으로 1970년대에도 계속 되었다. GATT의 공헌은 국제무역에 대한 질서부여와 규칙확립이라는 면이 강하지만 그보다는 GATT의 주관 아래 열리는 다자간

무역협상을 통해 더욱 구체적으로 드러난다. GATT의 다자간무역협상은 세계무역에 해결해야 할 문제가 있을 때 GATT의 전 체약국이 모여 그 해결방안을 모색하려는 '장(場)'이다. 다자간무역협상이기 때문에 비교적 공정한 게임의 규칙이 적용될 수 있으며 따라서 어느 한 국가에 일방적으로 유리한 결과가 나오지는 않는다.

GATT는 지금까지 모두 일곱 번의 다자간무역협상을 개최해왔다. <표 2>는 그 추이를 정리한 것이다.

〈표 2〉 GATT와 다자간무역협상

횟수	명칭	참가국	기간	주요 협상내용
1	일반적 관세교섭	23	1947.4- 47.10	45000 품목 양허
2	상동	13	1949.4-49.10	5000 품목 양허
3	상동	38	1950.9-51.4	8799 품목 양허
4	상동	26	1956.1-56.5	25억 달러 상당의 관세인하
5	딜론라운드	26	1961.5-62.7	4400품목 양허
6	케네디라운드	62	1964.5-67.6	주요 선진국의 제조업 분야 관세율을 35% 인하. 반덤핑협정체결
7	동경라운드	97	1973.9-79.7	9개 선진국 제주업 분야 가중평균 관세율이 7%에서 4.7% 수준으로 인하, 9개 MTN협정 체결
8	우루과이라운드	123	1986.10-94.4	WTO 설립 합의, 분쟁해결절차 개정, GATT와 GATS로 구분되는 무역규범 확립

이 표에서 보는 바와 같이 GATT는 설립 이래 8차례의 다자간무역협상을 개최하면서 무역의 자유화에 큰 공헌을 해 왔다. 이제 그 8차례의 다자간무역협상 성격을 조금 자세히 분석하기로 한다.

처음 다섯 번의 다자간무역협상은 무엇보다 관세인하에 주력해 왔다. 즉, 1960

년대 초반까지 세계무역의 확대를 저해하는 무역장벽은 주로 관세였기 때문에 관세의 인하를 통해 세계무역의 확대를 도모해왔다는 것이다. 하지만 여섯 번째의 다자간무역협상인 케네디라운드[3]에서는 협상의 대상에 다소 변화가 있게 된다. 관세인하가 여전히 중요한 협상의제이지만 그와 함께 다자간무역협상 최초로 비관세장벽에 대한 협상이 진행되게 된다. 그 결과 반덤핑협정이 체결되게 되는데 이 협정은 GATT의 주관 하에 최초로 타결된 비관세장벽 분야의 협정이다. 이처럼 GATT에서 반덤핑 분야가 관심 분야로 제기되게 된 것은 1960년대에 들어서 전통적인 무역장벽인 관세 이외에 비관세장벽이 새로운 무역장벽으로 등장하였기 때문이다. 케네디라운드에서 이루어진 특별한 발전은 GATT에 제 4부(무역과 개발)가 추가되었다는 것이다.[4] 무역과 개발은 개도국의 경제발전에 대한 특별대우를 규정한 것으로 이 조항들이 추가됨으로써 GATT가 선진국 클럽이라는 비난을 불식하고 세계전체의 무역과 경제성장을 규율하는 규정으로 발전하게 되었다.

한편, 비관세장벽에 대한 관심은 제 7차 다자간무역협상인 동경라운드에 이르러선 그 정점에 이르게 된다. 이 라운드에서 무려 9개 분야의 비관세장벽에 대한 협정이 체결되게 된다. 이는 제 1, 2차 석유위기를 거치면서 세계무역에 비관세장벽이 만연해 왔는데 GATT가 다자간무역협상을 통해 이런 장벽들을 완화하기 위해 노력해 왔다는 것을 의미한다.

약 8년 간에 걸쳐 진행된 우루과이라운드(UR)는 기존의 다자간무역협상과는

---

3) 여기서 라운드라는 용어는 제5차 다자간무역협상 때부터 사용된 것인데 이 용어는 기본적으로 다자간무역협상(MTN: multilateral trade negotiation)과 같은 의미를 지닌다. 이런 다자간무역협상은 기본적으로 그 협상이 개최될 당시의 세계경제구조를 대변하는 역할을 한다. 위의 표에서 보는 바와 같이 케네디라운드까지 이런 무역협상은 미국의 관심과 이해를 반영하는 것이었다. 이런 추세가 동경라운드 때는 다소 변하고 우루과이 라운드에 와서는 급격히 변하게 된다.

4) GATT의 규정은 당시까지만 해도 3부 밖에 없다. 제 1부는 최혜국대우와 양허표, 제 2 부는 자유무역을 위한 원칙, 제 3부는 운영규정이다. 여기에 케네디라운드를 계기로 제 4부가 추가된 것이다.

현저한 차이를 가진다. 그것은 다음과 같이 정리할 수 있다. 첫째, UR을 통하여 WTO(World Trade Organization)라는 국제무역기구가 정식으로 출범할 수 있었다. 그 이전의 GATT가 외형적으로는 국제무역기구의 역할을 수행해 왔지만 GATT는 그 명칭이 의미하는 바와 같이 협약의 형태를 벗어날 수 없는 것이었다.[1)] 둘째, 이전까지 GATT는 세계의 상품무역만을 관할해 왔지만 UR을 통하여 서비스무역까지 관할하게 되었다. WTO체제하에 상품무역은 GATT(General Agreement on Tarrifs and Trade)가 관할하며, 서비스무역은 GATS(General Agreement on Trade in Services)가 관할하게 되었다. 이를 계기로 서비스무역의 자유화가 본격적으로 시작되게 되었다. 셋째, 분쟁해결절차가 대폭 강화되어 회원국간의 실질적인 분쟁해결이 가능하게 되었다. 이는 국제기구로서의 WTO 위상이 과거와는 비교할 바 없을 정도로 강화됨을 의미한다.

이처럼 GATT와 WTO를 거치는 동안 다자간무역협상을 중심으로 한 다자간무역체제는 세계의 무역자유화를 위하여 큰 공헌을 해 왔다.

2) WTO와 도하라운드: 비틀거리는 다자간무역시스템

명실상부한 국제무역기구인 WTO가 출범한 뒤 세계무역은 본격적인 개화기에 접어들게 되었다. 그런 노력의 일환으로 제시된 것이 WTO의 주관 하에 개최된 도하라운드[2)]이다(이하 DDA).

아래 <표 3>에서 보는 바와 같이 DDA는 2001년 11월에 시작되었지만 아직까

1) 이런 점 때문에 GATT는 회원국(member countries)란 표현대신 체약국(contracting parties)란 표현을 사용해왔다. 하지만, WTO는 정식으로 국제무역기구의 성격을 가지기 때문에 회원국이라는 표현을 사용할 수 있다.

2) 이 라운드의 정식명칭은 Doha Round이다, 즉, 카타르 도하에서 개최된 각료회의를 계기로 시작되었기에 이렇게 불려진다. 그리고 이 라운드에서 주로 경제개발과 관련된 실질적인 문제가 협의된다는 점에서 Doha Development Agenda라고 불려진다.

지 협상을 끝내지 못하고 있다. 심지어는 표에서 보는 바와 같이 WTO사무총장이 일시적인 협상중단 선언을 하기까지 한 바 있다. 이 중단 선언 뒤 2007년과 2008년에 협상이 재개되었지만 아직까지 가시적인 성과를 내지 못하고 있다.

〈표 3〉 DDA 협상의 경과

2001년 11월	제4차 WTO 각료회의(카타르 도하)에서 DDA 출범
2002년 3월~2003년 3월	세부원칙(modality) 협상
2003년 3월	세부원칙에 대한 하빈슨 초안 제시. 합의도출 실패
2003년 9월	제5차 WTO 각료회의(멕시코 칸쿤) 기본골격 합의안 도출 실패
2004년 7월	세부원칙 기본 골격(framework) 도출
2005년 12월	제6차 WTO 각료회의(중국, 홍콩) 최빈개도국에 대한 혜택, 농산물 수출보조금 철폐 시한 등 일부 쟁점에 대한 합의 도출
2006년 5월	세부원칙 합의도출을 위해 6주가 연속 농업 협상
2007년 7월	DDA 중단 선언

자료: 대외경제정책연구원 자료.

DDA의 협상의제는 전통적인 관세인하 외에 제조업의 시장접근 문제, 농산물의 시장접근을 확대하기 위한 각국의 보조금 인하 문제, 서비스시장의 추가적인 개방문제 등 당시의 세계가 직면한 모든 문제를 망라하고 있었다. DDA만 제대로 타결될 경우 세계무역은 다시 한 번 도약할 수 있는 계기를 마련할 수 있었다.

하지만, 협상은 소위 말하는 삼각쟁점(triangle issues) 때문에 실질적인 진전을 보지 못하고 있다. 즉, 미국의 농업보조금 감축, EU의 농산물 수입관세 인하와 개도국의 비농산물시장 관세인하 문제를 놓고 미국, EU, 개도국이 첨예한 대립을 보여 별다른 진전을 보지 못하고 있다는 것이다. (<표 4> 참조)

〈표 4〉 농업보조금 감축과 농산물 관세 감축에 대한 각국의 입장

미국	· 61% 이상인 농산물의 관세는 평균적으로 90% 감축(관세상한 75%) · 민감품목수는 전체농산물 세 번수의 1% · 무역왜곡보조금 53% 감축(미국에 적용)
EU	· 91% 이상인 농산물의 관세는 획일적으로 60% 감축(관세상한 100%) · 민감품목수는 전체농산물 세 번수의 8% · 무역왜곡보조금 70% 감축(EU 적용)
G20	· 76% 이상인 농산물의 관세는 획일적으로 75% 감축(관세상한 100%) · 민감품목수는 전체농산물 세 번수의 1% · 무역왜곡보조금 75-80% 감축(EU: 80%, 미국: 75%)

자료: 대외경제정책 연구원 자료

DDA가 답보를 거듭하는 것은 단지 새로운 다자간무역협상 하나가 타결을 보지 못하고 있다는 것에 그치지 않는다. DDA는 WTO가 설립된 뒤 최초로 제기된 다자간무역협상인 만큼 이것이 성공하지 못하면 WTO를 중심으로 한 다자간무역체제가 그 존립을 위협받을 수 있게 된다. 다시 말해, DDA가 실패로 돌아가게 되면 자유무역의 확대를 위해 노력해 온 국제적 노력이 멈추게 되고 그러면 세계는 새로운 보호무역의 시대로 접어들게 될지 모른다. 이것은 단순한 우려가 아니라 서브프라임 모기지 위기로 촉발된 세계금융위기 상황에서 세계 각국이 자국의 이익을 위하는 방향으로 무역정책을 시행하기만 하면 바로 촉발될 수 있는 것이다.

다자간무역체제를 위협하는 것은 이 뿐 아니다. 소수의 국가들끼리 체결하는 지역무역협정도 다자간무역체제를 위협할 수 있다. 가장 대표적인 것이 자유무역협정(FTA: Free Trade Agreement)이다. 이 FTA는 현재 전 세계에 만연해 있는데 이 추세를 어떻게 처리하느냐에 세계무역의 확대는 또 한 번 기로를 맞이할 수 있다.

4. 지역주의(Regionalism)의 대두

1) 지역주의의 이해

(1) 지역주의의 개념

지역주의는 다자주의와 반대되는 개념이다. 즉 앞서 본 바와 같이 다자주의가 WTO와 같은 국제무역기구를 중심으로 그 기구에 참여한 모든 국가들을 대상으로 무역 자유화를 추진해 나가는 것이라면, 지역주의는 소수의 국가들만을 대상으로 무역자유화를 추진해 나가는 것을 의미한다. 이런 지역주의는 지역무역협정의 형태로 구체화되는데, 그 외형적 형태는 관세동맹, 자유무역협정, 경제통합 등 다양한 모습으로 드러난다. 이런 지역주의 추세가 나타나는 것은 다자간무역체제가 제 기능을 다하지 못할 때 이를 보완 혹은 대체하기 위함이다.

(2) 지역주의의 경제적 효과: 지역무역협정을 중심으로

새로운 지역무역협정을 체결하거나 기존의 지역무역협정에 참여하려는 목적은 궁극적으로 역내국의 무역장벽 철폐를 통하여 역내의 무역자유화를 실현하고, 이를 통하여 상호간의 지속적인 경제성장을 도모하고 후생을 극대화하는데 있다. 지역무역협정의 형성에 따른 경제적 효과는 대개 이론적으로 정태적, 동태적 효과로 구분된다. 이런 효과는 다음의 <표 5>로 정리하였다.

〈표 5〉 지역무역협정의 경제적 효과

◈ **정태적 효과**

① 무역창출효과(Trade creation effect): 이것은 역내의 무역자유화로 관세 등 무역장벽이 완화되거나 해소되어 역내무역이 확대되는 것을 의미함. 이 효과는 무역의 비교우위론에 입각한 효과를 의미하는 것으로, 역내관세의 철폐로 회원국들이 국내에서 생산되는 비싼 상품을 보다 저렴한 역내의 상품으로 대체하는 것을 의미함. 또, 그로 인해 역내생산이 효율적으로 이루어지고 자원배분이 개선되는 효과도 동시에 포괄함. 이 경우 역외무역이 확대되는 효과도 부수적으로 기대할 수 있음.

② 무역전환효과(Trade diversion effect): 역내의 무역자유화는 관세 등 무역장벽이 역내에서만 철폐되기 때문에, 생산효율이 보다 높은 역외수입이 역내수입으로 대체되는 효과를 가지게 됨. 이를 무역전환효과라고 함. 무역전환효과는 역내관세 철폐로 인하여 저렴한 역외상품이 상대적으로 비싼 역내상품으로 대체되는 것을 의미함. 즉, 협정체결 전에는 역외국의 상품이 비교우위에 있었으나, 협정체결 이후 역내국간의 관세가 철폐됨으로써 역내국의 상품이 역외국의 상품보다 비교우위를 가지게 됨. 따라서 무역전환효과로 인해 일반적으로 자원의 효율적 이용이 저해되기도 함.

③ 교역조건 효과(Terms of trade effect): 대국이 지역통합에 참가한 경우 무역전환효과로 인해 교역조건이 악화되기도 함. 교역조건이 악화되는 경로는 역외수입감소 → 역외 수출가격 저하 → 역외 교역조건 악화 등으로 이어짐.

◆ **동태적 효과**

④ 시장확대효과(Scale effect): 지역이 통합될 경우 장기적으로는 이 통합에 참여한 국가들의 시장확대로 연결됨. 시장확대로 인해 지역통합에 참여한 국가들의 기업은 규모의 경제를 실현할 수 있게 됨. 규모의 경제를 실현할 경우 대개 생산에 따른 코스트를 인하할 수 있게 되고 이것은 대개의 경우 국제경쟁력 강화로 연결됨.

⑤ 경쟁촉진효과(Competition effect): 경쟁촉진효과는 시장의 확대와 밀접한 관계를 가짐. 즉, 역내 무역자유화로 인하여 시장을 공유하게 된 기업들 사이에 경쟁이 격화될 수 있으며, 이는 생산합리화, 기술혁신 촉진 등과 같은 과정을 거쳐 생산성 향상으로 연결됨. 이러한 효과가 계속하여 누적될 경우 산업기술의 발달을 기대할 수 있고, 실질소득의 증대, 소비자 후생의 향상으로 이어져 궁극적으로는 경제성장에 기여하게 됨.

⑥ 투자전환효과(Investment diversion effect): 지역이 통합될 경우 역외기업의 역내시장접근이 저하되기 때문에 투자는 역외에서 역내로 전환되는 효과를 가지게 됨. 예컨대 기업의 경우 주요 원자재 및 중간재 등을 역내에서 조달할 경우 역외기업보다 유리한 조건으로 조달할 수 있으며, 역내 판매 활동에 있어서도 역외기업에 비하여 지리적으로 유리한 이점을 가져 제반비용을 절감할 수 있기 때문에 지역무역협정은 역외기업의 역내로의 투자를 증가시키게 됨.

따라서 지역무역협정이 역외(그 협정에 가입하지 않은 국가)에 미치는 영향은 다음과 같이 생각할 수 있다. 이론적으로 볼 때 지역통합이 역외국에 미치는 부정적 영향으로는 무역전환효과(②), 교역조건효과(③), 투자전환효과(⑥)를 들 수 있다. 이들 부정적 효과는 지역통합으로 인한 단기적인 효과이다. 반면, 긍정적 영향으로는 무역창출효과(①), 시장확대효과(④), 경쟁촉진효과(⑤)를 들 수 있다. 그러나 이들 효과가 역외국에 긍정적 영향을 미치기 위해서는 상당히 오랜 시간이 흘러야 하기 때문에 이들 효과가 단기적으로 역외국에 긍정적 영향을 끼칠 것으로 기대하기는 어렵다. 따라서 단기적으로 볼 때 지역무역협정은 무역전환효과로 인하여 역외국에 결코 이롭지 않다. 이런 의미에서 역외국에 대한 부정적 영향을 최소화하기 위해 역외국과의 관세 및 기타 통상정책이 통합 이전보다 제한적이지 않도록 하는 노력이 필요하다. 또, 이런 의미에서 지역무역협정과 같은 지역주의는 다자주의에 긍정적 영향을 미치지 못한다고 말할 수 있다.

(3) 지역주의의 현황: 지역무역협정(Regional Trade Agreement)을 중심으로

지역무역협정은 1948년 GATT 창설 이후 1994년까지 총 91건에 불과했으나 WTO 출범 이후 큰 폭으로 증가해 2008년 11월 현재 WTO에 통보되고 발효 중인 지역무역협정은 총 227건에 달하고 있다.

<표 6> WTO에 통보되고 발효중인 지역무역협정

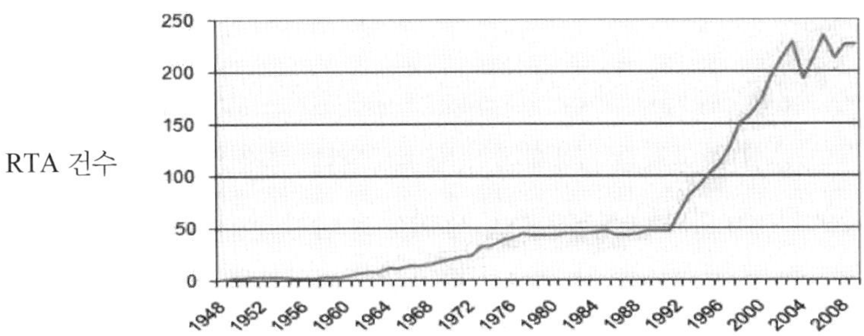

2008년 11월 15일 기준.

자료: WTO 홈페이지의 자료를 대외경제정책연구원(2008)에서 재인용.

227건의 지역무역협정 중 GATT 제24조에 근거한 상품무역협정은 143건으로 가장 큰 비중을 차지하고 있으며, GATS 제5조에 근거한 서비스협정이 57건, 개도국간 특혜협정이 27건을 차지하고 있다.[3)]

〈그림 1〉 유형별 지역무역협정 체결 현황

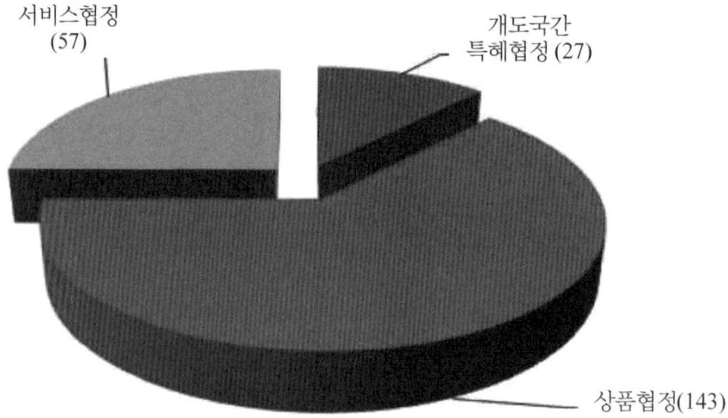

자료: 〈표〉와 동일.

이런 지역무역협정을 향한 움직임은 지금도 계속되고 있다. 다음 표에서 보는 바와 같이 세계의 주요 나라들은 경쟁적으로 가장 대표적인 지역무역협정인 FTA(Free Trade Agreement)를 체결하기 위하여 노력하고 있다. 이런 노력들은 부분적으로 WTO 중심의 다자간무역체제가 제대로 기능하지 않기 때문에 발생하고 있다. 즉, 2001년에 시작된 도하라운드가 협상에 난항을 거듭함으로써 소수 국만의 무역자유화를 위하여 FTA를 향한 노력이 나타난 것이다.

3) 지역무역협정의 국제법적 근거에 대해서는 제 3항에서 설명하기로 한다.

<표 7> 세계 주요국의 FTA 추진현황

국가	기 체결 FTA	협상 중인 FTA	검토 중인 FTA
미국	NAFTA, 모로코, 한국, 호주, 미국-CAFTA-DR, 바레인, 싱가포르, 오만요르단, 이스라엘, 칠레, 콜롬비아, 파나마, 페루	FTAA, SACU, 말레이시아, UAE, 태국, 에콰도르	뉴질랜드, 대만, 이집트, 쿠웨이트, 파키스탄
캐나다	이스라엘, 칠레, 코스타리카	CACM, EFTA, 한국, 메르코소, 도미니크공화국	안데안공동체, CARIOOM, EU, 일본, 태국, 페루
메르코소	CAN(안데안국가연합), 인도, 칠레	EU, GCC	EFTA, 미국, SACU, 한국
EU	EFTA, 남아공, 레바논, 칠레, 마케도니아, 멕시코, 터키, 모로코, 시리아, 알제리, 안도라(CU). 요르단, 이스라엘, 이집트, 튀니지, 크로아티아	ACP, GCC, 메르코소, 이란, 한국	ASEAN, 싱가포르, 인도, 캐나다
뉴질랜드	Trans Pacific SEP, 싱가포르, 태국, 호주	ASEAN, 말레이시아, 뉴질랜드-호주-아세안	멕시코, 한국
중국	ASEAN, 마카오, 칠레	GCC, 뉴질랜드, 싱가포르, 호주, 아이슬란드	인도, 한국
일본	ASEAN, 말레이시아, 칠레, 멕시코, 브루나이, 태국, 싱가포르, 필리핀, 인니	GCC, 베트남, 인도, 스위스, 한국, 호주	대만, 캐나다
호주	뉴질랜드, 미국, 싱가포르, 태국, 파푸아뉴기니	UAE, 호주-질랜드-아세안, 말레이시아, 일본, 중국	GCC, 멕시코, 칠레, 한국

자료: 무역협회의 자료를 KIEP(2008)에서 재인용.

2) 다자주의와 지역주의는 상호보완적인가?

다자주의와 지역주의의 관계에 대한 이론적 고찰은 주로 이 양자가 보완적 관계인지, 아니면 대체적 관계인지에 대한 분석이 주류를 이루어 왔다. 즉, 지역주의의 확산이 다자주의를 강화한다는 주장과 지역주의의 확산은 다자주의를 약화시킨다는 주장이 그것이다. 이것은 PTA가 전세계적인 무역자유화를 촉진시킨다는 주장과 그와는 달리 오히려 전세계적인 무역자유화를 저해한다는 주장으로도 이해될 수 있다. 지역주의가 다자주의를 보완한다고 생각하거나 주장하는 입장을 취하고 있는 사람들로는 John H. Jackson, 미국 행정부의 관리들을 들 수 있다. 반면, 지역주의가 다자주의를 저해한다고 우려하는 학자들로는 Krugman, Thurow, Bhagwati, Levy, Kreuger 등을 들 수 있다.

지역주의와 다자주의의 관계에 대한 하나의 예로서는 EEC에 대한 논쟁을 들 수 있다. 과거 EEC의 확대는 미국으로 하여금 딜론라운드와 케네디라운드를 개최케 함으로써 세계적인 무역자유화를 가능하게 했다는 주장이 제기되기도 하였다. 즉, EEC라는 지역주의의 대두가 결국 세계적인 무역자유화의 단초가 되었다는 것이다. 그러나 이러한 주장은 다음과 같은 세 가지 이유로 인하여 비판을 받고 있다. 첫째, EEC가 성립되었기 때문에 다자간 협상이 개최되었다는 주장은, 1960년대 미국의 대외경제정책을 생각할 때 합리적이지 않다. 둘째, EEC의 성립에는 농업이 주요한 역할을 했는데 이것은 EEC라는 형태가 다자간 협상에 비하여 농업보호에 더 효율적이라는 것을 의미하다. 다시 말해 EEC가 성립함으로써 전 세계적인 무역자유화가 촉진되었다는 주장은 농업에 관한 한 사실이 아니라는 것이다. 셋째, 이러한 주장이 사실이라고 가정할 경우 이것은 다자 간 협상에 참여한 나라의 자발적 양허에 의한 것이 아니라 일종의 강제라고 할 수 있다. 그래서 세계적인 무역자유화가 강제의 형태로 진행될 경우 이것은 매우 위험한 게임이라고 할 수 있으며, 세계적인 무역자유화를 저해하는 것으로 이해할 수 있다는 것이다. 결론적으로 이 양자의 관계에 대해서는 명확한 결론이 내려져 있지 않다.

이런 사례에서 보는 바와 같이 지역주의와 다자주의의 관계에 대한 유일한 결론은 존재하지 않는다. WTO의 공식입장처럼 지역주의가 다자주의를 보완할 수도 있고, 그렇지 않을 수도 있다. 문제는 어떠한 경우에 지역주의가 다자주의를 보완하고 어떠한 경우에 지역주의가 다자주의를 대체하는가 하는 것이다. 그러므로 다자주의와 지역주의의 관계는 일반적인 이론이 존재하는 영역이 아니라 사례분석의 범주에 포함된다. 즉, 시기에 따라 양자의 관계가 변하고, 지역에 따라서도 변하며, 혹은 그 구성원에 따라서도 양자의 관계가 변할 수 있다. 한 가지 분명한 사실은 WTO를 중심으로 새로운 다자 간 무역협상의 움직임이 활발할 경우에는 지역주의의 부정적 효과가 줄어들고, 그 움직임이 지연될 때는 반대되는 효과를 예상할 수 있다는 것이다. 나아가 다자주의가 약화될 때는 예상되는 부정적 효과를 피하기 위하여 기존에는 다자주의에 의존했던 국가라도, 지역주의에 대해 관심을 가지지 않을 수 없다는 사실이다. 한국은 바로 이 경우에 해당된다고 할 수 있다.

2) GATT/WTO에서의 지역주의에 대한 규범적 인식

그러면 실제 국제규범의 차원에서 GATT 혹은 WTO가 어떠한 규범에 근거하여 자유무역협정과 같은 지역주의 현상을 옹호 내지 묵인해 왔을까?

GATT/WTO체제하에서의 지역무역협정에 대한 MFN 예외를 인정하는 법적 근거로는 상품무역분야에 있어 GATT 제24조와 권능부여조항(Enabling Clause), 그리고 서비스무역분야에 있어 GATS 제5조 등 세 가지가 있다.

먼저 상품무역과 관련하여 GATT 24조에서는 (i)관세동맹 (ii)자유무역지역 및 (iii)관세동맹이나 자유무역지역의 설립을 위한 '잠정협정'의 3가지 형태의 지역무역협정에 대해서는 원칙적으로 GATT 의무에 대한 면제를 허용하고 있다. 즉, GATT 24조에서는 이러한 3가지 형태의 지역협정에 대해 각기 그 定義와 일정한 기준 및 조건을 규정하고, 어느 지역협정이 이러한 세 가지 지역협정중 하나의 법적 요건 및 기준에 합치하는 경우 GATT의 별도의 조치없이 자동적으로 GATT 의무로부터의 이탈을 허용하고 있다.

다음으로 상품무역과 관련하여 동경라운드 협상 결과 채택된 것으로 개도국 회원들간에 체결된 지역무역협정에 대한 MFN 대우 의무에 대한 예외를 규정한 1979년 11월 28일 "개발도상국에 대한 특별하고도 보다 유리한 대우와 호혜주의 및 보다 완전한 참여에 관한 결정"(Decision on Differential and More Favourable Treatment and Reciprocity and Fuller Participation of Developing Countries) 즉, 개도국회원에 대한 특혜대우의 항구적 법적 근거로서 알려진 소위 '권능부여조항'(Enabling Clause)이 있다. 이러한 권능부여조항을 근거로 개도국들 간에 체결되어 GATT/WTO에 통고된 지역무역협정은 17건이 있는바 대표적인 사례로는 Andean Pact, MERCOSUR, ALADI 및 ASEAN Free Trade Area 등이 있다.

끝으로 우루과이라운드 협상 결과 채택된 것으로 서비스무역에 있어 WTO 회원들간에 체결된 경제통합협정에 대한 MFN 대우 의무 예외를 규정한 GATS 제5조가 있다. 이들 서비스무역에 관한 경제통합협정에서의 MFN 예외 인정과 관련하여서도 GATS 제5.3조에서는 개도국 회원들 간의 그러한 협정의 경우 상당한 분야별 적용대상범위 및 합리적인 시간계획에 따른 잔존 차별조치의 폐지 등에 있어 융통성을 부여하고 있다. GATS 제5조에 따라 체약국들 간에 서비스무역에 있어 장벽을 철폐하는 경제통합협정으로서 WTO에 통고된 것은 11건이 있다.

5. 다국적기업의 대두

1) 다국적기업의 이해

다국적기업(multilateral corporation)이란 사전적 의미에서는 두 개 이상의 국가에서 현지법인을 운영하고 있는 기업을 말한다. 그러니 세계 각지에 자회사, 지사, 합병회사, 공장 등을 확보하고 생산과 판매활동을 국제적 규모로 수행하는 기업을 다국적기업으로 이해할 수 있다. 이런 다국적기업의 이면에는 기업활동의 범세계화라는 현상이 숨어있다. 기업활동의 범세계화란 '기업과 생산요소들의 활동영역이 일국의 국경내에 국한되지 않고 전 세계적으로 확장'되는 것을 의미한다. 그러니 기업활동의 범세계화 결과로 다국적기업이 생겨나게 된 것이다.

이런 다국적기업은 본래 17세기에 그 싹이 보여진 것이지만, 제대로 관심을 끌게 된 것은 제2차 세계대전 이후이다. 즉, 앞 절에서 본바와 같이 GATT가 성립되어 무역이 확대되고 국제투자가 확산되면서 다국적기업도 활성화되기 시작한 것이다. 그러니 다국적기업은 국제무역의 세계화 혹은 국제무역의 확대와 그 궤를 같이 한다고 할 수 있다. 여기서 반드시 생각해야 할 것은 다국적기업은 해외직접투자를 통해 그 영역을 확대해 나간다. 그러니 해외직접투자의 확대와도 밀접한 관계를 가진다.

이런 다국적기업의 특성은 다음 <표 8>과 같이 요약할 수 있다.

〈표 8〉 다국적기업의 특성

- 다수의 국가에서 활동한다. - 연구, 개발, 제조 활동을 통하여 피투자국의 경제성장에 기여한다. - 이 기업은 다수의 국적인에 의하여 관리된다. - 이 기업의 주식은 다수의 국적인에 의하여 소유된다. - 국내외 활동 가릴 것 없이 이익을 얻기 위하여 행동한다. - 국가, 국적, 국경을 넘어 활동하므로 세계각지에는 현지 법인이 설립된다. - 유가증권에 의한 간접투자가 아니라 직접투자에 의해 현지 기업을 설립하고 그 기업을 기반으로 생산과 마케팅 활동을 진행한다.

자료: 인터넷 등에서 정리.

이런 다국적기업의 수는 지난 1970년대 7천개에서 20년 후 3만개 이상으로 급속히 증가하였다. 1999년 이후 상위 100개의 다국적기업들은 여타의 다국적기업들 보다 더 활발히 활동하면서 시장 전체에서 차지하는 비중도 더 커지고 있다. 이런 경향은 시간이 흐르면서 더 심화되고 있으며 최근에는 상위 50개의 다국적기업이 전체의 90% 이상을 차지하는 사례도 발생하고 있다. 이런 현상은 이런 다국적기업들이 막강한 자금력을 바탕으로 해외직접투자를 거의 독점하고 있기 때문이다. 이들 다국적기업 대부분은 미국, 일본, 및 서유럽에 본부를 두고 있으며 업종별로는 전기, 전자설비, 자동차, 원유분야에 집중되어 있다.

2) 다국적기업에 대한 논의

이런 다국적기업에 대해서는 지금까지도 찬반논쟁이 계속되고 있다. 각각 이 다국적기업을 보는 관점이 다르기 때문이다. (<표 9> 참조)

〈표 9〉 다국적기업에 대한 찬반논의

다국적기업을 긍정적으로 보는 견해	다국적기업을 부정적으로 보는 견해
- 다국적기업은 피투자국의 고용을 창출한다. - 다국적기업은 개도국에게 산업화나 경제발전에 필요한 자본이나 기술을 제공한다. - 피투자국에 선진경영기법 혹은 선진기업문화를 전파시킨다. 그런 과정을 통하여 피투자국 기업의 경쟁력을 강화한다.	- 다국적기업은 기업의 이익에만 관심이 있을 뿐 피투자국의 경제적 필요성에는 무관심하다. 따라서 투자의 왜곡이 따를 수 있다. - 다국적기업이 어느 정도 피투자국 시장에 자리를 잡게되면, 다국적기업은 그 이후 피투자국 자본시장에서 자본을 조달하게 된는데, 그 경우 피투자국 현지기업은 자금조달에서 피해를 볼 수 있다. - 다국적기업이 피투자국에 기술을 이전하기도 하나 지나치게 과다한 대가를 요구한다. - 다국적기업은 피투자국에서 얻은 이익을 다시 재투자하지 않고, 본국에 송금한다. 그 결과 피투자국에 최초에 투자한 금액 이상으로 본국에 송금하게 된나.

즉, 경제적 독립의 관점에서 보면 다국적기업은 피투자국에 결코 바람직한 결과를 초래하지 않을 수 있다. 하지만, 최근에 들어서면서 이런 관점에 다소의 변화가 발생하기도 한다. 그것은 개도국의 경우 다국적기업을 유치함으로써 그들이 만성적으로 경험하는 외환위기 혹은 자본부족의 문제를 해결할 수 있기 때문

이다. 또, 다국적기업의 해외투자를 적극 수용한 아시아 신흥공업국의 경제적 성장이 이들에 대한 부정적 인식을 많이 완화했기 때문이다. 또, 정보기술 등 새로운 기술이 발전하면서 이런 기술의 도입과 활용에 다국적기업의 역할이 매우 중요하다는 인식을 하게 되었기 때문이다.

한편, 이런 다국적기업은 국제무역질서의 측면에서 새로운 문제를 제기하기도 한다. 다국적기업은 국경을 초월하여 존재하며, 자신의 이익을 위하여 여러 다른 나라에 산재한 기업 사이에 다양한 거래가 있게 되는데, 현재의 국제무역질서는 이런 거래를 명확히 규정하지 못하고 있기 때문이다. 예컨대, 다국적기업의 이익 확대를 위해서는 다른 나라의 자회사로부터 저렴한 가격으로 물건을 구입하는 것이 바람직하지만, 그것이 국경을 통과할 경우에는 반덤핑의 혐의를 받을 수도 있다는 것이다. 또, 다국적기업의 원활한 활동을 보장하기 위해서는 해외직접투자에 대한 각종의 규제가 없어져야 하는데, 현재 세계 각국은 아직 다국적기업의 해외직접투자에 상당한 규제를 가하고 있다는 것이다.

6. 국제무역질서와 한국

1) 국제무역의 확대를 어떻게 볼 것인가

하나의 시장으로 통합되고 있는 현재의 시점에서 국제무역의 확대에 부정적인 시각을 가질 국가는 거의 없다. 어떤 형태로든 국제무역이 확대되면 그 확대 정도에 따라 국내경제에 긍정적 효과가 발생하기 때문이다. 하지만, 국제무역의 확대가 국내에 발생하는 긍정적 효과의 크기는 그 나라의 경제 전체에서 국제무역이 차지하는 비중에 따라 다를 수밖에 없다. 그 비중이 큰 나라일수록 긍정적 효과의 크기는 커질 수밖에 없다.

한국의 경우, 세계의 어느 나라보다 국제무역이 차지하는 비중이 높다. 따라서 국제무역이 확대되면 될수록 한국에는 긍정적인 효과가 커지게 된다. 그래서 한국은 가급적 국제무역이 확대되는 방향, 국제무역이 다양화될 수 있는 방향으로 자신의 정책을 조율할 필요가 있다.

현재 세계의 국제무역질서는 다자주의와 지역주의가 혼재하고 있는 형태라는 것을 앞서 설명한 바 있다. 이런 상태에서 한국으로서는 국제무역질서에 대해서는 국제무역이 확대되는 방향으로 자신의 방향을 설정할 필요가 있음은 두 말할 나위없다. 이와 관련한 구체적인 입장은 다음 절에서 밝힐 것이다.

하지만, 그 이전에 한국은 자신의 국제무역을 더욱 확대하기 위하여 기존의 제조업 위주의 무역거래 품목을 서비스와 무형자산 쪽으로 다변화시킬 필요가 있다. 본문에서 말한 바와 같이 WTO가 발효된 뒤 세계 무역에서 서비스와 무형자산이 차지하는 비중이 계속하여 증가하고 있기 때문이다. 서비스와 무형자산의 수출을 증가시키기 위해서는 국내의 산업구조를 지식과 정보의 중요성을 더 강조하는 방향으로 변화시킬 필요성이 있다. 지식경제, 디지털경제라는 시대의 조류에 적절히 대응하지 않고서는 수출품목의 다양화를 이룰 수 없기 때문이다.

2) 다자주의와 지역주의 혼재라는 국제무역질서에 어떻게 대처할 것인가

한국의 입장에서는 지역주의보다는 WTO를 중심으로 한 다자주의 중심의 국제무역질서가 정착되는 것이 바람직하다. 더 손쉽게 무역의 자유화를 추진할 수 있을 뿐 아니라, 지역주의의 대표격인 FTA를 추진하느라 또 다른 경제적 비용을 지출하지 않아도 되기 때문이다.

<표 10> 한국이 추진중인 자유무역협정

추진 현황	
기 타결된 FTA	한 · 칠레 FTA(04.4.1 발효)
	한 · 싱가포르 FTA(06.3.2 발효)
	한 · EFTA FTA(06.9.1 발효)
	한 · ESEAN FTA(상품무역협정 07.6.1 발효, 서비스무역협정 07.11.21 서명, 투자협정 협상 진행 중
	한 · 미 FTA(07.4.2 타결)
추진중인 FTA	한 · 인도 CEPA(08.9 실질적 타결)
	한 · 캐나다 FTA(05.7 협상 개시)
	한 · EU FTA(07.5 협상 개시)
	한 · 멕시코 SECA (06.2 협상개시, 06.6 협상잠정중단, 07.12 협상개시)
	한 · 일 FTA(03.12 협상 개시, 04.11 이후 협상 중단)
	한 · GCC FTA(08.7 협상 개시)

기타여건 조성 중인 FTA	한 · 중 FTA
	한 · 호주 FTA
	한 · 뉴질랜드 FTA
	한 · MERCOSUR FTA
	한 · 페루 FTA
	한 · 터키 FTA
	한 · 러시아 FTA

자료: 외통부 자료를 대외경제정책연구원(2008)에서 재인용.

하지만, 본문에서 자세히 살핀 바와 같이 WTO를 중심으로 한 다자간무역질서는 현재 다소 흔들리고 있다. 그래서 경제성장의 대부분을 무역에 의존하는 한국으로서는 FTA에 관심을 돌리지 않을 수 없다. 그래서 <표 10>에서 보는 바와 같이 한국 역시 다양한 형태로 FTA를 추진해 나가지 않을 수 없다. 가장 대표적인 것이 한미 FTA이다. 한미 FTA에 대한 경제적 이해득실 논란에도 불구하고 이것이 필요한 것은 미래 한국의 경제적 성장을 보장해주는 하나의 디딤돌이 될 수 있기 때문이다.

이같은 입장을 견지해 나가면서도 WTO를 중심으로 다자주의의 새로운 국제무역질서논의가 활성화될 때는 한국은 이 움직임에 적극 동참할 필요가 있다. FTA보다는 다자주의를 통한 무역자유화의 확대가 한국과 같은 수출지향적인 나라에는 분명히 이롭기 때문이다.

3) 다국적기업의 확산과 한국

다국적기업에 대한 긍정적인 견해와 부정적인 견해는 여전히 존재한다. 하지만, 본문에서 본 바와 같이 다국적기업을 보는 인식은 과거와는 달리 조금씩 우호적으로 변하고 있다.

한국은 과거 다국적기업의 투자를 받아들이는 피투자국의 입장에서 이 문제를 보아왔다. 하지만, 이제 이 단계를 넘어 한국에 기반을 둔 다국적기업이 발생하여 세계 각국으로 뻗어가는 단계에 접어들었다. 그래서 다국적기업을 보는 관점을 더 적극적으로 변화시킬 필요가 있다. 삼성전자, LG전자, 현대차, 포스코 등과 같은 기업은 이미 한국에 기반을 둔 다국적기업의 성격을 강하게 띠고 있다.

한국이 다국적기업을 바라보는 관점을 변화시킬 필요가 있다는 것은 기업의 세계화, 무역의 세계화를 보다 긍정적인 시각에서 바라보아야 한다는 것, 그리고 한국에 기반을 둔 다국적기업이 해외로 진출할 때 과거 다국적기업을 바라보던 부정적인 논의가 진출국에서 발생하지 않아야 한다는 것으로 요약할 수 있다. 여러 경로를 통해 거듭 논의되었지만, 투자, 무역, 기업의 세계화는 이미 피할 수 없는 대세로 접어들고 있으며, 한국의 지속적인 성장을 위해서는 이런 대세에 순조롭게 적응하지 않으면 안된다. 하지만, 그렇다고 해서 한국이 배출한 다국적기업들이 이익과 이윤만을 앞세워 진출국에서 배척되고 비판되는 현상이 발생해서는 안된다. 한국의 경우 진출국의 경제적 필요성을 고려하는 관점에서, 진출국과 동반성장을 계속할 수 있는 방향으로 다국적기업이 진출될 필요가 있다.

또, 다양한 국제기구에서 다국적기업에 대한 논의가 진행될 때 과거와는 달리 보다 적극적인 관점에서 우리의 입장을 개발하고 개진할 필요가 있다.

<탐구과제>

- 국제무역은 어떤 형태로 어떻게 확대되고 있는가?: 국제무역은 유형재인 상품으로부터 무형재인 서비스로 확대되고 있다. 특히 21세기에 있어서는 서비스무역의 중요성은 더욱 커지고 있다.
- 국제무역의 확대를 위해서는 WTO의 역할은 어떻게 변화되어야 하는가?: 국제무역이 지속적으로 확대되기 위해서는 WTO를 중심으로 한 다자간 무역체제가 더욱 강화되는 것이 바람직하다. 나아가 국가 간의 무역분쟁이 발생할 경우에도 WTO에서 정한 절차를 거쳐 해결되는 것이 바람직하다.
- FTA와 같은 자유무역협정을 어떻게 보아야 하는가?: 자유무역협정은 다자주의에 대한 일종의 대안이다. 한국의 경우 무역의존도가 매우 높다는 점에서 다자주의의 대안, 즉 다자주의가 상대적으로 위축될 때 자유무역협정을 활용하는 것이 바람직하다.
- 다국적기업을 확대하는 것이 왜 중요한가?: 국제화된 무역의 시대에 다국적기업이 무역의 주체로 변하고 있다. 그런 점에서 다국적기업이 세계 무역과 투자에 긍정적인 역할을 할 수 있는 여건을 마련하는 것이 중요하다.

〈참고문헌〉

김기홍(2006), "내부협상의 개념으로 본 한미 FTA 협상전략." 『국제통상연구』, 제11권 제2호, 2006, 9.

김기홍(2002), 『한국인은 왜 항상 협상에서 지는가』, 굿인포메이션, 2002.

김기홍, 고준성(2001), 『새로운 대외경제정책수단으로서의 자유무역협정과 투자협정 활용전략에 대한 연구』, 산업연구원, 2001, 8.

대외경제정책연구원(2008), "2009년 세계경제전망: 국제통상환경".

한국무역협회, 각종 통계자료.

외교통상부 홈페이지 자료.

Andriamananjara, Somaiely(2001), "Preferential Trade Agreements and the Multilateral Trading System," International Economic Review, January /February 2001.

Baldwin, Richard(1995), "A Domino Theory of Regionalism," NBER Working Paper 4364, NBER: Cambridge MA, 1995.

Bhagwati, J and Panagariya, A(1996), "Preferential Trading Areas and Multilateralism-Strangers, FCriends, or Foes?" in J. Bhagwati and A. Panagariya, eds., The Economics of Preferential Trade Agreement, Washington DC: American Enterprise Institute, 1996.

Frankel, J.A. & E. Stein & Shang-Jin Wei(1997), Regional Trading Blocs in The World Economic System, Institute for International Economics, 1997.

Hufbauer, G.C.& J.J. Schott(1994), Western Hemisphere Economic Integration, Institute for International Economics, 1994.

Kennan J. and R. Riezman(1988), "Do Big Nations Win Tariff Wars?"

International Economic Review, vol. 29, no. 1, 81-85.

McMillan, John(1993), "Trade Accords and Trade Wars," Trade, Welfare and Economic Policies: Essays in Honor of Murray C. Kemp, edited by Horst Herberg and Ngo Van Long, University of Michigan Press: Ann Harbor.

Schott, Jeffrey J., and Choi, Inbom(2001), Free Trade Between Korea and the United States?, IIE:Washington DC, 2001.

Viner, Jacob(1950), The Customs Unions Issue, Carnegie Endowment for International Peace, New York.

www.wto.org

제5장 국제금융의 변화

김 기 홍

〈개요〉

- 금융부문과 실물부문은 서로 영향을주고받으며 긴밀히 관련되어있다. 이와 함께 금융부문의 변화는 세계화 현상을 타고 세계 전체로 연결되고 있다는 것이다. 이를 금융의 세계화라고 한다.
- 금 본위제도(gold standard system)란 각국이 자국화폐단위의 가치를 순금의 일정량으로 정해놓고 지폐나 예금통화 등은 아무런 제한 없이 금화와 교환이 가능하게 하는 제도이다. 1929년의 세계 대공황 뒤 새로운 국제통화제도를 수립하기 위한 논의가 지속되었다. 이런 논의 끝에 금환본위제도, 조정가능 고정환율제도 그리고 한 나라 이상이 채택하는 금본위제로 구성되는 브레턴우즈 체제가 성립되었다. 이 체제는 그 전개과정에서 여러 가지 문제점을 나타내게 된다. 그리하여 1971년 8월 15일 닉슨 대통령은 달러화의 금태환정지를 선언함으로써 브레턴우즈 체제는 무너지고 말았다. 이를 수습하기 위해 선진 10개국의 재무장관과 중앙은행 총재가 모여 1971년 스미소니언 협정에 합의하였다. 하지만 스미소니언 체제는 브레턴우즈 체제의 근본적인 모순을 제거하지 못하였다. 이후 국제통화제도는 고정환율제도에서 변동환율제도로 급격히 변하게 되었다.
- 1970년대의 준비기간을 거쳐 1980년대부터 국제자본의 이동이 비약적으로 증가하기 시작하였다. 이를 특히 금융의 세계화(financial globalization)라 한다. 금융의 세계화는 미국의 지속적인 경상수지 적자로 달러가 대량으로 유포되면서 국제유동성이 급격히 증가한 것과 정보기술과 인터넷에 기반한 디지털경제가 급속히 확산된 것에 기인한다.
- 2007년에 시작된 현 국제금융위기는 2000년 이후 계속된 저금리와 세계적인 유동성 과잉에 근거한 것이다. 그 결과 미국의 주택가격에는 거품이 형성되기 시작했는데 그 거품이 꺼지면서 국제금융위기가 발생하기 시작한 것이다. 많은 전문가들은 현재의 위기가 끝나기 위해서는 더 많은 시간이 필요하다는 견

해가 나오고 있다.

- 한국은 현재 진행되고 있는 세계 금융위기의 추이와 밀접한 관련을 가지고 있다. 한국은 세계가 금융위기에서 벗어나기 까지 상대적으로 적은 피해를 입고, 세계가 금융위기에서 벗어나자 마자 곧바로 회복할 수 있도록 내부적 준비를 하는 것이 가장 바람직하다. 한국의 경우 지역통화 결성 움직임과 지역금융기구 설립에 긍정적인 태도를 가지는 것이 바람직하다. 세계화되고 있는 금융환경 하에서 한국은 어떤 형태로든 금융부문을 대폭 육성하고 강화해야 할 필요가 있다.

〈학습목표〉

- 실물부문과 금융부문은 긴밀히 연결되어 있음을 이해해야 한다.
- 국제통화제도는 지속적으로 변해왔으며 그 와중에 기축통화의 역할이 큼을 알아야 한다.
- 금융의 세계화가 무엇이며 그것이 일반적인 세계화 현상과 깊은 관계가 있음을 이해한다.
- 국제통화제도와 동시에 지역을 중심으로 한 지역통화 설립도 진행되고 있음 을 이해한다.
- 미국의 서브프라임 모기지 사태로 시작된 현재의 금융위기를 이해한다.
- 한국이 현재의 금융위기와 깊은 관계가 있음을 해한다.
- 실물부문의 세계적 위상에 걸맞는 금융부문의 육성을 위해서는 자본시장통합과 국제금융허브를 적극 육성해야 함을 이해한다.

1. 금융과 실물경제의 연계

1) 금융부문의 중요성: 금융은 실물과 어떻게 연결되나

경제는 크게 실물부문과 금융부문으로 나누어진다. 실물부문이란 제조업과 서비스업을 중심으로 한 '산업생산'의 관점에서 이해되고, 금융부문이란 이런 산업생산을 지원하거나 혹은 산업생산의 전제가 되는 '돈의 유통'이란 측면에서 이해된다. 이 양자가 어떤 관계를 가지는지 아직 완전히 일치된 견해는 없는 상태이다.

전통적인 주류경제학에서는 장기적인 경제성장이 자본과 기술을 바탕으로 주로 실물부문에 의해 이루어지며 금융부문은 부차적 역할을 할 뿐이라는 입장을 견지하고 있다. 즉 이들은 금융이란 실물부문을 대변하는 그림자일 뿐이라는 견해를 가지고 있다. 하지만 Schumpeter 이후, 금융부문의 발전이 거래비용 감소, 정보 불균형 완화, 리스크 분산 등을 통해 실물부문의 성장기회를 경제성과로 연결시켜 실물부문에 기여한다는 주장이 대두되기 시작하였다. 특히, 1990년대 이후 다양한 방향의 연구를 통해 금융부문이 실물부문의 경제성과에 실제적인 영향을 준다는 실증적 증거가 지속적으로 제시되고 있다.[1] 우리나라의 경우에도 <표 1>에서 보는 바와 같이 실물부문의 성장을 위해서는 금융부문의 성장이 긴요하며, 금융발전이 실물부문의 경제성과를 향상시킨다는 결과가 나와 있다.

---

1) 이에 대한 자세한 설명은 e-KIET 산업정보 제 409 호를 참조할 것.

〈표 1〉 금융부문과 실물경제의 관계: 한국의 사례

|
|---|
| KIET는 최근 19990년대 이후 금융부문이 실물부문의 성과에 끼치는 영향을 실증분석하였는데 그 결과는 다음과 같다.[2)]
- 1990년대 이후 우리 경제의 성장기회가 경제성과로 실현되는 과정에서 금융발전이 실물부문에 유의한 역할을 하였는지를 실증분석.
- 금융부문과 실물부문을 연결시킨 추정식과 1991~2006년 제조업 22개 산업의 패널자료를 사용하여 추정을 행한 결과, 외환위기 전후 모두 정(+)의 추정계수를 얻어 금융발전이 실물부문의 경제성과를 향상시키는 데에 기여했음을 확인함.
- 또한, 금융발전의 진전이 외환위기 전후 성장기회에 대한 탄력성을 유지시킴으로써 실물부문의 효율성을 지속시키는 데에도 기여했음을 알 수 있음. 금융부문이 실물부문의 경제성과와 효율성에 유의한 영향을 끼친다는 실증분석 결과는 금융발전이 실제 실물부문의 성장에 중요한 요소임을 의미함.
- 실물부문 성장을 위해서는 물적자본, 인적자본, 기술 등의 실물 측면뿐만 아니라 실물부문과 연관된 금융부문의 양적·질적 개선이 필요함을 시사
- 특히, 실물부문을 위한 제조업 관련 금융서비스의 개선 방향은 이제까지 상대적으로 취약했던 새로운 기술·아이디어·지식 기반의 신규사업체 창출과 그로 인한 리스크의 효과적 분산에 보다 집중하는 것이 사회적으로 바람직. |

이 같은 논의를 바탕으로 할 때 현재 금융과 실물부문이 긴밀한 관계를 가지며 양자의 관계는 결코 분리할 수 없다는 견해가 더 힘을 얻고 있다. 예컨대, 2007년

2) e-KIET 산업정보 제 409 호 참조.

부터 시작된 미국의 서브프라임 모기지 사태로 시작된 금융시장의 불안은 실물 경제를 침체시키고, 이는 다시 금융시장의 불안을 가속화시키는 형태로 진행되고 있다. <그림 1>에서 보는 바와 같이 은행권(금융) 경색이 선행된 경우 경기둔화와 경기침체는 그렇지 않은 경우에 비하여 더 심각한 양상을 보이고 있다.

〈그림 1〉 금융경색과 경기하강의 사례

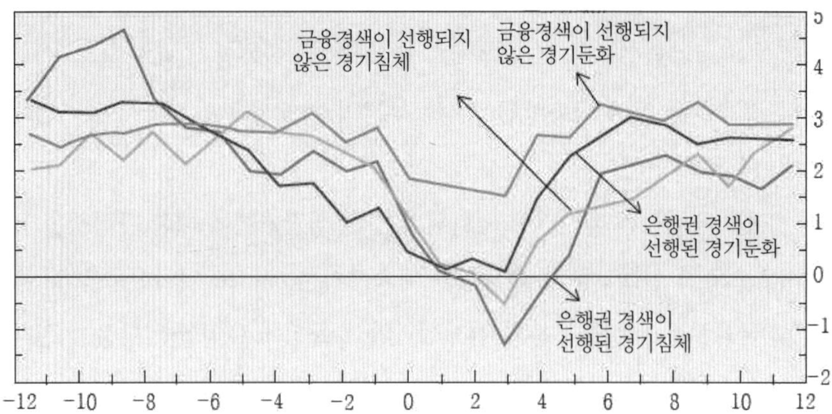

자료: IMF의 자료를 e-KIET 산업정보 제 421호에서 재인용.

2) 금융부문의 변화는 어떻게 전 세계로 연결되나?

위에서 본 바와 같이 금융부문과 실물부문은 서로 영향을 주고 받으며 긴밀히 관련되어있음을 알 수 있다. 이런 관련성 외에 더 중요한 것은 금융부문의 변화가 어느 개별 경제에 국한되는 것이 아니라 세계화 현상을 타고 세계 전체로 연결되고 있다는 것이다. 이를 금융의 세계화라고 한다 (뒤에서 자세히 설명).

예컨대, 어느 한 지역의 금융부문의 변화는 빠른 시일 내에 전 세계의 금융부문으로 확산되고, 이는 다시 전 세계의 실물부문에 영향을 주게 된다. 2007년부터 시작된 미국의 금융위기가 전 세계적으로 확산되는 현상은 이 같은 사실을 잘 보여준다. 가령 미국의 금융위기가 전 세계적으로 확산되는 매커니즘은 국제금융승수(international finance multiplier)의 기능으로 설명할 수 있는데 이런 국제금융승수가 작용하는 것은 국내와 해외의 금융부문이 서로 연결되어 상호작용을 하기 때문이다. 달리 말하면 국제금융승수는 금융의 국제화를 바탕으로 그 기능을 발휘한다는 것이다.

〈표 2〉 국제금융승수의 기능으로 설명한 국내와 해외금융부문의 연결

세계 금융시장은 자기자본을 지렛대(레버리지)로 이용하여 고수익을 올리는 레버리지 투자기관의 시장지배력이 강화된 상태이다. 이런 레버리지 투자기관의 위험자산 수요는 레버리지에 기인한 대차대조표 효과로 인하여 위험자산의 가격과 정(正)의 관계를 가진다. 즉, 위험자산 가격이 올라가면 대차대조표상으로 자산가치가 증가하여 위험자산 수요도 증가한다. 이 같은 논리를 국제거래로 확대하면 국내 및 위험자산 수요는 둘 다 국내 및 해외 위험자산 가격과 정(正)의 관계를 가진다.

<그림 2> 국제금융승수 효과

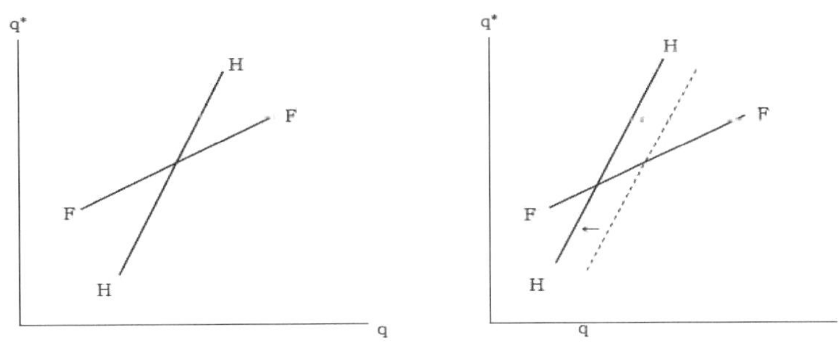

주: H: 국내 위험자산에 대한 수요, F: 해외 위험자산에 대한 수요..
q : 국내 위험자산 가격, q*: 해외 위험자산 가격

이런 관계는 <그림 2>를 통하여 더 자세히 살펴볼 수 있다. 위의 왼쪽 그림은 국내 위험자산과 해외 위험자산은 보완재적 관계를 가지고 있음을 나타내고 있다. 보완재적 관계란 한 자산의 수요증가는 다른 자산의 수요증가를 가져오고 한 자산의 수요 감소는 다른 자산의 수요감소를 가져오는 현상을 의미한다.

오른쪽 그림에서 국내 위험자산 수요 감소는 국내 위험자산의 가격 하락을 가져오고, 해외 위험자산에 대한 수요 감소는 해외 위험자산에 대한 가격 하락을 거쳐 국내 위험자산에 대한 수요 감소로 연결된다. 이런 과정으로 연결되는 승수효과를 통하여 금융위기가 전염된다. 금융의 글로벌화로 인하여 주요 금융기관 간에 자산의 상호보유량이 빠른 속도로 증가되어 국제 금융승수 효과는 과거에 비하여 크게 강화되었다. 이는 세계 금융기관 간의 네트워크 확대에 기인한 금융시장의 외부성 증대로 이해할 수 있다. 거래가 즉각적으로 이루어지는 금융의 승수효과에 비하여 소비, 투자 및 무역의 승수효과는 느리게 파급되기 때문에 금융시장의 경색에 대응한 실물경제의 조정은 지연된다.

자료: e-KIET 산업경제정보 제421호.

2. 국제금융구조의 변화

여기서는 제2차 세계대전 후 국제통화제도가 어떤 형태로 발전되어 왔고, 현재 어떤 상태에 있으며, 금융의 세계화가 무엇이고 어떻게 진행되었는지를 간략히 살핀다. 여기서 국제통화제도란 나라간 재화와 자본의 이동에 따른 화폐의 지불을 원활하게 수행할 수 있도록 하는 금융결제의 체계를 의미한다.

1) 국제 통화제도의 변천

(1) 금본위제도

금 본위제도(gold standard system)란 각국이 자국화폐단위의 가치를 순금의 일정량으로 정해놓고 금화의 무제한 주조(鑄造)와 자유로운 수출입을 허용하며 지폐나 예금통화 등은 아무런 제한 없이 금화와 교환이 가능하게 하는 제도이다. 이러한 금본위제는 고전학파와 화폐 수량설에 기초를 두고 경제가 항상 완전경전, 완전고용의 상태에 있으며 물가와 통화 공급은 비례하며 통화 공급은 중앙은행의 금준비와 일치시킨다는 것을 전제로 하고 있다. 그러므로 금본위제하에서의 국제수지 불균형은 금의 유・출입을 통한 자동조절기능에 의해 해결할 수 있었다.

금본위제도의 결점은 다음과 같다. 첫째, 경제가 성장해감에 따라 화폐수요가 증가하게 되는데 금생산량이 충분하지 못할 경우 화폐수요를 충족시킬 방안의 마련이 어렵게 된다는 것이다. 둘째, 각국 화폐에 대한 금의 가치가 일정할지라도 다른 재화에 대한 금의 가치가 일정하지 않은 경우 물가변화가 발생할 수 있다는 것이다. 셋째, 금본위제도하에서는 각국은 자연히 국제수지균형에 관심을 가지고 되었고 그 결과 국내적인 실업문제의 대처에 소홀하게 되었다. 이런 결점에도 불구하고 금본위제도는 19세기 국제자유무역체제의 근간으로 기능하여 당시의 세계 경제 안정에 크게 기여해 왔다. 그것은 기본적으로 이 금본위제도를 지탱한 영국의 지배력이 강했기 때문이었다.

하지만 20세기에 들어서면서 영국의 경제력과 지도력이 감소하게 됨에 따라 금본위제도는 급속히 불안한 양상을 띠기 시작하였다. 더구나 경제발전과 더불어 각국이 경상수지 적자해소와 같은 대외적인 문제보다는 실업해소와 같은 대내적인 목표에 관심을 기울이게 됨에 따라 금본위제도의 기반은 더욱 약해지기 시작하였다. 이런 과정에 1914년 제1차 세계대전이 발생하자 각국은 전시재정을 위해 금본위제도의 원칙을 포기하게 되었고 이로 인해 금본위제도는 공식적으로 붕괴되었다. 그러나 제1차 세계대전 후 외형적으로 금본위제도는 다시 재건되었다. 즉, 미국이 1919년 금 수출 금지를 해제하여 금본위제로의 복귀를 선언하였고, 1922년에는 프랑스가, 1930년에는 일본이 금본위제로 복귀함으로써 국제 금본위제도는 외형적으로 재건되었다. 그러나 미국과 프랑스가 국제금융에서 차지하는 비중이 커짐에 따라 당시 절대적으로 부족한 금이 미국과 프랑스에 집중되었고, 영국의 금보유고는 계속 감소하게 되었다. 따라서 이전과 같이 영국이 금본위제도를 유지할 수 있는 리더십 발휘는 어렵게 되었다.[3)]

이런 국제경제여건의 변화를 계기로 제1차 세계대전 이후에는 금본위제도를

---

3) 그리하여 미국은 종전과 같은 금본위제를 그리고 영국과 프랑스는 금화의 자유로운 주조 및 은행권의 금태환을 제한할 수 있는 금지금본위제를 채택하였으며, 그 외의 다른 대부분의 국가는 금태환이 보장되는 교환성통화를 자국통화 발행의 준비로 이용하는 금환본위제(Gold Exchange Standard)를 채택하였다.

약간 변형한 금환본위제가 성립하게 되었다. 국제 금환본위제도란 금을 다량으로 보유한 국가가 금본위제도를 채택하고 여타 국가들은 금 및 금태환이 보장된 국가의 통화를 화폐발행 준비로 보유함으로써 자국 통화단위와 금의 일정량 사이의 간접적인 등가관계를 유지할 수 있는 제도이다. 이 제도 하에서는 소량의 금을 준비함으로써도 광범위한 여신을 창출할 수 있었으므로 금의 부족문제를 해결할 수 있다는 이점이 있었다. 그러나 이는 세계적인 인플레에 대한 우려를 내포하고 있었으며 충분한 금보유가 없는 국가에 재정적 압박을 가하는 경우 금환본위국은 곤경에 처하지 않을 수 없었고, 특히 금환본위제도하에서는 이전의 금본위제도와 같은 자동조절기능이 작동하지 않는다는 결점을 가지고 있었다.

이런 취약점을 배경으로 1929년의 세계 대공황을 계기로 1931년 9월 금환본위제도는 붕괴되었다. 그래서 이 제도가 붕괴된 1930년대는 실로 환율의 혼란기라고 부를 수 있다. 주요국은 외환평형기금을 설립하여 외환시장에 개입하였는데, 이런 개입은 주로 절하경쟁이라 불릴 정도로 경쟁적인 인하경쟁을 가져왔다.

(2) 브레턴우즈 체제: 금환본위제도를 기반으로 한 고정환율제도

1929년의 세계 대공황 뒤 세계경제는 보호무역 및 인플레를 경험하였고, 국제통화질서는 국제유동성의 부족 등으로 심각한 위기에 저하게 되었다. 이같은 문제를 해결하기 위하여 새로운 국제통화제도를 수립하기 위한 논의가 지속되었다. 이런 논의 끝에 국제통화기금(IMF: International Monetary Fund)과 GATT(General Agreement on Tariffs and Trade)를 중심으로 한 브레턴우즈 체제가 성립되었다.

국제통화제도에 관한한 브레턴우즈 체제는 금환본위제도, 조정가능 고정환율제도 그리고 한 나라 이상이 채택하는 금본위제로 구성된다. 미국은 세계경제에서 차지하고 있는 절대적인 위치와 달러화에 대한 신뢰를 토대로 금본위제를 채택하였고 다른 나라들은 이를 바탕으로 금환본위제도를 채택하고 어느 정도의 범위에서 환율조정이 가능한 고정환율제도를 채택하게 되었다. 즉, 미국은 세계의 기축통화로서 달러라는 국제유동성을 공급하며 다른 국가들은 어느 정도의 금준비와 미 달러화로 표시된 대외준비자산을 보유하게 된 것이다(금환본위제도).

브레턴우즈 체제하에서는 금환본위제의 특징은 첫째로 각국의 통화가 금본위통화가 아닌 달러화를 통하여 금과 연결되었다는 것이다. 이처럼 달러와 금이 연결되었기 때문에 국제유동성은 미국의 국제수지에 따른 미 달러화의 공급수준의 변화에 따라 변화하게 되었다. 다시 말해서 미국이 국제수지흑자를 나타내는 경우 미 달러화는 미국으로 유입되어 국제유동성 수준은 감소하게 되고 미국이 국제수지적자를 나타내는 경우에는 미 달러화가 미국으로부터 유출되어 국제유동성은 증가하게 된다. 둘째로 브레턴우즈 체제는 환율의 안정화에 최대의 역점을 두고 있는데, 각 회원국은 자국통화의 현물환율(Spot Exchange Rate)을 상하 1% 범위 내에서 유지하도록 하는 고정 환율 제도를 채택하였다. 하지만 국제수지가 심각한 불균형에 처한 경우 IMF와의 협의를 거쳐 환율을 10%범위 내에서 변경할 수 있도록 하였다.

이처럼 브레턴우즈 체제에서 달러화는 세계경제의 기축통화가 되어 결국 미 달러화의 적용범위를 국제적으로 확대시키는 결과를 가져왔다. 브레턴우즈 체제는 그 전개과정에서 여러 가지 문제점을 나타내게 되는데 1945년부터 1958년 사이의 소위 달러부족시대에는 기축통화의 국제유동성 부족문제, 1959년부터 1968년 사이의 소위 달러과잉시대에는 기축통화의 신뢰성 저하문제 그리고 1968년부터 1971년 사이에는 국제수지조정상의 경직성 문제가 대두되게 되었다. 그러나 미국은 만성적인 국제수지적자와 달러화의 신뢰성 하락을 회복하지 못하고 1971년 8월 15일 닉슨 대통령의 소위 신경제 정책을 통하여 달러화의 금태환정지를 선언함으로써 금(金)달러본위제를 채택하고 있던 브레턴우즈 체제는 무너지고 말았다.

(3) 스미소니언, 킹스턴 체제와 국제통화제도의 개혁: 변동환율제 도로의 이행

달러화의 금태환이 공식적으로 정지되어 국제통화질서가 혼란에 빠지자, 이를 수습하기 위해 선진 10개국의 재무장관과 중앙은행 총재가 모여 1971년 12월 워싱턴의 스미소니언박물관에서 소위 스미소니언 협정에 합의하였다. 이에 따르면 달러는 금에 대하여 절하되고 주요국 통화는 달러화에 대하여 절상되었다. 이로 인하여 보다 넓은 변동폭을 가진 고정환율제로의 복귀가 이루어지게 되었다.

하지만 스미소니언 체제는 금태환성이 결여된 미국의 달러화를 계속하여 평가의 기준으로 삼고 있었기 때문에 브레턴우즈 체제의 근본적인 모순을 제거하지 못하였다. 이후 각국은 자국의 경제사정에 적합한 환율제도를 채택하게 됨에 따라 국제통화제도는 고정환율제도에서 변동환율제도로 급격히 변하게 되었다. 즉, 1976년 자메이카의 킹스턴에서 열린 IMF회의에서는 국제통화제도 개혁에 관한 현안문제들이 일괄타결되어 변동환율제도가 공식적인 국제통화제도로 자리잡게 되었다.[4)]

하지만, 이 뒤에도 국제통화제도는 계속하여 많은 문제점을 노정해 왔다. 가장

---

4) 킹스턴 체제는 73년 3월 스미소니언 체제가 붕괴된 이후 세계 각국이 자국경제에 알맞은 환율제도의 채택 그리고 금(金)평가제의 붕괴에 따라 SDR본위제도로의 이행의 기틀로 SDR의 기능 및 이용도를 제고시키는 한편, 개도국에 대한 국제수지 조정기능을 향상시키기 위한 IMF의 신용제도를 확대·개선하였다. IMF는 스미소니언 체제 붕괴 이후 세계 각국이 다양한 환율 제도를 채택함에 따라 74년 6월 환율안정을 위해 변동환율제 실시국이 외환시장에 개입하고 경상거래에 대한 지급제한조치를 철폐하도록 하는 변동환율운용지침을 제정하였다. 이로써 킹스턴 체제는 IMF 회원국에 대하여 자국경제에 알맞은 환율제도의 자유로운 선택을 보장함으로써 변동환율제를 공식적으로 인정하는 동시에 국제수지 조정기능의 경직성을 제거하였다. 그리고 각각 회원국에 대한 자유로운 환율제도 선택권을 부여하되 국제환율제도 질서의 유지와 안정을 위해서 IMF 및 타 회원국과 협조해야 할 일반적인 의무를 부과하였다. 회원국의 환율변경이 있는 경우 이를 즉시 IMF에 통고하여야 하며 IMF는 회원국의 환율정책에 대한 제 원칙을 수립토록 하였다. 반면에 각 회원국은 IMF의 요청이 있는 경우 환율에 대해 IMF와 당해 국가가 협의토록 하였다. 킹스턴 체제하에서는 금을 폐화하고 SDR을 주요 준비자산화하기 위하여 SDR의 기능과 이용도 제고를 위해 몇 가지 조치를 취함으로써 SDR본위제로의 지향을 추구하였다. 끝으로 킹스턴 체제는 국제동화체제의 안정을 저해하는 가장 큰 요인 중의 하나가 회원국의 국제수지 불균형이 무제임을 인식하고 국제수지 적자국에 대한 지원을 강화함과 동시에 IMF의 국제수지 조정지원 기능을 강화하기 위하여 IMF의 신용제도를 확대하고 이용조건을 완화하였다.

큰 문제점은 1970년대 중반 이후 미국의 경상수지가 지속적으로 확대되는 가운데 미국의 고금리에 의해 달러의 미국유입에 의한 달러강세 기조가 계속되었다는 것이다. 그래서 1985년 9월 뉴욕의 플라자호텔에서 회의를 개최하여 달러강세 기조를 완화하기로 합의하였다. 이 합의 결과 플라자 합의일에 달러당 238엔이던 엔화의 환율은 1987년 2월에는 150엔 대로 떨어졌다. 하지만 달러화의 강세가 어느 정도 시정되었음에도 불구하고 미국의 경상수지 적자는 좀처럼 개선되지 않고 있었다. 그 결과 1987년 프랑스 루부르에서 선진국들은 대외수지의 불균형을 대폭적으로 개선하는데 노력하기로 합의하였다(루부르 합의).

이같은 문제들은 제 2 차 세계대전 이후 세계의 기축통화로 자리잡은 달러화의 불확실성에 기인한다. 즉, 세계에서 미국이 차지하는 경제적 비중이 예전과 같지 않아 세계의 통화기축국으로서의 역할을 제대로 수행하지 못하고 있다는 것이다. 그래서 국제통화제도를 변화시키기 위한 다양한 논의가 진행되고 있다. 그 가운데 가장 중요한 것은 소위 지역을 기반으로 한 지역통화를 구성하자는 논의가 그것이다.

하지만, 이런 논란에도 불구하고 달러를 중심으로 한 국제통화제도는 쉽사리 무너지지 않을 것으로 보인다. 심지어 2007년에 시작된 국제금융위기를 계기로 달러화가 세계기축통화로서의 역할을 하지 못할 것이라는 견해가 대두되기도 하나, 아직 엔화, 유로화가 달러화를 대체하기에는 시기상조라는 점에서 달러의 역할은 지속될 것으로 보여진다. 그러나 국제금융위기가 해결된 뒤 달러화의 위상에 어느 정도 변화가 있을 것이라는 점은 모두 공감하고 있다.

2) 금융의 세계화: 국제금융시장의 발전

위와 같이 국제통화제도가 변하는 과정에서도 자본의 국제간 이동에 의존하는 국제금융시장은 본격적으로 발전하기 시작하였다. 이런 발전의 직접적 계기가 된 것은 역설적으로 1971년 달러화의 금태환 정지 발표였다. 즉, 금과의 교환이 보장되지 않는 지폐가 전 세계적으로 널리 사용되기 시작하면서 이런 지폐로 표시된 자본의 이동 또한 급속히 확대되기 시작한 것이다. 국제금융시장에서 자본의 이동은 해외직접투자와 해외 포트폴리오 투자로 나누어진다. 전자는 피투자국에 직접 자본을 투자하여 기업이나 공장을 설립하여 운영을 하는 것을 말하고, 후자는 피투자국의 주식이나 채권에 투자하여 수익을 올리는 형태로 운영되는 것을 말한다.

1970년대의 준비기간을 거쳐 1980년대부터 국제자본의 이동이 비약적으로 증가하기 시작하였다. 이를 특히 금융의 세계화(financial globalization)라 한다. 금융의 세계화가 가능하게 된 것은 두 가지 요인에 근거하고 있다. 첫 번째 요인은 미국의 지속적인 경상수지 적자로 달러가 대량으로 유포되면서 국제유동성이 급격히 증가한 것이다. 즉, 세계 각국으로 유통되기 위한 자금이 충분하지 못하면 국제자본의 이동이 이루어질 수 없기 때문이다. 두 번째 요인은 1990년 이후 정보기술과 인터넷에 기반한 디지털경제가 급속히 확산된 것을 들 수 있다. 특히 인터넷의 급속한 보급은 전 세계를 하나의 시장으로 만들면서 각국의 경제주체간 자본이동이 보다 원활히 이루어질 수 있도록 하였다. 이런 금융의 세계화는 자본자유화(capital liberalization), 금융의 자유화(financial liberalization), 금융의 증권화(financial securitization)를 특징으로 한다.[5)]

자본자유화는 국경을 넘는 자본에 대한 통제의 완화를 의미한다. 자본에 대한 통제의 완화는 특히 개발도상국에게 중요한 의미를 가진다. 그것은 이런 자본자유화를 통하여 국제유동성이 개발도상국에게 대거 유입될 수 있었던 것이다. 특히, 동아시아 국가들에 대한 국제유동성의 유입은 괄목할만한 것이었다. 하지만,

5) 여기의 내용은 김기수(2006)을 참고하였음.

역설적이게도 1997년의 아시아 외환위기는 이 자본자유화와 밀접한 관계를 가진다. 동아시아 국가들이 만약 자본자유화를 단행하지 않았다면 아시아 외환위기도 발생하지 않았을 수도 있다는 것이다.

금융의 자유화는 금융기관에 대한 다양한 제한들이 철폐되는 것을 의미한다. 기존에 있던 금융기관에 대한 제한들은 금융거래에 대한 제한이 주조를 이루었는데, 이에 대한 규제가 철폐됨으로써 여수신 업무만을 담당하던 은행들이 증권이나 보험에 진출할 수 있게 되었다. 이것을 은행의 겸업화 허용이라고 한다. 이런 금융자유화는 1980년대부터 대부분의 선진국에서 시행되기 시작하였다. 그리고 21세기에 접어들면서 금융자유화의 바람은 개도국에게도 불기 시작하였다.

금융의 증권화는 금융거래와 관계된 모든 것이 증권의 형태로 변하기 시작한 현상을 의미한다. 금융의 증권화는 금융자유화와 밀접한 관계를 가지는데, 금융의 증권화가 진행되면서 은행의 업무는 기존의 여수신 업무에서 채권거래까지 확장되었고 그 결과 각종의 채권의 유동성이 더 증대되는 결과를 낳게 되었다. 이런 현상이 세계적으로 확산되면서 금융기관에 의한 해외증권 발행과 이의 국제적 거래가 더 빈번해지게 되었다. 이런 금융의 증권화는 2007년부터 발생하기 시작한 세계금융위기와도 밀접한 관계를 가진다. 서브프라임 모기지가 증권의 형태로 바뀌면서 더 빈번히 거래되기 시작하였고, 그 거래가 미국 국내에만 한정된 것이 아니라, 세계화의 바람을 타고 국제적으로 확산되면서 서브프라임 모기지에 대한 위기가 전 세계로 확대되었던 것이다.

3) 확산되는 지역통화 결성 움직임

1997년 아시아 금융위기를 경험한 뒤 세계 각국은 IMF와 같은 국제금융기구의 제약과 한계를 절감하게 되었다. 자국이 경상수지 혹은 외환에 심각한 위기가 발생할 경우 IMF는 매우 가혹한 조건을 요구하거나, 충분하지 못한 자금을 공여함으로써 외환위기를 극복하는데 그렇게 도움이 되지 못한다는 것을 경험한 것이다. 이런 사정 하에 각국은 IMF를 대체하는 지역금융기구를 설립할 필요성을 절감하게 되었고, 이런 고려 하에 지역통화를 설립하는 문제도 진지하게 고려하기 시작하였다.

〈그림 2〉 지역통화 결성의 움직임

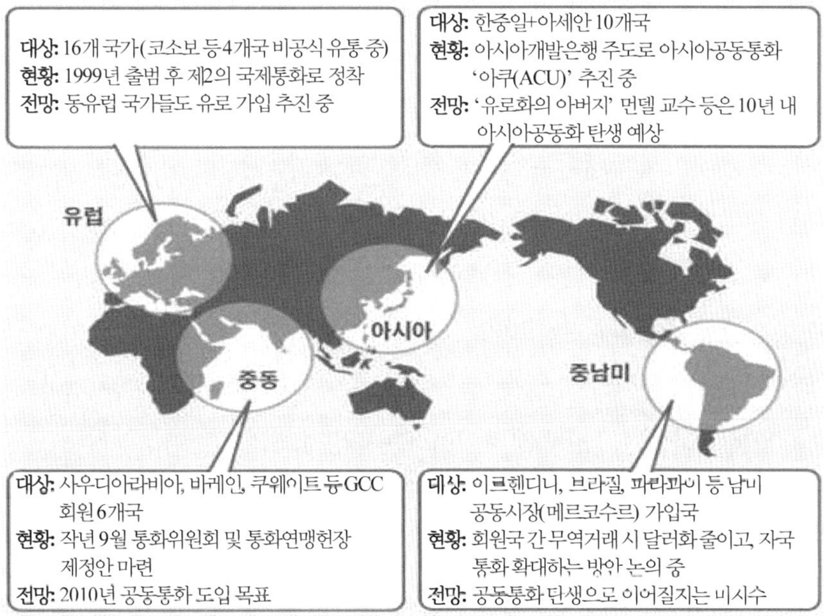

자료: 조선일보의 자료를 http://blog.naver.com/un_ha/61189305에서 인용.

<그림 2>에서 보는 바와 같이 유럽, 중동 뿐 아니라 아시아와 중남미에서도 지역통화를 결성하려는 움직임을 보이고 있다. 주지하는 바와 같이 유럽 지역의 유로화는 이미 지역통화로서의 위상을 가지고 있다. 16개 국가가 유로화를 사용하고 있으며 동유럽 국가들도 유로에로의 가입을 추진하고 있다. 사실 달러를 제외

하고서 유로화는 현재 가장 큰 지역통화로 기능하고 있다. 중동 역시 2010년 공동통화 도입을 목표로 활발한 움직임을 보이고 있다. 중동 지역에서 이런 움직임이 활발한 것은 달러화에 고정된 화폐(중동 지역 4개국의 화폐는 환율이 달러에 고정되어 있음)로 인하여 미국 발 금융위기로 인하여 매우 큰 피해를 보고 있기 때문이다. 중남미 역시 역내 무역에서 달러화의 비중을 줄이고 자국 통화를 확대하는 방안을 논의 중이다. 하지만, 이런 논의가 공동통화 탄생으로 이어질지는 아직 알 수 없다.

현재 새로운 지역통화에 대한 논의가 가장 활발한 지역은 아시아다. 한국, 중국, 일본과 아세안 10개국은 아시아개발은행의 주도로 ACU(Asia Currency Unit)을 추진 중에 있다. 지난 아시아가 경험한 외환위기 후 달러화에 대한 지나친 의존을 줄이는 것이 필요하다는 공감대가 형성되었기 때문이다. 하지만 아시아에서 이런 논의가 순조롭게 진행될지는 여전히 미지수다. 그것은 이 지역의 공동통화 추진과 관련 중국과 일본이 서로 자신의 영향력을 확대하려는 갈등은 노출시키고 있기 때문이다. 하지만, 로버트 먼델 미국 콜롬비아대학 교수는 '이번 금융위기(2007년 이후 시작된 금융위기)를 계기로 향후 10년 이내에 아시아에서 공통통화 또는 통화연맹이 탄생할 것'[6]이라는 전망을 하기도 한다.

6) 조선일보 2009년 1월 31일자 인용.

3. 현재의 금융위기의 배경과 전망

1) 현 금융위기의 배경

국제금융위기는 국제금융의 역사를 돌이켜볼 때 전혀 예기치 못한 방법과 방향으로 발생하곤 했다. 아래 <표 3>에서 보는 바와 같이 국제금융위기의 역사는 17세기까지 거슬러 올라가며 20세기에서도 간헐적으로 발생하곤 했다.

〈표 3〉 역사 속의 금융위기

시기	종류	특징
1630년대	네덜란드 튤립 투기	당시 희소한 투자 대상이었던 튤립의 가치가 비이성적으로 급등한 후 붕괴.
1690년대	영구 주식회사 투기	영국의 사우스시(South Sea)사가 국채를 자기 회사 주식으로 전환하는 사업을 하면서 버블 기업이 만들어지고 투자자들의 투기를 유도해 주식시장 패닉이 일어남.
1820년대	이머징 마켓 투기	프랑스 전쟁 배상 채권을 매입해 영국 투자자들이 큰 수익을 거두자 프러시아·남미·그리스 등 외국 정부 채권에 대한 투기 열풍이 몰아침.
1929년	대공황	1929년 10월 주가 급락 후 마진론 회수, 콜시장의 대출회수가 시작되면서 증시 붕괴. 1929년 10월 300포인트 대에서 1932년 41포인트대까지 하락. 이로부터 3년 뒤 미국 GDP가 60% 감소하고 국민의 3분의 1이 실업자가 됨.

1980년대	저축대부조합 부실사태	1980년대 부동산 경기의 급랭으로 인해 발생. 1400여 개 저축대부조합이 파산함.
1987년	블랙 먼데이	1987년 10월 19일 극동지역의 주가 하락부터 시작되어 유럽 증시의 하락, 미국 증시의 대폭락으로 이어짐. 특히 프로그램 매매에 따른 주가폭락의 악순환이 이어지면서 단 하루 동안 다우지수는 22%, S&P 선물지수는 29% 폭락함.

자료: 미래에셋투자교육연구소 (2009)에서 인용.

하지만, 2007년 미국의 서브프라임 모기지 사태를 시발로 진행되기 시작한 현 금융위기는 전 FRB 의장인 앨런 그린스핀의 말과 같이 '100년에 한 번 날까 말까 한' 위기의 성격을 가지고 있다고 할 수 있다. 혹자(或者)는 이 같은 견해에 반대하면서 현재의 금융위기도 언젠가는 극복될 수 있는 '하나의' 위기에 불과한 것이라고 평가하고 있다. 어느 견해를 취하건 현재의 금융위기가 1929년에 시작된 세계 대공황에 버금가거나 그 이상이 될 것이라는 주장이 보다 설득력을 얻고 있다. 이제 현재의 금융위기의 배경을 간략히 살피기로 한다.

2007년에 시작된 현 국제금융위기는 2000년 이후 계속된 저금리와 세계적인 유동성 과잉에 근거한 것이다. 즉, IT버블의 붕괴 이후 미국을 비롯한 선진국은 버블 붕괴로 인한 경기침체를 막기 위해 지속적인 저금리 정책을 시행해왔고, 이를 배경으로 유동성이 급격히 증가하기 시작하였다. 이렇게 늘어난 유동성은 주식시장의 활황을 가져옴과 동시에 미국 주택시장의 엄청난 활황을 가져온 것이다. 그 결과 미국의 주택가격에는 거품이 형성되기 시작했는데 그 거품이 꺼지면서 국제금융위기가 발생하기 시작한 것이다.

하지만, 미국의 주택시장의 거품만으로 현재의 위기가 시작된 것은 아니다. 활성화된 미국의 주택시장을 배경으로 다양한 형태의 모기지 상품이 출현되었는데, 이런 모기지 상품이 금융의 증권화를 통해 다양한 형태의 파생상품으로 진화되면서 위기가 형성되기 시작한 것이다. 또, 이런 파생상품이 미국 국내에서만 유통되었더라도 세계적인 금융위기가 발생하지 않을 수도 있었다. 하지만, 금융의 세계화 현상에 따라 서브프라임 모기지 상품에 기반을 둔 파생상품들은 전 세계적으로 확산되었고, 서브프라임 모기지에 문제가 발생함에 따라 금융위기는 미국만의 문제가 아닌 전 세계적인 문제로 확대된 것이다. 즉 문제가 확대되는 현상은 다음과 같이 요약할 수 있다.

제 1 단계: 미국의 주택수요 증대와 주택가격 상승에 따라 주택시장에서 거대한 거품형성: 미 은행과 금융기관들은 주택시장 활황에 기반을 둔 고위험 담보대출을 기초자산으로 고수익을 보장하는 파생상품을 개발하여 전 세계에 판매

제 2 단계: 그 결과 개도국에 버금가는 리스크를 가진 미국 내 서브프라임 모기지(비유량 담보대출) 시장에 1조 달러가 넘는 세계 유동성이 유입; 다시 말해 서브프라임 모기지에 바탕을 둔 파생상품에 전 세계적인 시장이 형성됨.

제 3 단계: 2007년 들어 금리인상 기조와 주택가격 하락세 전환에 따른 대출금 지급불능 및 연체증가 등 주택담보의 부실화로 인하여 파생상품과 연계된 전 세계 금융기관의 손실 급증; 2007년 하반기부터 일부 금융기관들의 부실이 표면화되면서 이들 기관의 사산가격 하락과 추가부실 우려에 따른 도미노적인 금융시장 경색 현상이 발생; 자산가격 하락은 디레버리지 효과를 통해 자산가치 감소를 증폭시키고 자산시장에서 경쟁적인 자산매각을 초래하여 자산가격 하락을 가속화시키는 악순환 발생

제 4 단계: 서브프라임 모기지의 부실사태 이후 금융위기의 전이과정은 주택가격 하락으로 인한 <모기지시장의 부실화 → 모기지 관련 업체 및 보증기관의 부실자산 증가 → 대형은행 파생상품 가격 하락 → 대형은행 및 금융기관 부실및 파산>으로 진행되어 옴.

이런 단계를 거쳐 미국의 주택시장에 생긴 거품이 꺼짐에 따라 금융상의 문제점은 전 세계로 확산되기 시작한 것이다. 주지하는 바와 같이 2008년 하반기 세계적인 투자은행 리만브라더스의 파산을 계기로 미국의 금융시장은 직격탄을 맞았고 조금의 시차를 두고, 유럽, 아시아 등 세계 각국에 금융위기가 전파 혹은 전염되기 시작하였다.

<그림 3> 미국경제위기 발생과 미국의 대응

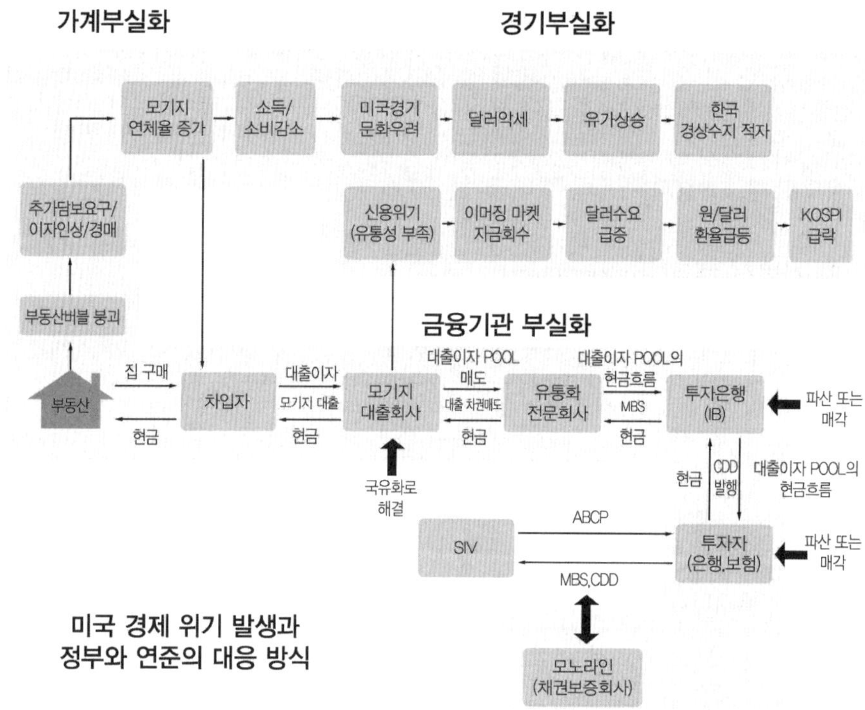

자료: 미래에셋투자교육연구소 (2008)에서 인용.

이런 금융위기는 금융위기 그 자체로 끝나는 것이 아니다. 앞서 살핀 바와 같이 금융부문의 위기는 필연적으로 실물부문의 위기로 이전될 수밖에 없으며, 실물부문의 위기는 다시 금융부문의 위기로 연결되게 된다. 2008년 10월 일종의 정점을 기록한 금융위기는 2009년에 접어들어 실물부문의 위기로 이미 전파되었다. 미국의 경우 빅 3로 불려지는 자동차 회사(GM, Chrystler, Ford)들은 파산의 위기에 몰리게 되었고, 미국의 실업률은 과거와 비할 바 없이 높은 수준을 기록하게 되었다. 일본 또한 세계 제 2 차 대전 후 최악의 경제성장률을 보이고 있어 다시 잃어버린 10년을 경험하게 될지 모른다는 우려마저 나오고 있다.

2) 현 금융위기의 전망

현 금융위기와 관련 미국의 루비니 교수는 2006년 9월 국제통화기금(IMF) 경제학자 초청 연설에서 미국경제의 위기와 관련하여 다음과 같은 12단계 붕괴론을 제시한 바 있다.

1단계 : 미국 역사상 최악의 주택시장 침체
2단계 : 서브프라임 모기지 손실 확대
3단계 : 신용카드 대출 등 소비자 신용 부실
4단계 : AAA 등급 채권보증업체의 신용등급 하향 조정
5단계 : 상업용 부동산 시장의 붕괴
6단계 : 대형 은행 파산(2008.9)
7단계 : 금융기관의 무모한 차입매수(LBO)로 인한 대규모 손실
8단계 : 기업의 연쇄부도 및 신용부도스와프(CDS) 손실 확대
9단계 : 헤지펀드처럼 자금 추적이 어려운 금융기관의 붕괴
10단계 : 주가 급락
11단계 : 금융시장에서 유동성이 고갈
12단계 : 금융기관의 강제 청산, 자산 헐값 매각 등 악순환이 반복

루비니 교수가 이 붕괴론을 발표할 당시만 해도 세계의 이목을 끌지 못하였다. 하지만 교수가 예언한 대로 진행함에 따라 이 붕괴론은 많은 사람의 관심을 모으고 있다. 이에 따르면 현재의 단계는 제 7, 8단계에 해당되며 위기가 끝나기까지는 더 많은 시간이 필요한 것으로 예측되고 있다.

현재의 금융위기와 관련 많은 전문가들은 현재의 위기가 끝나기 위해서는 미국의 주택가격이 더 이상 하락하지 말아야 한다는 조건을 제시하고 있다. 하지만 미국의 주택경기가 2010년에야 바닥을 칠 것이라는 견해도 나오고 있는 실정이다. 그럴 경우 현재의 위기가 극복되기 위해서는 더 많은 시간이 필요할 수도 있다. 또, 이와 함께 더 중요한 것은 금융위기가 실물부문으로 전이되고 있는 현 상태에서 실물부문의 위기가 심화되어 다시 금융부문의 위기로 연결되는 일은 발생하지 말아야 한다는 것이다. 만약 그렇게 될 경우 비관론자의 예측대로 현재의 금융위기를 해결하기 위해서는 더 많은 시간이 필요할 수도 있다.

4. 국제금융과 한국

1) 현재의 금융위기와 한국

현재 진행되고 있는 금융위기의 구조 속에서 한국 역시 환율의 불안정과 같이 많은 피해를 보고 있다. 하지만 한국이 겪고 있는 피해는 다른 나라와 비교할 때 그 정도가 더 심한 형상을 띠고 있다. 그것은 한국이 다른 개도국에 비하여 금융의 세계화에 더 많이 노출되어있기 때문이다. 특히 지난 1997년의 외환위기 뒤 자본자유화가 급속히 진해되었고 그 결과 해외의 자본은 과거보다 더 쉽게 한국에 들어오거나 나갈 수 있게 되었다. 미국에서 금융위기가 발생하자 한국에 들어온 외국자본들은 다른 나라보다 더 빨리 더 많이 한국으로부터 탈출하기 시작하였다. 자본이동이 자유화되었기 때문에 한국에 투자한 자금을 회수하여 더 손쉽게 미국으로 자본을 이동시킬 수 있었던 것이다. 그 결과 한국의 외환시장에서 달러화에 내한 수요는 급속히 늘어나게 되고 이는 한국의 환율을 급격히 절하시키는 결과를 가져왔다.

한국은 과거 외환위기의 경험을 겨울삼아 기업의 부채비율을 줄이고 금융기관의 건전성을 강화하는 등 외환위기의 재발을 방지하기 위하여 많은 노력을 기울여 왔다. 하지만, 이런 노력에도 불구하고 한국 금융기관들은 자금 조달원을 국내저축에 의존하지 않고 해외 단기차입에 의존하는 관행을 완전히 벗어나지 못하였다. 그 결과 미국에서 금융위기가 발생하자말자 한국 금융기관들은 달러화의 공급에 심각한 차질을 초래하게 되고 이는 다시 외환시장의 불안정 요인으로 작용하게 되었다.

하지만, 2008년 말의 미국과의 통화 스와프 협정, 일본, 중국과 연이어 통화 스와프 협정을 체결함에 따라 외환시장의 불안정 요인은 상당히 완화되고 있다. 하지만, 미국에서 발생한 금융위기가 더 심화될 경우 한국의 외환시장은 다시 요동칠 가능성을 배제할 수 없다.

이처럼 한국은 현재 진행되고 있는 세계 금융위기의 추이와 밀접한 관련을 가지고 있다. 금융위기 뿐 아니다. 금융위기가 실물부문으로 이전되면서 세계경제는 극심한 침체를 경험하고 있고 그 와중에 한국 경제를 이끌어온 수출 역시 급격히 감소하고 있다. 그러므로 한국이 금융위기를 벗어날 수 있는 길은, 내수를 확대하는 것과 같은 내부의 정책 시행도 중요하지만, 기본적으로 세계가 하루빨리 금융위기를 벗어나도록 기다리는 수밖에 다른 도리가 없다. 세계가 금융위기에서 벗어나기 까지 한국이 상대적으로 적은 피해를 입고, 세계가 금융위기에서 벗어나자마자 곧바로 회복할 수 있도록 내부적 준비를 하는 것이 가장 바람직한 방법이다. 내부적 준비는 금융기관의 건전성을 제고시키고, 기업의 구조조정과 가계의 부채를 합리적으로 조정하는 것이다.

이처럼 한국은 세계화된 국제금융질서와 같이 움직일 수 밖에 없다. 그러므로 이런 환경에서 한국이 생존하고, 경제적으로 더 발전하기 위해서는 세계 금융이 어떻게 변하고 있는지, 금융과 실물이 전 세계적으로 어떻게 연결되고 있는지 더 많은 정보와 지식을 확보하는 수밖에 없다. 그러면서 그 정보와 지식을 우리의 경제를 보다 강화하는데 활용하는 방안을 강구해야 한다.

2) 지역통화 결성움직임과 한국: AMF와 ACU에 대한 대응

위에서 잠시 살폈지만 1997년 한국이 외환위기를 경험한 뒤 아시아 지역을 중심으로 한 지역금융기구와 지역통화 설립에 깊은 관심을 보여왔다. 그것은 IMF와 같은 국제금융기구보다는 지역금융기구의 도움을 받는 것이 외환위기를 극복하는데 더 유용할 수 있다고 생각했기 때문이다. 그래서 한국의 경우 기본적으로 지역통화 결성 움직임과 지역금융기구 설립에 긍정적인 태도를 가지는 것이 바람직하다.

하지만, 이같은 태도를 견지하면서도 다음과 같은 측면을 고려하는 것이 바람직하다. AMF(Asia Monetary Fund)의 설립과 관련해서는 두 가지 사항을 고려해야 한다. 처음 이 지역금융기구의 설립제안이 나왔을 때 미국은 이에 대해 매우 부정적인 태도를 보였다. 그것은 AMF의 설립이 미국의 이익을 저해하는 측면이 있기 때문이었다. 즉, AMF가 설립되면 IMF의 위상에 어느 정도 손상이 불가피했기 때문이다. 현재의 국제통화제도와 국제기축통화가 미국과 밀접한 관련이 있다는 점에서 이 지역금융기구의 설립과 관련 미국과 유기적인 협조 논의를 할 필요가 있다. 미국의 위상이 아무리 약해졌다 하더라도 아직 국제통화질서에서 미국이 차지하는 비중이 적지 않기 때문이다. 또 하나 고려해야 할 것은 지역통화의 설립과 관련 일본과 중국의 알력 혹은 갈등을 어떻게 조화해 나갈 것인가 하는 점이다. 이 지역의 지역금융기구나 지역통화와 관련 양국은 어떤 형태로든 자국의 입지 혹은 위상을 강화히는 방향으로 진행되기를 원하고 있다. 한국은 이 두 나라의 갈등을 중재하면서 효율적으로 이 지역금융기구와 지역통화가 설립되도록 지혜를 모을 필요가 있다. 현재 한국이 처해있는 위치를 고려할 때 오히려 이 양국의 틈바구니를 잘 활용할 경우 한국은 더 큰 영향력을 발휘할 수 있을 것이다.

3) 금융의 세계화와 한국: 자본시장통합법

세계화되고 있는 금융환경 하에서 한국은 이 금융의 세계화를 피해 갈 방법이 없다. 제조업을 위시한 실물경제는 세계 13위를 자랑하지만 아직 금융부문은 이 같은 순위에 이르지 못하고 있다. 그래서 어떤 형태로든 금융부문을 대폭 육성하고 강화해야 할 필요가 있다. 이와 관련 현재의 국제금융위기가 금융기관에 대한 규제가 지나치게 느슨했기 때문에 발생했고, 또 리만브러더스와 같은 투자은행 모델은 더 이상 한국이 추구해야 할 모델이 아니라는 주장이 나오고 있다. 일견 일리가 있는 말일 수 있다. 하지만, 한국은 금융기관에 대한 규제를 더 완화해야 할 입장이고 리만브러더스와 같은 투자은행은 아직 성립도 되지 않은 단계이다.

이런 상태에서 규제완화가 쓸모없다는 주장, 나아가 투자은행 모델은 한국이 지향해야 할 모델이 아니라는 주장은 한국의 현실과 맞지 않는 주장이다. 금융부문의 육성 혹은 강화를 위해서는 한국은 지속적으로 금융의 규제를 완화하면서 투자은행까지 포함한 새로운 모델을 적극 고려해야 한다. 한국의 금융부문에 대한 규제가 10 정도라면 미국의 규제정도는 2에 불과하기 때문에 한국은 규제를 더 완화해야 할 필요가 있는 것이다. 또, 미국의 투자은행 모델은 기피해야 할 대상이 아니라 오히려 극복하고 새롭게 창조해야 할 모델로 생각해야 한다. 금융부문의 발전을 위해서는 이 같은 노력이 절대 필요하기 때문이다.

이와 관련 최근 정부가 몇 년 동안 추진해온 금융허브라는 정책, 그리고 이를 뒷받침하기 위해 추진한 자본시장통합법은 매우 바람직한 것이다. 금융의 세계화가 나날이 진행되고 한국이 이러한 환경에서 벗어날 수 없는 이상 금융의 세계화를 적극적으로 활용할 수 있는 방안이 마련되어야 한다. 금융의 세계화는 다른 부문의 세계화와 같이 한국이 적극적으로 대응해야 하는 분야이지 회피하거나 둘러가야 할 분야가 아니기 때문이다.

<탐구 과제>

- 금융부문과 실물부문은 어떻게 연결되고 있는가?: 금융부문과 실물부문은 서로 분리된 두 부문이 아니라 금융부문의 성과가 실물부문에 영향을 주며, 실물부문의 성과는 다시 금융부문에 영향을 끼치는 형태로 서로 상호작용을 하고 있다.
- 국제통화제도는 어떻게 변해왔으며 거기에서 미국의 달러는 어떤 역할을 하는가?: 국제통화제도는 금본위제도, 고정환율제도, 변동환율제도와 같은 형태로 변해왔다. 그리고 그런 형태로 변하는 과정에서 세계경제의 실질적인 리더역할을 하는 기축통화의 위상이 매우 중요하다.
- 현재의 국제금융위기는 어떠한 특징을 가지며 앞으로 어떻게 전개될 것인가?: 현재의 금융위기는 미국의 서브프라임 모기지 위기에서 시작되었으며 금융의 세계화 현상을 타고 전 세계적으로 확산되고 있다. 이 금융위기는 언젠가는 진정되겠지만 그 과정에서 실물부문의 침체를 피하기 어려울 정도로 심각한 어려움이 예상된다.
- 한국에서 금융부문을 강화하기 위해서는 어떤 정책이 바람직한가?: 한국은 세계화 현상에서 결코 자유스러울 수 없는 여건에 놓여있다. 그런 상황에서 금융부문을 강화하기 위한 정책, 예컨대 금융허브 육성과 자본시장 통합법과 같은 정책을 꾸준히 지속하는 것이 필요하다.

〈참고문헌〉

김기수 (2006), "국제금융체제와 국제통화제도", 『세종정책연구』, 제 2 권 제 1호, 2006.

대외경제정책연구원(2008), "미국의 금융시장 위기대책: 배경, 효과, 전망", 『KIEP 오늘의 세계경제』.

미래에셋투자교육연구소(2008), 『Asia investment』, 2008년 발행한 각호.

미래에셋투자교육연구소 (2009), 『Emerging Investor』, 2009년 발행한 각호.

산업연구원 (2008 a), "세계금융위기의 실체와 영향", 『e-KIET 산업정보』 제421호.

산업연구원(2008 b), "금융발전이 실물경제에 미친 영향 분석과 시사점", 『e-KIET 산업정보』 제409호.

증권선물거래소, 『KRX』, 각호 · 조선일보 각호.

Krugma, Paul R, 『International Economics』, Addison Wesley, 2003.

OECD(2008), "OECD strategic response to the financial and economic crisis: contributions to the global effort"

www.wikipedia.org에서 financial crisis 항목.

제6장 국제법과 국가주권

곽 한 영

〈개요〉

- 국제법은 그 실체가 분명하지 않고 강제성이 부족하지만 국제사회를 규율하는 원칙으로서 그 중요성이 더욱 커지고 있다.
- 30년 전쟁의 결과 체결된 베스트팔렌 조약을 계기로 국제법에 관한 논의도 활성화되었으며 1, 2차 세계대전을 거치면서 자연법적 사고를 바탕으로한 국제법의 원칙이 자리잡게 되었다.
- 국제법의 법원으로는 조약, 국제관습, 법의 일반원칙, 판례와 학설 등을 들 수 있으나 국가간의 조약과 국제관습이 핵심적인 법원을 구성한다.
- 국가는 전통적인 국제법의 주체로서 인정받고 있다. 최근 국제기구, 개인, 기업 등이 부각되고 있으나 국제법의 주체로서는 부분적, 제한적인 성격만이 인정되고 있다.
- 국제법상 국가의 주권은 법 위에 존재하는 것이 아니라 독립성을 의미하는 것으로 이해되고 있으며 이러한 독립성도 상황에 따라 그 성격이 달라질 수 있는 상대적인 것으로 여겨진다.
- 국제법은 국내법과의 긴밀한 연관을 통해 실효성을 확보한다.
- 국제분쟁의 해결방식에는 외교적 해결과 사법적 해결이 있으며 일반적으로 외교적 해결이 선호되고 있다.
- 국제인권법은 유엔헌장, 세계인권선언, 유엔인권협약 등에 의해 뒷받침되고 있다.
- 국제법과 국가주권은 상호 충돌한다기보다는 인간의 자유와 권리의 보호 및 확장이라는 보편적인 목표를 추구하는 상호보완적 관계를 갖는 것으로 이해되어야 하며 국제사회의 관계가 긴밀하고 복잡해져갈수록 국제법적 원칙을 이해하고 이에 따라 행동하는 것이 중요해지고 있다.

〈학습목표〉

- 국제법의 역사와 특성을 이해한다
- 국제법의 법원을 이해한다.
- 국제법의 주체와 변화양상을 파악한다.
- 국제법과 국가주권의 관계에 대해 토론해본다.
- 국제분쟁의 해결방식을 이해한다.
- 국제인권법의 내용을 알고 다양한 국제인권관련 쟁점에 적용해본다.

1. 들어가며

'국제사회에 과연 법이 있는가?'라는 질문은 국제법이나 국제관계 전문가들을 당혹스럽게 만든다. 국가 간에 최소한의 규범이라고 할만한 것이 존재하지 않는다면 국제사회라는 것도 허상에 가까운 것이고 국제관계를 이해하기 위한 노력도 의미없는 것이 되어버릴 것이다. 따라서 국가들 간의 일정한 관계를 전제로 하는 '국제사회'라는 용어를 사용하면서도, 동시에 정해진 관계가 없는 것은 아닌지 묻는 위의 질문은 스스로 모순적인 측면이 있다. 하지만 많은 사람들이 이런 질문을 던지는 데는 나름의 이유가 있을 것이다. 크게 다음의 두 가지 원인을 생각해볼 수 있다.

첫째, 국제법의 실체가 분명하지 않아 보인다는 점이다. 국제법은 단일한 법전체계로 구성되어 있지 않아 국내법처럼 전체적인 모습을 일목요연하게 보여주기 어려우며 개개의 내용들이 일관된 논리를 보여주지 못하는 경우도 많다. 특히 국제법을 구성하는 주요한 법원이 국제사회의 관행, 관습 등 불문법적 법원이라는 것은 국제법이 단지 국가들의 행위에 붙인 명목이 아닌가하는 의문을 갖게 하는 것이다.

둘째, 국제법의 강제성이 없거나 지나치게 부족해보인다는 점이다. 법이 다른 사회규범과 구별되는 가장 큰 특징이 강행규범, 즉 강제성을 지닌 규범이라는 점이다. 이에 비추어볼때 국제법은 별도의 입법기구나 집행기구도 없이 사실상 그 집행을 당사자인 개별 국가들에게 맡기고 있다는 점에서 결국 국가들의 의지가 국제법적 원칙에 우선하는 것으로 여겨질 수 있다. 그렇다면 사실상 대상 국가들을 강제할 수 없는 국제법을 과연 법이라고 볼 수 있을 것인가 의문이 제기될 수 밖에 없을 것이다.

사실 이와 같은 의문은 국제법학계내에서도 제기되어 법실증주의와 자연법론의 대비를 통해 오랜 기간동안 논쟁이 이어져왔다. 이는 또한 국가 주권의 대내적 최고성과 대외적 독립성이 어느 지점까지 보장될 수 있을 것인지를 묻는 민감한 질문이기도 하다. 이 문제에 나름의 답을 하기 위해서는 국제법이 과연 무엇이고 어떻게 작동되고 있으며 어떤 의미와 한계를 가지고 있는지 고찰할 필요가 있을 것이다. 이 글에서는 국제법의 전반적인 모습을 살펴보면서 국가주권의 위상과 한계, 그리고 앞으로의 변화방향을 모색해볼 것이다. 이를 위해 2장에서는 국제법의 어원과 역사에 관해 살펴보고 3장에서는 국제법의 형태와 주체를 확인해볼 것이다. 이를 바탕으로 4장에서는 국제법상 국가의 개념과 의미, 국제법과 국내법의 관계를 밝히고 5장에서는 보다 종합적인 차원에서 현재 점증하고 있는 국제분쟁에서 국제법이 담당하고 있는 역할을 살펴볼 것이다. 이러한 여정을 거치면 마지막으로 6장에서는 처음의 의문으로 돌아와 과연 국제법이란 존재하는 것인지, 국가주권과 국제법의 관계는 어떻게 설정할 수 있을 것인지 보다 넓은 시각에서 접근해볼 수 있을 것이다. 또한 이상의 내용들은 현재 중등단계의 교육과정에서 국제법에 관해 다루어지고 있는 주제들을 포괄하고 있는 것으로 예비 교사들에게 국제법에 대해 보다 심화된 차원의 이해를 제공할 수 있을 것으로 기대한다.

2. 국제법의 역사

1) 국제법의 어원

국제법의 시작은 국제관계의 발전과 밀접한 관련을 갖고 있다. 정치적으로 독립되어 있는 공동체들 사이에 교류와 통상 등 일정한 관계가 지속적으로 맺어지게 되면 필연적으로 이러한 관계를 안정화시킬 규범의 필요해지게 되는 것이다. 따라서 넓게 보자면 국제법은 정치공동체들 사이의 접촉이 있는 곳이라면 어느 곳이든, 어느 시점에서든 존재했던 것으로 볼 수도 있다. 다만 그 관계가 밀접하고 복잡한 단계에 이르지 못한 경우에는 체계적으로 규범이 형성되기보다는 관습이나 관행의 수준에 머물러 있는 경우가 많았다. 고대 그리스의 도시국가들 사이나 고대 인도의 힌두 왕국 등 지리적, 경제적 접근성이 높았던 지역에서는 상대적으로 체계적인 관행이 존재했던 것으로 확인되고 있다.

로마시대에는 제국이 지중해 전역으로 확대됨에 따라 법적 관행도 이전 시대에 비해 보편적 경향을 띠게 되었다. 국제법의 어원 중 하나로 알려져 있는 만민법jus gentium도 이 당시 등장한 것으로 로마제국 내에서 시민들 사이에 통용되던 시민법jus civil에 비해 로마시민과 비로마시민 간의 거래에 통용되던 원칙이나 관행을 일컫던 말이었다. 여기에서 알 수 있듯이 '만민법'이라는 표현은 정확히 말하자면 개인들 간의 관계를 의미하는 단어였기 때문에 후대의 학자들은 국가들의 법이라는 의미에서 law of nations 혹은 droit de gens라는 용어를 사용하였다. 하지만 1780년 벤담은 '도덕과 입법의 원리 서설'을 집필하면서 이러한 용어가 개별 국가들의 국내법을 지칭하는 용어로 오해될 우려가 있다는 생각에서 'international law'라는 표현을 사용했고 이것이 그대로 지금까지 이어져 내려오고 있다(Gardiner, 2003:18).

동양에서는 1864년 중국에서 발간된 책에서 이 용어를 '만국공법'이라는 말로 번역하면서 처음 알려졌고 이후 1873년 일본인 미쯔쿠리가 '국제법'이라는 용어를 사용하면서 현재는 '국제법'이라는 말을 한, 중, 일 모두 공통되게 사용하고 있다(이한기, 1997:8).

2) 국제법의 역사적 전개

국가의 규모가 확대되고 국가 간의 관계가 비교적 밀접해진 것은 지중해를 중심으로한 중세 유럽 사회가 형성되면서부터라고 할 수 있다. 그러나 중세 봉건제도하에서의 국가란 오늘날 우리가 생각하는 강력한 주권을 지닌 단일체와 거리가 있었다. 봉건제도의 특성상 왕은 내부적으로 쌍무계약관계의 영주들과 권력을 나누고 있는 상황이었고 대외적으로도 교황 및 신성로마제국황제의 영향력이 직접적으로 작용하고 있었기 때문에 국가는 단일한 실체로서 관계를 형성하기 어려웠다. 한마디로 중세유럽은 주권이 분산되어있는 상태였다고 할 수 있다(김내순, 2009:13).

하지만 국가를 구성원으로 하는 국제관계와 그 질서로서 국제법에 대한 사고는 이미 오래전 인간이 만든 법이 아닌 초월적으로 존재하는 질서로서 자연법을 상정하면서 꾸준히 제기되어온 관념이었다. 특히 스페인 살라망카 대학의 신학교수였던 비토리아의 경우는 전시대 토마스 아퀴나스의 공동선 사상을 국제사회에 적용하여 국제법의 사상적 기반을 마련했다.

그러나 본격적으로 국제법이 모습을 드러내기 시작한 것은 16세기에서 17세기 사이 근대국가체제가 완성되면서부터라고 할 수 있다. 이 시기에 유럽은 신교와 구교간의 30년 간에 걸친 종교전쟁으로 피폐해져가는 상황이었다. 네덜란드 학자인 휴고 그로티우스는 이러한 전쟁 상황을 타개하고 평화를 이룩하기 위한 규범체계를 구상하여 '전쟁과 평화의 법' 등 여러 저서를 발표하였으며 이것이 당시 유럽사회에 커다란 반향을 일으키면서 그로티우스는 국제법을 체계화한 대표적인 학자로 알려지게 되었다. 특히 신교와 구교 양측 모두에서 받아들여질 수 있는 규범체계를 만들려는 의도에서 '자연법은 신이 존재하지 않았더라도 존재하였을 것'이라는 실정법적 태도를 취한 것은 국제법이 자연법의 그늘에 머무르지 않고 현실적인 법적 체계로 발전해갈 수 있는 계기를 만든 것으로 평가된다 (Akehurst, 1985:14).

종교적 이유로 시작된 30년 전쟁은 결국 교착상태에 빠지게 되고 이를 타개하기 위해 각국의 군주들이 모여 종전을 선언한 1648년의 베스트팔렌 조약은 국가가 독립적인 정치단위로 등장하는 상징적 사건이었을뿐 아니라 복수의 국가들 간에 맺어진 조약이었다는 점에서 국제사회의 시발점으로 여겨지고 있다.

이제 이렇게 독립적 지위를 확보한 국가들 간의 관계를 어떻게 조율할 것인가는 중요한 정치적 문제로 등장하게 되었고 국제법은 빠르게 발전해갔다. 특히 스위스의 법학자 바텔은 당시 유행하던 법실증주의의 영향을 받아 국제법의 자연법적 성격을 부정하고 개별 국가가 실정법의 한 부분으로 명백히 동의한 사항에 관해서만 준수의 의무가 있다는 주장을 폈다.

국가 간의 관계가 더 밀접해지면서 조약과 관습 등을 통한 국제법체계의 구성은 더욱 활발해져갔지만 이것은 엄밀히 말하면 유럽국가들 간의 관계에 국한된 것이었다. 즉, 당시에 사용되었던 국가 가족family of nations이라는 용어에서도 알 수 있듯이 유럽의 각국 간에는 서로를 동등한 주체로 인정하는 추세가 자리잡고 있었으나 유럽과 비유럽국가간의 관계는 그렇지 못한 경우가 많아 유럽중심주의라는 비판을 받기도 했다. 그러나 제국주의를 계기로 국제관계가 확대되었고 1차 세계대전을 거치면서 보편적 규범으로서 국제법의 면모가 자리잡게 되었다.

특히 2차 세계대전은 국제법의 필요성을 모든 사람들에게 각인시킨 사건이었다. 종전 후 열린 전범재판에서 실정법에 따른 행위였을 뿐이라는 이유로 무죄를 주장하는 전범들에 대해 '모든 범죄는 형벌을 수반한다'는 논리에 근거하여 유죄를 선고한 것은 국제법의 영역에서 자연법적 사고가 다시 중심적 위치에 서게 된 것으로 평가할 수 있다(Akehurst,1985 :279).

3. 국제법의 형태와 주체

1) 국제법의 법원

법원(法源)은 법의 원천, 즉 법이 어떤 근거를 가지고 있으며 어떠한 형태로 존재하는가에 관한 문제이다. 일반적으로 법은 입법권을 가진 기관에 의해 제정되어 법전의 형태로 존재하는 성문법과 관습이나 조리, 판례 등과 같은 불문법의 형태로 존재하게 된다.

국제법의 법원에 관해 국제사회에서 공식적으로 합의된 바는 없으나 일반적으로는 1945년 제정된 국제사법재판소 규정 제38조 1항의 내용이 국제법의 법원을 구성하는 것으로 받아들여지고 있다(Malanczuk, 1997:36). 그 내용은 다음과 같다.

국제사법재판소 규정 제38조

① 재판소는 재판소에 회부된 분쟁을 국제법에 따라 재판하는 것을 임무로 하며, 다음을 적용한다.

a. 분쟁국에 의하여 명백히 인정된 법규범의 성격을 갖는 보편적 또는 개별적 국제협약(international conventions)

b. 법으로 인정된 관행으로서 국제관습(international customs)

c. 문명국에 의해서 인정된 법의 일반원칙(general principles of law)

d. 법규범을 결정하는 보조적 수단으로서 제59조의 조건 하에 판례와 여러 나라에서 인정받는 우수한 국제법학자들의 학설(judicial decisions and teachings)

*제59조는 '재판소의 결정은 당사자 간 그리고 그 특정 사건 이외에는 구속력을 지니지 않는다' 는 기판력의 상대성에 관한 문제.

이 조항에서 확인할 수 있는 국제법의 법원은 국가 간의 조약, 국제관습, 법의 일반원칙, 판례와 학설 등이다. 각각의 내용에 대해 보다 자세히 살펴보기로 하자.

(1) 조약

조약은 국가간에 문서의 형식으로 체결되고 국제법으로 규율이 이루어지는 합의라고 할 수 있다[1]. 국제사법재판소 규정에 의하면 조약은 "이를 제기하는 국가에 의해 명백히 인정된 법규범을 갖는 보편적 또는 특별한 국제협약"을 의미한다. 중세 이전의 사회에서는 이러한 조약이 일종의 의무감을 갖게하여 효력을 발생시킨다고 여겨졌다. 종교적인 영향력이 강한 사회에서는 약속을 맺는다는 것이 곧 신 앞에서의 정직과 성실을 의미하는 것이므로 이를 어길 경우 신의

1) 조약법에 관한 비엔나협약 제2조 1항, 1969

진노를 불러일으키게 될 것이라는 두려움에서 조약이 일정한 효력을 갖게 되는 것으로 본 것이다(Nussbaum, 1954:1-3).

현대 사회에서는 이와같은 종교적 사고보다는 국가를 통해 조약의 의무를 실현시키는 방법으로 조약의 실효성을 확보한다. 즉, 국가 간의 명시적 합의에 의거한 약속인만큼 당사자인 국가가 국내법의 제정과 개정 혹은 적절한 조치를 통해 이를 실현할 의무를 갖게 되는 것으로 본다. 중요한 조약들이 국내에서 다시 비준과 동의 등의 절차를 거치는 것은 이러한 실현을 담보하는 하나의 장치라고 볼 수 있다.

조약은 이렇게 당사자들간의 합의 사실과 합의된 내용 모두를 분명히 보여주고 있으므로 국제법상 가장 높은 단계의 법원으로 여겨지고 있다. 조약 외에도 협정, 의정서, 헌장, 교환각서 등 다양한 표현들이 사용되고 있으나 국제법상으로는 조약과 동일한 가치를 가진 것으로 받아들여진다. 다만 주로 정치가나 외교관들 사이에서 법적 구속력을 부여하지 않고 단지 상대방의 신의에 기초하여 서로 정책수행상 일정한 약속을 하는 경우가 있는데 이를 신사협정(gentleman's agreement)라 하며 국제법과 별도의 것으로 취급하게 된다. 1991년 우리나라와 북한 사이에 맺어진 '남북기본합의서'의 경우 신사협정의 일종으로 볼 수 있다.

하지만 조약이 국제관습과 완전히 별도의 법원인가에 대해서는 약간의 논란이 있다. 조약이 준수되는 것 자체가 국가들 사이의 일종의 관행이라 할 수 있으며 조약의 개별적인 내용들이 해석되고 적용될 때에는 결국 국제관습에 의거할 수 밖에 없기 때문이다. 따라서 국제관습은 조약과 그 우위를 논하기 힘든 국제법의 법원으로 받아들여진다.

(2) 국제관습

국제관습 또는 국제관습법은 국제사회에서 법으로 받아들여지는 일반적인 관행들이라고 할 수 있다. 그렇다면 '법으로 받아들여지는' 관행(usage, practice)이란 어떤 것일까? 먼저 그 관행에 계속성과 일반성이 있어야 한다. 비슷한 상황에서 같은 관행이 반복적으로 나타나야하며 그것이 시간이나 공간의 차이에도 불구하고 비교적 일반적인 현상으로 자리를 잡아야 한다는 것이다. 그렇다고 해서 관행이 갖는 시간적 차원이 핵심적이라는 것은 아니다. 왜냐하면 시간적 차원만이 판단의 근거가 될 경우 급변하는 국제사회의 환경에 대응할 수 있는 국제관습의 형성은 원천적으로 불가능할 것이기 때문이다. 따라서 많은 국제법학자들은 관행의 계속성과 일반성에 더해 '법적 확신'을 국제관습법의 성립요건으로 제시한다. 즉, 국가들이 더이상 그 관행과 다르게 행동할 수 없다고 느끼거나 그 관행을 반드시 지켜야겠다는 확신을 갖는다면 국제관습법으로 자리잡았다고 볼 수 있다는 것이다(Brownlie, 2003:7).

이러한 '법적 확신'은 어떻게 확인할 수 있을까? 몇몇의 경우에는 직접 그러한 관행에 맞추어 국내법을 변화시키거나 정책을 수정하는 등의 적극적인 행동을 통해 법적확신을 보여주는 국가들도 있을 것이다. 그러나 부작위, 즉 어떤 관행이 반복될 때 이에 항의하지 않고 묵인하는 경우도 법적 확신으로서 동의로 여겨지게 된다. 따라서 어떤 관행이 국제법상 합법화되는 것을 막기위해서는 국가들이 구체적이고 실제적으로 이에 항의하는 행동을 보이는 것이 필요하다(Shaw, 1997:70).

조약은 가장 명시적이고 직접적인 국제법의 법원으로 역할하지만 조약을 체결한 당사국들에만 상대적으로 효력을 갖는다는 한계가 있는 반면 국제관습법은 관행에 참여했는지의 여부와 관계없이 일반적으로 적용된다는 점에서 그 적용범위가 더 넓다고 볼 수 있다.

(3) 그밖의 법원들

이외에도 국제재판소법에서는 법의 일반원칙과 판결 및 학자들의 견해를 국제법의 법원으로 제시하고 있다. 그러나 앞서의 조약이나 국제관습과 달리 나머지 법원들은 그 구체적인 내용에서 많은 차이가 있고 합의를 이루기 쉽지 않아 보조적인 수준에 머무르고 있다.

법의 일반원칙은 여러 나라들의 국내법들에 대한 비교법적 검토를 통해 공통적으로 발견되는 원칙을 의미하는 것으로 국제재판소법에 나타난 '문명국'은 사실상 모든 나라를 의미하는 것으로 여겨지고 있다. 그러나 서로 상황이 다른 여러 나라들의 국내법을 비교하여 공통요소를 발견한다는 것이 어렵기도 하고 개별 사안에서는 제한적인 의미를 지닐수 밖에 없다는 한계가 있다. 판결이나 학자들의 견해는 그러한 문제가 더욱 심각해서 사실상 예외적인 경우 일부 판결문에서 저명한 학자의 이론이 인용되는 경우를 제외하면 현실적인 국제법규범으로서의 역할은 크지 않은 편이다. 그럼에도 불구하고 국제재판소법에서 이와같은 법원들을 명시한 것은 어떤 사안에서 관련된 조약이나 국제관습법이 부재할 경우 재판 자체가 불가능해지는 상황이 될 것을 우려하여 그 공백을 보완하고자 하는 의도가 반영된 것이라 할 수 있다.

2) 국제법의 주체

법에서 법인격체, 법주체란 해당 대상이 법적 권리와 의무를 가지며 법률관계를 맺을 수 있다는 의미이다. 예를 들어 보자. 우린 가끔 해외토픽란에서 어떤 부자가 자신의 애완견에게 거액의 유산을 남겼다는 기사를 보게 된다. 과연 개가 유산을 받을 수 있을까? 적어도 우리 법상으로는 그럴 수 없다. 왜냐하면 우리 법에서 인정하는 법적 주체는 자연인과 법인뿐이기 때문이다. 따라서 만약 우리나라의 어떤 부자가 이러한 일을 하려 한다면 재단을 설립하거나 따로 유산관리인을 지정하여 자신의 유산을 애완견을 위해 쓰도록 유언하는 방법을 택하게 될 것이다.

그렇다면 국제법에서 법적 행위를 할 수 있는 주체는 누구일까? 19세기까지는 국가만이 유일한 국제법의 법주체였고 개인은 단순히 국제법의 적용을 받는 객체에 불과했다. 20세기에 들어와서 국제기구나 법인, 개인 등이 제한적인 법인격을 지니는 것으로 받아들여지고 있으나 국제법학자들 사이에서는 국가 이외의 법주체를 설정하는 것에 대해 상당한 논란이 있는 상황이다.

(1) 국가

국가는 국제사법재판소에서 주재하는 소송의 주체 및 당사자가 될 수 있는 유일한 주체이다. 국제법상 가장 오래전부터 인정되어온 법주체이며 현재도 국제법은 일반적으로 국가를 그 주체이자 대상으로 상정하고 전개되고 있다. 다만 어느 범위까지를 국가로 인정할 것인가에 대해서는 여러 특수한 경우들이 논란의 대상이 되고 있다. 예를 들어 준국가적 형태를 지니고 있는 교황청이나 역시 도시에 가까운 작은 규모의 국가인 산마리노, 리히텐슈타인 등을 다른 국가들과 동등한 주체로 인정할 것인지는 쉽지 않은 문제이다. 유엔에서 준회원국제도의 도입을 검토하고 있는 것도 이러한 미소국가(micro-state)의 문제와 관련된 것이라고 할 수 있다. 유엔 식민해방위원회가 지원하고 있는 민족해방단체의 지위나 망명정부의 지위를 결정하는 것도 논란의 대상이다. 반면 어떤 국가에서 내란이 발생했을 경우 합법정부가 상대편을 국제법상 교전단체(bellingerency)로 인정하는 경우가 있다. 이는 내란 및 반란군의 실체를 인정한다는 정치적 부담을 안게 되지만 다른 나라들이 교전단체에 대해 중립의무를 준수하도록 요구할 수 있고 교전단체에 전시법 준수를 요청할 수 있게 된다. 또한 반란단체(insurgency)로 지정할 경우 전쟁중 포로의 처우에 대한 규정 등을 적용할 수 있게 되고 특히 반란군이 다른 나라의 국경을 침범하거나 손해를 입혔을 경우 이러한 제3국의 손해에 대해 합법정부는 면책을 받을 수 있다는 장점이 있다.

(2) 국제기구

국제기구는 크게 정부간기구(GO)와 비정부기구(NGO)로 나누어볼 수 있다.

일반적으로 국제법에서 국제기구라 함은 정부간기구를 가리키는 경우가 많다. 유엔헌장 제104조에서는 '국제기구는 그 회원국의 영토 내에서 그의 기능과 목적수행에 필요한 법적 능력을 향유할 수 있다'고 밝혀 국제기구의 법인격이 국내법상 보장된 것으로 보고 있다. 즉, 국가와 같은 국제법상의 독립적 법인격을 갖추지는 않은 것으로 보는 것이다.

예외적으로 국제기구가 국가들과 조약을 맺는 경우도 있으나 이때는 국제기구의 전문성에 따라 그 목적 및 성격에 맞는 제한되고 상대적인 법인격만을 갖추는 것으로 본다. 즉, 국제보건기구는 보건과 관련된 문제에 한하여 조약을 체결하고 IMF는 금융 및 통화에 관련된 조약만을 체결하는 '전문성의 원칙'에 따르므로 보편적인 법주체인 국가와 그 성격이 다르다는 것이다. 다만 예외적으로 유엔 관련 국제사법재판소의 판결에서는 유엔의 법인격을 인정한 바도 있어[2] 향후 국제기구의 법인격 인정수준이 달라질 가능성도 있는 것으로 보인다.

(3) 개인과 기업, 비정부기구

그 외의 주체들은 국제기구보다 한층 더 제한된 성격을 지닌다. 대부분의 국제재판소에서는 개인의 제소권을 인정하지 않으며 비정부기구나 다국적기업 등도 기구 간, 기업 간의 사적 관계가 아닌 국가들로 구성된 국제 사회의 공식적 관계에서 1차적 주체로 인정된 사례는 극히 드물며 많은 국제법학자들은 앞으로도 이러한 상황에 변화가 올 가능성이 희박한 것으로 보고 있다(김대순, 2009:301-303, 김한택, 2007:71, 나인균, 2004:76). 따라서 현재로서는 이와 같은 주체들은 국제법 관련 사안에서 자문 등 2차적 역할을 담당하는 수준에 머무르게 될 것으로 보인다.

2) ICJ 1949 Reparation for Injuries in the Service of the United Nations

4. 국제법과 국가주권의 관계

국제법은 국가 간의 문제에 관한 것이기 때문에 국내법과 분명한 영역상의 차이를 보일 것으로 예상되기 쉬우나 결국 국가 간의 문제는 국내상황에 영향을 미치게 되므로 사실상 대부분의 경우에 국제문제는 국내문제와 연관되게 된다. 이 경우 결과적으로 국제법이 대외적으로 독립성을 지닌 국가주권을 침해하는 문제가 발생하게 되어 둘 중 어느 것이 우선시될 것인지의 문제가 발생한다. 더구나 국제법이 그 제정 및 집행 주체가 불분명한 상황에서 국제법적 규율은 강대국의 다른 나라에 대한 내정간섭을 포장한 단순한 허울에 불과한 것이 아닌가하는 의구심을 가질 수도 있다. 이 문제를 생각해보기 위해서는 국제법에서 국가와 국가주권을 어떻게 규정하고 있으며 보다 구체적으로 국제법과 국내법이 충돌할때 어떤 방식으로 해결되고 있는지 살펴볼 필요가 있을 것이다.

1) 국제법상 국가와 국가주권의 의미

국제법이 다양한 조약이나 관습 등의 형태로 산발적으로 존재하고 있으므로 국제법상 국가의 개념도 이중 유력한 몇몇의 문서들을 검토하는 방법을 택할 수 밖에 없다.

유엔 국제법위원회(International Law Committee, ILC)는 2001년 제출한 국가책임초안에서 국가를 '조직화된 실체이며 국제법 하에서 활동할 완전한 권한을 지닌 법인격자로 단일체로서 대우한다'고 밝히고 있다. 이보다 좀더 구체적인 내용을 담고 있는 것으로 미국법연구소(American Law Institute)에서 발간한 자료에 의하면 국제법상 국가란 '명확한 영토, 영구주민을 가지고 정부의 통제하에 있으면서 다른 실체와의 관계에 종사하거나 그러한 능력을 갖춘 실체'라고 규정하고 있다. 미국법연구소의 이러한 규정은 국가의 개념에 대한 가장 고전적인 정의인 몬테비데오 조약의 내용을 보다 구체화한 것이라고 할 수 있다. 1933년 체결된 국가의 권리와 의문에 관한 몬테비데오 조약에서 역시 국제법상 국가의 구성요소를 '영구주민, 명확한 영토, 정부, 다른 나라와 관계를 맺는 능력'으로 규정하고 있다.

여기에서 '영구주민'은 그 구성원의 실체가 분명한 비교적 안정된 공동체 정도의 의미로 해석되고 있으며 '명확한 영토' 역시 경계가 뚜렷한 국경이 존재해야 한다는 의미라기보다는 해당 지역 내에서 정치적 공동체가 실효적으로 확립되어 있는지에 관련된 문제라고 할 수 있다. 또한 '정부'는 해당 영토 내에서 유효하게 권력을 행사하고 타국과 국제관계를 수립하는 것이 가능한지의 여부이며 이때 국제법에서는 국민들이 이 정부의 정통성을 인정하는가는 문제삼지 않고 있다.

국가의 개념에 관한 국제법상의 규정들에서 일반인들이 의외로 여길 수 있는 부분은 이른바 국민국가의 3요소 불리우는 '국민, 영토, 주권'의 내용 가운데 '주권'에 관련된 내용이 배제되어 있다는 점이다. '정부의 통제'나 '다른나라와 관계를 맺는 능력'이라는 표현이 주권과 관련된 내용들이라고 할 수 있겠으나 '대내적 최고성과 대외적 독립성'으로 요약되는 국가 최상의 권위로 알려져있는 주권의 개념과는 거리가 있다.

바텔학파의 학사들이 서서를 통해 사순히 수권(sovereignty)의 문제를 제기하면서 국제법학계에서도 주권은 논란의 대상이 되어왔다. 원래 주권은 보댕이나 홉스 등의 학자가 국가의 내부구조 분석을 위해 사용한 개념으로 국가 내부에서 최상의 권력을 소유하는 집단을 일컫는 표현이었다. 즉, 절대군주와 같이 법을 만들고 집행하는 최상의 권위(sovereignty)를 지니는 자는 그가 만든 법에 의해서 구속되지 않는다고 언급한 것이 주권이 법위에 군림한다는 과장된 의미를 갖게 된 것이다. 주권이 '대내적 최고성'을 지닌다는 것이 국내법을 무시하고 그 위에 군림할 수 있다는 의미인지에 대해서도 논란이 있을 수 있지만 국제법적 차원에서는 이러한 주권개념이 국제관계로 확장되었을때 개별 국가의 의지가 국제법보다 우선한다는 의미로 해석된다면 국제법의 존재 자체를 의심케하는 심각한 문제가 발생할 수 있다. 실제로 바텔과 바텔학파 학자들은 법실증주의적 태도를 강하게 견지하였기 때문에 현실적 국제관계에서 국가가 근본적인 실체라고 보았다. 즉, 보편적인 질서로서 자연법적 국제질서란 존재하지 않으며 국가들이 자연법에 의해 부과되는 의무를 실정법의 한 부분이라고 명백히 동의하지 않는 이상 이러한 의무의 준수는 단지 국가들의 자의에 맡겨질 뿐이라는 입장을 보인 것이다. 이러한 주장들은 국가들이 권리만을 주장하고 의무를 무시하는 풍조를 가져와 국제사회의 혼란과 불안을 야기할 것이라는 비판을 받아왔다.

이와 같이 주권 개념은 보편적 질서로서의 국제법과 충돌할 가능성을 지니고 있기 때문에 국제법상 '국가주권'은 단지 '국가는 독립되어 있다'는 의미로 제한되고 '국가가 법 위에 있다'는 의미로 해석되지 않도록 주의하여 다루어지고 있다. 그러나 이것 역시 '독립되어 있다'가 국제법으로부터의 완전한 분리를 의미할 경우 '법 위에 있다'는 개념과 다를바 없으므로 주권이라는 개념의 사용을 의식적으로 피할 수 밖에 없는 상황이 되는 것이다. 결국 문제의 핵심은 국제법적 질서가 얼마나 개별 국가의 문제에 영향을 줄 수 있는가, 또한 각 국가는 국제적 질서와 어느 영역에서 얼마나 무관하게 존재할 수 있는가 하는 정도와 수준의 문제라고 할 수 있다. 국가들이 국제사회에서 공존하며 관계를 맺는 한 외부의 어떠한 영향도 배제하는 '절대적 독립성'이란 존재할 수 없으므로 '주권침해, 주권포기'도 그 표현이 주는 부정적인 인상에도 불구하고 상대적인 수준의 문제로 전환하여 바라보는 유연한 시각이 필요하다. 1923년 상설국제사법재판소 판례에서 '의무를 부과하는 조약체결은 관련 국가의 주권포기로 간주되지 아니한다... 국제적 약속에 참여하는 권리는 국가주권의 한 속성이다'라고 판시한 것도 이와 같은 시각을 반영한 것으로 볼 수 있다.

2) 국제법과 국내법의 관계

유엔 해양법협약에서는 영해의 폭을 직선기선 12해리로 제시하고 있다. 그런데 만약 어떤 나라가 국내법을 통해 영해를 200해리로 확장하여 선언하고 이 수역 안에 들어온 외국 어선을 나포했다면 어떻게 해야 할까? 이렇게 국제법과 국내법이 충돌하는 경우 어느 것을 우선시할 것인지 또는 둘 사이의 관계를 어떻게 설정할 것인지가 중요한 문제가 된다. 이에 관련된 이론적 경향은 크게 이원론과 일원론, 그리고 조정이론으로 나누어 볼 수 있다.

이 원론은 국제법과 국내법을 완전히 분리된 별개의 것으로 보는 것이다. 즉, 국제법은 국가가 주체가 되어 국가들의 공동의사를 바탕으로 만들어지는 조정적 성격의 법인 반면 국내법은 개인들이 주체가 되어 국가의 일방의사를 연원으로 하는 종속적 성격의 법이라는 것이다. 이와 같은 구분은 일견 두 법이 지닌 고유의 성격을 인정하는 듯한 태도로 보이나 그 이론적 귀결은 강제적, 규범적 성격을 지니고 있는 국내법과 달리 국제법은 일반적 법규범으로 볼 수 없음을 부각시키고 있는 것으로 결국 국제법에 대해 국내법의 우위를 주장하는 근거로 사용된다. 즉, 앞서의 사례와 같은 국제법과 국내법의 충돌시 국내법원은 국내법을 우선 적용하게 되고 국제법은 단지 국내법이 이를 적용, 채택, 변형하여 반영하는 경우에만 의미를 갖는다는 것이다(Brownlie, 2003:31). 그러나 서로 이해가 상충하는 두 국가 사이의 문제를 당사국의 국내법을 각기 적용하는 것만으로 해결할 수 있을지는 의문이다.

이에 비해 일원론은 국제법과 국내법이 하나의 일관된 법적 연원으로부터 흘러나온 연속된 체계라고 파악한다. 예를 들어 켈젠은 국제법에 의해 국가들이 형성되고 이 국가들간의 관행에서 국내법이 유래하는 것이라고 주장하였다(Kelsen, 1970:336). 이렇게 볼때 결국 국제법이 국내법의 상위규범에 해당하게 되므로 일원론은 국제법우위론이라고 할 수 있다. 하지만 현실적으로 국제법이 국내법의 직접적인 상위규범으로 기능한다는 주장은 무리한 부분이 있다.

조정이론은 이러한 관점들의 문제를 고려하여 절충한 것으로 두 법체계가 별개의 영역에서 작용하며, 자기 영역에서는 최고의 규범으로 기능한다는 주장이다. 예를 들어 어떤 사건이 발생하였을 경우 그 사건이 국내적으로 다루어질 경우는 국내법을 그대로 적용하면 되나 다른 나라와의 관계에서 문제를 발생시키는 부분에 관해서는 국제법이 적용되어 대외적으로 국가책임이 발생한다는 것이다. 이는 국제법과 충돌하는 국내법을 무효화시키지 않고 양자가 공존할 수 있다는 장점을 지니고 있는 관점이지만 거꾸로 말하자면 현실적으로 국제법이 국내법의 효력을 직접 부인하는 것이 불가능하기 때문에 피치못하게 타협, 조정된 이론이라고 볼 수 있다.

따라서 가장 바람직한 것은 국제법질서의 변화에 발맞추어 국내법이 빠르게 정비되어 일관성을 갖추어나가는 것이다. 국제법이 국내법에 편입되는 대표적인 원천으로 역시 국제조약과 국제관습을 들 수 있는데 영국의 경우 입헌군주제를 택하고 있기 때문에 조약비준권이 국왕에게 있으므로 별도로 의회에서 국제법에 맞춰 개정한 국내법을 통과 시키는 과정이 필요하다. 이에 비해 일본은 영국과 마찬가지로 입헌군주국이면서도 내각이 조약을 체결할 경우 별도의 입법없이 국내법적 효력을 갖도록 하고 있다. 미국도 원칙적으로 조약이 그대로 국내법으로 편입되며 이 경우 연방헌법이 가장 상위를 차지하고 조약은 법률과 동일한 위치를 차지하는 것으로 보고 있다. 우리나라는 헌법 제6조 1항에 '헌법에 의하여 체결, 공포된 조약과 일반적으로 승인된 국제법규는 국내법과 같은 효력을 갖는다'라고 명시하여 국제법을 국내법으로 수용함을 분명히 하고 있다. 법 상호간의 관계에 있어서는 미국과 마찬가지로 헌법이 상위에 있고 법률과 국제법이 동등한 지위를 갖는 것으로 본다.

조약과 달리 국제관습의 경우엔 국내법에 직접 반영하기보다는 국내법과 모순되지 않는 범위내에서 적용하는 것이 일반적이나 최근 국제법의 지위가 강화되면서 그 적용범위가 확대되는 추세에 있다.

5. 국제관계와 국제법

1) 국제분쟁의 해결방식

국가간의 개별적 조약이나 묵시적 관행의 형태로 존재하는 국제법이 구체적인 의미를 획득하게 되는 것은 대개 국제적 분쟁이 발생했을 경우이다. 따라서 국제분쟁은 국제법의 종합적인 검토와 적용의 장으로 등장하게 된다. 국제분쟁이 발생하게 될 경우 그 해결은 대개 외교절차와 사법재판에 의존하게 된다.

(1) 외교적 해결(diplomatic procedure)

- 교섭(negotiation)

이해관계국이 직접 만나서 대화와 타협을 통해 상호간의 이견을 조정해가는 과정을 말한다. 자율적, 직접적인 해결방식이기 때문에 비교적 빠른 시간에 실효성있는 결론에 도달할 수 있다는 장점이 있으나 이해관계가 첨예하게 부딪치는 문제의 경우 대화만으로는 상호 만족할만한 타협에 이르기 어렵고 자칫 의사소통의 오해나 힘의 강약 등 외부적 조건이 강하게 개입할 경우 문제가 더 복잡해지게 될 가능성도 있다. 대개 외무부나 외교관, 대표단, 소관부서 등의 통상적 외교채널을 통해 이루어진다(Merrills, 1991:25-26).

- 주선(good offices)과 중개(mediation)

주선은 통상적 외교채널을 통해 대화가 잘 이루어지지 않을 경우 제3자가 다른 대화채널을 제공하고 교섭을 권유하는 것을 말한다. 주선에서 제3자의 역할은 당사자들을 교섭에 이르게하는 것에서 끝나는 반면, 중개는 제3자가 직접 교섭의 절차에까지 개입한다는 점에서 차이가 있다. 하지만 어디까지가 교섭 전단계이고 어디부터 교섭의 절차단계인지가 불분명하기 때문에 이 둘은 잘 구분이 되지 않는다는 지적도 있다.3)

- 사실심사(inquiry)

국제사회에서의 분쟁은 사실관계에 대한 객관적인 확인만으로 상당부분 해결되는 경우가 많다. 이를 위해서는 분쟁당사자 모두 인정할수 있는 불편부당한 동시에 전문성을 갖춘 제3자가 사실관계를 조사하고 그 결과를 통보해줄 수 있어야 하는데 이를 '사실심사'라 하며 헤이그협약에 의해 설립된 '사실심사위원회'

3) 이와는 다른 문제로 국제법에서 사용되는 용어가 법의 다른 영역에서 사용되는 용어와도 일부 차이를 보인다는 점에 주의할 필요가 있다. 법사회학에서 분쟁의 해결방식을 설명할때 일반적으로 mediation을 '조정'으로 arbitration을 '중재'로 번역하여 사용하는데 반해 국제법에서는 중개(mediation), 조정(conciliation), 중재재판(arbitration) 등의 용어를 사용하고 있다. 법사회학에서는 '조정'을 결정권이 없는 제3자가 당사자들의 대화와 타협을 촉진하는 행위를 포괄적으로 가리키는 용어로 사용하고 있으나 국제법에서는 만남을 돕는 경우와 사실심사를 담당하는 경우, 구속력은 없으나 대안을 제시하는 경우 등이 현실적으로 구분되므로 각기 다른 용어를 사용하였고 이 과정에서 번역용어에도 차이가 온 것으로 보인다. 또한 법사회학에서의 중재는 제3자가 결정권을 위임받는 분쟁해결방법으로 재판은 물론 각종 중재기관 등의 역할이 포함되나 국제법상 최소한의 구속력을 갖는 중재란 중재재판 밖에 없으므로 arbitration을 그대로 중재재판으로 번역한 것으로 보인다.

(commision of inquiry)에서 주로 이와 같은 업무를 담당한다. 또한 1983년 구소련이 우리나라의 KAL007기가 영공을 침범했다는 이유로 미사일을 발사하여 격추한 사건이 발생했을 때 국제민간항공기구(ICAO)가 사실관계의 조사에 나선 것도 이와 같은 사실심사의 사례로 볼 수 있다.

- 조정(conciliation)

조정은 외교적 해결 가운데 제3자의 역할이 가장 확대된 형태라고 할 수 있다. 즉, 제3자가 분쟁을 직접 조사하고 그 해결방안까지 모색해 분쟁당사자들에게 제시하는 것을 말한다. 다만 이 경우에도 대안을 모색하여 제안하는 것까지가 제3자의 역할일뿐 이를 강제하거나 직접 집행할 권한을 갖는 것은 아니므로 제시된 안을 당사자들이 받아들일 경우에만 의미가 있을 뿐 구속력은 없다.

(2) 사법적 해결(adjudication)

- 중재재판(arbitration)

사법적 해결의 대표적인 방식은 중재재판이다. 중재재판은 사전에 객관화되어 있는 제도나 절차에 따라 재판이 이루어지는 사법재판과 달리 분쟁당사자들의 중재합의서(compromis)를 통해 재판 절차가 자유롭게 선택되어 진행되므로 상대적으로 유연한 외연을 지닌다. 그러나 중재재판은 그 결과로서 도출되는 재정이나 판정(awards)이 구속력을 지닌다는 점에 분쟁당사자들이 합의한 상대에서 진행되는 것이므로 외교적 해결보다 좀더 강력한 절차라고 볼 수 있다. 따라서 각 국가들이 이러한 부담을 가능하면 회피하고자 하는 경향이 증가함에 따라 최근엔 이런 공식적인 절차보다는 외교적 수단에 의한 해결이 선호되고 있다. 하지만 국제경제관계의 발전에 따라 급증하고 있는 국제사회에서의 기업 간, 개인 간의 분쟁을 다루는 국제상사중재 등 민간 영역에서는 그 유연성과 구속력에 주목하여 점차 활성화되어가고 있는 상황이다.

- 국제사법재판소(International Court of Justice, ICJ)

국제사법재판소는 유엔 산하의 사법기관으로 1946년 설립된 후 2001년에 이르기까지 99개의 소송에서 23개의 권고적 의견을 제시하여 상대적으로 그 활용이 활발하다고 볼 수는 없으나 국제사법재판소의 존재 자체나 판결의 광범위한 영향력을 통해 국제사법의 상징으로 자리잡고 있는 중요한 기구이다. 국제사법재판소는 당사국들의 동의에 의해 재판소의 권한이 결정되고 당사국의 동의 없이는 재판권 자체가 없다. 또한 1974년의 판례에서 '일단 어느 국가가 장래의 행동을 약속했으면 그것을 따르는지의 문제에 관하여 고려하는 것은 재판소의 기능이 아니다'라고 명시한 것처럼 일단 판결이 내려지더라도 그 집행에는 아무런 역할을 할 수 없기 때문에 재판의 실효성에 대해 의문을 제기하는 사람들도 있다. 그러나 국제사법재판소의 판결은 당사국에 있어서는 국제법의 법원으로 작용하여 준수의 의무감을 부여하게 되며 이와는 별도로 유엔헌장 제94조에서 사건의 일방의 당사자가 판결을 이행하지 않을 경우 다른 당사자가 안전보장이사회에 제소하는 것이 가능하며 이 경우 안전보장이사회는 판결집행 권고 또는 적절한 조치를 취하는 것이 가능하도록 되어있어 국제법 체계 내에서는 비교적 그 구속력이 강한 분쟁해결 방식이라고 할 수 있다.

2) 국제인권법

국제법의 영역에서 최근 점차 그 중요성이 부각되고 있는 내용이 국제인권법과 관련된 분야이다. 하지만 인권과 관련된 국제법은 그 주체의 측면에서 근본적인 논쟁거리를 안고 있다. 앞서 국제법의 주체론에서 언급한 바와 같이 고전적으로 국제법의 주체는 국가로 인식되어왔으며 개인은 이차적(derivative) 존재로 법인격성이 제한받아왔다. 즉, 개인은 국제법으로부터 직접 권리를 부여받는 것이 아니라 국제법으로 인해 규율되는 국가로 인해 반사적 이익(derive benefit)을 받는 것으로 여겨지는 것이다(김한택, 1997:373). 국제사회에서 제시되는 인권분야의 문헌들이 대체로 그 내용이 모호하고 이상주의적 성격을 갖는 것도 국제인권법의 성립을 불투명하게 하는 원인을 작용하고 있다.

그러다보니 인권 관련 문제는 국내법 상의 문제이며 중국이나 북한에 대한 미국의 인권문제제기가 그러하듯이 다른 나라가 이에 간섭하는 것은 서구 선진국의 압박수단에 불과하다는 주장도 제기되고 있다.

현재 국제인권법의 근거로 보편성을 획득하고 있는 내용들은 다음과 같다.

(1) 유엔헌장

유엔 성립 이전에도 노예제도 폐지를 위한 국제협약이나 1919년 베르사이유조약에서 언급된 소수민족의 보호, 국제노동기구의 설립을 통한 노동자의 인권보호 등 국제법 질서를 통한 인권의 보호는 부분적으로 시도되었으나 대개 특수한 남용 사례를 막거나 특수 집단을 보호하려는 제한적인 목적을 지닌 것들이었다.

그러나 2차 세계대전 후 나찌가 저지른 인종청소 등 반인륜적 만행이 알려지자 인권문제는 포괄적이고 국제적인 성격을 띠게 되었고 1945년 채택된 유엔헌장에 이러한 인식이 담기게 되었다. 유엔헌장 제55조에는 "유엔은... 인종, 성, 언어 또는 종교에 의한 차별없이 모든 사람을 위한 인권과 기본적 자유의 보편적 존중과 준수를 추구한다"라고 밝히고 있으며 이어 제56조에서는 "모든 회원국은 제55조에 제기한 목적을 달성하기 위해 이 기구와 협력하여 공동적 또는 개별적 행동을 취할 것을 서약한다"는 내용이 포함되어 있다.

이에 기반하여 만들어진 인권위원회는 개인이 인권침해 사례와 관련된 탄원서를 보내면 관련 국가에 청원대상 내용을 발송하거나 이에 대한 권고안을 채택하는 등의 활동을 하고 있다.

하지만 유엔헌장의 해석에 관해서는 56조의 '서약'이 법적 의무를 의미하는 것이 아니라 단지 선언적 의미만을 갖는다는 주장이 우세하며 전체적으로 개인에게 권리가 아니라 이익만을 부여하는 내용들로 이루어져 있어 국제법상 개인의 지위는 여전히 부차적으로 다루어지고 있다.

(2) 세계인권선언

1945년의 유엔헌장 제55조, 56조의 실현을 위해 1948년에 회원국들의 자발적인 행동을 촉구하는 인권세부사항의 목록을 만든 것이다. 다만 유엔헌장 제56조의 '서약'을 법적 의무로 보지 않았기 때문에 세계인권선언에 제시된 목록들의 실현 역시 그 수단과 방식은 개별 국가들의 광범위한 재량으로 남겨놓아 결국 세계인권선언을 통해 직접적이고 즉각적인 변화가 이루어진 것은 아니고 다만 이 내용들 중 일부가 이후에 국제관습법화 하면서 구속력을 획득한 경우가 있었다. 하지만 보다 중요한 것은 여기에 담긴 인권관련 목록의 구체성 덕분에 국제사회에 큰 영향을 주게 되었고 이후 수많은 인권 조약의 표준으로서 지속적인 영향력을 행사하고 있다는 점이다.

(3) 유엔인권협약

1966년 만들어진 유엔인권협약은 인권관련 내용의 실현 가능성을 보다 높이기 위해 두 개의 인권협약(A규약과 B규약)과 하나의 선택의정서(개인의 청원권에 대한 선택의정서)로 세분하여 작성되었고 1976년 발효되었다.

A규약은 경제적, 사회적, 문화적 권리에 관한 국제규약이고 B규약은 시민적, 정치적 권리에 관한 국제규약이다. 이렇게 두 규약을 구분한 것은 A규약은 국가의 적극적 역할과 재정지출 등이 필요하여 그 부담이 크므로 점진적, 프로그램적으로 접근할 필요가 있으며 자국의 가용자원이 허용하는 최대한도까지로 그 실현수준을 한정하는 반면 B규약은 실현에 거의 경제적 자원이 필요하지 않고 국가가 간섭을 배제하는 것만으로 실현 가능한 내용이므로 바로 조치하도록 권고

하기 위한 목적을 가지고 있었다(Buergenthal, 1988:42-43).

개인의 청원권에 대한 선택의정서(optional protocol)은 가입국에 대해 개인의 진정서가 접수될 경우 해당국에 통보하고 해당국이 해명서를 제출하면 문서를 검토한 후 개인과 해당 국가에 각각 통보하고 연례인권보고서에 그 내용을 수록하여 총회에 제출하는 제도이다. 또한 당사국은 5년마다 국내인권상황을 인권위원회에 보고하도록 강제하고 있다.

이외에도 유럽인권협약, 미주인권협약, 인종차별철폐협약, 여성차별철폐협약 등 지역단위 혹은 개별 사안에 관련된 다양한 인권협약들이 존재하고 있다.

6. 마무리

국제법이 실체인가 아닌가는 오래된 논쟁주제라고 할 수 있다. 국제법이 실체가 아니라고 주장하는 사람들은 국제사회가 철저하게 힘의 논리에 기반해 있으며 강제권을 지닌 집행기관이나 재판기관조차 없어 실효성과 강제성이 현저하게 떨어지는 국제법은 법적 성격을 인정할 수 없다고 말한다. 그러나 국제법의 필요성은 대부분의 사람들이 인정하고 있으며 강제성이 부족하다는 것이 국제법의 필요성을 부정할 수 있는 결정적 근거가 될 수는 없다. 오히려 더 큰 강제성이 필요하다면 이를 보완하기 위한 방안을 모색하는 것이 타당한 논의의 방향이라 할 것이다. 또한 현실적으로 국가간의 관계에서 국가들은 국제법적 원칙을 인정하고 이에 따라 행동하고 있다. 국가들이 자신들의 공통이익을 보장하려면 국제법을 통한 질서가 반드시 필요하다는 점을 인식하고 있기 때문이다.

이 글을 통해 살펴본 바와 같이 국제법은 다양한 법원들을 통해 생성되어 주로 국가를 통해 실현되고 있다. 이 과정에서 국제법적 원칙과 국내법의 충돌이 발생하게 될 경우 자칫 국가주권의 침해로 이어지지 않을까 우려하는 시각도 있다. 그러나 넓게 보아 국가주권과 국제법적 원칙들은 모두 인간의 자유와 권리의 보호라는 보편적 목표를 지향하고 있다고 할 수 있다. 따라서 상호간의 관계에 대한 충분한 이해와 협의가 이루어진다면 국제법적 원칙을 국내법에 수용하고 국내법의 보편적 부분을 국제법에 반영하는 과정에서 더 큰 상승작용을 일으킬 수 있을 것이다. 국제법의 존재를 인정하는가 인정하지 않는가는 바로 이러한 '평화로운 공존과 번영'이라는 목표에 대한 인류의 보편적 합의가 존재하는가의 여부에 대한 믿음과 관련이 있다. 다수의 사람들이 이에 동의하는 한 국제법은 그 내용과 형태를 달리하더라도 어떠한 모습으로든 국제사회에서 커다란 역할을 담당하게 될 것이며 그 중요성은 날로 커지게 될 것이다.

<탐구 과제>

- 국제사회에서 국제법의 역할에 대해 토론해보자. 국제사회는 국제법에 의해 규율되는가 아니면 강대국의 이해관계에 의해 움직이는가?
- 국제법과 국내법이 충돌했을때 어떤 법이 우선시되어야 할까? 유엔이주노동자 협약의 내용과 우리나라의 재한외국인기본법을 비교해보고 서로 충돌하는 내용은 무엇이며 이를 어떻게 해결하는 것이 타당할지 토론해보자.
- 국제분쟁의 해결방식을 독도 문제와 연관해 탐구해보자. 국제법적 원칙들을 고려해볼때 독도 문제에 우리는 어떤 방식으로 대처하는 것이 좋을까?
- 북한을 탈출하여 중국으로 향한 탈북자들의 강제송환은 심각한 국제인권 문제 중 하나라고 할 수 있다. 인터넷에서 세계인권선언의 내용을 찾아보고 이 조항들 가운데 탈북자 강제송환 문제에 관하여 적용될 수 있는 내용들을 골라보자. 그리고 이를 바탕으로 중국 당국자에게 자신의 의견을 전달하는 가상의 서신을 작성해보자.

〈참고문헌〉

김대순(2009). 국제법론, 삼영사.

김한택(2007). 현대국제법, 지인북스.

나인균(2004). 국제법, 법문사.

이한기(1997). 국제법강의, 박영사.

Akehurst, M. (1985). A MOdern Introduction to International Law, 5th ed., George Allen & Unwin.

Brownlie, I.(2003). Principles of Public International Law, 6th ed., Clarendon Press.

Buergenthal, T.(1988). International Human Rights in a Nutshell, 양건, 김재원(역)(1992), 국제인권법, 교육과학사.

Gardiner, R. K. (2003). International Law, Pearson/Longman.

Kelsen, H.(1970). Pure Theory of Law, translated by Max Knight, University of California Press.

Malanczuk, P. (1997). Akehurst's Modern Introduction to International Law, 7th revised ed., Routledge.

Merrills, J. G.(1991). International Dispute Settlement, 2nd ed., 김재원(역)(1998), 국제분쟁의 해결방법, 교육과학사.

Nussbaum, A.(1954). A Concise History of the Law of Nations, Macmillan Company.

Shaw, M. N.(1997). International Law, 4th ed., Cambridge University Press.

제Ⅲ부 세계적 쟁점

제7장 세계화

김 기 홍

〈개요〉

- 세계화란 자본, 노동, 상품, 서비스, 기술, 정보 등이 주권과 국경의 경계를 넘어서 전 세계적으로 이동, 교환, 파급, 조정되는 현상을 말한다. 세계화를 가능하게 한 가장 큰 동력은 IT와 인터넷이다. IT와 인터넷으로 대표되는 디지털혁명, 그리고 이에 기반한 세계화는 아직도 진행되고 있다.
- 무역의 세계화란 세계 각국 사이에 이루어지는 국제무역이 '장벽과 장애 없이' 보다 더 자유스럽게 진행되는 것을 의미한다. 무역의 세계화와 동전의 양면적인 성격을 가지는 것이 금융의 세계화이다. 무역이 실물자산적인 성격이라면 금융은 그 실물의 이면에 실물 그 자체의 흐름을 좌우하기 때문이다.
- 정치의 세계화란 한 곳에서의 정치적 현상이 그 지역에 국한되지 않고 공간적 제약을 받지 않고 확산되는 것을 말한다. 정치의 세계화에 있어 가장 중요한 것은 정치체제의 변화와 관계된 것으로 정치의 세계화가 진행될수록 '민주적인' 체제가 더욱 보편적인 것으로 받아들여지게 되었다.
- 세계화의 진전에 따라 문화의 세계화는 크게 두 방향에서 진행되고 있다. 가장 중요한 현상은 전 세계의 문화적 현상이 거의 유사한 형태로 변해가는 것이다. 하지만 문화의 세계화는 이와는 다른 방향에서도 이루어진다. 과거에는 알 수 없었던 문화가 세계화의 흐름을 타고 전 세계에 소개되거나, 혹은 특정지역의 문화가 새로운 흐름을 형성하기도 한다.
- 세계화를 보는 시각이 아직 통일된 것은 아니다. 자신이 처해있는 입장과 위치에 따라 세계화를 긍정적으로 보기도 하고 부정적으로 보기도 한다. 세계화를 긍정적으로 보는 사람들은 세계화에 의해 각국의 무역량이 증가하고 이는 결국 모든 사람들의 소득을 증가시키는 결과를 가져온다고 말한다. 부정적으로 보는 사람들은 세계화가 개도국을 착취하는 시스템이며 양극화를 가속화시킨다고 한다.

- 한국은 세계화에 대해 보다 적극적인 태도를 가지지 않을 수 없다. 한국이라는 국가의 생존은 지속적 경제성장에 달려있는데, 부존자원이 열악하며 미국이나 중국처럼 큰 내수시장을 가지지 않은 나라로서는 수출을 통한 경제성장이 아니고서는 한국의 대외적 위치를 유지하기 어렵다. 그래서 한국은 세계화라는 시대 흐름을 충실히 따라가지 않을 수 없다.

〈학습목표〉

- IT와 인터넷이 세계를 어떻게 변화시키고 있는지 이해해야 한다.
- 경제의 세계화가 어떤 결과를 가져오는지 이해해야 한다.
- 정치의 세계화가 어떤 방식으로 진행되고 그 결과가 무엇인지 이해해야 한다.
- 문화의 세계화가 어떤 방식으로 진행되는지 이해한다.
- 세계가 어떤 방식으로 연결되고 있는지 배워야 한다.
- 세계화가 어떤 장점과 단점을 가지는지 이해해야 한다.
- 한국이 세계화에 왜 긍정적인 태도를 취해야 하는지 이해해야 한다.

1. 세계화에 대한 이해

1) 세계화란 무엇인가

세계화란 자본, 노동, 상품, 서비스, 기술, 정보 등이 주권과 국경의 경계를 넘어서 전 세계적으로 이동, 교환, 파급, 조정되는 현상을 말한다. 다시 말해, 이동하거나 움직일 수 있는 모든 재화나 현상 혹은 정보와 지식이 국경과 거리의 제한을 받지 않고 움직이게 되는 현상을 의미한다. 그러니 세계화의 가장 핵심적인 현상은 세계 어느 지역의 사건, 활동, 혹은 현상이 세계 다른 지역의 개인과 사회에 중대한 영향을 미치게 된다는 것, 즉 세계의 상호의존성이다. 그래서 혹자는 이런 세계화를 두고 한 국가 경제가 세계적인 경제로 통합되는 과정을 의미한다고 말하기도 하고, 세계가 하나로 압축되는 과정이라고 말하기도 한다.

그래서 세계화를 어떻게 이해하건 세계화에는 다음과 같은 현상이 수반될 수밖에 없다. 첫째, 그 대상이 무엇이든(즉 상품과 같은 유형재이건, 서비스와 정보 같은 무형재이건 가릴 것 없이) 이동 가능한 모든 것은 과거와 비교하여 그 이동이 더 용이하게 된다. 둘째, 국가의 기능이 사라지는 것은 아니지만 세계화 현상이 발생하기 전과 비교하여 그 중요성이 현저히 줄어든다. 대신 기업과 비정부기구의 활동과 기능이 더 중요하게 된다. 셋째, 세계화로 인하여 연결되는 모든 지역에 있어서의 상호의존도는 과거와 비교하여 현저히 증가한다.

세계화를 이렇게 본다면 세계화라는 현상은 반드시 최근에 발생한 것은 아니다. 프리드먼에 의하면 인류의 역사상 세 번 정도 이러한 세계화가 발생했다고 한다. 첫 번째의 세계화는 콜럼버스가 아메리카 대륙을 발견하여 구세계와 신세계의 장벽을 허문 시기를 말한다. 이런 첫 번째 세계화는 대략 1492년부터 1800년을 전후한 시기에 걸쳐 발생했다. 프리드먼에 의하면 이런 세계화에 의해 당 시대의 사람들이 인식하는 세계의 크기는 더 늘어났지만 그 공간적인 인지는 절반으로 줄어들었다. 이 시기의 세계화에 있어서는 국가가 중요한 기능을 수행했다. 운송기술이 아직 본격적으로 발달하지 않았기 때문에 국가의 공식적인 지원을 받아야만 대륙과 대륙과의 이동이 가능했던 것이다.

두 번째의 세계화는 1800년을 전후하여 대략 2000년까지의 시기에 발생하였다. 이런 시기는 산업혁명 이후 전 세계가 산업화되는 과정과 밀접한 관련을 가진다. 이런 산업화 과정에서 국가의 기능은 여전히 중요하다. 하지만, 국가와 함께 독자적인 활동을 해 나가는 기업의 중요성이 점점 더 커지게 되었고 20세기에 들어서서는 소위 다국적기업의 활동이 이런 세계화 과정에서 더 큰 역할을 하게 되었다.

세 번째의 세계화는 2000년 이후 지금까지 진행되고 있다. 이 세계화는 현재 진행형이기 때문에 그 파급효과와 정도는 과거 두 번의 세계화와 비교할 바 없이 크다. 이 시기의 세계화에 있어서 국가가 완전히 사라진 것은 아니지만, 국가가 부여하는 국적의 개념은 매우 약해졌으며 대신 기업과 개인의 활동이 보다 더 중요하게 되었다. 이런 세계화 현상을 프리드먼은 '세계는 평평하다'라는 말로 표현하고 있다. 이 말은 주지하는 바와 같이 IT와 인터넷의 보급으로 세계는 더 이상 '실질적인' 장벽이 존재하지 않게 되었다는 것을 의미한다. 세계를 가로막고 있는 국가라는 장벽, 거리의 장벽, 시간의 장벽이 '점차' 의미가 없게 되는 것을 의미한다. 여기서 '실질적인'과 '점차'라는 것을 강조하는 것은 외형적으로 장벽이 완전히 없어질 수는 없으나 그 기능상 '시간이 흐름에 따라 단계적으로' 장벽이 장벽으로서 기능하지 않게 된다는 것을 의미한다. 그래서 다음 절에서 자세히 살피겠지만 이런 세계화가 우리의 경제, 정치, 문화 등 사회 각 방면에 끼치는 효과는 과거와 비교할 수 없다. 첫 번째와 두 번째의 세계화와는 전혀 다른 세계화가 진행되고 있는 것이다.

우리가 관심을 가지는 것은 이 세 번째의 세계화(이후 세계화라고 말할 때에는 이 세 번째의 세계화를 의미한다)이다. 이런 세계화가 우리 삶에 어떤 영향을 미치는지 살피기 전에 이런 세계화를 가져온 요인이 무엇인지 조금 자세히 살펴보자.

2) 세계화를 가져온 요인

(1) IT와 인터넷

세계화를 가능하게 한 가장 큰 동력은 IT(정보기술: Information Technology)와 인터넷이다. IT의 모든 첨단기술이 인터넷과 직간접적으로 관련을 가지기 때문에 세계화의 가장 큰 원동력은 인터넷이라고 해도 과언이 아니다. 그리고 이런 IT와 인터넷의 보급은 디지털경제의 진전과 밀접한 관련이 있기 때문에 디지털경제의 진전과 세계화는 역시 밀접한 관계를 가지지 않을 수 없다.[1)]

아래의 <그림 1>은 IT와 인터넷으로 대변되는 디지털경제가 세계화와 어떻게 연결되는지 설명한 것이다. 그림에서 보는 바와 같이 IT산업의 발전과 통신망의 발전은 인터넷의 발명을 가능하게 했고, 이런 인터넷은 사람과 사람, 사회와 사회가 상호 연결되는 네트워크를 가능하게 했다. 하지만, 초기에는 이런 네트워크는 국지적인 것에 지나지 않았고, 그 효과도 매우 제한적이었다. 하지만 이런 인터넷의 지속적인 발전은 세계적인 네트워크를 가능하게 했고, 이 네트워크의 발전이 '장벽이 없는' 세계를 가능하게 했던 것이다. 네트워크를 통해 지식과 정보가 실시간적으로 전 세계의 모든 사람, 모든 지역으로 유통될 수 있었고, 이것은 '세계 모든 지역의 상호연관성'을 가져왔던 것이다. 다음 절에서 자세히 살피겠지만 이

1) 디지털경제의 의미에 대해서는 김기홍(2006)을 참고.

런 네트워크의 보급과 확대로 '국경없는 시대'가 도래하게 되었다.2)

〈그림 1〉 디지털경제와 세계화

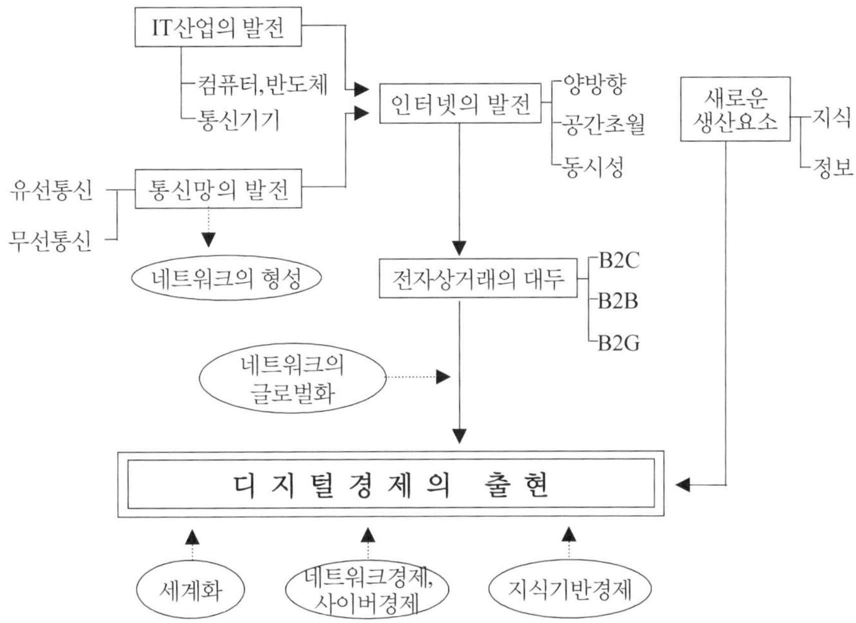

자료: 필자 작성.

2) IT와 인터넷의 확산이 가져오는 결과를 조금 자세히 보기로 한다. 무엇보다 먼저 인터넷이 전 세계적으로 보급됨으로써 정보와 지식의 이동, 공유, 확산이 더 손쉽게 되었다. 특히 네트워크를 통해 이런 정보, 지식이 움직이게 됨에 따라 정보와 지식은 더 이상 특정계층의 전유물이 아니게 되었다. 과거와 달리 '단지 클릭함으로써' 자신이 원하는 정보와 지식을 얻을 수 있게 되었고 이에 따라 과거와는 달리 정보의 비대칭성을 무기로 한 우위는 더 이상 확보하기 어렵게 되었다. 또, 전 세계적인 정보와 지식의 네트워크가 형성됨으로써 한 사회나 한 집단이 정보를 통제할 가능성은 현저히 줄어들게 되었고, 그 결과 과거와 같은 독재나 전체주의와 같은 정치체제가 대두하거나, 지속될 가능성이 줄어들게 되었다. 또, 거리(distance)가 가지는 중요성이 줄어들었다. 인터넷은 24시간 세계 어느 지역을 가리지 않고 접속이 가능하게 되었다. 그 결과 과거와 같이 지리적 공간적으로 떨어져 있다는 것은 그다지 큰 의미를 가지지 않게 되었다. 또, 모든 상품과 정보의 디지털화가 진행됨으로써 아날로그적인 정보와 지식을 디지털로 변환하여 전송할 수 있게 되었고, 이것은 다시 거리(distance)가 가지는 중요성을 감소시키는 요인으로 작용하였다. 이에 따라 세계를 무대로 한 사업과 계획이 가능하게 되었다.

IT와 인터넷으로 대표되는 디지털혁명, 그리고 이에 기반한 세계화는 아직 끝나지 않았으며 어떤 의미에서는 아직도 진행되고 있다. 이제 이런 세계화가 사회의 각 부분에 어떤 영향을 미치는 가를 살펴보아야 한다. 하지만, 그 전에 세계화, 네트워크 경제, 그리고 지식기반경제가 어떤 관계를 가지는지 조금 더 자세히 살필 필요가 있다.

(2) 네트워크경제, 지식기반경제, 그리고 세계화[3)]

〈네트워크경제〉

위에서 설명한 바와 같이 디지털경제의 발전과정에서 확인할 수 있는 가장 큰 특징 중의 하나는 네트워크가 만들어져 그 규모가 점차 확대되어 왔다는 것이다. 통신망의 발전에 따라 네트워크가 만들어지고, 그것이 인터넷의 발전, 보급에 따라 전 지구적인 네트워크로 발전해 왔다는 것이다.

이러한 네트워크는 인류 역사상 보기 드문 형태로서, 실로 네트워크 경제는 디지털경제의 가장 큰 특징 중의 하나라고 할 수 있다. 하지만, 네트워크 경제가 가지는 진정한 의미는 그 네트워크를 통해 유통되는 것이 무엇이냐에 달려있다. 디지털경제에서 네트워크를 통해 유통되는 것은 정보와 지식이다. 이런 점에서 디지털경제는 지식이나 정보가 네트워크로 연결되어 쉽게 공유되고 활용되는 경제 시스템이라고 할 수 있다. 정보나 지식이 네트워크를 통해 공유된다는 것은 경제 활동에서 매우 중요한 의미를 가진다. 네트워크를 통해 공유된 지식은 과거보다 훨씬 효율적으로 활용되어 생산성의 획기적 향상으로 연결될 수 있다. 또한 물리적인 공간이, 네트워크를 통할 경우, 사이버공간으로 바뀌어 특정 지역이 가지는 의미가 퇴색된다.

이렇게 되면 생산과정에서 분업과 협업의 범위가 상상을 초월하는 수준으로

3) 이 항의 내용은 김기홍(2006)의 제 1 장을 부분적으로 인용, 수정한 것이다.

확대된다. 왜냐하면 네트워크를 통해 이전에는 상상도 할 수 없었던 타 지역의 기업과 거래를 할 수 있게 되고 그 결과 이윤 극대화를 위하여 기업은 자신의 생산과정을 이전과는 다르게 변화시킬 수 있기 때문이다. 그 결과 새로운 산업이 출현하거나 기존의 산업이 대폭적으로 탈바꿈되는 현상이 일어날 수도 있다. 또한 생산자는 전 세계의 소비자를 대상으로 직접 제품을 판매할 수 있고, 소비자는 전 세계의 생산제품을 비교하여 구매하는 것이 가능해진다.

〈지식기반경제〉

디지털경제에서는 네트워크를 통해 정보와 지식이 공유되고 유통된다. 그런 점에서 정보와 지식이 중요한 것은 틀림없지만, 디지털경제에서 정보와 지식이 가지는 중요성은 이러한 측면 이상의 것이다. 정보와 지식은 디지털경제의 새로운 생산요소로 기능하고 있으며, 그래서 디지털경제는 지식기반경제라 할 수 있다.

지식기반경제의 특징은 지식이 노동, 자본 등 전통적인 생산요소들보다 국가의 경제성장과 산업발전에 상대적으로 더 많이 기여하게 된다는 것을 들 수 있다. 이 경우 지식의 범주에는 학문적 지식뿐만 아니라 생산현장에서 축적된 경험이나 노하우 등 실용적 지식과 정보, 기술 등이 모두 포함된다고 하겠다. 이에 대응하기 위해서는, 모든 국가 및 기업들은 지속적으로 지식을 습득하고자 하는 자세를 갖고, 전 세계적으로 기업 간 네트워크를 구축하며, 신속한 업무처리와 신뢰도 제고에 노력하는 것이 필요할 것이다. 또한 지식은 규모의 경제효과와 외부효과를 가진다. 다시 말하면, 과거 경제성장에서 중요시되었던 자본이나 노동은 규모가 커짐에 따라 수확이 체감하는 것이 일반적이다. 따라서 이들 전통적 생산요소를 아무리 늘리더라도 일정 수준 이상의 경제성장은 기대할 수는 없다. 반면 지식은 축적규모가 확대됨에 따라 수확이 체증하고, 산업 내 또는 산업 간에 다양한 외부효과를 가지기 때문에 지속적인 성장의 동인이 될 수 있다.

〈세계화〉

지금까지 설명한 바와 같이 디지털경제가 확산될수록 경제활동의 세계화는 더욱 빠르게 진행될 것이다. 세계화가 급속히 진행될 수 있는 두 동인은 통신망과 인터넷의 보급과 발전에 따른 네트워크의 글로벌화이다. 그래서 글로벌경제에서는 우선 정보와 지식이 시간과 공간의 제약을 받지 않고 유통될 수 있고, 또 이러한 정보와 지식을 활용하여 기업의 활동영역이 지역적 제약을 뛰어넘게 된다.

이런 현상이 가속화되면 세계경제질서는 자본주의의 기본원리인 시장메커니즘과 기업 간 공정경쟁이 특히 강조되는 방향으로 더욱 빠르게 전환될 것이다. 정보의 공유가 자유롭게 이루어지는 만큼 규제 완화, 민영화, 자유화 등이 더 강조될 것이기 때문이다. 또한 기업 간의 경쟁이 이루어지는 시장의 범위도 과거의 국내시장 중심에서 세계 전체로 확대되어 명실 공히 국경 없는 지구촌 경제시대가 도래하게 될 것이다.

이렇게 되면 상품, 서비스, 투자 등의 국가 간 교역이 원활해질 뿐만 아니라 이를 규율하는 제도 및 규범까지 국제적으로 일치 또는 조화시키기 위한 노력이 더욱 활발히 진행될 것이다. 특히 국가 간 거래가 어려웠던 서비스의 교역과 국제자본이동이 더욱 광범위하게 이루어지게 될 것이다. 또한 세계시장을 하나의 단일시장으로 간주한다는 측면에서 시장에서의 공정경쟁을 보장하기 위한 경쟁정책의 국가 간 차이 해소도 중요한 과제가 될 것이다.

이 경우 경제활동에서 국가의 역할과 중요성은 줄어드는 대신 기업이 세계시장을 대상으로 한 경쟁의 중심에 서게 될 것이다. 또한 한 국가가 갖고 있는 비교우위에 의한 전통적인 국제분업 관계는 그 의미가 줄어들게 된다. 특히 경쟁이 치열해지는 만큼 각 제품별로 확고한 경쟁력을 갖춘 소수의 글로벌기업이 세계시장을 주도하거나, 국가를 초월하여 기업 간의 전략적 제휴가 더욱 활발히 이루어지게 될 것이다.

2. 경제의 세계화

이 절에서는 세계화가 진행된 결과 경제에서는 어떠한 현상이 발생하는지를 살피려 한다. 당연한 이야기지만 부분적으로라도 경제가 세계화되는 과정에 대한 설명이 있을 것이다. 이 절에서는 경제의 세계화 대상으로 무역과 금융을 중심으로 설명하고 부분적으로 투자에 대해 말할 것이다.

1) 무역의 세계화

(1) 무역의 세계화 과정

무역의 세계화란 세계 각국 사이에 이루어지는 국제무역이 '장벽과 장애 없이' 보다 더 자유스럽게 진행되는 것을 의미한다. 주지하는 바와 같이 각국이 상품을 거래하기 위해서는 국경을 통과하지 않을 수 없고, 그 과정에서 각국은 각종의 규제를 통해 그 거래를 제한한다. 규제의 종류는 크게 관세와 관련된 것(관세장벽)과 관세이외의 것(비관세장벽)으로 구분된다. 거래를 제한하는 것은 자신의 산업을 보호하기 위한 것일 수도 있고, 자국민의 건강을 위한 것, 혹은 경상수지를 보호하기 위한 것 등 다양한 이유가 있다.

제1절에서 본 바와 같이 두 번 째 단계의 세계화가 진행되면서 각국은 무역거래에 따른 각종의 장벽을 제거하기 시작하였다. 소위 말하는 비교우위에 입각한 자유무역을 실현하기 위해서였다. 무역의 측면에서 이런 세계화는 GATT(관세

및 무역에 관한 일반협정: General Agreement on Tariffs and Trade)를 통해 이루어졌다. GATT는 그 회원국의 동의 하에 주기적으로(정기적이었던 것은 아니다) 세계무역의 자유화를 위한 조치를 취해왔다. 그것을 다자간무역협상(MTN: Multialteral Trade Negotiation, 일명 라운드라고도 불리워진다)이라고 한다. GATT 주관하에 이루어진 다자간무역협정은 다음의 표로 정리되어있다. GATT는 이런 다자간무역협상을 통해 무역장벽을 낮추고 세계무역이 보다 자유롭게 이루어질 수 있는 여건을 만들어왔다.

하지만 다자간무역협상의 성격도 조금씩 변해갔다. 초기의 다자간무역협상은 주로 관세를 인하하는 것이 목적이었다. 하지만, 어느 정도 관세가 인하됨에 따라 관세 이외의 비관세장벽을 완화하는 것이 주요한 목적으로 변해갔다. 1973년에 시작된 동경라운드가 이런 흐름의 시발점이었다. 동경라운드에서는 이전까지와는 달리 반덤핑관세협정과 같이 비관세장벽에 대한 협정이 체결되기 시작한 것이다. 그러나 이런 흐름은 우루과이 라운드(UR)를 계기로 다시 변화하기 시작한다. UR 이전까지는 주로 관세장벽과 상품무역의 비관세장벽을 제거하기 위해 노력해왔다면, UR 이후로는 상품무역 뿐 아니라 서비스무역의 자유화에 대한 장벽을 제거하는 방향으로 논의의 성격이 바꾸기 시작한 것이다. 즉, 상품무역에서 서비스무역으로 관심이 변한 것이다. 이런 성격의 변화는 그 당시까지 진행된 세계화와 밀접한 관련을 가진다. 상품무역의 세계화가 어느 정도 진행되었으니 이제 서비스무역의 자유화에 관심을 가질 때가 되었다는 것이다. 다시 말해, 상품무역에 대해서는 세계가 하나의 시장으로 많이 진전된 만큼, 이제 그 관심을 서비스무역으로 바꿀 때가 되었다는 것이다. 그래서 UR을 계기로 서비스무역의 자유화, 혹은 세계화는 본격적으로 시작된다.[4)]

---

4) WTO체제 하에서 세계화는 괄목할만하게 실현되었다. WTO 협정이 세계화를 촉진시킨 것은 이 협정이 무역에 대한 관세장벽과 비관세장벽을 대폭적으로 완화시켜 상품무역의 세계화를 촉진시켰다는데 있다. WTO협정에 따라 그 회원국은 평균관세율을 약 33%나 인하하였다. 미국은 37%, EU국가는 33%나 인하시켰다. 또한 선진국들은 관세양허범위를 100%로 확대하여

〈표 1〉 GATT 주관 하의 다자간무역협상

차수	명칭	기간	참가국	개최장소	신양허품목수	평균 관세율
제1차	일반관세협상	47.4-47.10	23	제네바 (스위스)	약 45,000	불명
제2차	일반관세협상	49.8-49.10	32	아느스 (프랑스)	약 5,000	불명
제3차	일반관세협상	50.9-51.4	34	토괘이 (영국)	약 8,000	불명
제4차	일반관세협상	56.1-56.5	22	제네바 (스위스)	약 3,000	불명
제5차	딜론라운드	61.5-62.7	23	제네바 (스위스)		7%
제6차	케네디라운드	64.5-67.6	45	제네바 (스위스)	약 4,400	35%
제7차	도쿄라운드	73.9-79.4	99	동경 (일본)	약 30,000	33%
제8차	우루과이라운드	86.9-93.12	116	우르과이	약27,000	약 33%

세계화와 관련 또 하나 언급해야 할 사실은 UR을 계기로 WTO(세계무역기구, World Trade Organization)가 설립되었다는 것이다. 두 번째 세계화의 단계에서는 GATT가 부분적으로 국제무역기구의 역할을 했지만, GATT는 기본적으로 협정이었지 국제기구가 아니었다. 따라서 그 기능은 매우 불완전했다. 하지만, WTO가 출범함으로써 그 불완전성을 극복할 수 있었고, 그에 따라 세계무역의 자유화를 위한 기능을 충실히 수행해 나갈 수 있었다.

WTO의 주도 하에 세계무역의 자유화를 위한 노력은 계속되었다. 도하라운드

무역에 대한 관세장벽을 크게 완화하였다. 비관세장벽 완화에서 보면, 덤핑방지관세협정, 보조금 및 상계관세협정, 긴급수입제한협정, 수입허가절차협정 등 무역에 대한 비관세 장벽 협정이 체결되었다. WTO체제 하에서 상품무역 못지않게 서비스교역의 세계화를 도모하기 위해 체결된 협정이 서비스 교역협정(General Agreement Trade in Services: GATS)이다. 교육, 문화, 보건, 건설, 통신, 유통, 환경, 관광, 운송, 금융, 사업 등 모든 서비스의 국가 간 자유로운 이동을 촉진하기 위해 체결된 이 협정은 서비스 교역의 세계화에 괄목할 만하게 기여하고 있다. 이상과 같은 설명은 인터넷에서 찾은 자료들을 취합하여 수정 정리한 것이다.

가 대표적 예이다. 하지만, 도하라운드는 농산물과 관련된 선진국과 개도국간 이견으로 2008년 현재까지 타결되지 않고 있다. 대신 자유무역협정(FTA: Free Trade Agreement)이라는 이름으로 인접한 국가들끼리의 자유무역이 성행하고 있다. 하지만, 이런 형태의 자유무역도 결과적으로는 무역의 세계화를 저해하기보다는 오히려 가속화하는 결과를 낳고 있다.

(2) 무역의 세계화가 가져오는 영향

무역의 세계화가 가져오는 영향은 다음과 같이 정리할 수 있다.

첫째, GATT와 WTO를 중심으로 한 세계화가 진행됨에 따라 국가 간의 상호의존성이 유례가 없을 정도로 증가하게 되었다. 이에 따라 자급자족형의 경제를 건설하는 것은 사실상 불가능하게 되었다. 세계화가 시작되던 초기단계만 해도 자체적으로 생산과 수요를 해결하는 경제가 없었던 것은 아니었으나, 이제 세계 어느 나라도, 상대적인 차이가 존재하기는 하지만, 자국의 국내시장만으로 경제의 생산과 수요를 해결하지 못하게 되었다. 또, 개도국의 경우 경제발전을 위해서는 자급자족형 내부지향적 전략보다는 세계로 열린 개방형 외부지향적 전략을 채택할 필요성이 더 커지게 되었다. 세계화가 진행될수록 이런 전략의 채택 필요성은 더 커지게 된다.

둘째, 기업경영의 세계화가 촉진되게 되었다. 기업경영의 세계화는 두 가지 측면에서 살필 수 있다. 우선 생산측면에서 기업은 전 세계를 대상으로 생산 활동을 분권적으로 영위할 수 있게 되었다. 기업경영의 근본목적이 이윤창출인 만큼 보다 저렴하게 생산하기 위해서는 지역과 국적을 따지지 않게 되었고, 그래서 기획, 연구, 생산, 소비가 제각기 다른 곳에서 이루어지는 일이 빈번하게 되었다. 기업이 이런 형태로 운용되게 되면 그 기업은 흔히 말하는 다국적기업의 성격을 띠게 된다. 다음 소비측면에서 기업은 전 세계를 대상으로 상품을 판매하게 되었다. 다시 말해 기업은 전 세계를 하나의 시장으로 간주하고 그 시장규모에 맞게 상품을 생산하고, 그 상품을 생산하는 다른 나라의 모든 기업과 경쟁하지 않을 수 없게 되었다. 무역측면의 세계화는 바로 이런 기업에서 시작된다.

셋째, 상품의 무국적화가 심화되게 되었다. 기업경영의 세계화가 진행됨에 따라 소비자는 자신이 구입하는 상품이 어느 나라의 것이고 어디에서 생산된 것인가를 전혀 가릴 필요가 없게 되었다. 소비자로서는 자신이 가진 수입의 범위 내에서 자신에게 최대한의 만족을 가져다주는 상품이면 국적이 중요하지 않게 된 것이다. 이런 현상은 기업경영의 세계화를 소비자 입장에서 바라본 것인데, 바로 이런 측면 때문에 세계화의 관점에서 경영을 하는 기업들은 과거보다 더 치열한 경쟁에 직면하게 된다.

셋째, 한 국가의 측면에서는 이러한 경쟁의 결과 비교열위산업의 퇴출되는 현상이 발생하게 된다. 위에서 본 바와 같이 세계 각국의 상호의존성이 심화되고, 기업의 경쟁이 세계화되며, 상품의 무국적화가 발생하게 되면, 특정국가에서는 필연적으로 그 경쟁을 이기지 못하는 기업 혹은 산업이 발생할 수밖에 없다. 무역의 세계화는 비교우위에 입각한 기업과 산업의 재편을 요구하기 때문에, 세계와의 경쟁에서 이기지 못한 기업 혹은 산업은 자연히 퇴출될 수밖에 없다. 이것은 비교우위를 근거로 하는 자유무역이론에서는 당연한 귀결이다. 하지만, 퇴출되는 산업이 농업처럼 그 나라의 기반산업과 밀접한 관계를 가지거나 해당되는 산업에 종사하는 사람이 많을 경우에는 심각한 경제적 문제가 발생할 수 있다. 이것은 뒤에서 살펴볼 세계화의 장단점과 밀접한 관계를 가진다.

넷째, 이러한 세계화의 결과 국가 간 혹은 계층 간 양극화가 심화될 수 있다. 기업과 산업이 비교열위로 인하여 퇴출되면 자연히 그것에 소속된 사람들의 소득은 줄어들 수밖에 없고, 이 현상이 심화될 경우 한 사회 내의 양극화가 확산될 수 있다. 물론, 세계화를 통해 특정 계층의 소득이 증가할 수도 있다. 그래서 양극화가 심화될지 혹은 완화될지는 세계화에 직면한 국가가 어떤 정책을 지속적으로 사용하느냐에 달려있다고 할 수 있다.

3. 금융의 세계화

무역의 세계화와 동전의 양면적인 성격을 가지는 것이 금융의 세계화이다. 무역이 실물자산적인 성격이라면 금융은 그 실물의 이면에 자리잡고서 실물 그 자체의 흐름을 좌우하는 기능을 하기 때문이다. 금융의 세계화 역시 무역의 세계화와 비슷한 과정을 거쳐 이루어졌다. 두 번째 단계의 세계화에서 금융의 세계화가 시작되었다면 세 번째 단계의 세계화에서 금융의 세계화는 본격적으로 개화되기 시작한다. 앞서 본 바와 같이 WTO를 중심으로 한 무역의 세계화는 필연적으로 금융과 같은 서비스의 자유화를 수반하기 때문이다.

무역의 자유화가 WTO를 중심으로 진행되었다면 금융의 자유화는 OECD를 중심으로 진행되었다. 즉, 상품무역과 서비스교역의 세계화를 도모하기 위해 체결된 협정이 WTO협정이라면, 자본이동의 세계화를 추진하기 위해 마련된 규약이 '경상무역외거래 자유화규약'(Code of Liberalization of Current Invisible Operation)과' 자본이동자유화규약(Code of Liberalization on Capital Movement)' 이다. OECD에서 제정된 이들 규약은 말 그대로 자본이동의 세계화에 커다란 영향을 미치고 있다. 주지하는 바와 같이 이들 규약들은 자본이 이동에 국경과 규제를 없애는 것을 기본 목적으로 하고 있다. 무역의 경우와 마찬가지로, 세계 어느 지역의 금융흐름에 이상이 나타나면 그 효과는 즉각 전 세계로 파급되지 않을 수 없다.

이 금융의 세계화와 불가분의 관계를 가지는 것이 투자의 자유화이다. 투자의 자유화는 투자국이 피투자국에 투자를 하는 경우에 가급적 제약과 조건을 달지 않고 투자를 하게하며, 투자에 의한 과실송금을 본국에 용이하게 송금하도록 하며, 투자원금이 피투자국의 정치 사회적 요인에 의하여 침해를 받지 않도록 하는 것을 목표로 하고 있다. 투자협정은 기본적으로 양자적 협정의 형태로 체결되고 있지만, 다자간투자협정을 만들어 국제적인 투자를 투명하게 하려는 노력도 병행되고 있다.

금융의 세계화가 진행되면 될 수록 세계의 자본은 국경의 제약없이 시간의 제약없이 더 자유롭게 세계 각국을 움직이게 된다. 이런 금융의 자유화는 자본이 필요한 국가에 필요자금을 더 원활하게 공급하는 기능을 한다. 하지만, 금융의 자유화는 그에 못지않은 불안요인을 가지고 있다. 전 세계가 최근에 경험한 두 번의 금융위기는 금융의 자유화가 가지고 있는 위험성을 잘 보여준다. 1997년에 발생한 아시아 금융위기는 그 첫 번째 사례이다. 주지하는 바와 같이, 태국 바트화의 폭락과 동시에 시작된 아시아 금융위기는 한국으로 전염(contagion)되어 한국이 IMF 구제금융을 받는 초유의 사태가 발생하기도 했다. 두 번째 사례는 미국의 서브프라임모기지 사태로 말미암은 금융위기다. 아래 표에서 보는 바와 같이 금융의 세계화가 진행되지 않았다면 미국의 서브프라임 모기지 사태는 미국에만 국한된 작은 위기에 불과할 수 있었다. 하지만, 금융의 세계화는 이 모기지 사태를 전 세계적인 것으로 확대하였고 미국의 위기를 전 세계의 위기로 변화시킨 것이다.

〈표 2〉 금융의 세계화 사례

미국의 신용위기로 대변되는 일련의 사태를 통해 신금융자본주의(금융의 세계화)의 특징을 살펴보자. 수년간 계속되던 미국의 주택가격이 어느 순간 하락하기 시작하자 가격이 오를 것으로 예상하고 대출을 받아 집을 샀

던 사람들이 대출금을 제때 상환하지 못하는 일이 발생하게 되었다. 이에 따라 무리하게 대출을 내어주었던 민간 모기지 업체들의 손실이 눈덩이처럼 커지기 시작했고, 모기지 업체의 부실은 이들의 채권에 투자했던 세계 굴지의 대형 투자은행들에도 연쇄적인 손실을 가져왔다. 금융의 세계화 이전이었다면, 최악의 경우라도 미국 투자은행들의 도산으로 막을 내렸을 것이다. 그런데 글로벌화된 금융시장에서 미국 주택가격 하락은 그들만의 문제로 끝나지 않았다. 모기지 채권에는 미국뿐 아니라 세계 각국의 투자자금이 몰려 있었고, 심지어 각국 중앙은행들마저도 신용위기를 예측하지 못하고 나랏돈을 투자한 상태였다.

그도 그럴 것이 모기지 채권은 수많은 보증기관을 통해 변화에 변화를 거듭, 복잡한 구조를 띠고 있기 때문에 주택가격 하락 국면의 초기에는 지금과 같은 나비효과가 나타날 것이라는 것을 쉽게 예측하기 힘들었을 것이다.

\- - - - - -

이와같이 미국의 신용위기를 통해 신금융자본주의의 특징을 요약해 보면 신금융자본주의는 한 나라에 국한되지 않고, 세계화되어 있고, 파생상품과 펀드 등 금융상품의 발달로 매우 복잡다단한 구조를 가지고 있다.

자료: 구희진 (2008)에서 인용.

세 번째 단계의 세계화가 진행 중인 것처럼 금융의 세계화는 아직도 진행 중이다. 앞서 설명한 바와 같이 IT와 인터넷의 발달에 힘입어 금융시장 역시 하나의 시장으로 변모해가고 있으며, 자본의 이동을 가로막는 장벽과 규제 역시 시간이 지날수록 사라지고 있다.

이런 금융의 세계화는, 무역의 자유화, 투자의 자유화와 결합되어 갈수록 국가의 기능을 무력화시키고, 세계를 무대로 한 다국적기업의 중요성을 더 부각시키고 있다.

4. 정치와 문화의 세계화

1) 정치의 세계화

정치의 세계화란 한 곳에서의 정치적 현상이 그 지역에 국한되지 않고 공간적 제약을 받지 않고 확산되는 것을 말한다. 이 경우 확산이 그 효과를 다하기 위해서는 정치적 현상에 대한 정보와 사건이 공간과 시간의 제약을 받지 않고 효율적으로 전파될 수 있어야 한다. 그러므로 정치의 세계화 역시 앞서 살펴본 IT와 인터넷이 확산에 크게 의존하고 있다.

정치의 세계화에 있어 가장 중요한 것은 정치체제의 변화와 관계된 것이다. 이데올로기의 차이를 고려하지 않고서도 세계에는 다양한 정치체제가 존재해 왔다. 하지만 정치의 세계화가 진행될수록 '민주적인' 체제가 더욱 보편적인 것으로 받아들여지게 되었다. 이 경우 '민주적'에 대한 정의가 하나의 쟁점으로 부각될 수 있지만, 가장 기본적인 의미에서 '국민의 지지를 받는, 혹은 국민에 의해서 선출된' 것이라는 의미로 이해할 수 있다. 이것은 지구상의 모든 나라에서 독재

국가나 전제국가가 점차 사라지거나 더 이상 발생하기 어렵게 된다는 것을 의미한다. 지난 20세기의 역사를 돌이켜봐도 독재국가는 쇠퇴하고 민주적인 국가가 더 많이 출현했다. 혹은 많은 나라에서 민주적인 요소가 더 강화되었다. 심지어는 공산주의의 종주국인 소련을 대신한 러시아에서도 정부의 수반은 국민의 투표에 의해서 선출되고 있다. 다시 말해, 경제적 이데올로기와 관계없이, 국민과 밀접한 관련을 가지지 않는 정부 혹은 정치체제는 더 이상 존속하기 어려운 시기로 접어들게 되었다. 세계에서 아직 공산주의의 잔재가 철옹성처럼 남아있는 북한마저 그 국호에는 '민주주의'라는 이름이 들어가 있다.

이처럼 국민과 밀접한 관계를 가지는 정치체계가 발전하게 된 것은 세계화가 진전될수록 국민의 보통, 직접, 평등, 비밀선거에 의해 선출된 국회의원, 대통령, 수상을 가진 나라들이 경제적으로 더 번영을 구가하고 있기 때문이다. 다시 말해, 그런 경제적 번영에 대한 정보가 전 세계적으로 널리 퍼지게 되어 모든 나라에서 이런 정치체제를 만들기 위한 인센티브가 부여되었기 때문이다. 이것은 세계화가 진행될수록 정치적 민주주의와 경제적 시장경제가 밀접한 관련을 가지고 있다는 깨달음에서 기인한 것이다.

사실 경제의 세계화와 정치의 세계화는 매우 밀접한 관련을 가지고 있다. 경제의 세계화에 효율적으로 대처하기 위해서는 정치의 세계화가 달성되어야 한다. 쉽게 말해 전 세계를 상대로 효율적으로 경쟁하여 자국의 경제적 부를 확대하기 위해서는 경제주체의 자율성과 독립성을 보장해주는 정치의 민주화가 전제되어야 한다는 것이다. 중국의 경우 경제의 세계화에 대응하기 위하여 각 경제주체의 자율성을 확대하는 방향으로 발전해왔고 지금까지 그 성과를 거두어왔다. 하지만, 아직 완전한 형태의 정치적 세계화가 이루어졌다고는 말할 수 없다. 경제의 세계화에 상응한 정치의 세계화가 이루어지지 않을 경우 양자의 사이에는 긴장관계가 나타날 수 있다. 중국의 천안문 사태가 이에 대한 하나의 사례이다. 이렇게 볼 때 중국이 경제의 세계화를 더 효율적으로 진행해나가기 위해서는 정치의 민주화 혹은 세계화가 더 각속화될 필요가 있을지 모른다.

2) 문화의 세계화

세계화의 진전에 따라 문화의 세계화는 크게 두 방향에서 진행되고 있다. 가장 중요한 현상은 전 세계의 문화적 현상이 거의 유사한 형태로 변해가는 것이다. 이 경우 이러한 변화를 '강제적 동조화'라는 형태로 이해하기도 한다. 세계화의 중심에 위치한 국가의 문화가 그렇지 못한 국가로 흘러들어가는 것이다. 가장 대표적인 것이 전 세계 문화가 미국 문화와 동조화 현상을 띤다는 것이다. 헐리우드 영화, 맥도날드 햄버거, 코카콜라, 최근에는 스타벅스에 이르기까지 미국의 대중문화나 문화적 아이콘들이 전 세계를 지배하게 된다. 그래서 세계 어느 나라를 가더라도 미국에서 볼 수 있는 문화적 현상을 그대로 볼 수 있게 된다.(<표 3>을 참조)

〈표 3〉 문화의 세계화: 스타벅스

커피숍은 우리에게 무엇인가? 우리는 왜 커피숍에 가는가? 아니 커피숍에서 우리는 무엇을 소비하는가? 스타벅스나 커피빈이 한국에서 대표적인 커피숍으로 자리를 잡은 지 오래인 판에 이런 질문은 다소 생뚱맞게 들릴 수도 있겠다. 그러나 우리가 당연시하는 그 현상 속에 우리가 쉽게 설명할 수 없는 욕망의 변증법이 숨어 있는지도 모른다. 스타벅스는 한국의 커피숍 문화를 표준화했다는 측면에서 흥미로운 고민거리를 던져준다. 이전에 통칭 '다방'이나 '찻집'으로 불렸던 커피숍의 풍경은 스타벅스의 출현 이후로 이제 도심 한가운데에서 사라졌다. 그나마 남아 있는 '토착 커피숍'도 스타벅스를 닮은 이미지로 탈바꿈해야했다. 이른바 커피숍의 현대화. 이 과정은 한국 사회에서 '세계화'라는 것이 무엇을 의미하는지를 간접적으로 확인시켜주는 것이기도 하다. 이런 모습은 한국에서 특이하게 목격할 수 있는 현상이라고 할 수 있다. 서구화 또는 세계화가 우리보다 앞서 진행된 다른 아시아 국가들과 비교해도 한국처럼 순식간에 획일화가 일어나는 경우는 드물다.

숱한 서구 국가의 지배를 받은 적이 있는 말레이시아의 경우도 자기 고유의 커피숍 문화를 여전히 보전하고 있고, 한국보다 서구화가 훨씬 더 진전되었다고 할 수 있는 일본의 경우도 스타벅스와 공존하는 고유의 커피숍 문화를 갖고 있다. 이 사실이 말해주는 것은 무엇일까? 우리가 보편적인 것이라고 믿고 있는 스타벅스가 커피문화 중에서도 특수한 것에 지나지 않는다는 진실일 것이다. 이런 추측은 프랑스 퐁피두 광장에 있는 스타벅스를 상기해보면 가능할 것이다. 영국의 경우도 스타벅스는 커피숍의 대표 브랜드가 아니다. 이들 국가는 자기들에게 고유한 카페 문화를 갖고 있는데, 이런 고유성과 스타벅스라는 외래성이 나란히 공존하는 것이 이들에게 이른바 '세계화'라고 할 수 있다. 따라서 정확하게 말하자면, 스타벅스는 미국의 커피문화를 의미하는 것이고 세계화는 '미국화'를 다르게 표현한 말이기도 한 것이다.

지난 10년 동안 한국에서 운위되어온 세계화라는 것이 어떤 의미맥락을 갖고 있는지를 스타벅스라는 기표는 명쾌하게 보여준다. 물론 내가 지금 스타벅스는 미국 자본이니 나쁜 놈들이라는 얘기를 하고 있는 것이 아니다. 이건 엄연한 현실이고, 따라서 우리는 이 상황에서 부정할 수 있는 것과 부인할 수 있는 것을 구분할 필요가 있다. 특정한 대상을 평가하는 건 기호의

문제이지 이데올로기의 문제가 아닌 것이다. 어쨌든 눈앞에 펼쳐진 현실을 부정하는 건 정신 건강으로 봐도 권장할 만한 일은 아니다.

내가 말하고자 하는 건 스타벅스에 대한 가치판단이 아니다. 스타벅스라는 기호에서 우리가 얻고자 하는 것이 무엇인가 하는 것이다. 이 기호를 소비함으로써 우리가 얻는 쾌락은 바로 '세계화된 공간'에 대한 유토피아 충동에서 발생한다고 할 수 있다.

아시아에 있는 스타벅스는 대체로 미국문화에 익숙한 이들에게 쉽사리 자신들의 습속을 유지할 수 있는 알리바이를 제공하는 것처럼 보인다. 스타벅스는 이들에게 해방의 공간인 셈이다. 이 해방의 의미가 무엇일까? 대체로 이런 해방의 의미는 '자유주의'이고, 결국은 자기 이익의 추구가 곧 공공선의 발전에 이바지한다는 지극히 아담 스미스적인 믿음에 근거하는 것이다.

이런 맥락에서 스타벅스는 모순적인 공간이라고 할 수 있다. 어떻게 보면 스타벅스는 '된장녀'라고 불리는 가짜 뉴요커의 상상적 자아가 실현되는 공간이면서 동시에 이런 상상적 자아가 불가능하다는 걸 깨달은 상징적 주체들이 발산하는 비극적 인식들이 충돌하는 '장'인 것이다. 이런 상황을 만들어낸 원인은 바로 '세계화'라고 규정할 수 있는 후기 자본주의의 메커니즘이다.

세계화의 메커니즘은 궁극적으로 내부적 공간의 이질화를 낳는다. 한국의 경우를 예를 들자면 이런 것이다. 서울과 서울 아닌 공간 사이의 이질성을 이런 세계화의 메커니즘은 만들어낸다.

서울은 세계화가 진행될수록 주변공간으로부터 분리될 수밖에 없다. 이런 의미에서 스타벅스는 이런 공간의 이질화를 더욱 가속화시키는 기표이기도 하다.

우리는 이 기표를 소비하면서 비로소 세계화의 현기증을 견딜 수 있는 방어기제를 형성할 수 있는 것이다. 우리는 세계화가 일종의 '위반'에 대한 알리바이를 제공할 것이라는 판타지를 스타벅스 커피를 마시면서 확인하고 있는지도 모른다. 때때로 자본주의 소비문화는 자기 자신을 견딜 수 있는 유토피아 충동을 내장하고 있다. 마르크스가 자본주의에 경탄한 까닭 중 하나가 이것 때문일 것이다.

자료: 이택광의 문화읽기에서 전재, 미디어오늘 2008년 7월 30일.

하지만 문화의 세계화는 이와는 다른 방향에서도 이루어진다. 과거에는 알 수 없었던 문화가 세계화의 흐름을 타고 전 세계에 소개되거나, 혹은 특정지역의 문화가 새로운 흐름을 형성하기도 한다. 가령 이태리 오페라 "아이다"나 비엔나 소년 합창단, 혹은 뉴욕필하모니 오케스트라 등 수많은 색다른 문화적 공연이 전 세계의 어느 곳에선가 공연되고 있다는 것이다. 혹은 한국을 대표하는 영화, 음악, 드라마가 한류라는 이름하에 동남아시아와 전 세계에 보급되는 것도 같은 맥락에서 이해할 수 있다. 이렇게 본다면 문화의 세계화란 어느 한 나라의 문화가 전 세계의 문화를 리드해 가는 것이 아니라 한 지역의 고유문화를 점점 더 많은 외국인이 이해하고 느끼게 되는 것을 의미한다.

이처럼 문화의 세계화는 전혀 다른 두 가지 방향에서 이해할 수 있다. 하지만 한 가지 분명한 사실은 역설적이지만 이런 두 가지 문화의 세계화는 시간이 지날수록 더 강화될 것이라는 점이다. 세계화의 진전은 세계 주류문화의 확산을 가속화시킬 것이 분명하다. 거기에는 문화라는 이름을 쓴 경제적 세계화가 내포되어 있기 때문이다. 하지만, 그런 문화의 세계화에 대한 반작용 역시 나날이 강해질 것이다. 가장 지역적인 것이 가장 세계적인 것이라는 괴테의 말을 빌리지 않더라도 획일성이 강화될수록 그 획일성에 대한 저항 또한 증가할 것이기 때문이다. 그러므로 문화의 세계화는 이 양자가 공존하는 방향으로 가면서 적절한 균형을 모색할 것으로 보여진다.

4. 세계화와 한국

1) 세계화를 어떻게 볼 것인가

지금까지 세계화가 무엇을 의미하고 세계화를 가속화시킨 요인이 무엇인지를 살펴보았다. 그리고 이런 세계화가 경제, 정치, 문화의 각 측면에 어떤 영향을 미치는지 살펴보았다.

하지만, 이런 세계화를 보는 시각이 아직 통일된 것은 아니다. 자신이 처해있는 입장과 위치에 따라 세계화를 긍정적으로 보기도 하고 부정적으로 보기도 한다.

세계화를 긍정적으로 보는 사람들은 세계화에 의해 각국의 무역량이 증가하고 이는 결국 모든 사람들의 소득을 증가시키는 결과를 가져온다고 말한다. 자유무역과 비교우위에 근거한 무역특화이론을 따르면 이 말은 전적으로 옳다. 그래서 세계의 빈곤을 추방할 가장 바람직한 방법은 세계화에 기초한 무역과 경제의 자유화라고 주장한다. 다음 <표 4>에서 보는 바와 같이 이런 세계화에 대한 긍정론은 상당히 폭넓게 퍼져있다. 그리고 사실 많은 경제학적 증거들이 이를 지지하고 있기도 하다. '세계화에 따른 급속한 경제발전으로 국가 내 불평등은 증가했지만 국가 간 불평등이 더 큰 폭으로 감소하면서 전 세계 소득 불평등을 완화시켰다는 것이다.'는 주장은 세계화를 지지하는 사람들의 이론적 근거가 되고 있다. WTO, OECD, IMF 와 같은 국제기구도 이러한 입장을 취하고 있다. 또, 주로 이런 경제적인 측면에서의 세계화가 올바로 진행되면 정치적인 면과 문화적인 면에서도 세계화는 긍정적인 영향을 끼치지 않을 수 없다. 경제의 세계화가 세계의 불평등을 완화시키게 되면 세계 각국은 경제의 세계화를 가능하게 한 원인을 그 나라의 정치적 구조에서 찾게되고, 이는 위에서 말한 바와 같이, 정치의 세계화를 가속화시키는 원동력이 되었다. 나아가 이는 또한 문화적 다양성에 근거하여 세계 많은 사람들이 다양한 문화를 즐기는 유인으로 작용하기도 한다.

〈표 4〉 세계화에 대한 긍정론: 세계화가 빈부격차 줄인다

세계화와 더불어 경제적 자유화가 빠르게 진전되면서 전 세계 사람들의 빈부격차가 줄어들고 있다고 월스트리트저널(WSJ)이 16일 보도했다. 세계화 비판론자들은 그동안 세계화로 인해 빈부격차가 점점 심화되고 있다고 주장해왔다. WSJ과 헤리티지재단은 이날 발표한 '2007년 경제자유지수(IEF)'에서 지난해 세계경제는 테러위협과 고유가, 중국의 국력 신장에 대한 미국의 우려 등이 작용했지만 경제적 자유가 전반적으로 확대됐다고 밝혔다. 특히 세계화와 더불어 경제적 자유화가 빠른 속도로 진행되면서 가난한 국가의 국민소득이 높아지고 있으며, 이 덕택에 전 세계에서 빈곤층의 비율이 급격히 감소하고 있다고 전했다. 미국 컬럼비아대학의 하비에르 살라이마틴(Sala-i-Martin) 교수는 경제자유지수와 함께 발표한 '세계화로 불평등 축소'라는 논문에서 "지난 20년간 세계화가 전 세계 빈곤층들의 가난 극복에 많은 도움을 주었다"며 "세

계 경제가 발전할수록 세계의 불평등은 퇴조한다"고 말했다. 살라이마틴 교수는 "전 세계적 차원에서 볼 때 개인 간의 소득 불평등은 주로 한 국가 내에서보다는 국가 간의 경제력 차이에서 발생한다"며 "최근 수년간 중국과 인도, 다른 아시아 국가들의 급속한 경제성장과 경제자유화의 진전 덕택에 전 세계 빈곤층이 급감했다"고 말했다. - - - - - - 세계화에 따른 급속한 경제발전으로 국가 내 불평등은 증가했지만 국가 간 불평등이 더 큰 폭으로 감소하면서 전 세계 소득 불평등을 완화시켰다는 것이다.

경제적 자유의 국가별 순위에서 홍콩은 이 조사가 시작된 이래 13년 연속으로 1위를 기록했다. 싱가포르가 지난해에 이어 2위를 차지했으며, 호주가 지난해 9위에서 올해 3위로 올랐다. 지난해 호주와 더불어 공동 9위를 차지했던 미국과 뉴질랜드는 각각 4위와 5위였다. 한국은 2005년과 2006년 조사에서는 45위였으나 올해는 36위로 평가됐다. 경제자유지수는 금융시장, 자본이동과 외국인투자, 정부의 재정상태, 정부의 시장개입, 무역정책, 임금 및 물가, 통화정책, 지적소유권 보호 정도, 각종 규제, 암(暗)시장 등 10개 경제 분야의 상태를 수치로 환산해 결정된다.

2007 경제자유지수

순위	국가·지역	점수
1	홍콩	89.3
2	싱가포르	85.7
3	호주	82.7
4	미국	82.0
5	뉴질랜드	81.6
6	영국	81.6
7	아일랜드	81.3
8	룩셈부르크	79.3
9	스위스	79.1
10	캐나다	78.7
11	칠레	78.3
12	에스토니아	78.1

13	덴마크	77.6
14	네덜란드	77.1
15	아이슬란드	77.1
⋮	⋮	⋮
18	일본	73.6
19	독일	73.5
20	키프로스	73.1
⋮	⋮	⋮
36	한국	68.6
⋮	⋮	⋮
157	북한	3.0

자료: 조선일보, 2007년 1월 16일.

하지만 세계화에 대해서는 이런 긍정적인 시각만 있는 것은 아니다. 세계화를 부정적인 시각에서 바라보는 사람들은 다양한 이유를 들고 있다. 세계화에 긍정적인 경제학자들이 세계화에 따른 시장의 개방은 세계적인 부를 증진시킬 것이라고 하지만 이를 전적으로 반대하는 학자들도 있다. 특히 마르크스의 지적전통을 잇는 학자들이 그러하다. 이들의 견해에 따르면, 시장 자유화를 동반한 세계화는 전적으로 선진국에게 유리한 것이며, 후진국의 경제발전(특히 수입대체산업의 육성)에 악영향을 미치고, 선진국 경제에 후진국이 종속되는 결과를 낳을 것이라고 한다. 또한 세계화는 이익을 보는 계층과 손해를 보는 계층을 극명하게 나눠 놓음으로써 분쟁과 갈등을 증대시키는 면이 강하다고 한다.

경제적인 종속 이외에도 사회적, 문화적인 종속을 우려하는 시각도 있다. 즉, 대규모 자본을 바탕으로 한 해외 메이저 문화의 대량유입은 각국의 특수성을 약화시키고 강대국의 문화적 흡인에 종속되는 결과가 나타날 수도 있다. 서구문화가 무차별적으로 유입되면서 개인의 정신적, 물질적 삶을 지배하게 되면서 나타나는 폐해도 하나둘이 아니다. 그들에 따르면 서구문화를 맹목적으로 추구하는 서구문화에 대한 맹신은 문화 제국주의가 건설되는 데 최적의 조건을 제공한다고 한다.

이처럼 세계화를 바라보는 시각은 매우 상반된다. 하지만, 우리가 세계화를 보는 시각은 우리의 입장에서 바라보지 않을 수 없다. 그것은 한국이 처한 모든 경제, 사회, 문화적 여건을 바탕으로 해야 한다.

2) 세계화와 한국

앞서 본 바와 같이 세계화는 장단점을 모두 가지고 있다. 그래서 한 국가가 처한 여건에 따라 세계화의 속도를 조절할 수도 있고, 심지어는 세계화에 동참하지 않을 수도 있다.

그러나 한국은 세계화에 대해 보다 적극적인 태도를 가지지 않을 수 없다. 한국이라는 국가의 생존은 지속적 경제성장에 달려있는데, 부존자원이 열악하며 미국이나 중국처럼 큰 내수시장을 가지지 않은 나라로서는 수출을 통한 경제성장이 아니고서는 한국의 대외적 위치를 유지하기 어렵기 때문이다. 달리말해 대외지향적 개방정책을 유지해야 지금과 같은 경제적 위치를 누릴 수 있는데 그러기 위해서는 세계화라는 시대 흐름을 충실히 따라가지 않을 수 없다.

한국이 세계화라는 시대 흐름을 따라가야 한다는 것은 다음과 같은 의미를 가진다. 첫째, 변화하는 세계의 흐름을 수용하는 개방적인 태도를 가져야 한다. 둘째, 내수보다는 세계 시장을 상대로 경쟁하는 기업을 육성해야 한다. 셋째, 경제정책에 있어서도 내부지향적 경제정책 대신 외부지향적 경제정책을 지속적으로 추진해야 한다. 넷째, 세계의 글로벌 스탠다드에 맞도록 내부의 규칙이나 제도를 정비해 나가야 한다. 다섯째, 세계화의 흐름을 수용할 수 있는 인력을 적극 육성한다. 여섯째, 세계화라는 흐름을 수용하면서 이와 동시에 우리 스스로 세계화의 흐름을 만들어낼 수 있는 여건을 만들어간다. IT와 인터넷 기술의 발전이 이와 관계된 대표적 예이다.

하지만, 한국이 세계화의 시대적 흐름에 부합되는 정책을 유지해 나간다고 해서 아무런 부작용이 발생하지 않는 것은 아니다. 세계화에 맞춰 시장을 개방해 나갈수록 경쟁력이 뒤처지는 기업이나 산업은 도태될 수밖에 없다. 노동집약적 산업이 이에 대한 대표적인 예가 될 것이다. 나아가 농업과 같은 부분에서는 대규모의 이농과 실업이 발생하여 사회적 문제가 제기될 수도 있다. 가장 중요한 것은 이런 세계화의 부작용을 사회적 합의에 의하여 해결해 나가는 시스템을 만드는 것이다. 한국 전체의 생존을 위해서는 세계화가 필요한 만큼 세계화에 의해 혜택을 보는 부문으로부터 세계화에 의해 피해를 보는 부문으로 적절한 자원이동이 이루어져야 한다. 만약, 피해를 보거나 비교열위를 가지는 부문을 방치할 경우 장기적으로는 세계화 자체를 저해하는 현상이 나타날 수 있기 때문이다.

한국 사회에서 세계화에 대한 평가는 그리 나쁘지 않다. 아래 <그림 2>는 이런 사실을 잘 보여준다. 동아시아연구원 (EAI: East Asia Institute)가 발표한 세계화에 대한 여론조사 결과에 의하면 조사에 응한 18개국 중 14개 국가가 세계화에 긍정적인 반응을 보였다. 대체로 대외무역이 자국 경제에서 차지하는 비중이 클수록 세계화에 긍정적인 것으로 평가되고 있다. 한국의 경우 중국(87%가 세계화에 긍정적)을 제외하고는 세계에서 세계화에 대해 가장 긍정적인 태도를 보여주고 있다.

〈그림 2〉 세계화에 대한 18개국 평가

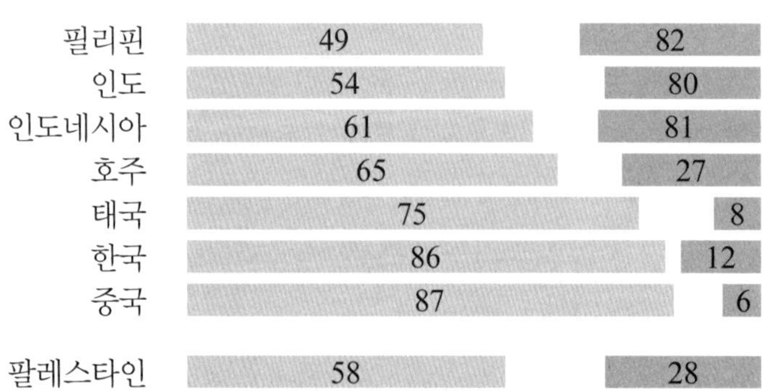

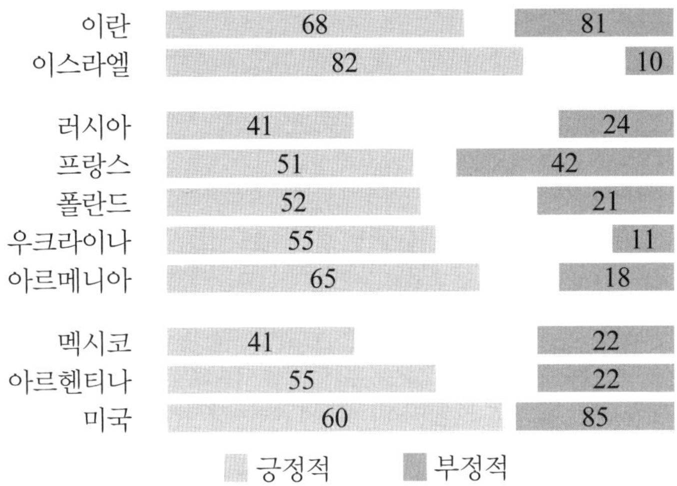

자료: EAI 여론브리핑 제 13호, 2007년 6월 23일.

물론 이런 여론조사 결과가 바로 한국이 세계화로 인해 직접적인 이익을 얻고 있다는 증거가 될 수는 없다. 하지만, 조사에 응한 86%의 사람들이 세계화에 긍정적인 태도를 보여주고 있는 것은 향후 한국의 정책방향 설정과 관련 중요한 시사점을 던져준다. 한국은 경제, 사회, 정치, 문화 등 모든 분야에서 세계화에 부합되는 방향으로 나가야 한다는 것이다. 세계화는 한국이 가슴에 안고 나가야 할 과제이다.

<탐구과제>

- **세계화는 현재 진행되고 있는 것인가 아니면 이미 완료된 사건인가?**: IT와 인터넷으로 대표되는 디지털혁명은 아직 끝나지 않았으며 어떤 의미에서는 현재 진행형이다.
- **세계화의 시대에 기업은 정말 중요한가?**: 현재의 국민소득 2만불 시대가 3만 불 시대로 변하기 위해서는 현재 삼성전자, 포스코, 현대중공업, 현대차와 같은 글로벌 기업이 더 많이 나와야 한다.
- **세계화의 시대에 국내기업과 외국기업을 구분하는 기준은 무엇인가?**: 무엇이 국내기업인가? 외국인들이 국내 주식시장에서 이 국내기업의 주식 50% 이상을 사 버리면 더 이상 이들 기업을 국내기업이라고 하기 힘들다. 현재, 국민은행, 삼성전자 등 주요 기업은 그런 의미에서 국내기업이 아니다.
- **세계화의 시대에 영어는 왜 중요한가?**: 세계화의 시대에 영어는 경쟁력을 높이는 요인이 아니라, 생존하기 위한 필요충분조건이다.

〈참고문헌〉

구희진(2008), '신금융주의의 나비효과', 『KRX』, 2008년 8월.

김기홍(2006), 『디지털경제론』, 법문사.

김명섭, 조성대, 진시원(2003), 『세계의 정치와 경제』, 한국방송통신대학교 출판부.

김상철, 이윤섭 역(2006), 『세계는 평평하다』, 토머스 프리더먼 저, 창해.

미디어 오늘 각호.

백승욱(2008), 『세계화의 경계에 선 중국』, 창작과 비평사.

신동욱 역(2003), 『렉서스와 올리브나무』, 토머스 프리더먼 저, 창해.

이찬근(2003), "경제적 세계화의 구조적 이해", 『세계화시대의 국제이해교육』, 아시아 태평양 국제이해교육원 저, 한울아카데미.

이호길 외(2006), 『세계가 나의 시장이다』, 북코스모스.

정한울(2007), "세계 17개국 대외인식조사발표(5)," EAI.

조선일보 각 호

홍민경 역(2008), 『인간의 얼굴을 한 세계화』, 조지프 스티글러츠, 21세기 북스.

Bhagwati, Jagdish(2004), *In Defense of Globalization*, Oxford.

제8장 지역주의

홍 익 표

〈개요〉

- 세계화는 다자주의(multilateralism), 지역주의(regionalism) 등 다양한 경로를 통해 진행돼왔다. 지역주의는 인접한 지역 내에 국가들이 공동의 관심사와 이해를 증진하기 위해 기구를 형성하고 협력을 행하는 것을 가리킨다.
- 유럽이 통합을 추진할 수 있었던 데는 유럽 공동의 문화 유산이 중요하게 작용했다. 유럽 국가들은 2차 대전 이후 새로운 도전에 맞서고, 정체성을 유지하기 위해 통합을 본격적으로 추진하게 된다.
- 유럽통합은 구체적으로 '유럽석탄철강공동체(ECSC)', '유럽경제공동체(EEC)', '유럽공동체(EC)', '유럽연합(EU)' 순으로 발전하였다.
- 유럽연합은 하나의 국가처럼 제도적 장치가 갖춰져 있다. 대표적인 기구로는 유럽의회, 각료이사회, 유럽집행위원회 등을 들 수 있다. 유럽연합의 대표적인 공동정책으로는 공동농업정책, 사회정책, 지역정책 등이 있다.
- 이밖에 유럽 이외 지역의 대표적인 지역통합 사례로는'북미자유무역협정(NAFTA)'과 '동남아국가연합(ASEAN)'이 있다.

〈학습목표〉

- 지역주의는 다자주의와 어떻게 다르며, 그 관계는 어떠한지 이해한다.
- 유럽연합은 어떤 역사적 과정을 통해 발전되어 왔는지 이해한다.
- 유럽연합의 주요한 기구로는 어떤 것들이 있고, 유럽연합이 수행하는 공동정책들의 특징은 무엇인지 이해한다.
- 유럽헌법은 왜 난관에 부딪쳤는지, 그리고 유럽연합은 하나의 국가처럼 통합을 이룰 수 있을 것인지 알아본다.
- 북미자유무역협정과 동남아국가연합은 유럽연합과 어떤 차이가 있는지 이해한다.

1. 지역주의란 무엇인가?

세계화는 다양한 행위자들이 시간과 공간을 가로 질러 이동하면서 과거에 압도적 힘을 자랑하던 국가와 국가를 규정하던 요소들이 점차 약화되고, 전 지구적 규모에서 상호연결성이 확장되고 심화되고 있는 현상을 의미한다. 이러한 현상이 최근에 처음 나타난 것은 아니다. 19세기에 이미 서구 열강은 식민지에서 착취한 물자를 원활히 수송하기 위해 전 세계 곳곳에서 선박, 철도, 통신시설을 건설한 바 있다. 20세기 초에는 세계시장이 생겨났고 물품의 교역뿐만 아니라 자본의 거래까지 활발해졌다. 그러나 전 세계적 연결성이 본격적으로 갖춰지게 된 것은 무엇보다 최근 몇십년 동안 정보통신기술의 발달로 정보와 상품의 유통속도가 더욱 빨라진데 힘입은 바 크다. 국경을 초월하여 이루어지는 자본, 기술, 정보의 통합으로 지구 전체가 하나의 마을처럼 변해가고 있다고도 지적된다.

세계화는 다자주의(multilateralism), 지역주의(regionalism) 등 다양한 경로를 통해 진행돼왔다. 다자주의는 다자간 무역협상의 결과 범세계적 차원에서 국제무역을 관리하고 규제하는 협상이나 국제기구의 등장으로 나타났다. 브레튼우즈(Bretton Woods) 회담의 결과 수립된 달러를 기축통화로 하는 국제통화기금(IMF)체제와 무차별과 최혜국 대우에 입각한 관세 및 무역에 관한 일반협정(GATT)체제는 다자주의의 대표적 사례라 할 수 있다. 이에 비해 지역주의는 인접한 지역 내에 국가들이 공동의 관심사와 이해를 증진하기 위해 기구를 형성하고 협력을 행하는 것을 가리킨다.

지역주의는 세계주의에 의한 원심력과 민족주의에 의한 구심력으로 세계질서가 통합과 분할의 상충적 이중성을 갖고 있는 때에 그 중간 정도에 위치하는 성격을 갖고 있다. 세계무역기구(WTO)로 대표되는 다자주의 체제하에서도 지역주의가 세계적으로 유행하는 까닭은 국가를 중심으로 한 국제질서가 갈등과 번영을 유발하고 경제발전과 번영의 장애물이 되고 있다는 믿음 때문이라고 할 수 있다. 이러한 지역주의는 기존 국민국가의 국경을 초월하여 주권을 지역 혹은 세계적 구조로 이전시켜나가는 통합(integration) 노력으로 나타난다. 일반적으로 통합은 정치・안보적인 고위정치(high politics) 영역보다는 경제・사회적인 하위정치(low politics) 영역에서 더욱 활발히 이뤄진다.

지역통합이론은 1950년대에 일부 학자들이 유럽에서 통합노력이 시작되는데 관심을 가지면서 대두하였다. 이들은 그 때까지 지배적인 국제관계이론이던 현실주의의 국가중심적 견해에서 벗어나 다양한 행위자들 간에 거래와 접촉의 증가가 초국가적인 공동체의 등장을 가져오는 과정이나 현상을 연구하였다. 대표적인 통합이론으로는 연방주의(federalism), 기능주의(functionalism), 신기능주의(neofunctionalism), 거래주의(transactionalism) 등이 있다. 연방주의는 미국, 스위스의 역사적 경험에서 추출된 이론으로 정치엘리트에 의한 국가정부제도의 해체와 연방기구와 같은 초국가적 제도의 수립을 강조한다. 공동의 제도를 확립하면 공동의 태도와 공동체 의식을 갖게 된다는 것이다. 기능주의는 점차 복잡해지는 현대 사회에서는 정치와 분리된 경제, 통신, 과학, 기술과 같은 기능주의적 영역에서의 교류와 협력이 중요하다고 한다. 기능주의적 영역에서의 통합은 점차적으로 다른 영역의 통합으로 파급(spill-over)되고 분지(ramification)를 일으킨다고 한다. 신기능주의는 기능주의의 통합방법을 기본적으로 채택하지만 파급효과를 자동적으로 이루어지는 것이 아니라 정치적인 의지(political will)에 의한 학습과정이 필요하다고 보는 데에 차이가 있다. 유럽석탄철강공동체(ECSC)의 경우 유럽의 정치엘리트와 이익단체들의 열망에 의해 가능했다는 것이다. 한편, 거래주의는 국경을 가로질러 발생하는 정치적, 경제적,

사회적, 문화적 소통과 거래의 증가가 국민들을 동화시켜 좀 더 큰 공동체로의 통합으로 나가게 한다고 한다.

지역주의와 다자주의간의 관계를 살펴보면 지역주의가 다자주의에 걸림돌로 작용해 왔다는 시각과 지역주의가 다자주의를 보다 강화하는 디딤돌의 역할을 해왔다는 시각이 대립되고 있다. 전자의 시각은 지역주의가 특혜무역협정을 의미하는 것으로서 관세장벽과 비관세장벽에 있어서 회원국과 비회원국을 차별함에 따라 무역왜곡(trade diversion) 효과를 발생시킨다고 한다. 지역 차원의 경제통합을 강화할 경우 이에 관여된 국가들은 다자주의적 교역질서의 강화를 위한 노력을 등한시하고, 지역주의에만 관심을 집중시키게 된다는 점도 지적된다. 또한 지역주의의 강화 및 확산이 역사적으로 볼 때 지역 간 또는 국가 간 매우 심각한 정치적, 군사적 갈등관계로 귀결되기도 하였다고 주장한다.

그러나 다른 한편에서는 지역주의를 통해 '보다 자유로운 무역'의 분위기를 확산시킬 수 있고 다자주의의 강화로 연결될 수 있음을 강조하는 견해도 있다. 지역주의의 경험을 통해 개발도상국들은 내부적 개혁을 지속적으로 추진할 수 있는 외부적 통제장치를 제공받음으로써 경제발전에도 도움이 될 수 있다는 것이다. 지역 차원에서 이루어지는 자유화의 실시는 관료, 정부, 국민 등 해당국의 광범위한 경제주체들에게 일종의 시위효과(demonstration effects)를 통해 보나 용이하게 자유화 조치들을 채택할 수 있는 환경을 제공해 줄 것이라고 한다. 지역주의의 사례들은 주로 정치 · 군사적인 긴장완화를 위한 목적으로 형성되었시나, 결과적으로는 이와 동일한 효과를 가져왔다는 점도 강조된다.

다자 협상인 도하 개발 어젠다(DDA) 협상의 돌파구를 찾기 위한 WTO 협상의 연속 결렬이 보여주듯 범세계 차원에서의 다자주의 방식은 점점 그 효력을 잃고 그 대신 지역주의 경로를 통한 세계화가 부각되고 있다. 유럽 국가들은 유럽연합(EU)으로, 북미주는 미국의 주도 하에 북미자유무역협정(NAFTA)을 통해 각기 지역통합을 추진하고 있다. 이들은 전 세계를 상대로 한 개방 전략보다는 일단 역내 국가들을 대상으로 단일시장을 형성한 후 점진적으로 통합을 정치분야로 확대 하려 하고 있다. 그러나 EU나 미국이 동일 지역 내에서만 지역주의에 머무르는 것은 아니다. 그들은 경쟁적으로 자신들의 영향력을 타 지역으로 확대해감으로써 세계화의 주도세력이 되고자한다. 이들 지역 주체들 간에는 자기 체제의 확산 경쟁이 일어나고 있는 것이다. 이 장에서는 통합의 역사가 가장 오래되었고 그 제도화의 수준도 가장 높은 유럽의 사례를 중심으로 지역주의를 살펴보고자 한다.

2. 유럽의 지역주의 사례

1) 통합의 역사: ECSC에서 EU까지

유럽이 통합을 추진할 수 있었던 데는 유럽 공동의 문화유산이 중요하게 작용했다. 물론 유럽은 경계와 구분이 모호하다고 지적된다. 이 점은 통합된 공동체를 이뤘던 중세에서 르네상스, 종교개혁을 거치면서 유럽은 수많은 정치단위로 분열하고 전쟁도 끊이지 않았던 근대시기에 더욱 두드러졌다. 그러나 유럽은 과거에 하나로 통합된 공동체를 유지한 적이 있었고 '유럽정신(European spirit)'이라 불리는 문화적 유산도 공유하고 있다. 대표적으로 집단의 행복은 도시생활에 대한 시민의 적극적 참여에서 나온다는 신념에 근거를 두는 민주주의의 이상은 고대 그리스인들의 유산이다. 한편 고대시대에 로마사회는 문자로 기록된 법률과 권리라는 새로운 가치체계를 창출하여 후대에 넘겨주었다.

유럽은 15세기에 고대문화 부흥을 통해 그리스, 로마 문화의 유산과 기독교 사상을 종합하였다. 이는 계몽사상 시기에 근대사상으로 체계화하였으며, 이후 유럽의 팽창과 더불어 전 세계로 확산되었다. 유럽에서 통합의 아이디어가 제시된 때는 근대에 들어와서이다. 특히 근대에 들어와 끊이지 않았던 전쟁을 통해 유럽인들은 진정한 통합의 필요성을 자각하게 되었다. 나폴레옹과 히틀러의 침략에 맞서 싸운 유럽인들은 전쟁 방지와 평화 유지를 위해 국경선을 철폐하고 유럽을 하나의 공동체로 만들 것을 제안하나 그것이 정책으로 옮겨지지는 않았다. 유럽에서 통합의 움직임이 구체화된 것은 2차 대전이 끝난 직후이다.

양 차 세계대전으로 파괴되고 세계사의 중심에서 밀려나게 된 유럽은 새로운 도전에 맞서고, 정체성을 유지하기 위해 통합을 본격적으로 추진하게 된다. 이렇게 된 데는 "유럽의 어느 나라도 세계의 도전에 홀로 맞설 수 있는 힘과 크기를 갖고 있지 못하다"는 지스카르 데스뎅(Valery Giscard d'Estaing) 전 프랑스 대통령의 지적처럼 유럽이 주로 소국으로 구성되어있어 세계사적 변화에 능동적으로 대처하기가 쉽지 않다는 판단도 작용하였다. 이에 따라 1948년 5월 유럽 16개국 대표들이 네덜란드 헤이그(Dan Haag)에서 '유럽회의(Congress of Europe)'를 개최하고 유럽통합 방안을 논의하게 된다. 베네룩스(Benelux) 3국은 망명정부 시절 합의에 따라 관세동맹을 출범시키고, 스웨덴, 노르웨이 등 북유럽 3개국은 북유럽경제협력공동위원회를 설립하였다. 그러나 서유럽 전역에 걸친 본격적인 통합 논의는 장 모네(Jean Monnet)의 아이디어에 기초해 프랑스의 외상이던 로베르 슈망(Robert Schuman)에 의해 시작되었다. '유럽통합의 설계자(the architect of European Unity)'로 불리는 모네는 독일 루르(Ruhr) 지대의 산업시설철거를 둘러싼 프랑스와 독일 간의 마찰이 위험수위라 인식하고 평화유지를 위해 유럽공동체의 아이디어를 제시하였다. 그는 경제 분야의 통합이 나중에 연방이라는 유럽 정치통합의 첫 걸음이 될 것으로 생각하였다.

> "내 견해로는 현재의 국가별 체제에서 다양한 국가들의 노력은 충분치 않다고 본다. 나는 영국을 포함한 서방 '연방'의 설립을 통해서만 우리의 문제들을 민첩하게 해결하고 결국 전쟁을 막을 수 있게 할 것이라고 믿습니다. 그것이 얼마나 어려울지 혹은 불가능할지도 모른다는 것을 알지만, 우리에게 얼마간의 시간이 주어진다면 다른 해결책은 없다고 본다."

1950년 5월 슈망은 유럽 국가들이 석탄, 철강의 생산 및 판매를 공동 관리할 것을 제안하였다. 그 결과 프랑스, 서독, 이탈리아, 베네룩스3국 6개국이 1951년 4월 파리에서 '유럽석탄철강공동체(European Coal and Steel Community: ECSC)'를 출범시키게 되었다. 프랑스는 2차 대전과 탈식민지로 약화된 국력을 ECSC를 통한 유럽 통합 프로젝트로 만회하려 하였고, 서독은 슈망의 제안이 패전국 독일의 국가주권을 인정한다는 점에서 수용하였다. 회원국은 각 국의 석탄과 철강 주권을 ECSC의 공동관리청(High Authority)에 이양하였는데 이런 점에서 ECSC는 특정 정책에 대해 개별 국가의 주권을 일부 이양받은 초국가적 성격의 기구라 할 수 있다.

이후 ECSC 회원국은 정치적으로 민감한 분야를 피해 경제 분야에서 통합을 심도 있게 추진하려 하였다. 1957년 로마에서 '유럽경제공동체(European Economic Community: EEC)'와 '유럽원자력공동체(European Atomic Energy Community: Euratom)'를 창설하였다. EEC는 자유경쟁 원칙에 따른 공동시장 설립을 목적으로 한 것으로 자본과 노동의 자유로운 이동을 규정하고, 공동체 내의 관세 및 수량 규제를 철폐하며, 역외국에는 공동의 관세를 부과하였다. Euratom은 수에즈 사태에 영향을 받아 핵에너지의 평화적 사용을 위한 공동 개발과 연구 목적으로 수립되었다. 한편 EEC에 참가하지 않은 영국, 오스트리아, 덴마크, 노르웨이, 스웨덴, 스위스, 포르투갈 7개국은 1960년 5월 '유럽자유무역협정(European Free Trade Association: EFTA)'을 창설하였다. EFTA는 EEC에 대항하기 위한 느슨한 조직으로 역내 무역자유화가 주목적이었다. 1970년 아이슬란드가 가입하였으나 1973년 덴마크와 영국이 EC 가입 위해 탈퇴하는 등 세력이 약화하게 된다. 1967년 세 개의 공동체는 1965년 체결되고 1967년 7월 발효된 이른바 '합병조약(Merger Treaty)'를 통해 각각의 집행위원회를 일원화함으로써 '유럽공동체(Euroean Communities: ECs)'를 출범시켰다. EC는 공동체 내에서 사람, 상품, 자본, 서비스가 자유롭게 이동하는 '국경 없는 공동체'를 창설하려 하였다. 그러나 1970년대에 유럽경제가 침체상황을 맞으면서 신보호주의 정책과 자국 중심 경제정책이 유행하면서 통합은 지연될 수밖에 없었다.

그럼에도 통합은 조금씩 진전을 이룩하고 있었다. 1979년에는 '유럽통화제도(European Monetary System: EMS)'가 발족되었고, 처음으로 유럽의회 직접선거가 실시되었다. 1980년대 들어와서는 신규 회원국의 가입이 이뤄지면서 유럽통합은 새로운 전기를 맞게 된다. 1980년대에 들어와 1983년 슈투트가르트 선언을 통해 회원국 사이에 유럽통합에 대한 합의가 이뤄졌다. 이후 여러 번에 걸친 정부간회의를 거쳐 1987년에는 '단일유럽의정서(Single European Act:SEA)'를 제정하였다. 집행위원회 위원장인 자크 들로아(Jacques Delors)가 주도한 SEA는 1992 년까지 단일시장을 완성하고, 유럽의회를 활성화하며, 외교정책 및 안보분야의 공동노선을 추구하는 것을 내용으로 하였다.

1980년대 후반 냉전구조가 붕괴되면서 유럽통합도 가속화되었다. 단일유럽의정서에 따라 공동체를 연합으로 발전시키게 되었다. 통합을 이끈 국가는 프랑스와 독일이었다. 프랑스는 독일 마르크화의 강세에 대한 우려로 통화 이슈에 정치적 통제력 확립을 희망했고, 독일은 정치적으로 결합된 유럽 속에 위치하기를 바랐다. 1992년 2월 네덜란드의 마스트리히트(Maastricht)에서 열린 유럽이사회(European Council)에서 참가국들은 '유럽연합조약(Treaty on European Union,

일명 Maastricht Treaty)'에 서명하였다. 조약은 경제통합(ECs), 외교안보분야 협력(공동외교안보정책CFSP), 내무·사법분야 협력이라는 세 개의 기둥으로 구성되었다. 유럽연합에 관한 조약은 기존의 세 조약인 파리조약(ECSC 조약), 로마조약(EEC 조약과 Euratom 조약)을 수정, 공동체적 권한을 포함시켰다. 최종협정서(final act)는 전체 7장(title)의 19개 조항(article), 17건의 부속의정서(protocol), 33건의 공동선언(declaration)이 포함되었다. 구체적으로 제1장(article a-f)은 공동조항으로 EU창설 선언, EU의 목적, 단일한 제도적 범주에 대한 원칙과 유럽이사회의 역할, 제2장(article g)은 EC창설을 위한 EEC조약의 수정에 관한 조항, 제3장(article h)은 ECSC 창설조약의 수정에 관한 조항, 제4장(article i)은 Euratom 창설조약의 수정에 관한 조항, 제5장(article j)은 CFSP에 관한 조항(인권과 기본적 자유에 대한 존중, 민주주의와 법치국가 강화가 목적), 제6장(article k)은 내무, 사법분야에서의 협력에 관한 조항(co-operation in the fields of justice and home affairs), 제7장(article l-s)은 종결조항으로 되어 있다. 이러한 마스트리히트 조약은 공동체에서 연합으로의 질적 전환과 경제 영역에서 국내정치 및 외교영역으로 확대에서 그 의의를 찾을 수 있다.

이 중에서도 핵심은 '경제통화동맹(Economic and Monetary Union: EMU)'을 3단계를 거쳐 1999년까지 완성하는 것이었다. 이는 유럽 통화제도의 불확실성을 제거하지 않고서는 단일시장의 완성이 불가능하다는 인식을 배경으로 추진되었다. 그 결과 유럽중앙은행이 설립되고, 유럽 단일통화가 도입되었으며, 경제정책의 통일을 통하여 유럽통합의 완성을 꾀할 수 있게 되었다. 그러나 통합과정에서 통화관리와 외교, 국방, 치안 등의 영역에서 국민국가에 고유한 권리를 EU에 이양하게 된데서 논란도 겪었다. 대표적으로 덴마크는 국민투표 결과 EU조약이 50.7%의 반대로 부결되었다. 이후 재협상을 통해 일부 조항에 대한 양보와 선택적 탈퇴(opt-out)를 보장받음으로써 1년 뒤에 56.8%의 찬성으로 겨우 인준을 할 수 있었다.

EU를 주민들에 보다 가깝게 가게하고, 회원국을 확대하며, 대외정책결정 능력을 강화하기 위해 암스테르담 조약(1997), '아젠다 2000', 니스 조약(2001) 등 여러 차례에 걸쳐 제도적 개혁이 단행되었다. 한편, EU 회원국도 점차 확대되었다. 이러한 확대과정은 1차(영국, 아일랜드, 덴마크, 1973), 2차(그리스, 1981), 3차(스페인, 포르투갈, 1986), 4차(오스트리아, 스웨덴, 핀란드, 1995), 5차(체코, 폴란드, 헝가리, 슬로베니아, 리트비아 등 10개국, 2004), 6차(불가리아, 루마니아, 2007)를 거치면서 이뤄졌다. 회원국 확대는 EU 조약 49조 6조 1항인 "EU는 민주주의, 자유 원칙, 인권과 근본적 자유에 대한 존중, 법률의 지배, 회원국 들에 대한 공통 원칙들에 기초한다"에 근거를 두고 있다. 1993년 유럽이사회에서 결정된 '코펜하겐 기준(Copenhagen criteria)'은 민주주의와 법치국가 보장 제도, 공동시장서 경쟁력 유지 가능한 시장경제체제, EU의 법적 권한과 의무 이행 의지를 가입기준으로 명시하고 있다.

2) 유럽연합의 기구

현재 유럽연합은 하나의 국가처럼 제도적 장치가 갖춰져 있다. EU 내 회원국들이 공동의 정책을 추진하기 위해서는 정책을 결정하고 실행하며 이를 감독하는 기능을 갖는 기구가 필요하기 때문이다. EU 기구 중에서 최고의 기능을 갖는 기구는 회원국 국가/정부 수반과 집행위원회 위원장으로 구성되는 유럽이사회(European Council)로 이곳에서 EU의 중장기 의제를 다루고 정책 기조가 결정된다. EU 회원국 간 정상회담으로도 불리는 유럽이사회는 정부 간 상호주의에 입각한 회원국 간 수평적인 기구라 할 수 있다. 유럽이사회는 28개국 회원국이 6개월씩 순번제로 돌아가며 의장국이 된다. EU의 기구는 크게 1차 기능을 갖는 기구와 2차 기능을 갖는 기구로 구분되어진다. 1차 기능을 갖는 기구는 유럽의회

(European Parliament), 각료이사회(Council of Ministers), 유럽집행위원회(European Commission), 유럽사법재판소(European Court of Justice), 유럽회계감사원(European Court of Auditors)이 있고, 2차 기능을 갖는 기구는 경제사회위원회(Economic and Social Committee), 지역위원회(Committee of Regions) 등의 자문기구가 있다.

각료이사회는 회원국을 대표하는 각료급 인사로 구성되며, 통상 이사회의 목적이 일반적 또는 정치적인 것일 경우에는 외무장관이, 특정사항에 관해서는 해당분야 장관이 참석한다. 각료이사회는 집행위원회의 제안을 심의 의결하는 최고의결기구로서 집행위의 제안에 의거, 규칙, 지침, 결정 등을 제정하는 입법권을 행사한다. 유럽이사회의 지침에 따라 공동외교안보정책 입안 및 집행에 필요한 조치를 결정하며, 집행위가 편성, 제안한 예산안을 심의 확정한다. 또한 집행위에 대해 협정체결을 위한 협상개시를 위임하고 최종적인 협정체결권을 행사한다. 집행위원회와 함께 EU의 이른바 양대 집행부로도 불리는 각료이사회는 정책영역에 따라 일반 업무 및 대외관계이사회, 경제재무이사회, 내무사법이사회 등 9개의 이사회가 활동하고 있다. 각료이사회 산하에는 각 회원국의 상주대표부와 각종 실무그룹이 브뤼셀에 상주하면서 일상적인 업무를 행한다. 각료이사회에서 농업, 무역, 경쟁, 단일시장 완성을 위한 제 조치 등 주요한 정책들은 가중다수결에 의해 결정이 이뤄진다. 즉 28개국 회원국에 총 의결수 345표 중 255표가 획득되어야 안건이 가결된다.

집행위원회는 구주통합 관련 조약을 수호하고 EU의 행정부 역할을 담당하며 각종 정책을 입안하고 EU의 이익을 수호하는 유럽통합의 중심기구이다. 집행위원회는 이사회가 심의결정하는 모든 안건을 입안 제출하고, 결정된 정책을 회원국이 적절히 실행하는 가를 감독하거나 또는 직접 정책을 실행한다. 유럽사회기금, 유럽농업지도-보장기금, 유럽지역개발기금, 결속기금 등 5대 기금을 관리 운영하며, 긴급 수입제한 조치, 덤핑 규제 등 긴급사안에 대해 이사회의 승인 없이 필요한 조치를 강구한다. 대외협상에서 EU를 대표하는 것도 집행위원회이다. 집행위원회는 각 회원국에서 1명씩 총 25명의 집행위원(Commissioner)으로 구성되고, 40여개에 이르는 전문총국(Directorates-General)이 있다. 집행위원은 회원국에서 선출되지만 유럽연합의 일반이익을 추구하며 회원국과 초국가기구로부터 독립성을 보장받는다. 전문총국은 크게 정책, 대외관계, 일반서비스, 내무 분야로 구분된다. 한편 원활한 정책수립과 정책집행을 위해 집행위원회는 내부에 각종 위원회와 기구를 두고 있고 다양한 외부기구와도 협력관계를 맺고 있다.

유럽의회는 유럽연합 시민들을 대표하는 기구로 설립 당시에는 거의 권한을 갖지 못했으나 이후 계속 지위 향상과 권한 획득이 이뤄졌다. 각 회원국에서 직접 보통선거로 선출된 임기 5년의 총 732명의 의원으로 구성되며, 각국의 인구수에 비례하여 회원국별로 의원수가 할당된다. 유럽의회는 집행위 및 이사회를 상대로 서면 또는 구두로 질의할 수 있다. 집행위원회는 매 년 활동계획 및 활동결과 보고서를 의회에 제출해야 한다. 재적의원 과반수이상 출석에 출석의원 2/3이상의 찬성으로 집행위원 전체를 불신임 가능하다. 그러나 EU 입법과정에서 법률 제안권은 집행위원회, 최종 의결권은 이사회가 갖고 있어 유럽의회 입법권은 기본적으로 자문 역할에 머물고 있다. 현재 유럽의회의 총 의석은 732석으로 독일 99, 영국, 프랑스, 이탈리아 78석 등으로 각 국가별로 의석수가 할당되어 있다. 한편, 유럽의회를 구성하고 있는 주요 정당으로는 유럽인민민주당그룹(Group of the European People's Party and European Democrats: EPP-ED), 사회당그룹(Group of the Party of European Socialists: PES), 유럽자유당그룹(Group of the European Liberal, Democrat and Reform Party: ALDE), 녹색당 및 자유동맹 그룹(Group of the Greens/European Free Alliance: Greens/EFA) 등이 있다.

룩셈부르크에 위치한 유럽사법재판소는 EU조약 및 제반 법률의 해석과 그 적용에 대한 판결을 통하여 EU법의 이행을 보장하는 역할을 담당하고 있다. 25명의 법관과 8명의 법률심의관(Advocates General)으로 구성되어 있다. 회원국 간

합의에 의해 임명되는 법률심의관은 법적 구속력을 갖지 않는 일종의 자문관으로 필요한 경우 판결에서 공동체법을 재확인하고 견해를 제시한다. 그동안 유럽사법재판소는 공동체법을 엄격하게 해석하고 판례와 일반원칙을 만들어가면서 나름의 권한과 권위를 강화해 왔다고 평가된다. 최근 유럽사법재판소는 소송수가 급증함에 따라 일부 사건은 유럽사법재판소 하위부서에 이관하여 다루도록 하고 있다.

3) 유럽연합의 정책

마스트리히트 조약에서는 EC 정책분야로 농업, 통상, 경제와 화폐, 고용과 사회, 보건과 소비자 보호, 교통과 문화, 지역과 구조, 환경과 개발정책을, EU 차원의 정책으로는 외교안보, 사법내무, 대외관계(제3국에 대한 공동의 통상정책, 개발협력정책)를 제시하고 있다. 이중에서 유럽연합의 대표적인 공동정책으로 공동농업정책(common agricultural policy), 사회정책(social policy), 지역정책(regional policy)을 살펴보면 다음과 같다.

유럽에서 농업은 전통적으로 국가가 농민들의 소득을 보장하는 산업으로 간주되었다. 이는 민주화 과정에서 농민들의 지지를 필요로 했던 정치세력과 집권정당의 전략적 대응의 결과라 평가된다. 미국 등 다른 지역의 농업과 달리 유럽형 농업(European Model of Agriculture)은 농업의 다원적 기능 인정으로 농민과 사회의 목표를 지속가능한 방법으로 통합하는 특징을 갖고 있다. 현재 농업정책은 많게는 공동체 예산의 약 65%, 적게는 50% 정도를 차지하는데 시장정책과 농업구조정책이 근간을 이룬다. 이는 시장의 단일화, 공동체 농산물 호혜 그리고 재정연대에 기반을 두고 농업 생산력 증대와 식량안보 확립에 기여하고 있다. 대부분 EU 회원국들의 곡물자급률은 100% 이상을 넘고 있다. 현재 EU는 세계 최대의 농산물 수출국이자 수입국이다. 그러나 연합도 농민들의 생활수준과 소득 격차, 구조적 잉여 농산물의 처리, 농산품 통화보상액 등의 문제를 안고 있다.

사회정책은 시장통합의 이익이 기업과 자본에 집중되면서 사회적 약자들의 생활수준이 하락하고 대량실업이 발생하는 것이 유럽통합에 심각한 장애가 될 것이라는 인식에 기반을 두고 형성, 발전되었다. 1988년 9월 집행위원회는 유럽의 응집(cohesion)과 연대(solidarity)를 위한 제도적 장치가 없는 한 유럽통합은 불가능하다는 내용의 '단일시장의 사회적 차원(social dimension of the internal market)' 보고서를 제출하였다. 이에 입각해서 '노동자의 기본적인 사회권리헌장(the charter of the fundamental social rights of workers)'이 채택되었다. 이후 마스트리히트조약의 '사회정책에 대한 의정서(protocol on social policy)', 암스테르담 조약의 '고용에 관한 장' 채택 등으로 나타남으로써 노동자들의 생활수준과 노동조건의 향상에 기여하고 있다.

지역정책은 유럽공동체가 통합 과정에서 각 지역들 간의 발전 격차가 원활한 통합을 저해한다는 생각에서 역내에서 소득이 낮고 낙후된 지역의 경제발전을 지원하는 것을 내용으로 하는 정책이다. 그 근거는 이미 로마조약에서 "상이한 지역들 간의 격차와 저발전국의 후진성을 줄여서 회원국 경제의 조화로운 발전을 보장한다"는 것으로 나타났다. 이러한 취지에서 공동체 차원에서 고용 촉진 및 노동력의 지리적 이동 촉진을 위해 만든 '유럽사회기금(European Social Fund)'과 '유럽농업지도보증기금(Guide Section of European Agricultural Guidance and Guarantee Fund)', 그리고 공업쇠퇴 지역과 낙후지역의 개발과 구조조정을 통해 지역불균등을 완화시키기 위해 설립된 유럽지역개발기금(European Regional Development Fund)'이 출범하였다. 이들 기금은 수렴, 지역 경쟁력과 고용, 유럽 지역 협력이라는 목표를 내세웠다. EU의 지역정책 활성화는 EU 전체적으로 내부의 지역 간 격차를 점차 해소하는데 기여하고 있다고 평가된다. '지역의 유럽(Europe of the Regions)'이라는 용어에서 잘 보여지듯이 회원국 차원에서도 EU

체제로의 통합과 이로 인한 정책결정과정으로의 긴밀한 연계는 국가 내부의 권력과 자원의 배분관계를 변화시켰고, 행위자들의 전략과 선호 및 정체성에도 영향을 미쳤다. 지역정책의 활성화를 계기로 일부 지역들은 해당 국가보다 EU와의 관계 강화에 보다 주력하는 현상도 나타나고 있다. 이 과정에서 EU의 '지역위원회(The Committee of Regions)'는 다양한 지역들의 이익을 대변하는 주요 통로로 작용하고 있다. 이는 특히 유럽 내에서 상대적으로 보다 부유하고, 북부에 위치한 국가들에서 나타난다. 이들은 소속국 대표로서 EU 각료이사회와 집행위원회에 접근하여 정책결정 과정에 영향력을 행사하는데 까딸로니아가 대표적이다.

그렇다면 EU 공동정책은 어떤 특징을 갖고 있는가? EU 공동정책은 성장 위주의 '앵글로색슨 모델'(사회보장 축소, 노동시장 유연성 확대)보다는 '유럽식 모델'(사회통합 지향, 노동자 등 사회적 약자 권리 중시)에 주안점을 두고 있다고 할 수 있다. 이 점은 가장 많은 예산을 투여하는 농업정책이나 사회정책이 유럽통합과정에서 발생하는 사회적 약자와 취약계급을 보호함으로써 불평등을 최소화하는데 그 목표를 두고 있는 데서 잘 알 수 있다. 유럽통합을 이끄는 쌍두마차인 독일과 프랑스는 '사회적 유럽(Social Europe)'이라 불리는 전통적 가치를 강조하며, 미국 사회의 생활수준이나 미국식 민주주의 제도, 사법관행에 대해서는 비판적 입장을 갖고 있다.

4) 유럽통합의 전망

2008년은 유럽 국가들이 로마조약에서 서명해 EU의 모태인 EEC를 출범시킨지 50주년이 되는 해이다. EU는 이제 28개 회원국, 약 4억 9천만명의 유럽인과 가치를 공유하는 거대한 정치·경제 공동체가 됐다. 미국과 일본과 더불어 세계경제의 세축을 형성하고 있는 EU는 정치와 군사 관련 현안에 대해서도 국제사회에서 적지 않은 영향력을 행사하고 있다. 그동안 EU는 회원국을 확대하고 통합을 심화시키는데서 자랑할만한 성과를 거두었다. 그러나 해결해야 할 문제가 산적해있는 것도 사실이다. 우선 표류를 거듭하고 있는 EU 헌법안 처리 문제가 있다.

2004년 10월 EU는 로마 유럽이사회에서 '유럽헌법 제정 조약(the Treaty Establishing of Constitution Europe)'을 체결하였다. 유럽헌법은 EU 대통령과 외무장관직 신설, 집행위원회 축소, 유럽의회 의석 확대와 권한 강화, 조건부 다수결제도 도입 등을 주요 내용으로 하는 것이었다. EU 헌법안이 효력을 발휘하면 EU 회원국들은 EU를 대표할 대통령과 외무장관을 선출해 국제 현안에 대한 EU의 목소리를 전달하게 돼, 정치・경제 분야를 막론하고 '하나된 유럽'을 만들려는 EU의 꿈을 실현시킬 수 있다. 그러나 유럽헌법 비준 과정에서 프랑스와 네덜란드의 국민투표에서 반대 결과가 나오면서 난관에 봉착하고 말았다.

EU는 단일 헌법이 몇 개 국가에서 거부당하자 헌법이라는 표현을 피해 '개정조약(Reform Treaty)'이라는 이름의 이른바 '미니 헌법'을 추진하고 있다. 2007년 10월 포르투갈 리스본에서 열린 EU 정상회담에서 채택된 미니헌법은 헌법에서 거론됐던 국기, 국가 등은 언급하지 않고 있으며 EU에 독자적으로 외교조약을 체결할 수 있는 권한도 주지 않고 있다. 내용에는 2년 반의 임기가 보장된 EU 대통령직 신설, 외무장관 대신 '외교안보 고위대표'신설, 회원국별 인구수를 감안한 '이중다수결제' 단계적 도입 등 실질적 통합을 위한 내용이 포함되어 있다. EU는 늦어도 다음 번 유럽의회 선거가 열릴 2009년 상반기까지 새 조약을 비준할 계획으로 있다.

2007년 3월 EU는 '베를린선언'에서 유럽 통합의 과거 성과를 되새겨보고 앞으로의 비전과 목표를 제시한바 있다. 이는 안팎의 도전에 성공적으로 대응하면서 어떻게 유럽의 전통적 가치를 지킬 것인가에 그 초점이 맞춰져 있다. 현재 EU는 적지 않은 문제점도 갖고 있다. EU는 회원국 주권이 점차 축소되는 데 대한 거부감과 노동시장 불안에 따른 극단적 민족주의가 여전히 기승을 부리고 있으며,

'유럽 인구의 노령화'도 활력을 잃은 유럽 경제의 심각한 고민거리다. 역내 불법 이민을 둘러싼 신경전과 신구 회원국 사이의 갈등 등으로 회의적인 시각도 공존하고 있다. EU 확대를 둘러싼 회원국 간 이견도 여전하다. 경제적 수준과 문화가 다른 동유럽 국가들을 새로운 회원국으로 받아들이는데 대한 거부감도 크다. EU 회원국 시민들 중 우크라이나와 알바니아의 EU 편입에 찬성하는 사람들은 많지 않으며, 이슬람 국가인 터키의 경우 종교 문제까지 겹쳐 논란이 가중되고 있다. 이러한 문제들에 직면한 EU 회원국들은 자신들의 이익과 가치를 실현하기 위해 공동의 지혜를 모으고 있다.

한편, 유럽통합의 확대와 심화에 비례해서 유럽시민들의 권리를 보장하고 민주적 규범을 만족시켜 나가려는 EU의 노력은 상당한 성과를 거뒀지만 아직 완전한 것은 아니다. 유럽연합 내 회원국 간의 갈등뿐만 아니라 유럽통합에 이해를 달리하는 국가내의 다양한 세력들 간의 갈등의 존재는 유럽통합의 장래를 불투명하게 하고 있다. 이와 관련하여 유럽 차원에서 국민국가를 뛰어넘는 새로운 통치에 대한 민주적 정통성을 확립하기 위한 다양한 시도가 어떤 성과를 거둘 것인지에도 귀추가 주목되고 있다.

3. 기타 지역주의 사례

1) 북미자유무역협정

북미지역의 경제통합은 1980년대 미국의 주도로 본격화되었다. 미국이 지역통합을 서두르게 된 데는 우선 세계경제가 다극화되고 세계경제에서 차지하는 미국의 리더십이 점차 약화됨에 따라 이에 탄력적으로 대처할 필요가 있었기 때문이다. 특히 유럽통합에 대응하고 교착상태에 빠져든 우루과이라운드에서 유리한 고지 점령의 필요성이 증대되었다. 전후 세계의 국제무역과 금융질서를 지탱해온 '관세 및 무역에 관한 일반협정(GATT)' 체제의 기능 약화로 이를 통한 미국의 통상이익 추구에는 한계가 있어서 쌍무적 협정 방식에 의한 무역장벽의 제거를 통해 미국의 수출증대를 꾀하려는 의도가 있었다. 그리고 미국과 인접한 캐나다와 멕시코 3국은 각기 풍부한 자본과 높은 기술 수준, 천연자원과 저임노동력 등 상호보완적인 경제구조를 갖고 있어, 이들이 유기적으로 결합할 경우 미국경제발전에 새로운 동기를 부여하리라는 판단도 존재하였다. 캐나다와 멕시코 역시 경제통합이 세계 최대의 미국시장에 대한 안정적 진출을 위한 기반을 조성할 것으로 기대하였다. 특히 멕시코는 미국과의 경제통합으로 외국자본이 유입되고 투자가 촉진됨으로써 선진국에 진입될 것이라는 기대가 있었다.

이러한 배경에서 1980년대 중반부터 미국과 캐나다 멕시코 3국 간에 자유무역협정 체결을 위한 협상이 시작되었다. 우선 미국과 캐나다가 1987년 협상을 완료하고 1989년부터 자유무역협정이 발효되었다. 1991년에는 멕시코를 포함한 3국이 북미자유무역협정을 위한 협상을 벌여 1992년 8월에 협상이 타결되었다. 북미자유무역협정(North American Free Trade Agreement: NAFTA)은 비준안이 각 회원국 의회를 통과함으로써 1994년 1월 1일 공식 발효되었다. 협정을 체결한 1993년 당시 북미 3국의 총 GDP는 7조 1천억달러, 교역량은 1조 3,600억 달러, 그리고 총인구는 3억 7천만명으로 NAFTA는 세계 총생산의 35%를 점유하는 최대의 지역경제권으로 탄생하였다. NAFTA는 자유무역협정의 가장 대표적인 사례로 무역・투자 자유화, 서비스 이동, 지적 재산권, 노동과 환경 모두를 다룬 포괄적인 자유무역협정이다. 또한 NAFTA는 선진국과 개도국 간에 체결된 자유무역협정의 드문 사례이기도 하다.

NAFTA로 인해 회원국 간 교역규모는 다른 역외국과의 교역보다 빠르게 증가하였다. 경제적 지표를 보면 미국의 경우 NAFTA가 교역, 고용, 소득, 투자 등에서 다소 긍정적인 영향을 받은 것으로 나오고 있다. NAFTA는 멕시코에도 혜택을 안겨줬다. 외국자본에 대한 각종 투자제한 조치가 해제되면서 외국자본이 북부의 경제특구를 중심으로 급속히 증가하였고, 국내총생산도 성장하였다. 멕시코가 1994년 12월 금융위기 이후 급속히 회복한 것은 월 스트리트의 긴급 구제가 아니라 NAFTA에 의해 촉발된 미국과의 무역 덕분이었다. 하지만 초기에 멕시코가 수출확대로 얻은 혜택은 이후 미국 경기침체와 중국 제품과의 경쟁격화로 줄어들었다. 옥수수농장의 가난한 멕시코 농부들은 대규모 보조금을 받는 미국산 옥수수와 힘든 싸움에 직면했다. 불평등과 수탈로 시달리던 남부의 치아빠스 주민들은 사파티스타민족해방군(EZLN)이라고 알려진 농민게릴라가 되어 반세계화와 자유무역협정, 멕시코 사회의 총체적 개혁을 요구하고 나섰다.

NAFTA가 체결된 후 좋아진 각종 경제지표도 그 내용과 질을 보면 결코 긍정적인 평가만 내릴수는 없다. 우선 대외무역에서 미국이 차지하는 비중이 90%에 육박하는 등 과도한 의존을 보이고 있고, 외국인 직접투자도 특정한 지역과 경제부문에 집중되었고, 투기자본에 대한 규제나 제약이 없어지면서 금융위기에 노출되게 되었다. 고용부문에서는 고용이 감소하고 있고, 대부분의 신규고용도 노동법을 준수하지 않는 '마낄라도라(Maquiladora)' 경제특구에서 이루어졌다. 멕시코의 농축산업이 큰 타격을 받았고, 많은 사람들이 미국으로의 불법이민도 급증하고 있다. 2003년 11월 멕시코는 일본과의 FTA 체결을 끝으로 당분간 어떤 나라와도 FTA를 추가로 체결하지 않겠다는 이른바 'FTA 모라토리엄'을 선언했다. 멕시코는 FTA 모라토리엄을 선언하기 전까지 43개국과 12개의 FTA를 체결했으나 현재 이들 국가와의 무역에서 대부분 적자를 보고 있다.

NAFTA를 주도한 미국의 입장에서 볼 때 NAFTA는 단지 북미 3국 간의 교역증대와 경제통합에만 그치는 것이 아니라 궁극적으로 북미와 중남미를 포괄한 미국 중심의 아메리카 대륙 경제 통합체의 형성이 목표이다. 1994년 12월 미국 마이애미에서 개최되었던 미주 정상회담에서 참가국들은 2005년까지 범미자유무역지대(FTAA)를 출범시키자는데 합의하였다. 그러나 FTAA는 미국과 남미 국가들과는 이해와 이념 차이가 있고 미국 내에서도 자유무역에 대한 반감이 커지고 있어 더 이상 경제통합을 확대하기는 쉽지 않을 것으로 보인다.

2) 동남아국가연합

동남아국가연합(Association of Southeast Asian Nations: ASEAN)은 1967년 8월 8일 태국 방콕에서 인도네시아, 말레이시아, 필리핀, 싱가포르, 태국의 5개 최초 회원국들에 의해 설립되었다. ASEAN 선언문(Declaration)에 의하면, ASEAN의 목적과 지향점은 다음과 같다: (1) 동남아국가들의 평화·번영을 위한 토대를 강화하기 위하여 평등성과 파트너십의 정신으로 공동 노력을 통해서 지역의 경제성장, 사회발전, 문화발전을 촉진시키고, (2) UN 헌장의 원칙에 입각하고 지역국가들 간의 법칙과 정의를 존중하는 관계를 통해서 지역의 평화와 안정을 조성한다. 그러나 ASEAN이 결성된 주요 동기는 정치적인 것이었다. ASEAN은 동남아시아 지역을 불안정하게 할 수 있는 지역문제에 대한 논의와 해결의 장을 마련해 줌으로써 지역 내의 평화와 안정을 유지하는 수단으로 간주되었다. 당시에 베트남전쟁이 진행중이었고, 중국이 동남아시아 국가들의 반군을 공개적으로 지원하는 등 안보불안이 점증하던 상황이었다.

1967년 8월 방콕선언의 조인과 함께 결성된 ASEAN은 모든 참여국들에게 정치적 이익을 안겨주었다. 인도네시아와 말레이시아는 평화적인 관계를 복원하고, 베트남과 인접한 태국은 ASEAN을 통해 남부의 인접국들로부터 동맹관계를 맺고 그들의 지지를 얻을 수 있었으며, 필리핀은 북보르네오에 대한 영유권 주장을 논의하고 해결하는 장을 마련하게 되었다. 무엇보다 협의와 대화를 통해 지역 내의 불확실한 미래에 대처할 수 있게 된 데에 ASEAN의 의의가 있다고 할 수 있다. 그럼에도 ASEAN은 정치적 목표만 지닌 통합체는 아니었다. ASEAN이 설립된 경제적 근거는 자유무역지대나 동남아시아 공동시장의 설립이라는 장기적 목표에 있었다.

실제로 말레이시아 싱가포르를 제외하고 ASEAN 회원국들 간의 무역이 총무역에서 차지하는 비중은 매우 낮았다. 1967년과 1960년대 초 회원국들의 총 무역규모 중 ASEAN이 차지하는 비중이 12-15% 정도에 불과하였다고 추정된다. 1970년대 중반 베트남 전쟁이 종식되고 동남아시아 국가들의 국내안정이 이뤄짐에 따라 ASEAN도 점차 경제협력과 경제통합에 보다 주안점을 두고 이를 추진하기 시작하였다. 경제통합은 인구 약 5억명에 면적 4백5십만 평방킬로미터의 단일시장이 생긴다는 것을 의미하며, 나아가 ASEAN 국가들이 EU나 NAFTA 등 다른 지역기구로부터 더 좋은 조건들을 얻어낼 수 있고 국제무대에서 좀더 강력한 목소리를 낼 수 있는 것을 의미한다.

초기의 ASEAN 경제협력 계획은 부분적으로 회원국가들 간의 무역이 취약했던 상황을 충분히 반영할 수 있는 목표를 설정했다. 이 중 하나가 1977년에

ASEAN의 경제무역을 위한 관세 특혜를 조정한 특혜관세협정이다. 10년 후, 마닐라에서 개최된 제 3차 ASEAN 정상회담에서는 회원국들 간의 무역을 더욱 증진시키기 위해 한층 강화된 특혜관세협정 프로그램이 채택되었다. 1992년 싱가포르의 제 4차 ASEAN 정상회담에서는 ASEAN 자유무역지대(AFTA) 구상의 시초가 되는 경제협력강화체제 합의서가 채택되었다. AFTA의 전략적 목적은 하나의 단일생산체로서 ASEAN 지역의 경쟁력 우위를 향상시키는데 두고 있다. 회원국들 간의 관세 및 비관세 철폐는 경제의 효율성, 생산성 그리고 경쟁력을 더욱 확대하기 위한 조치이다. 이후 개최된 ASEAN 정상회담에서는 AFTA 실현을 위한 시간표를 처음의 15년에서 10년으로 단축하고, 회원국 간 무역에 대한 관세를 인하하는데 합의하였다. 무역과 투자의 자유화와 함께 동남아시아의 지역경제통합은 국가 간 주요 고속도로와 철로네트워크, 해양교통을 위한 주요항구와 해양항로, 내륙의 수로교통과 주요 민간항공연결망을 구성하는 초ASEAN 교통네트워크를 추진되고 있다.

현재 ASEAN 회원국들은 높은 저축율과 투자율, 외국인 투자의 유입, 높은 교육수준 등에 힘입어 여러 면에서 높은 경제성장률을 기록하고 있다. 외교적으로도 ASEAN은 중국, 일본, 한국을 비롯한 아시아·태평양지역 국가들과의 협력적 연대를 도모하고 있다. 그러나 ASEAN은 회원국 간의 경제발선 수준 차이가 크고, 정치체제도 동질적이지 않은데서 EU와 같은 통합의 수준에 이르기 까지는 쉽지 않으리라 보인다. 국민국가 또는 민족주의에 대한 인식노 여전히 강하다. EU처럼 경제와 정치통합을 달성하기 위한 구심력이 크지 않고, 대신에 글로벌한 환경 속에서 특정 이슈에 대한 연합전선을 구축하는 데 중점을 두고 있다는 점도 EU와 ASEAN의 차이점이라 할 수 있다.

한편, 유럽과 아메리카 대륙과 달리 동북아시아에서는 그 동안 지역 통합 움직임이 상당히 미진했다. 그러나 1997년 외환위기 이후 역내 경제공동체의 필요성이 대두됐고, 중국의 세계 경제에서의 비중이 매우 커지고 역내 무역비중도 전체의 50% 가까이 근접하자 최근 들어 역내 협력을 확대, 강화하려는 움직임이 나타나고 있다. 2008년 말 글로벌 금융위기를 계기로 한・중・일 3국이 통화 스와프 한도를 확대키로 한 것도 역내 경제 협력 움직임의 일환으로 볼 수 있다. 그러나 동아시아 공동체 구상은 중국과 일본의 상호 견제로 인해 다른 지역 협력체나 통합체에 비해 진전 속도도 느리고 통합의 강도도 느슨할 것으로 보인다.

<탐구 과제>

- 지역주의는 다자주의와 어떻게 다른가? 지역주의는 다자주의에 어떤 역할을 하는가?
- 유럽연합은 어떤 역사적 과정을 통해 발전되어 왔는가?
- 유럽연합의 주요한 기구로는 어떤 것들이 있으며, 유럽연합이 수행하는 공동정책들의 특징은 무엇인가?
- 유럽헌법은 왜 난관에 부딪쳤는가? 유럽연합은 하나의 국가처럼 통합을 이룰 수 있을 것인가?
- 북미자유무역협정과 동남아국가연합은 유럽연합과 어떤 차이가 있는가?

〈참고문헌〉

http://www.europa.eu/(EU 공식 웹 사이트)

Delors, Jacques L. J., 김경숙 역, 『거대 유럽의 야망』, 서울: 동아일보사, 1992.

Dinan, Desmond, Origins and Evolution of the European Union, Oxford: Oxford University Press, 2006.

McAllister, Richard, From EC to EU, London: Routledge, 1997.

Monnet, Jean, 박제훈 외 역, 『장 모네 회고록』, 서울: 세림출판, 2008.

Peterson, John & Michael Shackleton eds., The Institutions of the European Union, Oxford: Oxford University Press, 2002.

Tan, Gerald, 권기철 · 김홍구 역, 『아세안: 경제발전과 경제협력』,서울: 전예원, 1997.

Urwin, Derek W., 노명환 편역, 『유럽통합사』, 서울: 대한교과서, 1996.

강경희,"NAFTA 12년 후 '멕시코'", 강석영 외, 『라틴 아메리카의 새로운 지평』, 서울: 한국문화사, 2007.

도충구 · 류건우 외, 『국제경제기구의 이해』, 서울: 학현사, 2001.

박경서, 『지구촌 정치학』, 서울: 박영사, 2006.

이종광, 『유럽통합의 이상과 현실』, 서울: 일신사, 1996.

이종원, 이학규 외, 『국제지역경제』, 서울: 비봉출판사, 1996.

홍익표, 진시원 외, 『유럽연합체제의 이해』, 서울: 백산서당, 2005.

제9장 전쟁과 평화

홍 익 표

〈개요〉

- 전쟁은 둘 이상의 서로 대립하는 국가 또는 이에 준하는 집단 간에 군사력을 비롯한 각종 수단을 사용해서 일정 규모 이상의 사상자와 파괴를 불러일으키는 사건을 의미한다. 분쟁, 적대행위, 테러 등은 전쟁과 연관되지만 구별되어 사용된다.
- 미국의 국제정치학자인 월츠(Kenneth N. Waltz)는 전쟁의 원인을 인간 자신, 개별 국가의 성격, 그리고 국제체제의 조건이라는 세 가지 이미지로 설명한다. 대부분의 학자들은 전쟁의 원인을 크게 미시적 접근과 거시적 접근으로 나눠 설명하는 데 전자는 미시적 차원의 심리학적 접근을, 후자는 거시적 차원으로서 사회학적 및 정치학적 접근을 시도한다.
- 전쟁에 대한 이론은 매우 다양한데 대표적으로는 문명충돌론을 비롯해서 민족주의론, 제국주의론, 세력균형론, 합리적 선택이론 등이 있다. 이 중에서 문명충돌론은 헌팅턴(Samuel P. Huntington)이 개진하였는데 그는 21세기는 이념이나 경제 대신 종교를 구심점으로 한 '문명'이 국제 분쟁을 주도할 것이라고 주장하였다.
- 2차 세계 대전 이후 발생한 대표적인 분쟁과 전쟁으로는 팔레스타인 분쟁과 중동전쟁, 베트남 전쟁, 발칸분쟁, 아프가니스탄 전쟁과 체첸 전쟁 등을 들 수 있다.
- 노르웨이 출신의 평화학자인 갈퉁(Johann Galtung)은 평화를 전쟁을 포함한 직접적 또는 물리적 폭력이 없는 '소극적 평화(negative peace)'와 간접적 또는 구조적 폭력 및 문화적 폭력까지 없는 상태인 '적극적 평화(positive peace)'로 나눠 설명한다.
- 평화는 현재 인류에 있어 가장 시급하고도 힘겨운 과제다. 평화를 달성하기 위한 방법으로는 군비축소, 분쟁해결의 제도화, 평화운동, 평화교육 등이 있다.

〈학습목표〉

- 전쟁이란 무엇을 의미하며, 왜 발생하는지 이해한다.
- 전쟁에 대한 대표적인 이론으로는 어떤 것이 있는지 이해한다.
- 전 세계적으로 대표적인 전쟁과 분쟁은 어떤 것이 있는지 이해한다.
- 평화에 대한 대표적인 이론인 적극적 평화론을 이해한다.
- 전쟁을 방지하기 위한 방법으로는 어떤 것이 있는지 이해한다.

1. 전쟁이란 무엇이며 왜 일어나는가?

전쟁은 인류역사를 통해 언제 어디서나 있었고 지금도 끊이지 않고 있다. 이러다 보니 전쟁이란 말은 단지 학자들뿐만 아니라 일반 대중들도 흔하게 사용하는 진부한 용어로 자리 잡았다. 전쟁이 종종 모호하고 일관성 없이 사용되고 있는 것도 사실이다. 이런 까닭에 전쟁에 대한 분명하고 유용한 개념정의가 쉽지 않게 되었다. 전쟁에 관한 많은 정의 중에서 대다수 국제관계학자들이 동의하는 것은 전쟁을 둘 이상의 서로 대립하는 국가 또는 이에 준하는 집단 간에 군사력을 비롯한 각종 수단을 사용해서 일정 규모 이상의 사상자와 파괴를 불러일으키는 사건이라 본다. 그러나 전쟁이 어느 정도의 군사력이 사용되고 사상자가 발생해야 되는지에 대해서는 학자들 간에 합의된 것이 없다.

가장 유명한 전쟁에 대한 정의는 독일의 장군인 클라우제비츠(Carl von Clausewitz)가 내렸다. 그는 <전쟁론>에서 전쟁이란 우리의 의지를 구현하기 위해 적을 강요하는 폭력행동이라고 설파했다. 나아가 전쟁은 정치적 행동일 뿐만 아니라, 진정한 정치적 도구이고 정치적 교류의 연속이며 다른 수단에 의한 정치적 교류의 실행이라고 강조했다. 이러한 클라우제비츠의 지적은 전쟁이 정치적 상황에서 출발하며, 정치적 동기를 통해 유발되고, 정치적 수단에 의해 해결된다는 점을 밝혔다는 점에서 지금까지 많은 이들에 의해 인용되고 있다. 나아가 이 지적은 갈등을 원만하게 해결하지 못하는 무능력한 정치가 결국 전쟁을 유발할 수도 있다는 점을 보여준 데서 그 의의를 찾을 수 있다.

국제관계학에서 전쟁이란 부족, 민족, 국가, 정치단체 등과 같은 각종 집단 상호간에 발생하는 무력 투쟁을 의미하지만, 일반적으로는 주권국가 상호간에 행해지는 조직적인 무력투쟁을 지칭하는 경우가 대부분이다. 대표적으로 퀸시 라이트(Quincy Wright)는 전쟁을 상당 기간 동안에 걸친 상당 규모의 무장력에 의해 행해지는 주권국가를 주축으로 한 정치집단 간의 분쟁이라 정의한다. 물론 오늘날의 전쟁은 비단 국가 간에만 행해지는 것은 아니다. 상이한 집단안전보장체제에 속한 국가집단 간에 일어날 수 있고, 내란을 일으킨 정치단체도 국제법상으로 정식적인 전쟁의 주체가 될 수 있다. 전쟁의 수단에 있어서도 한 국가가 명시적으로나 묵시적으로 전쟁개시의 의사표시가 있을 경우에는 현실적으로 무력행동의 유무에 관계없이 전쟁상태로 간주되고 있다.

전쟁과 혼용되는 용어로 분쟁, 적대행위, 테러 등이 있다. 이들 용어는 그 내용이 전쟁과 관련이 있지만 엄격하게는 구별되어 사용된다. 우선 분쟁은 전쟁보다 포괄적인 의미를 지닌 용어로 사회구성원이나 집단 간에 기존의 균형이나 질서를 동요하고 혼란시키는 행동을 말하며 대립이나 투쟁 등을 포함한다. 적대행위 역시 전쟁과 다른 의미로 쓰인다. 경제, 정치, 종교 영역에서 근본적인 이해관계가 대립되어 서로 적대관계에 놓인 결과 일어나는 행위가 반드시 전쟁으로 이어지지는 않는다. 한편, 테러는 특정한 목표를 달성하기 위해 비합법적인 강제나 폭력을 써서 적이나 상대편을 위협하거나 공포에 빠뜨리게 하는 행위를 말한다. 프랑스혁명 시기 자코뱅의 공포정치(régime de terreur)에서 유래한 테러는 1960년대 중반 이후 역시상 전례가 없는 규모로 확산되었다. 테러행위들이 복합적인 차원에서 정당화되었고, 수단도 다양화되었으며, 테러십난들 산에 국세적인 협력이 시도되는 등 국제화되었다. 상징적 의미를 지닌 목표물에 대한 공격이 증가되고 무차별적인 대량 인명 살상을 목표로 하는 테러행위도 증가하고 있다. 테러가 전쟁으로 연결된 경우도 있는데, 2001년 9·11테러가 발생한 후 미국과 동맹국들은 오사마 빈 라덴(Osama bin Laden)과 그가 조직한 테러조직 알 카에다(Al-Queda)를 보호하고 있는 아프가니스탄의 탈레반 정권을 상대로 전쟁을 벌였다.

그렇다면 전쟁은 왜 일어나는가? 미국의 국제정치학자인 월츠(Kenneth N. Waltz)는 전쟁의 원인을 갈등이론적 입장에서 분석하는데 이는 전쟁의 원인을 분석하는 데 유용한 출발점을 제공해 주고 있다. 월츠는 전쟁이 발생하는 데는 세 가지 상이한 이미지나 설명조합(sets of explanation)이 있다고 말한다. 첫 번 째 이미지는 전쟁발생의 주요 원인은 인간 자신(man himself)에게 있다는 것이고, 두 번 째 이미지는 개별국가의 성격(nature of individual states), 즉 한 국가의 정부형태나 그 사회의 성격에 있다는 것이다. 세 번 째 이미지는 전쟁의 원인이 국제적 무정부라고 규정하는 국제체제의 조건에 있다는 것이다. 이러한 세 가 지 차원 가운데 첫 번 째 것은 미시적 차원의 심리학적 접근으로 설명되며, 두 번째와 세 번 째 것은 거시적 차원으로서 사회학적 및 정치학적 접근이 사용된다.

미시적 접근은 전쟁을 인간의 심성론과 심리적인 측면 및 인지과정을 통하여 설명한다. 예를 들어 성악설에 기반한 인간본성론은 인간의 이기적이고 악의적이며 공격적인 특성을 강조한다. 이에 따르면 전쟁은 인간의 이기심, 잘못 인도된 공격적 충동, 어리석음 등의 결과로 발생한다는 것이다. 이 접근은 전쟁이 발발하는 데는 특히 지도자의 성격과 의지, 판단이 중요하게 작용한다고 한다. 예를 들어 1차 대전의 빌헬름 1세, 2차 대전의 히틀러와 무솔리니, 한국전쟁의 김일성, 중동전쟁의 나세르 등의 정치적 선택이 전쟁을 유발하였다고 한다. 히틀러의 경우 1941년의 독일의 러시아를 향한 공격결정은 그가 가지고 있었던 종족적, 이념적 우월성과 뿌리 깊은 열등감이 작용하였다고 지적한다.

거시적 접근은 인류학, 사회학, 국제정치학자들이 취하는 접근법이다. 이들은 계급갈등이나 계층화, 권력과 부의 불균등한 배분, 자원 쟁탈, 민족 혹은 종교적인 갈등, 그리고 제3세계의 경제근대화와 정치근대화의 괴리 등에서 전쟁이 발발한다고 한다. 이들은 인류적, 사회적 구조와 성격에서 분쟁과 전쟁의 원인을 찾는다. 예를 들어 발칸반도에서 발생한 보스니아 내전과 코소보 전쟁, 베트남과 튀니지 등 아시아와 아프리카의 식민지에서 발생한 민족해방전쟁은 민족 혹은 종교적 갈등이 분쟁과 전쟁으로 연결된 대표적 사례이다. 체첸전쟁은 민족과 종교의 이질성에 석유자원을 둘러싼 갈등이 전쟁으로 비화한 경우이다.

도날드 케이건(Donald Kagan)은 그의 저서인 <전쟁의 기원과 평화의 보전에 대하여>에서 기원전 5세기 그리스의 학자인 투키디데스가 국가 속의 조직화된 사람들이 왜 전쟁을 하는 가에 대한 이유를 명쾌하게 설명했다고 지적한다. 케이건에 의하면 전쟁을 '권력을 얻기 위한 무기경쟁'으로 이해한 투키디데스는 인간이 힘을 추구하는 이유로 '두려움과 이익, 명예추구'를 들었는데 이는 현재에도 전쟁의 원인을 설명하는 데 유용하다고 한다. 투키디데스는 펠로폰네소스 전쟁이 아테네제국의 성장과 팽창에 대한 지나친 탐욕 그리고 그로 인해 스파르타에 조성된 두려움 때문이라고 믿었다. 케이건은 아테네가 전쟁저지 능력이 부족했고 전쟁의 승리를 보장해주는 어떤 전략도 없었기 때문에 결국 전쟁에 패했다고 지적한다.

케이건에 따르면 펠로폰네소스 전쟁에 대한 투키디데스의 지적은 1차 세계대전에도 적용 가능하다. 즉, 20세기로의 전환기 독일은 전 세계에서 가장 강력한 군사력을 지니고 있었으며 유럽대륙에서 가장 강렬하고 역동적인 경제를 이룩했는데 특히 북해에 집중된 독일의 지속적인 대규모 군함의 건조는 점증하는 영국의 의심과 두려움을 정당화시키기에 충분했다고 한다. 독일은 영국해협에서 우크라이나 반도에 이르기까지 유럽대륙을 점령하여 지배하고, 그 경제적 자원을 착취하고 그것을 세계제국 건설을 위한 전진기지로 사용하기를 원했다는 것이다. 케이건은 기존의 힘의 분배를 자신에게 이로운 방향으로 변화시키려는 독일로 인해 영국은 국가적 영향력과 안보상의 상당한 손실을 감수하지 않기 위해 어떠한 반격이든지 가할 수밖에 없었다고 한다. 그러나 영국은 자신의 정책에 맞게 전략적 능력을 조절하는데 실패했다는 것이다.

2. 전쟁에 관한 이론들

전쟁에 관한 이론은 매우 다양하다. 이 중에서 많이 논의되는 이론으로는 문명충돌론, 민족주의론, 제국주의론, 세력균형론, 합리적 선택이론 등을 들 수 있다. 학자들 간에 적지 않은 논란을 야기한 문명충돌론은 미국의 정치학자인 사뮤엘 헌팅턴(Samuel P. Huntington)이 1996년 출간한 <문명의 충돌>에서 개진되었다. 이 책에서 헌팅턴은 21세기는 이념이나 경제 대신 종교를 구심점으로 한 문명이 국제 분쟁을 주도할 것이라고 주장한다. 헌팅턴에 따르면 탈냉전 시대의 세계정치는 국가 단위 패러다임이 중심이었던 냉전 체제와는 달리 문명에 의해 규정된다고 주장한다. 국가는 역사적 시기에 따라 자신의 이익을 다르게 추구하는데, 세계화가 전개되면서 각 국가들은 공통되거나 유사한 문명을 가진 나라끼리 동맹을 맺거나 협력을 하고, 서로 다른 문명을 가진 나라들은 분쟁을 겪게 된다는 것이다. 그의 문명 개념에 따르면 현재 세계에는 중화・일본・힌두・이슬람・정교・서구・라틴아메리카・아프리카와 같은 주요 문명이 존재하고 있다. 이러한 문명을 규정하는 핵심적인 특성은 종교다. 주요 문명이 세계 권력을 재편하는 핵심적인 요소가 된다고 할 때 무엇이 문명의 분열과 공존을 주도하는지에 대해 헌팅턴은 다음과 같이 말한다.

"문화의 판세는 힘의 판세를 반영한다. 정복은 교역을 동반하지 않을 수도 있지만 힘은 거의 예외 없이 문화를 동반한다. 과거의 역사를 보면 한 문명의 힘이 팽창하면 동시에 문화가 융성하였고 그 문명은 막강한 힘으로 자신의 가치관, 관습, 제도를 다른 사회에 확산시켰다. 보편의 문명은 보편의 힘을 요구한다."

예를 들어 소말리아나 르완다에서 벌어지는 부족 간 유혈 충돌은 매우 가까운 주변 국가에 영향을 끼치는 정도이지만 보스니아와 같은 경우는 그렇지 않다는 것이다. 왜냐하면 이념적 체제로 통합되었던 유고슬라비아가 가톨릭을 믿는 슬로베니아와 크로아티아, 이슬람교도가 부분적으로 세력을 잡고 있는 보스니아・헤르체고비나, 정교 인구가 다수를 점하는 세르비아・몬테네그로와 마케도니아로 분열된 것은 결국 종교라는 문명의 경계에 따른 것이기 때문이다. 즉 이들의 분쟁은 유사한 문화적 배경을 지닌 국가 간의 분쟁과 달리 문명적 차이에 의한 것이므로 세계 전체의 위기를 가져올 수 있다는 것이다. 헌팅턴은 특히 "이슬람 국가들은 서구에 점점 덜 우호적인 정책을 취할 것이고 이슬람 집단과 서구 사이에서 간헐적인 소규모의 폭력, 때로는 심각한 폭력사태가 빚어질 것"이라고 예측했다.

헌팅턴의 '문명의 충돌'은 세계적으로 주목을 받았지만 그 안에 내재된 과도한 서 서구중심주의와 논리의 단순함으로 인하여 무수한 비판을 받았다. 그 대표적인 학자가 독일의 국제정치학자인 하랄트 뮐러(Harald Müller)이다. 뮐러는 <문화의 공존>에서 헌팅턴의 문명충돌론을 정면으로 반박하고 나섰다. 뮐러는 헌팅턴의 단순한 세계 이론이 가진 이념적 토대, 실증적인 차원의 결함을 대표적인 사례를 들어 근본적으로 비판한다. 헌팅턴의 논리는 한 마디로 지나치게 단순한 잣대로 복잡한 현상을 싸잡아 설명하려는 '오컴의 면도날'이라는 것이다. 뮐러는 헌팅턴이 다양한 현실을 빛과 어둠의 대립, '우리와 그들'의 대립, 선과 악의 대립으로 이해하게 했다고 주장한다. 이러한 접근 방법은 국제 정치의 본질을 국가 간의 권력투쟁으로 이해하는 현실주의적 입장이며, 기존 냉전이론의 연장이라는 것이다.

뮐러는 복잡한 국제관계를 문명 간의 충돌로 단순화하는 것에 반대한다. 세계질서를 고찰할 때 여러 변수를 염두에 두어야 한다는 것이다. "세계화의 여러 과정들, 예를 들어 각국 국민 경제의 전 세계적인 자본주의화, 현대 기술의 확산, 생태 시스템의 상호 연관, 국경을 초월한 통신의 증가가 함께 파악되어야 한다. 정치 기구의 형식도 – 국가, 국제기구 – 고려되어야 한다. 또 중요한 민간단체, 예를 들어 기업과 비정부 기구도 세계 정치의 행위자로 고찰해야 한다. 마지막으로 역사적 요소, 문명에 따른 가치 체계도 고려되어야 한다." 뮐러에 의하면 순수하게 '문명적인' 갈등은 없다. 다만 문명의 차이가 기존의 전통적인 갈등을 심화시킬 수 있을 뿐이라고 한다.

독일의 국제정치학자로 평화 연구에 몰두해 온 디터 젱하스(Dieter Senghaas) 역시 <의지에 반하는 문명화>에서 헌팅턴의 주장을 반박하고 있다. 그는 헌팅턴이 세계사의 역동적 발전 과정에 대한 이해 부족으로 문명들을 정태적, 단선적, 대립적으로 파악하는 잘못을 범하고 있다고 지적한다. 젱하스는 먼저 각 방면에 나타나는 서구의 근대성이 기독교 문명에 고유한 것이 아니라 최근 몇 백 년 동안 불연속과 혁신을 통해 발전해왔음을 상기시킨다. 예를 들어 농업사회 대신 산업사회가 등장하는 과정에서 전통주의자와 근대주의자는 격렬한 대립을 보였다는 것이다. 따라서 저자는 서구와 비서구 사이 '문명의 충돌'이 아니라 서구를 포함한 각 문화권 내에서 전통과 근대의 '문명 내 충돌'이 더 본질적이라고 주장한다. 근대화에 반발하는 전통주의자들을 근대주의자들이 어떻게 제압하느냐, 그리고 그 과정에서 각 문명의 고유 요소들을 어떻게 활용하느냐가 문명과 세계사의 흐름을 결정한다는 것이다.

민족주의 역시 전쟁의 원인과 관련하여 흔히 거론된다. 민족주의는 다의적인 개념으로 일률적인 정의를 내리기가 쉽지 않다. 중요한 점은 민족주의가 민족에 기반을 둔 국가를 형성하거나 유지, 확대하는 것과 관련된 것이라는 점이다. 대표적으로 칼톤 하에즈(Carlton J. H. Hayes)는 민족주의가 근대의 산물로서 애국주의와 민족의식의 융합체라고 지적한다. 옛부터 내려온 향토애가 민족 또는 민족국가를 대상으로 할 때 출현한 것이 민족주의라는 것이다. 동일한 언어와 공동의 역사적 전통은 민족주의를 구성하는 주요 요소로 지칭된다. 기든스(Anthony Giddens)는 민족주의를 단일한 정치공동체의 일부라는 느낌을 제공하는 상징과 신념의 체계로 정의하고, 이를 고전적 민족주의, 탈식민지 민족주의, 하위문화 민족주의로 구분한다. 고전적 민족주의는 18세기 이래 유럽 민족국가의 형성과 관련된 것으로 대중교육체계의 성장과 관련되어 출현하였다. 국민들은 교육을 통해 그들 자신이 동일한 국가적 공동체 속에 함께 소속되어 있다고 생각하는데 즉 앤더슨(Benedict Anderson)이 부른 '상상의 공동체(imagined community)'를 구성한다. 탈식민지 민족주의는 식민주의 대항 투쟁서 큰 역할을 하는데 대부분 다민족국가, 분산된 공동체와 문화로 구성된 곳에서 두드러진다. 한편 하위문화 민족주의는 성숙한 민족국가들 내부에서 발전된 민족주의 운동에 반대하는 형태로 세계화에 대한 반응으로 지역적 정체성을 강조하기도 한다.

민족주의는 정치적 행동을 동원하는데 기여하는 공동의 정체감과 역사에 대한 의미를 부여하기도 하지만 정치엘리트들이 그들의 지배하에 국가를 통합하기 위해 사용하는 한 방식이기도 하다. 이러한 민족주의는 민주주의 발전에 기여하기도 하지만 다른 한편으로 다른 민족공동체에 대한 적대감을 불러일으키기도 한다. 19세기에서 20세기에 일어났던 거의 모든 파괴적 갈등에는 민족주의가 연관되어 있었다. 정치지도자들은 자신의 권력의 지지기반을 강화하기 위해 대내외적으로 전쟁을 일으키면서 민족감정을 이용하곤 했다. 이 과정에서 독일의 나치나 이탈리아의 파시스트처럼 역사를 날조하거나 허구적 신화를 창조하면서 민족적 정체성을 강조하기도 하였다. 이 경우 민족주의는 배타성을 띠면서 침략적이고 공격적인 모습으로 변질되어졌다. 특히 동유럽처럼 민족구성이 마치 얼룩무늬 양탄자처럼 서로 얽혀 있고 민족형성 과정도 불완전하였던 지역에서 민족주의는 분쟁과 전쟁으로 연결될 가능성이 더욱 크다고 할 수 있다.

제국주의에 입각해 전쟁의 원인을 설명하는 견해도 있다. 제국주의는 나폴레옹 3세의 정책에 최초로 구체적으로 적용되기 시작한 이래 20세기 초 자본주의와의 상관관계를 강조한 것에 이르기까지 긍정적인 함축과 부정적인 의미를 동시에 지녔다고 평가된다. 최근에는 보다 신중하고 중립적으로 제국주의를 한 사회나 국가가 어떤 수단이나 목적에 의해 상대를 지배하려는 경향으로 보기도 한다. 어쨌든 제국주의를 제국을 수립하고 유지하며 팽창하려는 정책이나 과정으로 볼 때 모든 시대에 걸쳐 다양한 형태와 규모로 존재한 영토적 제국들은 빈번하게 전쟁을 일으키거나 전쟁에 개입하였던 사실이 발견된다. 특히 1860년 이후 서유럽의 열강들은 시혜와 책무, 민족의 우월성에 대한 자기 과신, 교육풍토, 호전적 열정을 내세우면서 해외영토에 대해 배타적 요구 및 효율적 통제권을 확보하려고 시도했다. 그 전성기는 제1차 세계대전 직전의 시기로 당시 세계는 제국주의 국가들 간에 더 많은 식민지를 확보하기 위해 군비 경쟁이 치열하게 전개되었다. 그런 점에서 1차 대전은 이미 예견된 전쟁이었다고 할 수 있다.

전쟁의 원인을 설명하는 또 다른 이론은 세력균형론이다. 세력균형은 집단안보와 같이 힘은 힘으로 억제해야 한다는 전제로부터 출발한다. 그러나 근본적인 차이는 세력균형은 국가 또는 국가군간의 세력의 균형에 의해 평화와 질서를 보장하려고 하는 데 반해 집단안보는 어느 한쪽의 지배적인 힘의 우위를 통해 평화와 질서를 확보하려 하는 데 있다. 세력균형은 국제정치의 현실주의 이론에서 제시되는데 이에 따르면 국제사회에 평화와 질서를 가져주는 것은 세력균형이며, 이것이 깨질 때 분쟁과 전쟁이 일어난다고 한다. 유럽에서는 베스트팔렌 조약으로 보편적인 기독교 공동체가 종식되고, 국민국가로 분리되고 이들을 단위로 하는 국제정치체제가 등장한 이후 1945년까지 3세기 동안 다극적 세력균형이 존재하였다. 어떤 한 강대국 혹은 연합이 유럽을 지배하는 것을 국가 간의 유동적이고 경쟁적인 동맹관계를 통해 성공적으로 저지하였다. 예를 들어 1800-1815년 프랑스가 위협국가로 등장하자 영국, 러시아, 오스트리아, 프러시아가 연합하여 나폴레옹을 패퇴시켰다. 다극적 세력균형체제는 1차대전을 계기로 흔들리기 시작하여 2차 대전 후에 붕괴된 후 미, 소간에 양극적 세력균형이 존재하였는데 이 시기에는 핵에 의한 공포의 균형에 의해 세력균형이 유지되었다.

합리적 선택이론(the Theory of Rational Choice)에 입각해 전쟁을 설명하기도 한다. 여기서 합리적 선택이론은 단일이론이 아니라 가치효용론(value-utility theory), 게임이론(game theory), 그리고 사회적 선택이론 혹은 의사결정론(social choice or decision-making theory)을 포함하는 방대한 집합체를 일컫는다. 합리적 선택이론은 자기 이익의 극대화라는 동기적 합리성에 토대를 둔 이론으로 인간은 확실성, 위험부담, 불확실성의 선택상황 아래서 가능한 대안들과 그 결과에 대한 정보를 처리하는 인식적 합리성을 가진 것으로 가정된다. 죄수의 딜레마(prisoner's dilemma)는 게임 이론의 유명한 사례로 협력을 통해 서로 이익이 되는 상황이 아닌 더욱 불리한 상황을 선택하는 문제가 발생되는 것을 보여주고 있다. 신자유주의, 특히 신제도주의는 이 죄수의 딜레마를 이용해 여러 경우의 국제관계에서 나타나는 문제들을 이론적으로 정형화 시키려 노력해왔다. 특히 이 죄수의 딜레마를 이용한 해석은 비합리적으로 보이는 문제들이 어째서 합리적으로 설명될 수 있느냐에 초점을 맞춰왔다. 예를 들어 왜 개별 국가들이 세계적인 환경을 해치고, 자원을 남획하며, 분쟁지역에 무기를 판매하는가에 대한 설명의 준거로 활용되어 왔다.

3. 국제분쟁과 전쟁의 사례

1) 팔레스타인 분쟁과 중동전쟁

팔레스타인은 현재의 요르단, 이스라엘을 포함한 지중해의 동남부 지역에 걸쳐있는 지역을 지칭한다. 유대교와 기독교, 이슬람교의 성지이기도 한 이 지역은 지중해를 사이에 두고 유럽과 아시아를 연결하는 가교 역할을 하는 지점이어서 유사 이래 여러 세력의 각축장이 되어왔다. 20세기부터는 유대인과 아랍인들 간에 끊임없이 갈등과 반목, 유혈사태가 발생한 지구촌의 대표적인 분쟁지역이다. 유대인과 아랍인 간의 갈등은 2천여 년에 걸친 오랜 역사적 배경을 갖고 있다. 기원전 15세기 경에 유대인의 성조인 헤브라이인들이 아라비아에서 팔레스타인으로 이주하여 왕국을 이루고 번성하였지만 그 후 북부의 이스라엘 왕국과 남쪽의 유대 왕국으로 분열되어 멸망하였다. 신바빌로니아에 강제로 끌려가 머문 이른바 '바빌론 유수'에서 풀려나 팔레스타인 지역으로 돌아온 헤브라이인들은 다시 로마제국에 의해 박해를 당하고 기원후 70년 이들은 다시 유럽 각지로 흩어지게 되었다. 7세기에 팔레스타인은 이슬람제국의 지배를 받게 되었다.

유럽 각지에서 흩어져 각종 차별과 박해를 받던 유대인들은 19세기 말에 유대인의 국민국가를 건설함으로써 유대민족의 활로를 찾자는 사상이자 운동인 시오니즘(Zionism)을 내세웠다. 이에 따라 헤브라이어의 부활운동과 팔레스타인으로의 귀환운동이 일어나게 되었다. 시오니즘과 더불어 영국의 이중외교 정책이 겹쳐지면서 팔레스타인 분쟁이 본격화되었다. 1차 세계대전이 발발하자 영국은 당시 오스만 투르크 제국의 지배하에 있었던 아랍인들에게 반란을 일으키고 영국에 협력하면 전후에 아랍국가의 독립을 보장한다는 일명 '후세인 · 맥마흔 협정'을 체결하였다. 다른 한편으로 영국은 유대인이 강한 영향력을 갖고 있던 미국의 참전을 끌어내려는 목적으로 "영국 정부는 팔레스타인에 유대인의 국가가 수립되는 것을 적극 지지한다"는 일명 '벨푸어 선언'도 발표하였다. 이에 아랍인들은 심한 배신감을 갖게 되었다. 1차 대전 후 팔레스타인은 영국의 위임통치를 받게 되는데 당시에 유대인들의 이주가 늘어나면서 아랍인들과 충돌이 흔하게 발생하였다.

영국의 약속은 끝내 지켜지지 않았다. 1947년 2월 영국은 팔레스타인 문제를 해결할 능력이 없다는 포기 선언을 하고, 이를 국제연합으로 이관하였다. 이에 국제연합은 특별위원회를 구성하여 이 지역에 유대-아랍 연방국을 건설하는 방안과 아랍국과 유대국을 개별적으로 건설하는 두 가지 방안을 마련하여 표결을 통해 개별 국가 건설 방한을 최종적으로 의결하였다. 이에 따르면 팔레스타인의 북쪽지방과 갈릴리 지방, 남쪽의 네게브사막은 유대인 구역으로, 가자지구와 요르단강 서안을 포함한 나머지 구역은 아랍인 구역으로 분할한다는 것이었다. 이 결정에 대해 아랍인들은 거세게 반발한데 비해 유대인들은 이를 즉시 수용하였다. 그 결과 1948년 5월 14일 텔아비브에서 벤구리온 초대 수상이 이스라엘의 독립을 선언하게 된다.

이스라엘이 독립을 선언하자 그날 밤 주변의 아랍국인 이집트와 요르단, 레바논, 시리아, 이라크 등이 이스라엘을 침공하면서 제1차 중동전쟁이 발발하였다. 1차 중동전쟁은 이스라엘의 일방적인 승리로 끝나 이스라엘은 영국이 위임통치하던 서부 팔레스타인의 80%를 차지하였다. 이 전쟁으로 많은 팔레스타인 아랍인이 사망하고 100만 명에 달하는 난민이 발생하면서 유대인에 대한 아랍인들의 증오와 복수심은 더욱 커지게 된다. 이후 1956년(수에즈 전쟁), 1967년(6일 전쟁), 1973년까지 4차에 걸쳐 중동전쟁이 발발하였다. 1977년 미국 카터대통령의 중재로 이스라엘의 베긴수상과 이집트의 사다트대통령 사이에 ‘캠프 데이비드 협정’이 체결되었다. 이스라엘은 점령지 시나이 반도를 이집트에게 반환하는 대신 자국 선박의 수에즈운하 이용권을 부여받았고, 점령지인 가자지구, 골란고원, 요르단강 서안, 동예루살렘은 이스라엘이 계속 관리하기도 하였다. 표면적으로 평화가 정착되었지만 팔레스타인 난민문제는 미해결로 남았다.

이스라엘에 대한 팔레스타인 아랍인들의 조직적인 투쟁은 1964년 팔레스타인 해방기구(PLO)가 결성되면서 본격화되었다. 1969년 PLO 의장으로 취임한 아라파트(Jassir Arafat)는 무장투쟁조직을 결성하고 게릴라전을 통해 이스라엘에 저항하였다. 가자지구의 피난민수용소에서 이스라엘의 지배에 대한 집단적인 저항인 이른바 인티파다(Intifada)가 전개되었다. 아랍어로 ‘반란’, ‘봉기’를 의미하는 용어인 인티파다는 팔레스타인 아랍인들의 반이스라엘 투쟁을 지칭하는 용어로 일명 ‘돌의 투쟁’이라고도 불린다. PLO는 1988년 11월 15일 이스라엘 점령지인 동예루살렘을 중심으로 한 요르단강 서안지구에서 팔레스타인 독립 국가를 선언하였다. 1993년과 1995년에 걸친 두 차례의 중동평화협정 체결로 가자지구와 요르단강 서안 지구에 팔레스타인 아랍인의 자치가 실시되고 팔레스타인 자치정부 출범이 합의되었다. 1996년 1월 자치정부 구성을 위한 총선거가 실시되어, 아라파트가 초대 대통령으로 선출되었다. 그러나 자치정부 출범 후에도 팔레스타인 최대 무장투쟁단체로 인티파다를 주도하는 하마스 등 과격단체들의 테러행위가 계속되고, 이스라엘 내의 우파들 역시 강경한 정책을 견지하면서 이 지역의 평화는 좀처럼 오지 않고 있다. 팔레스타인인들은 이스라엘이 점령지 전체에서 철수해야 된다는 입장이고 이를 이스라엘이 수용할 가능성도 그리 높지 않아 앞으로 이를 둘러싼 갈등은 계속될 전망이다.

2) 베트남 전쟁

베트남 전쟁은 20세기 중반의 냉전시기에 발생한 대표적인 전쟁이다. 19세기 말 이후 인도차이나 반도에 있는 베트남, 라오스, 캄보디아를 식민지화했던 프랑스는 종전 직후 인도차이나 3국을 다시 수중에 넣기 위해 인도차이나 전쟁을 일으켰다. 이에 대해 일명 '베트민(Viet Minh)'으로 불리는 '베트남 독립동맹'의 지도자로 반제국주의 투쟁을 이끌었고 대중들의 신망을 받고있던 호치민(Ho Chi Minh)은 협상을 이끌었지만 1946년 하이퐁에 발생한 우발적인 사고로 인해 결국 프랑스와 제1차 인도차이나 전쟁이 벌어졌다. 프랑스와 베트민의 전쟁은 1954년 5월 베트민이 프랑스군의 거점인 디엔비엔푸(Dien Bien Phu)를 점령한 후 끝났고 프랑스는 인도차이나 지배에서 손을 떼게 되었다. 그해 7월 체결된 제네바 휴전협정은 북위 17도선을 기준으로 남북 베트남을 잠정 분할하고 2년 뒤인 1956년에 전국 선거를 통해 통일 국가를 수립하기로 결정하였다. 북베트남을 장악한 베트민과 그 지도자인 호치민은 인도차이나 전역의 대중적 지지를 확보한 상태였고, 무난한 선거 승리를 예견하고 있었다.

그러나 평화협정은 지켜지지 않았다. 인도차이나 전쟁에서 프랑스를 지원했던 미국이 남베트남에서 고딘디엠을 내세워 선거를 거부하고 1955년 독자 정권을 수립하였기 때문이었다. 아시아에서 공산주의가 확산되는 것을 두려워한 미국은 디엠 정권에 대해 경제적 지원과 군사적 지원을 하기 시작했다. 남북갈등은 심화되었고 평화적인 통일은 불가능해졌다. 결국 북베트남은 1960년 '베트남 민족해방전선(NLF)'을 결성하여 남베트남을 탈환하기 위한 군사적 대응에 나섰다. 이에 미국의 케네디 정권은 1961년부터 정규군을 투입하고 대규모 폭격 등을 통해 남베트남을 지원했다. 그러나 애초부터 대중적 지지가 부재했던 남베트남의 전세는 불리할 수밖에 없었다. 고딘디엠 정권의 억압정치와 부패에 반대하는 대규모 시위도 확산되었다.

미국은 불리한 전세를 만회하기 위해, 1963년 11월 군사 쿠데타를 일으켜 허약한 고딘디엠을 몰아내고 구엔반티우 군사정권을 수립하였다. 1964년 8월에는 이른바 통킹만 사건을 빌미로 베트남 전역에서 군사행동을 개시하게 된다. 통킹만 사건은 당시 북베트남 어뢰정이 미국 구축함을 공격했다고 주장된 사건이지만 후에 공개된 미 국방부 비밀문서를 통해 존슨 정권이 수개월 전부터 북베트남 공격을 정당화하기위해 꾸며낸 치밀한 자작극이었음이 밝혀졌다. NLF는 지형을 이용한 게릴라전을 폈고, 미군은 북베트남의 주요지역을 폭격하고 남·북베트남 각지의 삼림에 은거한 게릴라들을 찾아내기 위해 곳곳에 고엽제와 제초제를 살포했다. 그 후 1974년 4월 NLF의 남부임시혁명정부가 사이공을 점령해 무력으로 통일을 이룰 때까지 베트남은 가공할 현대 무기들의 실험장이 되었고, 무수한 사람들이 피해를 입었으며, 자연이 파괴되었다. 무엇보다 베트남 전쟁은 냉전 시기에 미국과 소련이 벌인 대리전쟁의 성격을 띠고 있고 이념의 대립, 국익을 위한 보이지 않는 갈등 등 다양한 요소들이 얽혀있는 전쟁이라 평가된다.

3) 발칸 분쟁

민족구성이 복잡하고 여러 종교가 혼재하는 발칸반도는 '종교와 문화의 모자이크'라 불린다. 발칸지역은 로마를 동서로 나누었던 지점이자 수많은 민족이 얽혀있는 곳이며 고대부터 아시아와 유럽지역을 연결하는 군사적 요충지이기도 하다. 이러한 지정학적 요인으로 이 지역은 민족 간 갈등이 끊이지 않았다. 또 강대국들은 발칸반도를 이 대륙에서 저 대륙으로 세력을 뻗기 위해 거쳐지나가는 거점으로 여겼다. 20세기에 들어와서는 1차 세계대전 발발 직전에 발칸동맹의 회원국들과 오스만 제국 사이에, 이어서 세르비아, 그리스, 루마니아와 불가리아 간에 2차에 걸친 전쟁이 발발하였다. 2차 대전 종전 후에 발칸반도에는 유고슬라비아 사회주의 연방공화국이 건국되었다. 유고연방은 크로아티아, 슬로베니아, 보스니아-헤르체고비나, 마케도니아, 몬테네그로, 세르비아의 6개 공화국과 코소보, 보이보디나의 2개 세르비아 자치주로 구성되었다. 유고연방의 정치지도자였던 티토(Josip Broz Tito)는 6개 민족으로 이루어져 있던 구 유고연방이 자신의 사후에 해체될 것을 우려하여 민족문제에 대한 정치적인 연설을 금지하는 등 여러 가지 장치를 마련하였다. 그 중 하나가 코소보 지역에 자치권을 주는 것이었다.

그러나 1992년 유고연방이 해체되면서 민족분쟁이 표면에 부상하였다. 슬로베니아·크로아티아·마케도니아 공화국·보스니아-헤르체고비나가 분리 독립하는 과정에서 전쟁이 발생하였다. 세르비아계 정치지도자 슬로보단 밀로세비치(Slobodan Milošević)는 극단적 민족주의 깃발을 내걸었다. 세르비아인이었던 그는 코소보지역 세르비아인들의 민족적 감정을 부추겨 '대세르비아주의', 즉 세르비아인에 의한 남슬라브족의 정치적 통일을 이루려는 민족주의를 제창하며 유고연방을 몇 개의 민족별 나라로 분리시키고 신 유고연방을 만들었다. 그의 궁극적인 목적은 민족적 성지인 코소보를 세르비아에 합병시키는 것이었다. 이는 주변의 민족주의와 충돌하면서 크로아티아내전(1991-1992), 보스니아 내전(1992-1995), 코소보내전(1998-1999) 등 발칸반도 유혈투쟁으로 연결되었다. 그는 네덜란드 헤이그의 국제유고전범재판소에서 인종 학살, 전쟁범죄, 반인륜범죄를 저지른 혐의로 재판을 받던 중 사망했다.

보스니아내전은 발칸반도의 복잡한 민족구성과 역사가 원인이 되어 탈냉전 이후 보스니아 회교정부 및 크로아티아와 신유고연방의 지원을 받는 보스니아내 세르비아계 사이에서 발발한 분쟁이다. 유고연방이 해체되기 시작할 무렵인 1992년 보스니아는 유고연방으로부터 독립을 선언하였고, 보스니아내 소수민족인 세르비아계도 보스니아에서 독립을 선언하였다. 이어 1992년 4월 유럽연합(EU)이 보스니아 독립을 승인하자 이에 반발한 세르비아계와 유고연합군은 보스니아회교정부를 공격하였다. 탈냉전 이후 보스니아 내전은 유럽안보를 위협하는 가장 큰 요소로 등장하였고 이에 개입을 미루어 오던 UN이 군사개입을 천명하고 나섰다. 휴전과 재확전을 반복하던 보스니아 내전은 1995년 12월 미국의 주도하에 극적으로 분쟁 당사자와 신유고연방간에 평화협정이 체결되어 전환을 맞게 된다.

코소보는 알바니아계 주민이 전인구의 80% 가까이를 차지하지만 영토는 신유고연방에 속해 있는 자치주이다. 그래서 절대다수를 차지하는 알바니아계 주민들은 세르비아로부터의 분리 독립을 바라고 있었다. 1998년 3월 초 코소보의 알바니아 분리주의 반군들이 세르비아 경찰을 공격하면서 코소보사태가 시작되었다. 보스니아내전의 종식으로 한 동안 잠잠하던 발칸반도가 다시 전화에 휩싸이게 된 것이다. 세르비아 경찰은 즉각 반격에 나서 반군은 물론, 반군 거점지역의 주민들을 대량학살 하였다. 이에 맞서 알바니아계 주민들은 코소보해방군(UCK)을 중심으로 게릴라전을 전개하였다. 1998년 3월 31일 UN은 유고연방에 대한 무기금수조치를 내렸으며, 1998년 4월 세르비아의 탄압에 대한 알바니아계 주민의 시위가 확산되었다. 세르비아는 1998년 5월 3일 대규모 소탕작전을 전개하여 수십 명의 알바니아계 반군을 사살하고, 알바니아계 주민들을 대상으로 이른바 인종청소작전을 펼쳤다. 이를 피해 코소보로부터 탈출하는 알바니아계 주민들이 러시를 이루었다.

1998년 6월 코소보사태에 대한 개입을 선언한 미국과 유럽연합은 NATO 병력을 코소보 주변에 배치하고 코소보로부터의 세르비아 병력의 철수, 잔혹한 인종청소의 중단을 촉구하였다. 그러나 세르비아군은 이를 무시하고 1998년 8월 코소보해방군의 주요거점을 함락시켰다. 1998년 10월 나토는 세르비아에 대한 무력 사용을 결정하였다. 그러자 세르비아의 밀로셰비치 대통령은 1999년 2월부터 3월 말까지 몇 차례에 걸쳐 서방측과 코소보 평화협상을 가졌다. 그러나 협상은 모두 실패로 끝나고, 3월 24일 나토는 유고연방에 대한 공습을 시작하였다. 6월 3일 마침내 세르비아 의회가 UN의 평화계획을 승인하였다. 6월 5일부터 나토와 유고연방 간에 군사회담이 열렸고, 9일에는 군사협정이 체결되었다. 이로써 나토의 유고공습이 시작된 이래 11주간 계속된 코소보사태는 수습되고 평화안 이행에 들어갔다.

4) 아프간 전쟁과 체첸 전쟁

아프간전쟁과 체첸전쟁은 구소련과 러시아가 치른 전쟁이라는 공통점을 갖는다. 베트남이 미국에게 수렁이었듯이 아프가니스탄과 체첸은 러시아에게 많은 희생을 초래하였다. 또한 베트남전쟁과 아프간전쟁은 미국과 소련의 대리전이기도 하다. 냉전 시기 미국과 소련 양국은 직접 싸우기가 힘들어 제3국을 도와 상대방의 약화를 기도하였다. 1960년대 베트남전쟁 당시 소련은 군수물자를 북베트남에 대 줘 미국에 대항하도록 도왔고, 1980년대 아프간전쟁에선 미국이 무자헤딘(무슬림 전사)에게 군수물자를 댔다. 9.11테러의 기획자로 알려진 오사마 빈라덴도 미국의 대리전에 참여했던 인물이다. 미, 소 양국은 대리전의 목적을 이뤘다. 미국은 막대한 전쟁비용과 인명피해를 치르고도 베트남에서 불명예스럽게 물러났고, 아프가니스탄을 침공한 소련도 마찬가지였다.

아프가니스탄은 국제무대에서 맹위를 떨쳤던 영국이 19세기와 20세기 초에도 군사적인 장악을 시도했다가 실패한 뒤 몰락의 길을 걷게 한 무대였다. 유라시아 대륙 중앙부에 위치한 아프가니스탄이 '침략사의 무덤'이라는 별칭을 갖게 된 것도 이 때문이다. 영국은 1839년, 1879년, 1919년 3차례 아프가니스탄 장악을 시도했으나 모두 실패했고, 그 후 힘이 빠져 패권 시대를 마감했다. 소련은 1979년 아프간을 침공한 뒤 5만 병력을 잃고 1989년 철수했다. 소련은 우세한 무기와 병력을 이용하여 아프가니스탄을 순식간에 점령하지만 산이 많은 아프가니스탄의 환경을 이용한 무자헤딘의 집요한 공격을 받으면서 끝없는 소모전에 휘말릴 수

밖에 없었다. 결국 많은 피해를 입은 채 소련은 1989년 아프가니스탄에서 철수하였다. 전문가들은 현대무기로 무장한 소련마저 무릎을 꿇은 데는 외국군의 작전에 불리한 산악 지형, 복수를 최우선으로 여기는 아프가니스탄 부족의 행동 규범, 외국군에 대한 적대감 등을 그 요인으로 제시한다. 아프간 전쟁의 후유증은 소련 해체의 한 원인으로 작용하였다고 평가된다.

체첸은 카스피해와 흑해 사이의 코카서스 지역 위치 공화국으로 1859년 이래 러시아제국과 소련의 통치를 받아왔다. 1991년 일방적으로 독립을 선포한 체첸에 러시아는 전면공격으로 대응하였다 1996년 평화협정을 맺고 철수하였다. 그러나 폭탄테러로 1999년 2차 체첸 전쟁이 발발하였다. 체첸전쟁은 두 가지 다른 성격을 지녔다. 러시아로부터 독립하기를 바라는 체첸 사람들에겐 민족독립전쟁이고, 모스크바 크렘린 당국의 눈에는 '체첸 테러분자들과의 전쟁'이다. 러시아 정교를 믿는 러시아와는 달리 이슬람교도들인 체첸 분리주의자들은 그들의 투쟁을 해방전쟁이라 여긴다. 역사적으로 체첸이 러시아에 자발적으로 합친 적이 없고, 오로지 힘으로 정복당했다고 주장한다. 그러나 러시아는 체첸을 놔 줄 경우 러시아 안의 소수민족들이 체첸을 본받아 너도나도 분리운동을 평 가능성 때문이다. 그러나 보다 결정적인 배경은 석유이다. 체첸은 러시아의 중요한 석유생산지로 전략적 중요성을 지닌 국가이다. 여기에 카스피해 생산 석유를 러시아와 흑해연안으로 공급하는 송유관이 체첸의 영토를 관통하고 있다. 만일 체첸에 석유가 나지 않고 송유관이 관통하지 않았더라면 체첸전쟁은 없었을 것이다. 체첸전쟁은 전쟁에서 석유자원이 지닌 정치경제적 비중을 잘 보여준다.

4. 소극적 평화와 적극적 평화

평화의 사상은 그 역사적 뿌리가 매우 오래 되었다. 예를 들어 평화의 사상은 이사야 신학과 같은 고대 기독교 사상을 비롯하여 플라톤의 고대 그리스 사상, 아우구스티누스의 평화관과 파두아의 마르실리우스 및 오캄의 평화론, 그리고 단테를 거쳐 칸트를 중심으로 한 근대의 평화사상으로 발전하였다. 전쟁 역시 고대 그리스의 투키디데스서부터 시작하여 근대의 클라우제비츠, 그리고 현대의 총력전과 핵전쟁이론에 이르기까지 다양한 형태로 발전해 왔다. 이러한 학문적 관심은 전쟁과 평화가 유럽의 질서에 깊은 영향을 미쳤다는 것을 잘 보여준다.

고대부터 평화는 모든 존재의 가장 조화적인 상태를 구성하는 것에서부터 기독교적인 사랑의 계명을 현실적인 삶에 적용시키는 것, 혹은 적대감이 제거되고 보편적인 이성의 법이 실현된 상태 등 시대별로 그 내용을 달리하며 그 의미가 강조되었다. 특히 국민국가를 단위로 구획화되고 산업화가 추진되는 근대사회에 들어서면서 사회균열이 확대되고 국가간 분쟁이 빈번해 지면서 이를 해결하려는 다양한 방안이 평화와의 연관 하에 제시되었다. 평화는 소망스러운 유럽 질서의 한 부분을 차지하는 것으로 간주되었다.

최근에는 평화가 단순히 전쟁과 폭력의 부재상태일 뿐만 아니라, 나아가 직접적 폭력, 구조적 폭력, 문화적 폭력 등과 같은 다양한 종류의 폭력을 제거하거나 감소시키는 것, 그리고 비폭력적이고 창조적인 갈등의 변형을 의미하는 것으로도 그 논의가 진전되었다. 한편 전쟁은 근대에 정치의 기능적 수단이거나, 각자 고유한 논리를 지닌 국가들 간 교통의 특수한 형태로 간주되었던 데 비해, 최근에는 폭력에서 연원 하는 갈등이 비화하거나, 혹은 갈등이 위기를 거쳐 발생된다고 설명된다. 전쟁과 관련한 사상은 평화와의 연관 하에 중세부터 최근까지 시기적으로 내용을 달리하면서 전개되었는데 이를 시기별로 살펴보면 다음과 같다.

〈표 1〉 전쟁과 평화의 시기별 교통형태

시기	전쟁의 형태	특징	평화사상
중세	개별적	결투, 기사대결	신의 평화, 지상의 평화
르네상스	상업적	용병대, 화기	내적으로 구속력 있는 법률체제의 수립, 대외관계에서 전쟁의 제한
근대초기	계산적, 체계적	보병으로의 전환, 제복착용과 훈련의 통일	법제화를 통한 전쟁의 문명화
절대주의	관료적	국군, 군주가 행하는 전쟁	전제적 통치형태의 극복으로서의 법치국가, 자유무역
프랑스혁명	(급진적으로) 민주적	징병, 국제전쟁	전쟁과 평화의 결정에 대한 시민참여로서의 지배의 민주화
19세기	산업적	병역의무군대, 참모부가 계획하는 대량동원, 기동성과 통제의 심화	국제 노동분업의 촉진, 자유무역
20세기	총체적	민간인을 포함하는 국민전쟁	평화주의로서 전쟁에 반대하는 개별저항
1945년 이후	핵전쟁	전체 창조물에 대한 위협	전쟁에 대한 사회적 저항: 반핵, 평화운동

*출처: Meyers(1994), p.77.에서 정치기구와 경제구조를 삭제하고 재구성.

그렇다면 평화문제에 대한 연구는 구체적으로 어떻게 전개되었는가? 냉전시대에 평화 문제에 대한 연구는 미국과 소련 양 진영 간의 가공할 핵무기 경쟁을 반영하여 어떻게 하면 전쟁을 발발하지 못하게 하고 전쟁 없는 상태를 만들 것인가에 그 주안점이 두어졌다. 전쟁과 폭력을 제거하는 방법, 전쟁과 폭력이 발생하지 않는 조건에 대한 연구가 1970년대 중반부터 대학의 평화학 과정과 평화연구소의 설립과 함께 행해지기 시작했다. 그러나 냉전의 종식 이후 민족, 지역, 문화, 종교적 갈등이 급격히 심화, 확산되는 현실에 직면하여, 평화문제 연구는 여러 층위에서 대립과 갈등의 구조적 역사적 요인을 제거하는 것을 그 대상으로 삼게 되었다. 연구 범위도 개인적, 집단적, 국가적, 그리고 지구적 수준의 평화를 연구하는 것으로 확대되면서 학제간 접근이 선호되는 것으로 변화했다.

평화에 대한 연구는 노르웨이의 오슬로 평화연구소(Peace Research Institute Oslo)가 설립되고 그곳에서 요한 갈퉁(Johan Galtung)이 '적극적 평화개념'을 주창하게 되면서 크게 발전했다. 갈퉁은 평화의 개념이 지금까지 전개된 단지 전쟁이 없는 상태나 그 유지에 머물러서는 안 되며 보다 넓은 개념인 인간사회의 통합으로서의 개념으로 전환되어야 함을 주장하게 되었다. 1964년 갈퉁은 'Journal of Peace Research'의 창간사에서 새로운 평화의 개념을 포괄적으로 제시하게 되는데 즉, 기존 전쟁의 부재라는 평화의 개념은 평화를 이해하는데 단지 소극적 차원에 불과하며 여기에다가 인간사회의 통합이라는 적극적 차원이 함께 논의 되어야 한다는 것이었다. 그의 그와 같은 평화에 대한 개념정리는 평화에 대한 본질적 의미 즉, 평화가 구체적인 인간의 문제에 초점을 맞춰 이루어져야 한다는 평화의 근본목적에 대한 논의를 불러일으키는 계기가 되었다. 이와 같은 평화개념의 전환은 이후 '구조적 폭력' 개념으로 더욱 정교화 되었다. 이것은 냉전 시기와는 달리 대규모 전쟁의 위협보다는 지구촌 경제 불균형의 남북문제나 사회의 구조적인 착취, 차별, 인종, 종교 등의 문제가 제3세계를 중심으로 일어나면서 평화에 대한 새로운 의미와 개념을 요구하게 된 것을 시대적 배경으로 하고 있다.

이러한 시각에 입각해 갈퉁은 평화를 전쟁을 포함한 직접적 또는 물리적 폭력이 없는 '소극적 평화(negative peace)'와 간접적 또는 구조적 폭력 및 문화적 폭력까지 없는 상태인 '적극적 평화(positive peace)'로 나눈다. 인류 역사상 평화의 시기는 거의 존재하지 않았거나, 극히 짧았다. 그러므로 평화를 지키기 위해서는 타인으로부터 공격당하지 않기 위한 자신의 파워, 전쟁 억지력이 필수적이다. 소극적 평화는 팍스 로마나(Pax Romana)나 팍스 아메리카나(Pax Americana)처럼 무력에 의한 평화를 가리킨다. 전쟁부재의 내용을 갖는 소극적 평화개념이 두 차례의 세계대전과 냉전 그리고 핵무기 등장이라는 시대적 배경을 두고 주로 서구의 주요한 강대국의 역할을 중심으로 형성된 것이라 한다면 갈퉁이 제기한 적극적 평화개념은 제3세계의 등장과 약소국 간의 갈등과 분쟁 그리고 종교, 민족, 기아 등의 문제가 국제관계의 주요한 이슈로 나타나는 배경을 하고 있다. 이는 냉전시대의 미국과 소련을 중심으로 한 국제관계의 기축이 변화를 보이며 남북문제로 이동하는 것과 아울러 평화연구의 중심대상도 새로운 상황을 맞아 변화를 보이게 된 것을 반영한 것이라 할 수 있다.

갈퉁은 목표로서의 평화뿐만 아니라 수단으로서의 평화로 중요시 한다. 즉 평화를 위해 전쟁을 일으키는 모순은 용인하지 않는 것이다. 적극적인 의미에서 평화란 사회정의의 실현이며, 인권의 옹호와 확대이며, 고통과 궁핍으로부터의 해방에 다름 아니라는 것이다. 그는 또한 폭력에는 신체에 직접 위해를 가해오는 개별적하고 직접적이고 현재적인 폭력이 있는가 하면, 간접적이고 구조적이고 잠재적인 폭력이 있다고 하면서 전자의 예로는 전쟁, 테러, 린치, 폭행 등을 들고 후자의 예로는 나쁜 사회제도, 잘못된 관습, 불평등한 경제, 나쁜 정치나 법률, 환경파괴와 오염, 나쁜 개발 따위를 들었다. 이러한 평화는 평화를 단순히 전쟁이 없는 상황이 아니라 정의가 구현된 상황으로 본 마하트마 간디의 주장과 같은 맥락에서 이해할 수 있다.

그러나 당시 서독의 신학자로서 평화문제를 깊이 연구해오던 볼프강 후버(Wolfgang Huber)는 전쟁의 방지가 긴급한 과제인 현대 세계에서 '전쟁 부재로서의 평화'를 부정적이고 소극적으로 정의하는 데 대해 이의를 제기했다. 소극적 평화라고 하는 개념은 '전쟁이 없다'는 의미에서의 평화를 너무나도 과소평가하고 있고, 어떻게 하면 전쟁이 없는 국제 시스템을 창출할 수 있는가라는 물음을 무의미한 것으로 돌려버릴 우려가 있다고 했다.

평화연구의 새로운 흐름으로 파악되는 것은 1994년 UN 개발계획(UNDP)의 '인간개발보고서'에서 제기된 '인간안보'의 개념이다. 인간안보 개념은 현재 정치와 경제, 교육과 문화 분야 등에서 널리 확산되면서 새로운 평화의 개념으로 인식 되고 있다. 이것은 국가와 국가 사이에서 일어나는 세계적 정세에서 주는 불안보다 일상생활에서 제기되는 기아, 질병, 실업, 범죄 등의 문제가 더 개개인의 안보에 커다란 영향을 준다는 인식에서 비롯된 것이다. 이와 같은 안보개념은 곧 평화의 개념과 같은 것이며 그 이전 제기된 갈퉁의 '적극적 평화' 개념이나 '구조적 폭력'에서 누락된 구체적인 인간 개개인의 존재와 역할의 문제를 인간안보란 개념으로 제기하고, 평화의 내용이 실질적인 인간에 맞춰져야 한다는 것을 나타내고 있다.

5. 세계평화는 어떻게 가능한가?

평화는 현재 인류에 있어 가장 시급하고도 힘겨운 과제다. 앞에서 살펴 본 것처럼 평화의 의미가 전쟁반대의 개념에서 사회의 구조적 착취문제, 기아, 질병, 실업과 환경 등에 이르기까지 폭 넓게 확대되는 등 평화연구가 진척되어왔지만 우리가 살고 있는 세상은 평화연구 만큼 실제적으로 평화가 이뤄지지 못하고 있다. 그렇다면 평화실현이란 구체적이고 실질적인 과제는 어떻게 달성할 수 있을까? 이 글에서는 평화의 달성을 위해 많이 논의되는 방법을 군비축소, 분쟁해결의 제도화, 평화교육, 평화운동을 중심으로 살펴보도록 하겠다. 물론 이들 방법 하나만으로는 평화를 유지하기가 쉽지 않다. 예를 들어 군비를 대폭 축소하거나 아예 군대를 폐지하였다고 하더라도 자동적으로 평화가 주어지지 않는다. 평화를 유지하려면 적어도 일부는 폭력적 수단이 필요할 수도 있기 때문이다. 그렇다고 평화주의만으로 평화가 유지되지도 않는다. 평화를 사랑하는 국가가 평화를 원치 않는 국가에 자국의 운명을 맡기는 꼴이 될 수도 있기 때문이다. 따라서 중요한 점은 국제사회가 보다 현실적인 입장에서 평화를 위한 다양한 방법을 지속적으로 추구하는 것이라 할 수 있다.

1) 군비축소

군비축소(reduction of armaments)는 타국과의 상호 생존을 위하여 군비를 축소하는 것으로 전쟁을 방지하기 위한 가장 직접적인 방법이다. 국제정치에 있어서 군축은 다음의 4가지 개념으로 정의할 수가 있다. ① 패전국의 무장해제. 이것은 독일과 동맹국에 대한 베르사유조약 규정이 대표적인 예이다. ② 1817년 오대호의 비무장을 위해서 영국과 미국 간에 체결된 러시-배것 협정과 같이 특정지역에 적용되는 쌍무적 군축협정. ③ 이상주의자와 평화주의자들이 주장하는 군비철폐. ④ 국제연맹, 국제연합 등의 일반협정을 통한 군비의 제한 및 축소 등이다. 군축은 일반적으로 어떤 형태로든 적대적인 국가들이 군사정책 분야에서 서로 협력할 것을 필요로 한다. 군비제한은 또한 한 나라가 일방적으로 자신의 전쟁도발 능력을 줄임으로써 세계안보를 촉진하기로 결정하는 것을 포함할 수도 있다. 오늘날 핵무기 등 대량살상무기의 발달로 말미암아 군축은 더욱 복잡하고 긴박한 문제로 부각되고 있다.

세계 강대국 간에 국제적 수준에서 군축이 문제로 등장한 역사적 배경은 19세기 말 이후의 일인데, 당시의 세계적 상황은 제국주의국가들에 의한 지구의 영토적 분할이 끝나고, 영토의 재분할을 둘러싼 제국주의국가들 간의 마찰이 세계적 위기로 치달았던 때이다. 군축은 표면적으로는 갈수록 대규모화되는 전쟁, 군사비 부담으로 인한 국가 재정의 압박, 일반 국민들의 평화에 대한 요구 등에서 비롯되지만 그 이면에는 군축의 명목 하에 타국의 군비를 축소시켜 자국이 군사력 우위를 유지하려는 강대국의 제국주의적 팽창욕구가 존재한다. 따라서 현실적인 군축회의는 전 세계의 평화라는 명분에도 불구하고, 실패와 무산으로 점철되어 있다. 특히 1930년대 이후에 군축문제는 활발히 진행되지 못하면서 제국주의 국가들 간에 군비확장 경쟁이 발생하였고 그 결과 제2차 세계대전이 일어났다.

제2차 세계대전 이후의 군축에 관한 노력들을 살펴보면 다음과 같다. 우선 1950년대 초반부터 UN 산하에 군축위원회가 발족되어 완전군축의 조기달성을 위해 노력하였다. 1968년 7월 1일 핵무기확산방지조약이 조인된 것을 비롯하여 1969년부터 동서 양진영의 긴장완화에 따른 군축 무드 속에서 미·소 간의 전략무기제한협정(SALT), 서독의 핵확산방지조약 조인과 대소 무력 불사용 선언 교섭, 닉슨 미대통령의 생화학무기 사용금지의 결정, 유엔총회에서의 고엽제나 최루가스를 포함한 생화학무기의 위법선언결의의 채택 등이 있다. 이어서 중거리핵선력협정(INF Treaty) 등 핵보유 강대국 간의 교섭에 이르기까지 군비의 제한과 통제를 위해 다양한 노력이 경주되었다.

2) 분쟁해결의 제도화

분쟁해결을 제도화는 방법으로는 분쟁방지, 예방외교, 인도주의 개입, 평화유지와 평화복구 등이 있다. 예방외교(preventive diplomacy)는 제2대 국제연합

사무총장 함마숼드(Dag Hammarskjold)가 제15차 국제연합총회(1960)의 연차 보고에서 밝힌 국제연합의 적극외교구상. 국제연합 휴전감시단 등 UN 기관의 현지 개입에 의하여 국제분쟁을 냉전 환경에서 분리하고, 긴장완화를 도모하려는 구상이다. 강제조치를 중심으로 하는 국제연합의 집단안전보장체제가 원만하게 이루어지지 못하는 상황에서 나온 것인데, 국제연합이 분쟁 당사국의 동의를 얻고 또 국제여론의 지지를 받으면서, 당사국 군대 사이에 중립적인 순찰부대를 개입시키는 등의 일을 가리키는 말이다. 이러한 냉전봉쇄정책은 함마숼드가 제창하기 이전부터 국제연합긴급군의 수에즈파견(1956) 등에서 이미 존재하였던 것으로, 함마숼드는 그런 종류의 국제연합군에 의한 새로운 평화유지활동을 중시하여 그 활용을 제창한 것이다.

인도주의 개입(humanitarian intervention)은 국가, 국가 내의 집단, 국가들의 집단 또는 국제기구가 다른 국가의 내부문제에 강제적으로 간섭하는 활동을 의미한다. 이는 시작과 끝을 갖는 불연속적 사건이며 대상국가의 권위구조를 목표로 한다. 또한 주권원칙, 불개입원칙, 무력사용 금지원칙에 기초하고 있는 국제사회에 대한 근본적인 도전이기도 하다. 인도주의 개입에는 옹호론과 반대론이 대립한다. 옹호론의 입장에서는 개별적 및 집단주의적 개입의 법률적 권리에는 두 가지 중요한 근거가 있다고 한다. 첫째, UN헌장은 국가들이 근본적인 인권을 보호할 것을 규정하고 있다. 둘째, 국가행위에 의해 만들어지는 관습국제법에서 인도주의 개입의 권리를 찾을 수 있다. 이밖에도 어떤 법률가들은 인도주의 개입의 합법성 여부를 떠나서 무력사용이 학살을 막는 유일한 수단일 경우에는 개입이 도덕적으로 요청된다고 한다.

인도주의 개입을 정당화하는데 반대하는 견해도 있다. 우선 국가가 개입하는 주된 이유가 인도주의가 아니라는 것이다. 비쿠 파레크(Bhikhu Parekh)는 인도주의 개입은 "전적으로 또는 주로 인류애, 동정심 또는 동료의식에 의해 인도되고, 바로 그러한 의미에서 이해관계와 관련이 없다"고 주장한다. 또한 인도주의 개입은 국가와 시민간의 계약을 파기하는 것이므로 국가들은 인도주의를 주된 이유로 개입해서는 안된다고 현실주의자들은 단언한다. 국가들이 인도주의 개입의 권한을 국가이익 추구를 감추는 수단으로 삼아 남용하거나, 이 원칙을 선택적으로 적용할 것이라는 비판도 있다. 나아가 어떤 원칙이 개별적 혹은 집단적 인도주의 개입 권한을 지배해야 하는가에 대한 합의가 부재한 상황에서는 그러한 권한이 오히려 국제질서를 해칠 것이라는 견해 역시 존재한다.

국제연합의 평화유지활동(Peace-keeping Operations: PKO)은 국제적인 분쟁을 평화적으로 해결하기 위한 국제연합의 특별활동을 말한다. 평화유지의 원래 뜻은 무력충돌했던 당사국을 물리적으로 격리시키기 위해 국제연합이 군대를 사용하는 것이었다. 따라서 분쟁당사국의 동의를 전제로 하며, 분쟁당사국에 대해 공정한 중립을 지켜야 하고, 무력을 사용하며 국제연합사무총장의 지휘를 받는다는 원칙 아래 수행되는 현재의 평화유지활동은 전통적 의미의 집단안보와는 그 의미가 다르다. 국제연합군의 평화유지활동은 다음과 같은 특징을 가진다. ① 군대의 구성에 있어 강대국이 배제된다. ② 당사자들의 동의는 물론, 안전보장이사회의 계속적인 지지와 국제연합 회원국들의 자발적인 병력지원이 수반된다. ③ 분쟁당자국의 합의를 이끌어내기보다는 합의된 내용을 이행할 수 있도록 도와준다. ④ 분쟁당사국이 어느 정도 힘의 균형을 이룰 때 성과를 기대할 수 있다. 즉, 어느 한쪽이 강하면 분쟁은 계속 진행될 수밖에 없다.

그러나 유고슬라비아에 수눈하는 평화유지군에 러시아가 참여하고, 소말리아 파병 평화유지군에 미국이 참여하는 등 얼마간의 예외가 보인다. 국제연합군의 평화유지 활동은 지금까지 40여 건에 이른다. 소말리아 사태의 해결을 위해 1993년 28개국 3만여 명 규모의 군대가 파견된 국제연합소말리아평화유지군(UNOSOM)이 대표적이다. 여기에는 병참·수송·공병과 같은 지원부대로 구성되어 있었으며, 한국군 250명이 참가했다. 그밖에 인도네시아 티모르내전에 파견된 국제연합평화유지군에도 한국군이 참가하였다.

3) 평화교육

폭력과 전쟁의 원인과 목적 및 비인간성을 가르치고 이를 극복하는 방안을 교육시키는 것은 중요하다. 가정에서 학교에서 그리고 직장과 다양한 시민모임에서 평화와 인권과 민주주의의 상호관계에 대해 교육하고 토론하는 것은 매우 중요하다. 여기서 평화교육은 생명의 존엄성을 자각하고, 전쟁의 원인 및 본질에 대한 과학적 인식을 깊게 하며, 전쟁을 반대하고 군비철폐에 의한 새로운 국제질서의 창조를 실행할 역량을 형성시키려는 교육을 의미한다. 17세기 체코의 교육자 얀 코메니우스(Jan Amos Comenius)가 30년에 걸친 종교전쟁을 바탕으로 인류 전체의 평화를 염원하고 이를 위한 교육을 중요시한 데서 그 유래를 찾을 수 있다. 제1차 세계대전 직후 프랑스 교원조합이 평화교육을 제창하고, 전쟁을 긍정하는 교재를 배제하는 운동을 전개하였다. 제2차 세계대전 후에는 UNESCO가 헌장에 '사람의 마음속에 평화의 성벽을 쌓는다'고 주창하며 평화와 국제적 이해를 돕는 교육에 힘을 기울였다.

UNESCO는 1972년 '국제이해 · 국제협력 · 국제평화를 위한 교육 및 인권과 기본적 자유에 대한 교육에의 권고'에서 교육은 확장 · 침략 · 지배를 목적으로 하는 전쟁을 용납할 수 없음을 강조하고, 평화에 대한 각자의 책임을 이해시켜 실행하게 하는 것이 아니면 안 된다고 규정하였다. 또한 국제협력에 의한 평화교육의 강화를 제창, 구체적으로는 가맹국 상호간에 역사·지리 등의 교과서를 교환하여 국제관계의 개선을 위한 조치를 취할 것을 권고하였다. 그 후 비동맹국가 · 개발도상국 그룹 및 유엔의 비정부계 조직 등에 의한 국제여론의 결집으로 1978년에 UN 군축특별총회가 열렸으며, 이어 1980년 UNESCO 주최의 평화군축교육 세계회의에서는 평화교육과 인권교육과의 결합 등 군축교육 10개 원칙이 확인되었다.

냉전 시기 평화교육의 초점은 사회주의권에서는 군축에 대한 교육으로, 서구에서는 인권과 민주주의로, 제3세계에서는 개발과의 연관성으로 맞춰지는 다양한 경향이 있었다. 현재에는 무력을 통한 분쟁해결의 욕구를 밑바탕부터 변화시켜야 한다는 취지에서 총체적인 폭력구조 변혁과 대안적인 사회에 더 큰 관심이 모아지고 있다. 동시에 다양한 차이를 이해하는 것을 중시하여 국제이해교육의 맥락에 펼쳐지기도 한다. 오스트리아의 베르너 빈터슈타이너(Werner Wintersteiner) 교수는 평화교육에 대해 다음과 같이 말하고 있다.

> "평화교육의 출발점은 인간이 평화로운 상태에서 살 수 있다는 확신입니다. 평화교육에 있어서 필요한 것은 인간 본성에 반해 교육하거나 공격적이고 부정적인 충동을 가라앉히는 것이 아니라 오히려 이러한 충동을 순화하고 정의로운 사회를 위한 작업에 도움이 되도록 하는 것입니다. 평화교육은 정치(행위)를 위한 교육입니다. 전쟁과 평화는 정치적 상황입니다. 그러므로 전쟁체제와 다른 형태의 조직적 폭력을 극복하기 위해서는 지속적인 정치적 활동을 해야만 합니다. 평화교육은 사람들로 하여금 우리 사회를 특징짓는 전쟁의 문화를 포함한 전쟁체제를 이해하고, 비판하며 최종적으로는 희망컨데, 이를 극복할 수 있게 하는 것입니다."

4) 평화운동

평화운동에는 반전운동, 반핵운동, 환경운동, 페미니즘, 세계화 반대운동 등과 같이 다양한 부류가 있다. 이는 평화운동이 한마디로 정의하기 힘들며 실제로 다양한 모습으로 표출된다는 것을 뜻한다. 전통적인 평화운동은 전쟁의 예방과 중지, 전쟁기구의 해체, 군비축소, 전쟁원인의 제거에 초점을 둬왔다. 이러한 평화운동은 여전히 중요하고 타당하다. 한편, '비평화', '적극적 평화', '구조적 폭력' 등의 관점에서 볼 때 사회적 불의, 빈곤, 정치적 억압, 경제적 착취와 수탈, 환경

파괴, 성차별, 인종차별, 인권, 교육 등등 평화운동의 관심 영역은 실로 광범하고, 초국가적 차원과 일국적 차원, 지방적 차원, 나아가 개인적 차원에까지 다양하고 중층적이다.

평화운동은 폭력 일반과 폭력의 극단적인 형태로서 전쟁, 그러한 전쟁을 준비하고 야기하는 군사체제에 대한 성숙한 시민사회의 성찰이 행동으로 표현된 것으로 폭력과 전쟁 및 군사정책에 대한 시민사회의 실천적 대응을 가리키는 용어로 사용된다. 일반적으로 평화운동의 유형에는, 국제기구를 통해서 규범과 통제를 시도하는 자유주의적 제도주의, 병역거부 방위세 거부 등으로 표현되는 시민불복종, 현재는 무대에서 사라진 사회주의적 국제주의, 국제관계에 대한 젠더적 관점의 총체적 비판과 연관된 페미니스트 군사비판, 독일 녹색당으로 대표되는 생태평화주의, 핵무기 철폐에 집중하는 반핵평화운동, 분쟁조정 중재 화해, 평화사상 및 평화문화 확산운동 등을 열거할 수 있다.

평화운동의 흐름은 초기에는 윤리적 평화운동이 중심이 되어 전개되었다. 전쟁참가에 반대하고 분쟁을 조정하며 국제협력을 꾀하는 것 등이 그것이다. 그 결과 뉴욕평화협회, 영국 노동자평화협회 등이 결성되고, 세계평화대회, 만국평화회의 등이 개최되었다. 두 차례의 세계대전의 참상을 겪은 후 평화운동은 국제적 전쟁 방지 노력으로 결집되었다. 1950년대 말의 핵무장 반대운동을 시작으로 1960년대의 베트남전 반전운동, 1970년대의 반핵운동, 1980년대의 미국의 제3세계 개입 반대운동, 그리고 2000년대의 미국의 일방주의 전쟁의 반대운동이 전개되었다. 특히 1970년대 말에서 1980년대 초반까지 유럽을 휩쓴 반핵평화운동은 1987년 중거리 핵미사일이 폐기되는 데 적지 않은 영향을 끼쳤고, 전 세계 반핵평화운동에 많은 영향을 주었다. 최근에는 이라크전쟁 등 미국 정부가 주도하는 각종 전쟁에 반대하고, 군사 점령의 즉각 종식, 평화와 사회정의, 자결권의 옹호를 내세우는 운동이 전개된 바 있다. 강대국과 거대다국적기업의 이익을 중심으로 전개되는 경제적 세계화가 어떻게 지구적 차원에서 불평등과 빈곤을 심화시키고, 이것이 나아가 환경파괴와 폭력적 갈등상황을 조장하는 현실에 대한 비판과 대안의 제시 역시 최근 평화운동의 두드러진 흐름이다.

<탐구과제>

- 전쟁이란 무엇을 의미하며, 왜 일어나는가?
- 전쟁에 대한 대표적인 이론으로는 어떤 것이 있는가? 헌팅턴이 개진한 문명충돌론의 내용은 무엇이며 이에 대해서는 어떤 비판이 제기되었는가?
- 중동의 화약고라 일컬어지는 팔레스타인 분쟁은 왜 발생하였고 어떻게 진행되고 있는가?
- 요한 갈퉁은 소극적 평화와 적극적 평화를 어떻게 구분하였는가?
- 분쟁해결을 제도화하는 방법으로는 어떤 것들이 있는가?
- 전쟁 방지 방법의 하나인 평화교육은 어떻게 수행되어야 하는가?

〈참고문헌〉

구춘권(2005), 『메가테러리즘과 미국의 세계질서전쟁』, 책세상.

김명섭 · 조성대 · 진시원(2003), 『세계의 정치와 경제』, 한국방송통신대학교출판부.

이정록 · 구동회(2005), 『세계의 분쟁지역』, 푸른길.

정해준(2005), "현대 평화개념의 전개와 대안적 평화개념 연구", 국제평화대학원대학교 석사학위논문.

Baylis, John & Steve Smith, 하영선 외 역(2003), 『세계정치론』, 을유문화사.

Black, Jeremy, 한정석 역(2003), 『전쟁은 왜 일어나는가』, 이가서.

Galtung, Johan, 김종일 외 역(2000), 『평화적 수단에 의한 평화』, 들녘.

Hicks, David, 고병헌 역(1993), 『평화교육의 이론과 실천』, 양서원.

Hobsbawm, Eric, 이원기 역(2008), 『폭력의 시대』, 민음사.

Imbusch, Peter & Ralf Zoll Hrsg.(1996), *Friedens- und Konfliktforschung*, Leske+ Budrich.

Kagan, Donald, 김지원 역(2004), 『전쟁과 인간』, 세종연구원.

Kagan, Donald, 허승일 외 역(2006), 『펠레폰네소스 전쟁사』, 까치.

Meyers, Reinhard(1994), *Begriff und Probleme des Friedens*, Leske+ Budrich.

Stöver, Bernd, 최승완 역(2008), 『냉전이란 무엇인가』, 역사비평사.

von Clausewitz, Carl, 류제승 역(1998), 『전쟁론』, 책세상.

Wintersteiner, Werner(2005), "Peace Education and Peace Politics: Education in the Era of Neoliberalism", 평화박물관추진위원회 주최 워크숍 발표문.

제10장 인구, 식량, 자원, 환경과 지속가능한 발전

김 대 현

〈개요〉

- 이 장에서는 국제 사회 문제 중에서 인구, 식량, 자원, 환경 문제를 다루었다. 이들 주제는 각각 단행본을 써야 할 만큼 주요한 주제들이다. 국제 사회 문제를 다루는 단행본에서도 이들 주제는 각기 1장 이상의 분량을 차지하고 있다. 이런 점에서 이 장에서 4개의 주요 주제 모두를 다루는 것은 적지 않은 한계가 있다. 따라서 이 장에서는 이들 주제들에 대한 폭넓고 균형있는 접근보다는 현실적으로 가장 중요하고 해결이 절실한 하위 주제를 하나씩 선택하여 집중적으로 다루는 방식을 취하였다.
- 인구라는 주제 속에서는 인구성장과 이주 문제를 다루었고, 이와 관련된 한국의 상황과 과제를 간단히 언급하였다.
- 식량이라는 주제 속에서는 식량수급과 기아 문제를 다루었고, 이와 관련된 한국의 상황과 과제를 간단히 언급하였다.
- 자원이라는 주제 속에서는 천연자원의 특성과 석유자원의 수급과 소비 문제를 다루었고, 이와 관련된 한국의 상황과 과제를 간단히 언급하였다.
- 환경이라는 주제 속에서는 지구온난화 문제와 기후변화협약 문제를 다루었고, 이와 관련된 한국의 상황과 과제를 간단히 언급하였다.
- 이 장에서는 인구, 식량, 자원, 환경을 각기 독립적인 주제로 다루었다. 하지만 인구의 급속한 성장은 식량 부족을 일으키고 자원 사용량을 증가시키며 수질 및 대기 환경을 악화시킨다. 국제 사회의 모든 문제와 마찬가지로 이들 주제들도 상호 상관 및 인과 관계로 얽혀 있으므로, 상호 연관성 속에서 파악되어야 한다.

〈학습목표〉

- 첫째, 인구 성장의 속도와 추이를 이해하고, 인구의 지리적 분포 특성을 파악한다. 인구 성장과 지리적 분포 특성이 우리 사회에 주는 영향을 이해한다.
- 둘째, 식량 생산량과 그 추이를 이해하고, 기아 및 영양결핍 인구와 그 원인을 파악한다. 식량생산량의 추이가 우리 사회에 주는 영향을 이해한다.
- 셋째, 천연 자원의 특성을 이해하고, 석유 자원의 수급과 가격형성 요인, 석유소비 동향을 파악한다. 이들이 우리 사회에 주는 영향을 이해한다.
- 넷째, 환경오염의 심각성을 이해하고 지구온난화의 원인과 대책을 파악한다. 지구온난화가 우리 사회에 주는 영향과 기후환경협약에 대한 적절한 대응방안을 이해한다.

1. 인구

인구는 출생자 수와 사망자 수의 차이에 인하여 끊임없이 변화하고 있다. 세계 인구는 이러한 출생자와 사망자 수의 차이인 자연 증가나 감소의 결과로 변한다. 하지만, 한 국가나 일정한 지역 내의 인구는 자연증가나 감소분에 덧붙여 전입이나 전출과 같은 이주자의 수에 도 영향을 받는다.

1) 인구 성장

세계의 인구는 2006년 현재 65억 9천 3백만명으로 추산된다. 인류가 지구상에 등장한 이후 오랫동안 질병, 식량부족, 전쟁과 같은 이유로 인하여 인구의 증가 속도는 완만한 편이었다. 그러나 19세기 이후 질병 관리와 농업을 비롯한 산업기술의 혁신으로 인하여 인구는 급속히 불어나기 시작하여 20세기 후반에는 기하급수적으로 늘어났다.

이러한 인구변화의 추이는 지역에 따라 다르게 나타나고 있다. <표 5.1>는 세계 주요 지역의 인구 규모와 분포를 보여준다. 1950년에는 세계 인구의 3분의 2가 개도국에 거주하였으며, 2000년에 이 수치는 4/5 수준으로 증가하였다. 지역별 거주 인구를 보면 2006년 현재 아시아 국가에 살고 있는 인구가 전 세계 인구의 60%를 차지하고 있다(http://unstats.un.org/unsd/demographic/sconcerns/popsize/size2.htm#PVSR).

〈표 1〉 국가발전 수준 및 지역별 세계인구

(단위:백만명)

인구 \ 연도	1950	1960	1970	1980	1990	2000	2006
세계인구	2,519	3,021	3,692	4,435	5,264	6,071	6,593
선진국	813	915	1,007	1,083	1,149	1,194	
개발도상국	1,706	2,106	2,685	3,352	4,115	4,877	
아프리카	221	277	357	470	622	796	943
아시아	1,398	1,701	2,143	2,632	3,168	3,680	3,984
남아메리카 & 카리브해	167	218	285	361	442	520	565
유럽	547	604	656	692	722	728	731
북미	172	204	232	256	284	316	336
오세아니아	13	16	19	23	27	31	34

*이 표는 김계동 외역(2006)의 212쪽의 표와 2008년 7월 유엔보고서의 내용을 토대로 작성하였다.

인구변화 이론은 일반적으로 인구추계의 방식으로 미래의 인구 성장을 분석한다. 대부분의 인구학자들은 인구추계가 단순한 예상치가 아니라 일련의 가설과 변수에 기초한 미래인구 규모의 산출 수치라는 데 동의한다(김계동 외역, 2006, 216-217).

유엔개발계획(UNDP)이 2006년 제시한 세계인구추정치 수정판에 의하면 2050년에는 지금보다 25억명이 늘어난 92억명에 도달할 것인데, 25억명이라는 수치는 1950년의 전 세계 인구수에 해당하며, 개발도상국(54억에서 79억)에서 주로 성장할 것이다. 선진국은 약 12억명으로 현 수준을 유지하거나 다소 줄어들 것으로 보인다.

대륙별 인구 추계를 살펴보면, 아시아 인구가 2050년에는 약 53억명으로 전체 세계 인구의 가 57.3%를 차지할 것이며, 아프리카 거주 인구가 21.7%로 그 뒤를 이을 것인 반면에, 유럽의 인구는 오히려 6천7백만명이 줄어들 것으로 추정하였다.

〈표 2〉 국가발전 수준및 지역별 세계 인구 추계값

(단위:백만명)

인구 / 연도	2005	2050
세계인구	6,514	9,191
선진국	1,215	1,245
개발도상국	5,299	7,946
아프리카	922	1,997
아시아	3,938	5,265
남아메리카&카리브해	557	769
유럽	731	664
북미	332	445
오세아니아	334	487

2) 이주

이주란 일반적으로 항구적이거나 장기적인 이동을 의미하며, 국가간의 이주는 이입(immigration)과 이출(emigration)로 나눌 수 있다. 이주는 그 목적에 따라 노동이주(labor migration)와 난민 이주(refugee migration) 등으로 구분된다.

노동이주는 대개 경제적 동기에 의하여 이루어진다. 자국 산업 발전 속도가 늦거나 국가적인 경제 위기 상황에서 취업 기회가 제한적인 경우에 취업을 목적으로 타국으로 이주를 하는 사람들이 늘어난다. 이와 달리, 특정 국가에서 자국의 산업발전을 목적으로 타국의 특정 분야의 전문 인재들을 모집하는 헤드헌팅이나 브레인 허브 방식의 이주 형태도 증가하고 있다.

난민이주는 대개 정치적인 동기에 의하여 이루어진다. 정치적 망명이나 국가의 붕괴 등이 그 배경이 된다. 2차 대전 전후에 유럽의 많은 학자와 기술자들이 미국으로 이주한 것은 노동이주와 난민이주 등이 결합된 형태로 볼 수 있다.

이주의 목적이 무엇이든 간에 이주는 이입국이나 이출국에 적지 않은 영향을 준다. 헤드헌팅이나 브레인 허브 방식으로 자국의 인재들이 타국으로 이주한 경우 이와 같은 인재들을 새로이 양성하는 데는 막대한 시간과 비용이 든다. 또한 이입국에서는 이주자들과 이웃하여 생활하게 된다는 점에서 다인종이나 다문화 사회에 걸맞는 제도와 문화와 가치관 형성이 요구된다.

3) 한국의 인구 문제

통계청(2009)이 발표한 결과를 보면 우리나라 인구는 2008년 현재 4,860만 7천명이며, 전년 대비 인구 성장률은 0.31%이다. 총 인구를 연령 3계층으로 구분하면 0-14세 유소년 인구는 총인구의 17.4%, 15-64세 생산가능인구는 72.3%, 65세 이상의 고령인구는 10.3%를 차지한다. 14세 이하 인구비중은 출산율 둔화 등으로 계속 감소하며, 65세 이상 인구는 증가세가 지속되고 있다. 우리나라 등록 외국인은 85만 4천명으로 계속 증가 추세이며 총 인구의 1.8% 수준이다. 2007년 외국인과의 혼인은 총 38,491건으로 작년보다 1,199건 감소하였으나 전체 혼인 건수 중 11.1%를 차지하였다.

한국은 높은 인구밀도에도 불구하고 저출산 현상으로 노동인구는 급격히 감소하며 상대적으로 노인인구는 늘어나는 초고령화 사회로 급속한 속도로 진입하고 있다. 또한 노동인구의 부족을 메우기 위하여 오국인 근로자들이 많이 유입되었으며, 국제결혼을 통한 외국인 배우자 및 그들과의 사이에서 태어난 2세들의 수가 급속히 불어나고 있다.

2. 식량

인간에게 식량은 생명 유지와 일을 하는데 필요한 에너지를 제공한다. 인구증가는 식량의 생산, 유통, 소비와 깊은 관련이 있다. 특히 식량이 부족한 개발도상국에서 인구증가율이 높은 것은 생존권의 문제와 직결된다.

유엔식량농업기구(FAO)는 식량안보를 모든 사람이 건강하고 행복한 삶을 위하여 영양상의 필요와 식품선호를 충족시키기 위해 안전하고 영양있는 식료품에 언제든지 물리적으로 그리고 경제적으로 접근할 수 있는 상태라고 정의하였다(김명섭 외, 2003, 319). 세계 각국은 자국이 식량불안 상태에 빠지지 않도록 농업생산력을 개선하고 무역과 유통을 통한 식량의 적절한 배분을 위하여 힘쓰고 있다.

1) 식량 생산량

아래 <표 3>과 <표 4>에서는 1970년대 후반부터 2004년까지의 전 세계 곡물과 육류 생산량을 보여준다. 2004년의 곡물 총 생산량은 약 22억 7천만톤이며,

1979년과 1981년 사이의 평균 생산량보다 약 8억톤 정도가 증산되었다. 약 20년 동안에 1/3 가량 늘어난 것이다. 2004년의 육류 총 생산량은 2억 6천만톤으로 1979년과 1981년 사이의 매년 평균 생산량보다 1억 2천만톤 증가하여, 약 20년 동안 육류 생산량은 2배로 늘어났다고 할 수 있다.

〈표 3〉 전 세계 곡물cereals 생산량

(단위: 1000톤)

1979-1981	1,573,227
1989-1991	1,903,961
1999-2001	2,084,615
2003	2,085,774
2004	2,270,360

출처: http://faostat.fao.org/site/339/default.aspx

〈표 4〉 전 세계 육류 생산량

(단위: 1000톤)

1979-1981	136,219
1989-1991	179,648
1999-2001	234,671
2003	253,688
2004	260,098

출처: http://faostat.fao.org/site/339/default.aspx

세계의 쌀과 소맥의 생산 및 재고량은 아래 <표 5>와 <표 6>과 같다. 쌀은 2004년에 약 4억톤이 생산되었으며, 약 7천만톤의 재고가 있다. 같은 해 소맥은 약 6억톤이 생산되었으며, 1억 4천만톤의 재고가 있다.

〈표 5〉 세계의 쌀 생산 및 재고량

(단위: 천톤)

연도	생산량	재고량
1960	150,821	10,496
1970	213,002	28,827
1980	269,956	52,607
1990	350,981	126,668
2000	398,107	150,394
2003	386,907	83,678
2004	397,353	68,047

* 출처: 농업경제연구원

〈표 6〉 세계의 소맥 생산량, 재고량, 자급율

(단위: 천톤)

연도	생산량	재고량	자급율
1960	233451	82849	102.1
1970	306531	80529	93.2
1980	435867	112657	98.3
1990	588015	170536	107.1
2000	581377	206519	99.8
2003	550767	132363	94.8
2004	610610	142335	102.2

* 출처: 농업경제연구원

비관론자들은 식량수급이 인구증가를 따라가지 못하여 전 세계 인류가 영양부족 및 기아 상태에서 벗어나기 어렵다고 본다. <표 3>과 <표 4>에서 보는 바와 같이 지난 20년 동안 곡물과 육류 총생산량이 크게 증가한 것은 사실이며, 인구 증가세의 둔화와 종자 개량과 경작 및 축산기술의 발전으로 지구상의 인간이 기아 상태에서 벗어날 수 없다고 보는 것은 현재로서는 설득력이 약한 주장으로 보인다. 문제는 총 생산량이 아니라 지역별, 국가별 생산량과 분배의 방식에 있는 것으로 보인다.

2) 영양결핍 및 기아

유엔인구국(2008년 연차 보고서)에 따르면 전 세계 약 12억의 인구가 하루에 1달러 이하로 생활하고 있으며, 거의 8억 5천만명이 매일 저녁을 굶는다. 영양결핍 및 기아는 건강이나 생존의 문제뿐만 아니라 교육이나 사회 활동, 정치적 참여 등 사회의 모든 방면에 영향을 미친다.

유엔식량농업기구(FAO)에서는 세계적으로 영양결핍 및 기아에 허득이는 인구가 얼마나 되며, 어느 지역에 많은 지를 정기적으로 조사하여 추정하고 있다.

아래 <표 7>에서 보는 바와 같이, 영양 결핍 인구 비율은 1990-1992년의 18%에서 1995-1997년의 14%, 2002-2005년의 13%로 감소하고 있다. 하지만, 영양결핍 인구수는 총 인구의 증가로 인하여 큰 변화가 없는 8억 4천만명에 이른다. 2002년의 인구를 62억명 정도로 추산할 때 약 12%에 해당하는 인구가 영양결핍에 시달리고 있는 것이다.

특히 영양결핍 인구는 선진국이 5% 이하의 비율인데 반하여 개발도상국은 평균 18%에 달한다. 영양결핍 인구의 대부분이 개발도상국에 거주한다는 것이다. 이를 대륙별로 살펴보면 아시아 태평양 연안 국가들에서 영양결핍 인구수가 가장 많지만, 그 비율은 사하라 이남 아프리카 지역이 가장 높게 나타난다.

〈표 7〉 전체인구 중 영양 결핍인구 비율

(단위: 백만명)(　　)는 %

	1990-1992	1995-1997	2002-2005
세계인구	841.9(18)	831.8(14)	848.0(13)
선진국	19.1(<5)	21.4(<5)	15.8(<5)
개도국	822.8(20)	810.4(18)	832.2(16)
아시아&태평양국가	582.4(20)	535.0(17)	541.9(16)
라틴아메리카&캐러비안	52.6(12)	51.8(11)	45.2(08)
중동&북부아프리카	19.1(06)	29.6(08)	33.0(08)
사하라 이남 아프리카	168.8(34)	194.0(34)	212.1(30)

일부 지역에서는 잉여 곡물의 누적으로 재고량이 증가하는 데 반하여, 지구의 다른 편에서는 기아와 영양실조로 인한 질병과 사망이 늘어나고 있다. 개발도상국에서 보이는 영양결핍과 기아는 해당국의 농업생산력이 낮은데서 기인하는 바가 크지만, 그것만이 원인은 아닌 것으로 보인다. 일부 학자는 자본에 의한 곡물과 축산 시장의 왜곡과 분배의 불균형을 그 근본 원인으로 제시한다.

프란시스 라페 등 식량 문제에 천착해온 학자들도 인류의 굶주림은 식량이 모자라서도 인구가 많아서도 아니라고 주장한다. 그들은 오늘날 전 세계는 지구상의 모든 사람들을 뚱보로 만들고도 남을 정도인 하루에 3500칼로리를 공급할 수 있는 곡물을 생산하고 있다. 아프리카 나라들도 식량을 수출하고 있는 실정이다. 자국민만을 먹일 수 있는 주식보다는 외채를 갚기 위해 환금작물에 더 비중을 두기 때문에 생겨난 결과다. 이처럼 식량이 남아도는데도 독재자와 다국적 기업들이 결탁하여 자본에 의한 시장의 왜곡과 분배의 불균형으로 가난한 이들이 언제나 굶주림과 죽음으로 내몰리고 있다는 것이다(조순구, 2006, 452).

3) 한국의 식량 문제

한국은 인구수가 많은 데 비하여 국토가 좁고 게다가 농경지 면적은 국토의 20%에 불과하여 모든 종류의 식량을 자급자족할 수 있을 만큼 생산하여 공급할 것을 기대하기 어렵다. 한국농촌경제원(2008년 보고서)의 보고서에 따르면 우리나라 주요 식품의 자급율은 곡물류 27.4%, 채소류 90.4%, 육류 78.2%로 나타났다. 육류 자급율은 1970년대 이후 급상승하였으나, 곡류 자급율은 매년 감소하고 있다. 물론 전체 곡물에서 사료용 양곡을 제외하면 식용양곡의 자급율은 올라간다. 하지만 고기, 우유, 달걀 등의 동물성 생산에 사용되는 사료용 양곡을 제외한 순수 식용양곡 자급률은 중요하지 않다. 이런 점에서 식량안보 문제가 남의 일은 아니라고 본다.

3. 자원

1) 자원의 특성

자원은 인간이 생산이나 소비활동을 위해 이용할 수 있는 각종 물자나 인적 능력 등을 가리킨다. 자원 중에서 천연자원은 수자원, 산림자원, 광물자원, 에너지자원, 해양자원 등을 포함하는 다종다양한 자원을 총괄한다.

천연자원은 광물자원과 같이 채굴이 끝나면 갱신할 수 없는 비갱신자원과, 물이나 산림 등과 같이 갱신 가능한 갱신자원으로 크게 나누어진다. 전자는 이용함으로써 소실되므로 저류자원(貯溜資源)이라고도 하며, 후자는 합리적으로 이용하면 무한히 이용되므로 유동자원(流動資源)이라고도 한다(   ).

천연자원은 세계 각 지역 및 국가에 균등하게 분포되어 있지 않고 일부 지역이나 국가에 편재되어 있다. 특히 급속한 경제발전에 의하여 자원 수요의 규모가 각국에서 다양하게 확대되어 그 대외 의존도가 심화됨에 따라 자원문제는 국제화된다. 최근 고조되고 있는 자원민족주의(nationalism over resources)는 약소국이 자원을 정치적 무기화하여 국익을 지키려는 것으로서, 새로운 국제질서수립에 자원이 큰 역할을 하게 된 것을 증명하는 현상이다. 2차례 석유파동의 원인이었던 석유수출국기구(OPEC)와 아랍석유수출국기구(OAPEC)의 석유전략은 그 대표적인 예이다(http://kr.dictionary.search.yahoo.com/search/dictionary)

오랫동안 인간은 최대한 값싸게 많은 자연자원을 채취·개발·이용하는 것에 중점을 두었다. 천연자원은 현세대만의 독점물이 아니고 인류가 생존하는 동안 다음 세대의 사람들도 이용해야하므로 보전에 충분한 주의를 기울여야 한다. 자원의 무절제한 개발과 이용으로 자원이 고갈되는 것을 막기 위하여 모든 국가는 자국뿐만 아니라 타국의 천연자원 보전에도 관심을 가질 필요가 있다.

2) 석유자원

석유 자원은 현대인의 생활에 없어서는 안 될 중요한 자원이다. 수송 수단이나 전력 생산뿐만 아니라 옷이나 살충제 그리고 각종 생활용품 등을 만드는데 사용되고 있다. 하지만 석유자원은 대개의 천연자원과 마찬가지로 특정한 국가와 지역에 편재되어 있으며, 잦은 가격등락으로 자원안보의 측면에서 중요성을 지닌다.

석유 자원의 매장량과 피크 오일(peak oil)론이 있다. 이 이론은 석유 생산이 이미 정점에 도달해 더 이상의 확대가 어렵다고 보거나 수년 내 정점에 도달한 뒤 감소세로 돌아설 것이라는 것이다. 이에 반하여 지구상에는 모두 5조7천억 배럴의 원유가 매장돼 있는 데 이 중 18%인 약 1조 배럴이 지금까지 채굴됐으며 아직 남아있는 4조 5천억 배럴 이상의 원유는 현재의 생산 속도를 유지하더라도 앞으로 140년 이상을 공급할 수 있다는 주장도 있다. 누구의 주장이 옳든지 관계없이 석유자원의 양은 유한하며, 지금과 같은 방식으로 소비를 계속한다면 언젠가는 고갈될 것이다. 따라서 소비를 축소하고 소비의 효율성을 높일 필요가 있다.

2005년에서 2007년까지의 국가별 석유소비량은 아래 표 와 같다. 전 세계의 석유 소비량은 2005년의 38억 7천 1백톤에서 2007년의 39억 5천 2백 8십톤으로 증가하였다. 국가별 석유소비량을 보면 미국이 해마다 조금씩 감소하기는 하지만, 전 세계 석유 생산량의 약 1/4을 소비하고 있다. 미국에 이어 석유 소비량이 많은 국가는 2007년을 기준으로 살펴보면 중국, 일본, 인도, 러시아, 독일, 한국 등의 순이다. 한국은 세계에서 7번째의 석유 소비국이다. 각국의 소비 형태를 살펴보면 미국, 일본, 독일 등의 선진국들의 석유소비량이 줄어드는 반면에 중국과 인도는 자국의 경제성장에 박차를 가하여 석유 소비 점유율이 해마다 증가하고 있다. 앞에서 말한 바와 같이 석유는 매장량이 한정된 유한한 자원으로 매년 소비량을 줄일 필요가 있는데, 석유소비로 인한 환경오염도 줄어들 것이다.

〈표 8〉 국가별 석유 소비량

(단위: 백만톤)(　　)은 점유율

국가	2005	2006	2007
세계	3871.0	3910.9	3952.8
미국	951.4(24.6)	943.8(24.1)	943.1(23.9)
중국	327.8(8.5)	353.3(9.0)	368.0(9.3)
일본	244.1(6.4)	237.1(6.0)	228.9(5.8)
인도	119.6(3.0)	120.4(3.1)	128.5(3.3)
러시아	121.9(3.4)	127.1(3.2)	125.9(3.2)
독일	122.4(3.2)	123.6(3.2)	112.5(2.8)
한국	105.4(2.7)	105.6(2.7)	107.6(2.7)

* 출처: http://kr.dictionary.search.yahoo.com/search/dictionaryp?pk=17509500&p=%C0%DA%BF%F8&field=id&type=enc&subtype=enc

석유 자원의 문제는 석유 가격의 급격한 등락과 관련이 있다. 2004년 초의 석유가격은 배럴당 30달러였으나, 2008년 7월에는 146달러까지 치솟았고, 2009년 초에는 다시 40달러 아래로 떨어졌다. 이와 같이 석유 가격의 급격한 등락은 석유 자원을 생산하는 생산국이나 그것을 소비하는 소비국 경제에 큰 영향을 미치며, 소비량이 많은 국가일수록 큰 영향을 받게 된다.

일반적으로 석유 가격은 기본 요인, 정치 심리적 요인, 투기적 요인으로 설명할 수 있다. 기본 요인은 수급 요인, 재고 요인, 산유국의 생산 비용, 대체 에너지 비용 등을 들 수 있다. 지정학적 측면에서의 정치 심리적 요인은 중동의 석유자원 편재성(65%)에 기인한 공급 불안 요인이다. 투기적 요인은 선물 시장의 영향력이 증대됨에 따라 단기 차익을 노리고 선물 시장에 참여하는 투기 세력에 의하여 결정된다.

석유가격의 등락 중에서 특히 고유가는 소비국의 경제에 큰 피해를 입히며 종국적으로는 산유국에도 나쁜 영향을 준다. IMF는 2008년의 고유가로 인하여 세계경제성장율을 07년 10월 4.4% 예상에서 '08년 1월 4.1%, 08년 4월 3.9%로 하향 조정한 바 있다. 고유가는 세계 경기 침체를 가져오며, 산유국과 수입국 사이에 긴장과 갈등이 조성된다.

3) 한국의 석유 자원

한국은 2007년을 기준년으로 보면 세계 제 7위 석유소비국이다. 연간 소비는 약 1억톤으로 약 2.7%의 소비 점유율을 보이고 있다. 이러한 점유율은 미국, 중국, 일본, 인도, 러시아, 독일 다음으로 높다.

또한 한국의 1인당 석유소비량은 2006년 기준으로 16.18배럴로 일본과 유럽 국가보다 훨씬 높다. 사우디아라비아가 1인당 32.88배럴로 세계 1위를 차지한 가운데, 미국, 캐나다, 네덜란드가 그 뒤를 잇고 있다. 이들 국가의 국내 총생산량이 한국의 2-3배가 된다는 점에서 소비의 효율성이 낮다고 할 수 있다.

한국은 비산유국이다. 에너지원의 절반을 석유에 의존하므로 국제유가의 급등은 경제에 큰 영향을 미친다. 자원 안보 차원에서 자원외교력의 증대와 석유자원의 절약과 효율적 사용이 요구된다.

4. 환경

1) 환경 문제의 특성

세계 각국에서 이루어진 산업화와 성장위주의 경제정책은 자연을 훼손하고 공해물질을 배출하여 지구 전체의 환경을 악화시켜 왔다. 최근에는 산림자원의 축소, 수자원의 오염 및 고갈, 대기환경의 악화 등 개별 국가가 단독적으로 해결하기 어려운 환경의 문제들이 등장하여 국제적인 공조를 필요로 하고 있다. 지구 환경을 보호하고 환경을 둘러싼 국가간의 분쟁을 조정하기 위한 노력이 어느 때보다 절실한 시대의 과제가 되었다.

지속가능한 개발이라는 주장은 이러한 문제를 해결하는데 기준점이 된다. 브룬트란트 위원회는 지속가능한 개발을 현 세대의 필요를 충족시키면서 미래 세대가 그들의 필요를 충족시킬 수 있는 능력을 저해시키지 않는 개발로 정의하여 미래 세대에 대한 관심을 강조하였다(조순구, 2006, 428). 개발을 피할 수는 없지만 생태계를 지탱하는 수용력 내에서 이루어져야 한다는 지속가능한 개발의 원칙에는 이의가 없지만, 현실적으로 선진국과 개발도상국이 처해 있는 상황이 다르므로 수용의 방식과 정도에 차이가 있다. 선진국은 경제성장과 환경보전을 조화시킬 것을 주장한다. 반면에 개발도상국은 자국의 경제성장이 우선 과제일 수밖에 없으므로 환경문제는 주변의 것으로 밀려나게 된다. 양 진영의 입장의 차이를 좁혀서 절충 방안을 찾는 것이 국제적인 측면에서 환경 문제를 해결하는 방법이다.

2) 지구온난화

지구온난화는 온실효과에 의해 세계의 평균 기온이 서서히 상승하는 것을 말한다. 온실효과란 마치 태양의 열에너지가 온실의 유리 지붕을 통하여 안으로 들어오기는 하지만 밖으로 방출되지 않아서 온실 안이 더워지는 것과 같이 온실가스가 우주 공간으로 방출되는 적외선(지구표면의 복사 에너지)을 흡수 차단하여 대기 바깥으로 방출되지 못하고 대기 중으로 다시 방출함으로써 지표면의 온도를 상승시키는 현상이다(조순구, 2006, 395). 지구온난화가 가져다 줄 수 있는 재앙은 온난화 시간표가 잘 보여준다.

<온난화 시간표>

온난화에 따른 지구온도가 산업혁명 때를 기준으로 1도, 2도, 3도 오를 때마다 각각 예상되는 시간표별 피해를 예고해 시급한 대책마련을 촉구하는 보고서가 나왔다. 이에 따르면 2030년쯤 지구온도가 1도 오르면 지구생태계가 위협받게 되고 2050년대 무렵 2도 상승하면 연어와 송어가 살수 없게 되고 북극곰과 해마가 생존에 위협을 받게 된다. 또 열대 산호초들이 하얗게 죽어가는 백화현상이 발생한다. 대략 2070년 3도가 오르면 북극 빙하와 함께 북극곰, 해마가 사라지고 북극여우나 늑대 등 육식동물도 먹이가 80% 가량 사라져 멸종 위험에 처하게 되며 인류의 생존가지도 위협받는 등 지구생명체들은 심각한 생존 위협에 직면하게 될 것이다(조순구, 2006, 404).

지구온난화가 온실가스 때문이 아니라는 주장(이상돈, 2007)도 있지만, 많은 사람들이 온난화의 주범으로 온실가스를 가리킨다. 온실가스는 대기를 구성하는 여러 가지 기체들 가운데 온실효과를 일으키는 가스를 말한다. 6대 온실가스는 이산화탄소, 메탄, 이산화질소, 수소불화탄소, 과불화탄소 육불화황으로서 그 중 온난화에 영향을 미치는 정도는 이산화탄소가 55%로 가장 크고 메탄 15%, 기타

15%이다 온난화의 주범인 이산화탄소는 주로 자동차나 공장에서 주요 동력으로 화석연료(석유, 석탄, 천연가스 등)를 사용할 때 나오는 탄소가 산소와 반응하여 나온다(조순구, 2006, 395).

1751년 이후로 화석연료(와 시멘트 생산)의 소비를 통한 대기 중의 탄소 배출은 3,210억톤에 달한다. 이 가스의 절반은 1970년대 중반 이후에 배출되었으며, 2005년 한해 동안에만도 79억 8천5백만톤이 배출되었으며, 2004년 이후 연간 3.8% 증가를 보이고 있다.

<표 9>는 국가별 이산화탄소 배출량을 보여준다. 2007년 이산화탄소 배출 총량은 약 84억 7천만톤으로 매년 2억톤 정도가 증가하고 있다. 국가별로 살펴보면 세계 최대 이산화탄소 배출국은 중국으로 전 세계 배출량의 약 21%을 차지하며, 다음으로 미국이 19%를 점유하고 있다. 전 세계 이산화탄소 총 배출량의 40%를 이들 양국이 배출하고 있다. 중국과 미국의 뒤를 이어 3위 러시아, 4위 인도, 5위 일본, 6위 독일, 7위 캐나다, 8위 영국으로 나타났다. 한국은 9위로 2007년 1억 3천톤의 이산화탄소를 배출하였다.

〈표 9〉 이산화탄소 배출량 추정치

(단위: 천톤)

국가	2005	2006	2007
세계	3871.0	3910.9	3952.8
미국	951.4(24.6)	943.8(24.1)	943.1(23.9)
중국	327.8(8.5)	353.3(9.0)	368.0(9.3)
일본	244.1(6.4)	237.1(6.0)	228.9(5.8)
인도	119.6(3.0)	120.4(3.1)	128.5(3.3)
러시아	121.9(3.4)	127.1(3.2)	125.9(3.2)
독일	122.4(3.2)	123.6(3.2)	112.5(2.8)
한국	105.4(2.7)	105.6(2.7)	107.6(2.7)

* 출처: http://cdiac.esd.ornl.gov/home.html

지구온난화를 막기 위한 기후변화협약회의가 여러 차례 개최되었다. 그 중에서 1997년 일본의 교토에서 열린 제3차 기후변화협약(교토의정서)에서 국가별 온실가스 의무감축 비율이 결정되었다. 교토의정서의 핵심은 선진국들의 온실가스 배출량 제한이 법적 구속력을 갖는 의무사항으로 채택되었다는 점이다. 교토의정서에는 38개 선진공업국가(의무감축국)들은 여섯 종류의 온실가스 배출량을 2008년에서 2012년 사이에 1990년 수준보다 평균 5.2% 줄여야 한다. 각국의 감축 목표량을 차별화하여 EU 국가들은 8%, 미국 7%, 일본 6% 감축하기로 하였다. 그러나 급격한 산업화 추진으로 인도, 중국, 브라질 등은 대부분의 선진 자본주의 국가들보다 더 많은 이산화탄소를 배출하고 있음에도 불구하고 자발적으로 감축목표를 설정하도록 하여 감축의무를 면제받았다(조순구, 2006, 405). 이것이 채택되기까지 온실가스 감축 목표와 일정, 개발도상국의 참여 문제로 의견 대립이 심했지만 조정을 거쳐 2005년 2월 16일에 의정서가 공식 발효되었다.

왜냐하면 온실효과를 줄이는 데는 막대한 비용이 소요된다. 경제성장을 축소하거나 새로운 기술에 의존한 경제성장 방법을 개발해야 하기 때문이다. 그러나 조치에 수반되는 실업증가, 기업이윤 감소, 개인소득 감소 등의 비용은 심각한 수준에 이를 수도 있다. 특히 이산화탄소의 배출 규제는 전 세계 온실가스 배출량의 23,5%를 배출하고 석유나 석탄과 같은 확서연료의 최대 소비국인 미국에게는 엄청난 경제적 비용을 발생시킬 것으로 예상되고 있다. 세계 인구의 4.6%를 차지하며 전 세계 이산화탄소의 약 4분의 1을 배출하는 미국이 자신들의 경제적 이익에 위협이 된다는 이유로 조약에 서명은 했으나 비준은 거부하고 있다. 미국 대통령인 오바마는 출마 연설에서 교토 의정서의 비준을 공약으로 내걸었다.

3) 한국의 온실가스 배출

한국은 이산화탄소 배출 순위 세계 9위로 2005년부터 2007년까지 연 평균 1억 2천에서 1억 3천톤의 이산화탄소를 배출하고 있다. 지식경제부에 따르면 2006년 우리나라의 경제규모 및 온실가스 배출규모 등을 고려할 때 우리나라를 온실가스 배출 의무 감축국에 포함시키려는 국제사회의 압력을 가중될 것으로 예상된다. 우리나라의 경제규모(GDP)는 세계 13위(2007년 WB)이며, 온실가스 배출량은 세계 16위(2005년 IEA)이다. 2006년 기준으로 우리나라의 온실가스 배출량은 599.5백만톤이며, OECD 30개국 중에서 멕시코와 우리나라만이 감축의무가 없다.

선진국들은 2013년 이후의 배출량에 대한 협상을 본격화할 계획이고 자신의 부담을 덜기 위해 한국에도 감축의무를 안기려고 할 것으로 예상된다. 더욱이 1990년 이후 배출량 증가율이 세계최고수준인 85.4%를 기록하고 있기 때문에 한국은 2차 기간(2013-2017년)에는 감축의무 대상국으로 분류될 가능성이 아주 높다.

전문가들은 우리나라가 이 기간 중 온실가스 배출량을 95년 대비 5% 줄일 경우 2015년의 실질 국민총생산 성장률이 0.78% 감소하는 등 경제 전반에 심각한 영향을 빚을 것으로 보고 있다. 한국 정부는 물론 기업들도 이에 적극 대응하여 다소 비용이 들더라도 미리 준비하는 게 국제경쟁력 확보에 보탬이 되는 것은 물론 교토의정서 체제에 대응하는 지름길이다.

<탐구과제>

- 인구 성장의 추이를 알아보는 데는 여러 가지 방식이 있다. 유엔인구국(UNDP)이 제시한 인구 성장 추계 방식을 알아보고 장점과 단점을 알아보자.
- 기아 및 영양결핍 인구의 발생 이유에 대해서는 여러 가지 관점에서의 다양한 설명 방식이 있다. 상반되는 관점을 찾아서 그들 주장의 타당성을 검토해보자.
- 석유 가격의 급등락 원인을 알아보고 자원안보의 측면에서 석유자원의 안정적 확보 방안을 알아보자.
- 지구온난화가 온실효과 때문이 아니라는 반론이 있다. 그러한 주장을 찾아보고, 양 주장의 타당성을 비교해 보자.

〈참고문헌〉

김계동, 김영신, 김현욱, 장수환, 전종규, 정은영, 진시원 역(2006). 세계화의 도전과 대응: 글로벌 이슈. 서울: 명인문화사.

김광호, 안종국, 정일민, 안병옥(2004). 생존과 번영의 조건: 식량. 서울: 건국대학교 출판부.

김명섭, 조성대, 진시원(2003). 세계의 정치와 경제. 서울: 한국방송통신대학교 출판부.

김원(2002). 새 세기의 환경 이야기. 서울: 열화당.

유현석(2008). 국제정세의 이해. 서울: 한울아카데미.

이상돈(2007). 비판적 환경주의자. 서울: 브레인북스.

조순구(2006). 국제문제의 이해; 지구촌의 쟁점별. 서울: 법문사.

조효제 역(2002). 전지구적 변화. 서울: 창작과 비평사.

http://blog.naver.com/mybung07?Redirect=Log&logNo=140059224430

http://blog.naver.com/withsouthern?Redirect=Log&logNo=50026372218

http://cdiac.esd.ornl.gov/home.html

http://www.fao.org/

http://www.iea.org/

http://www.krei.re.kr/kor/main.php

http://www.mke.go.kr/

http://www.nso.go.kr/

http://www.petronet.co.kr/index.jsp

http://www.un.org/

http://www.un.org/issues/m-pop.html

http://unstats.un.org

제11장 다문화주의

박 소 영

〈개요〉

- 세계화가 본격적으로 진행됨에 따라 한국 사회도 매우 빠르게 다인종, 다민족, 다문화 사회로 변화하고 있다. 이주민의 규모가 급증하고 이주민의 출신 국가나 체류 형태가 다양해지고 있다. 2007년 법무부의 발표에 따르면 국내에 체류하는 외국인은 100만명을 넘어섰다.
- 다문화 사회로의 전환이 비단 한국만의 과제는 아니지만, 우리나라의 경우 다문화 사회를 맞을 준비나 대비가 거의 전무하다시피 했고, 이민족과 타문화를 포용하는 사회적 기반이 여러모로 취약한 상황에 있다(김향은, 2007). 다른 민족이나 인종에 대한 배타성으로 인해 2006년 스위스 국제경영개발원 조사에서 조사대상 55개국 중 우리나라의 인종차별이 51위로 집계되었다. 싱가포르 정치경제연구소가 발간한 '외국인들이 느끼는 아시아 각국의 삶의 질 비교' 보고서에는 한국인의 문화개방 수준이 베트남에 이어 최하위인 것으로 평가된 바 있다(조선일보, 2007).
- 2007년 8월에는 유엔 인종차별철폐위원회로부터 사실상의 '인종차별국가'로 지정받아 시정을 촉구받기도 하였다(www.unog.ch). 이와 관련하여 다문화 사회로의 변화에 대한 한국인의 의식조사(김이선 외, 2007) 결과에 의하면 EU회원국가와 비교할 때 한국인들은 전반적으로 문화적 다양성을 수용하고 이주자 증대를 긍정적으로 인식하는 등 다문화 사회에 대해 비교적 관용적 가치관을 보이고 있으나, 이주민을 사회 주체로 인정하는 데 있어서의 소극성, 다양성에 대한 무관심과 동화 지향적 태도, 선진국 출신자와 개발도상국 출신자에 대한 차별적 태도 등이 사회 전반에 확산되어 있다.
- 이 글에서는 글로벌 인구이동에 따른 다문화주의의 등장, 한국의 국제 인구이동현황, 다문화주의 개념을 살펴보고, 문화충돌과 문화공존의 측면에서 자문화중심주의, 문화제국주의, 문화상대주의, 비판적 다문화주의를 살펴보고자 한다.

〈학습목표〉

- 한국에서의 이주문제의 동향과 다문화주의를 이해한다.
- 다문화주의에 관한 입장들의 특징을 이해한다.
- 자문화 중심주의와 문화상대주의가 어떻게 다른지를 이해한다.
- 문화상대주의의 개념과 그 의미를 이해한다.
- 문화 간 이해를 위한 자세와 방법을 알아본다.
- 다문화주의 쟁점을 이해하고 대안의 다문화주의를 탐색한다.

1. 글로벌 인구이동과 다문화주의

1) 세계 인구의 급속한 성장과 국제적 인구이동

세계 인구가 급속하게 성장하고 있다. 1900년에 약 16억여명 정도이던 세계 인구가 1970년에 36억9천여명으로 2배 이상 증가하였다. 2000년에는 약 60억여명에 이르렀으며, 2008년에는 약 66억여명에 이르렀다. 그리고 2025년에는 약 78억여명에 이를 것으로 예측된다(http://kcm.co.kr/ mission/map/gem2001/; http://drchoi.or.kr/673).

세계 인구 성장의 보다 큰 문제점은 가난한 지역의 인구증가율이 부유한 지역의 인구증가율을 상회한다는 점이다. 2020년까지의 인구증가분 중 약 95%는 개발도상국들에 의해 이루어질 것으로 전망된다. UN은 2050년경 세계인구는 70~105억 명에 달할 것으로 예측하고 있는데 이 중 60%는 아시아에, 20%는 아프리카에 분포할 것으로 전망된다. 이처럼 가난한 지역의 많은 인구와 부유한 지역의 적은 인구는 국제적 인구이동을 발생시키는 구조적 배경이 되고 있다(김명섭 외, 2003).

국제적 인구이동은 경제적 동기에 의해 유발되고 경제적 격차에 의해 촉진되는 경제적 사안이라 할 수 있다. 국제적 인구이동에는 이민, 피난, 여행 및 관광 등이 포함된다. 1992년의 경우 세계인구의 약 2%에 이르는 1억 명의 이민이 발생했다. 이는 국제이민이 새로운 세계정치경제적 쟁점으로 부상하고 있음을 의미하는 것으로 이해할 수 있다(김명섭 외, 2003). 개발도상국가의 주민들은 세계시장에서 매겨지는 농산물의 낮은 가격탄력성과 외채누적으로 인한 경제적 악화, 환경재앙, 빈부격차의 심화 등으로 인해 자신과 자신의 후손들을 위해 합법적 또는 불법적 이민을 결심하게 된다. 그러나 선진국 사회에서는 합법 또는 불법 이민의 대량 유입에 대해 양면의 반응을 나타내 보인다. 즉 고급두뇌 흡수와 하층노동력 확보의 측면에 대해서는 긍정적으로 평가하는 반면, 자국출신 노동자의 실업 증대와 인종적 갈등으로 인한 사회적 비용의 증대 측면에 대해서는 부정적으로 평가한다.

선진국들 내에서는 이민 문제에 대한 논쟁이 계속되고 있으며 많은 선진국들은 개발도상국으로부터의 불법이민에 대해 보다 강력한 국경통제정책을 강구하고 있다. 그러나 자본이동의 자유화를 주장하면서 인구이동의 자유를 봉쇄하겠다는 주장을 정당화하는 것은 설득력을 갖기 어렵다. 특히 미국과 캐나다의 경우는 아메리카 원주민을 쫓아내고 세운 이민자들의 나라라는 역사적 배경을 갖고 있기 때문에 인구이동의 자유 봉쇄 주장이 힘을 얻는 것이 더욱 어렵다. 또한 국경 경비대에 의존해서 불법이민 문제를 해결하는 것도 그에 따른 비용이 너무 막대하여 어려움이 큰 것으로 나타난다.

2) 한국의 국제 인구이동

국제적 인구이동은 한국에서도 급속히 진전하고 있는 것으로 나타난다. 2007년 총 출입국자는 39,833,724명으로 2006년(23,538,250명)보다 11% 증가하였으며, 10년 전인 1997년(18,059,783명) 보다 두 배 이상 증가한 것으로 나타났다.

(1) 한국 내 체류외국인 현황

2007년 국내 총 체류외국인은 1,066,291명으로 2006년(910,149명)보다

17.2% 증가하였다(법무부, 2007). 이는 전 국민의 2%에 해당하는 수치로서 이제 우리 사회는 다문화 사회로 불릴 수 있게 되었다. 국내 체류외국인의 국적도 중국, 미국, 베트남, 필리핀, 태국 등 다양하게 나타나 한국 사회가 다양한 국가 출신의 이주민이 공존하는 사회로 이행하고 있다는 점을 알 수 있다. 또한 동국적인의 규모가 작아 공식적으로 발표되는 통계에서 기타로 분류되는 국가들까지 모두 포함한다면 전 세계인이 한국 사회에 이주하고 있다고 표현할 수 있다. 그러나 국내 체류외국인 대부분은 중국, 미국, 베트남, 필리핀, 태국 5개국 출신이 국내 전체 체류외국인의 70% 이상을 차지하여 미국을 제외하면 아시아권 이주민이 대부분이라 할 수 있다. 이러한 점에서 최근 한국 사회의 변화는 '다인종화'이기보다는 '다민족화(multiethnicization)'에 가까운 것으로 분석될 수 있다(한건수, 2008). 국내 체류외국인의 연도별 증감현황 및 체류외국인의 국적별 현황은 <표 1>, <표 2>와 같다.

〈표 1〉 국내 체류외국인 연도별 증감현황

구분	1997	1999	2001	2003	2005	2006	2007
인원	386,972	381,116	566,835	678,687	747,467	910,149	1,066,291

출처: 법무부(2007)

〈표 2〉 국내 체류외국인 국적별 현황

구분	계	중국	미국	베트남	필리핀	태국	기타
인원	1,066,291	503,427	112,280	71,074	50,873	47,813	280,824
비율(%)	100	47	10.5	6.7	4.8	4.5	26.3

출처: 법무부(2007)

국내 체류외국인의 체류목적별로 살펴보면, 산업연수생을 포함한 외국인근로자가 47.1%인 502,082명으로 가장 많고, 결혼이민자가 10.4%인 110, 362명, 어학연수생을 포함한 외국인 유학생이 5.7%인 61,029명으로 나타난다([그림1] 참조). 이는 취업과 결혼을 통한 장기 체류의 사례가 대다수인 상황으로 볼 수 있다.

[그림 1] 국내 체류외국인의 체류목적

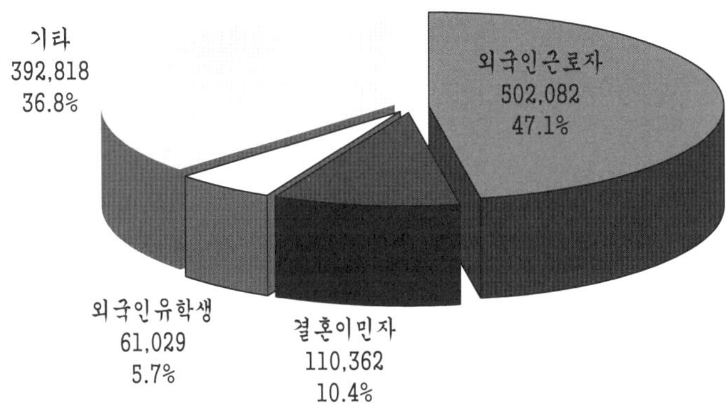

현재 수적으로 가장 많은 비율을 차지하고 있는 국내 체류외국인은 외국인 근로자이다. 1987년 6,409명의 국내 유입을 시작으로 현재 2007년 기준 502,082명이 국내에 등록되어 있다. 한국의 경제성장, 한국민들의 3D직종 기피현상, 인근 중국의 높은 인구밀도, 아시아 일부지역의 경제적 낙후상황 등은 한국으로의 국제 인구이동을 부추긴 요인으로 분석된다(김명섭 외, 2003).

외국인 근로자의 구성비에 대해 2006년 12월 기준으로 작성된 법무부의 통계자료에서는 전체 23만 6262명으로 집계된 외국인 근로자 중 단순기능인력(20만 9041명, 88.5%), 전문인력(2만 4038명, 10.2%), 예체능인력(3183명, 1.4%) 순서인 것으로 분석되어 단순기능인력이 주류인 것으로 나타났다(한건수, 2008). 국적을 살펴보면 단순기능인력은 중국(8만 629명, 38.6%), 베트남(2만 4992명, 12.0%), 필리핀(2만 3394명, 11.2%), 인도네시아(1만 7886명, 8.6%) 순서로 나타난다. 전문인력은 미국(6604명, 27.5%), 캐나다(5163명, 21.5%), 영국(1602명,

6.7%), 일본(1226명, 5.1%) 순서이며, 예체능 인력은 필리핀(1866명, 58.6%), 중국(281명, 8.8%), 러시아(223명, 7.6%), 우크라이나(3.3%) 순서이다. 외국인 근로자 중 전문인력은 주로 선진국 출신인 반면, 단순기능인력은 대부분 아시아권에서 입국한 것으로 나타난다. 그리고 예체능 인력은 프로스포츠팀이나 연예분야의 극소수를 제외하고 국내 유흥산업에 취업한 외국인 여성이 대부분이다.

다음으로 다수를 차지하고 있는 국내 체류외국인으로는 결혼 이민자가 있다. 결혼 이민자는 우리나라 사람과 결혼한 재한 외국인을 일컫는다. 2007년 기준으로 결혼이민자는 110,362명으로 2006년 93,786명보다 17.7% 증가하였으며, 국적별로는 중국이 57%인 63,203명, 베트남이 19.6%인 21,614명, 일본이 5.3%인 5,823명, 필리핀이 4.6%인 5,033명으로 나타난다. 한편, 성별로는 여자가 88%인 9만 7천명, 남자는 12%에 해당하는 1만 3천명으로 나타난다. 결혼 이민자 중 중국, 베트남의 국적이 많고 특히 여성의 비율이 높게 나타난다. 1990년대에는 결혼이민자 중 필리핀 여성의 비중이 높았으나, 최근 몇 년간 베트남 여성의 수가 급증하면서 전체 여성 결혼이민자의 비중에서도 베트남 여성이 중국 다음으로 많음을 알 수 있다(한건수, 2008). 결혼 이민자의 연도별 증감현황과 국적별·성별 현황은 <표 3>, <표 4>와 같다.

〈표 3〉 결혼이민자 연도별 증감 현황

구분	2002	2003	2004	2005	2006	2007
인원	25,182	44,416	57,069	75,011	93,786	110,362
증감률(%)	↑37.8	↑76.4	↑28.5	↑31.4	↑25.0	↑17.7

〈표 4〉 결혼이민자 국적별·성별 현황

년도별 성별	계	중국	베트남	일본	필리핀	몽골	기타
계	110,362	63,203	21,614	5,823	5,033	2,088	12,601
남	13,126	8,161	101	526	152	28	4,158
여	97,236	55,042	21,513	5,297	4,881	2,060	8,443

외국인 유학생은 61,029명으로 2006년 41,638명보다 46.6% 증가하였으며, 국적별로는 중국이 78.1%인 47,677명, 베트남이 4.5%인 2,764명, 몽골이 3.2%인 1,939명, 일본이 2.6%인 1,602명, 미국이 1.8%인 1,073명으로 나타난다. 한편, 성별로는 남자가 52.6%인 32,086명, 여자는 47.4%에 해당하는 28,943명으로 나타난다. 외국인 유학생의 연도별 증감현황은 <표 5>와 같다.

〈표 5〉 외국인 유학생 연도별 증감현황

구분	2002	2003	2004	2005	2006	2007
인원	11,308	13,928	19,646	26,967	41,638	61,029
증감률(%)	↑41.1	↑23.2	↑41.1	↑37.3	↑54.4	↑46.6

외국인 근로자와 결혼 이민자 등 국내 체류외국인의 수가 증가하면서 한국으로 귀화하는 사람들도 증가하였다. 1957년 처음으로 한국 귀화가 허락된 이후 2000년까지 약 1500명의 외국인이 본인의 선택에 의해 한국인이 되었고(김명섭 외, 2003), 2000년부터 2008년까지는 총 54,279명이 한국인으로 귀화하였다(법무부, 2009). 2000년부터 2005년까지 급속하게 귀화자 수가 증가하였으며, 2006년 이후에는 어느 정도 안정세를 유지한 것으로 보인다. 국적별 귀화자 현황은 <표 6>과 같다.

〈표 6〉 국적별 귀화자 현황

국가 \ 연도	총 계	2000	2001	2002	2003	2004	2005	2006	2007	2008년 (1-8월)
중 국	45,164	71	602	2,694	4,627	5,682	10,543	6,649	7,364	6,932
필리핀	3,858	1	3	59	892	1,042	747	312	324	478
베트남	2,219	0	4	25	78	140	356	229	444	943
몽 골	404	1	0	9	42	35	103	32	77	105
파키스탄	287	8	9	11	63	58	66	18	32	22
기 타	2,347	119	106	174	284	304	484	237	295	344
총 계	54,279	200	724	2,972	5,986	7,261	12,299	7,477	8,536	8,824

90일 이상 장기체류하고 있는 외국인은 765,746명이다. 이들의 국적별로는 중국이 55%인 421,493명으로 가장 많고, 베트남이 8.8%인 67,197명, 필리핀이 5.6%인 42,939명, 태국인 4.1%인 31,745명, 미국이 3.5%인 26,673명, 그 외 인도네시아, 대만, 몽골, 일본 순으로 나타난다([그림 2]참조). 지역별로는 경기 234,292명(30.6%), 서울 229,076명(29.9%), 인천 45,464명(5.9%), 경남 42,385명(5.5%) 순으로 서울·경기·인천 등 수도권에 약 66.4%가 집중 거주하고 있는 것으로 나타났다([그림 3]참조).

[그림 2] 장기체류 외국인의 국적

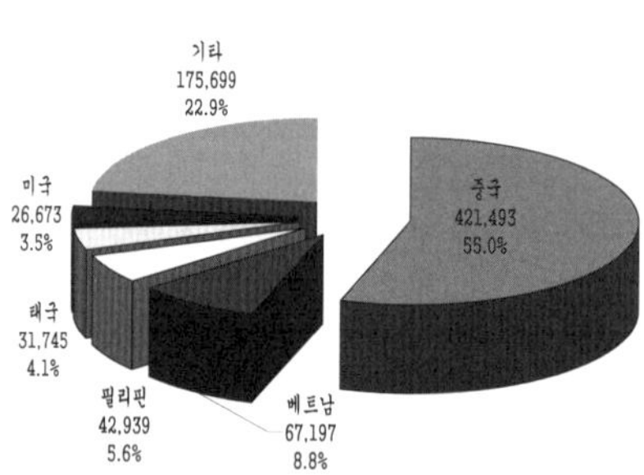

[그림 3] 장기체류 외국인의 거주지

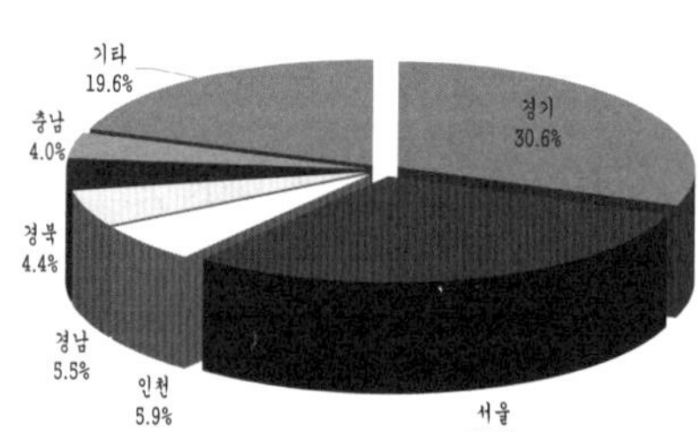

한편, 불법체류외국인은 223,464명으로 2006년 211,988명보다 5.4% 증가하였다. 불법체류외국인의 수는 점점 더 증가하고 있으며, 이들 중 절반에 가까운 사람들이 중국 국적이다. 다음으로는 베트남, 태국, 필리핀, 몽골 등의 국적인이 많다. 불법체류외국인의 연도별 증감현황 및 국적현황은 <표 7>, <표 8>과 같다.

〈표 7〉 불법체류외국인의 연도별 증감현황

구분	1997	2002	2003	2004	2005	2006	2007
인원	148,048	308,165	154,342	209,841	204,254	211,988	223,464

〈표 8〉 불법체류외국인의 국적별 현황

구분	계	국	베트남	태국	필리핀	몽골	기타
인원	223,464	102,426	14,992	14,887	14,420	14,153	62,586
비율(%)	100	45.8	6.7	6.7	6.5	6.3	28.0

국내에 체류 중인 외국인들은 등록 여부, 국적, 거주지, 직업, 성별 등의 다양한 층위에서 동질적인 집단이 아니라 다양한 집단으로 구성되어 있다. 전문직에 종사하는 선진국 출신은 쾌적한 거주지 및 작업 환경에서 다양한 혜택을 누리며 이들에 대한 한국인의 태도도 우호적이며 문화 교류의 차원에서도 적극적으로 활동한다. 반면 단순기능 외국인노동자나 미등록된 불법체류외국인, 아시아권 국가에서 이주한 결혼이민자들은 작업장이나 일상생활의 영역에서 모두 열악한 삶을 살아가며 다양한 기본적 권리에 제약을 받고 일부 근로자들이 형성하는 지역은 기존 주민들과 불화를 겪기도 한다. 현재 한국 사회의 다문화 현상을 만들어가는 주체인 외국인들이 하나의 동질적 집단이 아니라 다양한 사회적 배경에 속해 있고, 더 나아가 한국 사회가 이들에 부과하는 역할이 다르다는 점은 한국 사회의 다문화주의가 어떤 모습인가를 이해하는 데 중요한 고려 사항이 되어야 한다(한건수, 2008).

2) 한국인의 국제 이민 현황

한국인들의 국제 이민은 시기적으로 모국과 목적국간의 기회구조와 생활수준의 차이변화에 따라 그 규모와 특성이 변화해왔다(김명섭 외, 2003). 1965년 존슨행정부에 의해 아시아쿼터가 늘어나는 외부적 요인이 발생하자, 한국은 높은 인구밀도와 낮은 경제수준이라는 내부적 방출요인과 결합하여 미국행 국제이민이 많이 발생했다. 1970~1980년대에는 당시 미국에서 의료분야와 과학기술 분야에서 외국의 고학력, 전문적 노동력을 필요로 했기 때문에 한인이민이 급속도로 증가하여 연 3만 명 이상이 미국으로 이민을 가기도 하였다. 그러다가 1988년 서울올림픽을 계기로 한국의 국제적 위상이 높아지고 모국에서 해외동포의 전문직, 기술직 노동력에 대한 수요가 커지면서 해외이민이 줄고 오히려 역이민이 증가하기도 하였다. 그 이후로 해외이민은 계속 감소추세로 흐르다가 1997년 외환위기가 오고 구조조정, 정리해고, 명예퇴직 등의 형태로 시장 고용이 불안정하게 되자 보다 안정된 일자리와 높은 삶의 질을 추구해 해외로 떠나는 사람들의 수가 증가하기 시작하였다(김명섭 외, 2003).

2000년대 이후 한국인들의 이민 목적국에 변화가 있었다. 미국으로의 이민기회가 제한되거나 이민수속이 장기화되어 한국인들의 국제이민은 캐나다, 호주, 뉴질랜드와 같이 이주자를 적극적으로 수용하는 국가로 목적지가 변경되었다. 캐나다, 호주, 뉴질랜드 등의 국가에서는 자국의 경제발전과 인구성장을 위해 독립이민, 사업 및 투자이민 등의 형태로 한인 이민자들을 유인하고 있으며, 사업 또는 취업을 목적으로 한 30대 중산층의 이민이 활발하게 증가하고 있는 것으로 나타난다. 2000년 이후 한국의 국민이었다가 타국적으로 귀화한 현황은 <표 9>와 같다.

〈표 9〉 국적별 대한민국 국적상실자 현황

연도 / 국가	총 계	2000년	2001년	2002년	2003년	2004년	2005년	2006년	2007년	2008년 (1-8월)
일 본	74,622	6,766	2,906	8,208	18,871	10727	9,908	8,843	7,999	394
미 국	63,841	4,587	5,417	11,521	5,796	7591	8,129	7,633	8,541	4,626
캐나다	17,287	467	774	1,626	1,173	2005	2,606	2,957	3,738	1,941
호 주	6,638	263	530	958	669	475	915	860	1,308	660
독 일	2,114	163	204	417	266	273	256	233	212	90
뉴질랜드	1,823	70	155	204	176	180	257	332	290	159
스웨덴	868	129	110	86	185	44	117	85	84	28
기 타	5,160	310	427	963	495	595	658	756	630	326
총 계	172,353	12,755	10,523	23,983	27,631	21,890	22,846	21,699	22,802	8,224

현대 한국 사회는 같은 민족은 아니지만 결혼 이주여성처럼 한국 국적을 취득해서 한국 국민이 된 외국인이 급증하고 있는 반면, 같은 민족이지만 해외로 이주해 다른 국가의 국민으로 사는 한민족도 존재한다. 누가 한국인이고 누가 한민족인지 새로운 사회적 합의가 필요한 단계이다. 이제 국가와 민족의 개념을 구분하면서 한국의 다문화 현상을 고민하고 논의할 필요가 있다(한건수, 2008).

우리 사회는 중고등 학교의 교과서에서도 단일민족으로 기술되어 왔고, 서구 사회와는 다른 우리의 '자랑'으로 여겨져왔다. 그런데 우리나라가 민족적으로 단일 민족이라고 할 수 있는가에 대하여 다양한 의견이 있을 수 있겠지만 한국인의 기원을 연구해온 단국대 생물학과 김욱 교수에 의하면 최근 한국인 100여명의 유전자를 정밀 분석한 결과, 평균적으로 북방계에 속하는 동북아시아 유전자 집단과 남방계에 속하는 동남아시아 유전자 집단이 60 대 40으로 섞인 것으로 나타났다. 그는 이 연구 결과를 토대로 우리 민족이 유전학적으로 한 계통에서 분화된 단일민족으로 분류될 수 없다고 결론짓는다.

또 정치적인 측면에서 볼 때, 한양대 사학과 임지현 교수는 우리나라에서의 단일민족 논의가 식민지시대를 막 벗어난 가난한 상황에서 국민의 결속을 다지고, 국가의 부를 달성하기 위한 정치적 의도에 따라 강화되었다고 평가한다(SBS 스페셜, 단일민족의 나라, 당신들의 대한민국, 2006년 11월 5일). 한국은 조선시대까지 화이의식(華夷意識)을 가지고 있었으며 중국과 더불어 자국을 '문명'이라 생각하고 주변의 일본을 야만이라 간주해왔을 정도로 생물학적인 '인종'이나 '민족' 개념보다는 문명의 성취 여부를 중시해왔다. '단군의 후예'라는 단일 민족의 개념은 고려 후기에 등장하여 조선 후기에 완성된 '삼한 정통론'에 입각한 것으로 이는 우리 민족이 단군의 생물학적 자손임을 강조하였다기보다는 중국 못지 않게 오랜 역사와 문명을 이룩했다는 의미였다. 고려와 조선은 외국인의 정착을 환영하였으며 많은 성씨가 외래에서 기원하였음이 강조되었고 혈통을 근거로 차별하지 않았던 것으로 나타난다. 그러다가 구한말 위기 상황에 직면하여 독일의 민족 개념과 문화 개념이 일본을 통해 도입되고 한국에서도 혈통이 강조되기 시작하였다는 것이다(한경구, 2008).

한국 교과서는 혈통상 단일민족의 역사적 전개과정을 '국사'로 규정하면서도 실제 교과서에서는 이러한 혈통적 관계를 확인하는 일을 생략하고, 단지 한민족을 강조하기 위한 과정과 은닉이 발견된다고 주장한 김한규(2002)의 지적도 이와 관련된다. 이런 상황에서 급기야 유엔 인종차별철폐위원회(CERD)는 지난해 8월 보고서를 통해 "한국 사회가 스스로 단일민족 신화에서 벗어나 다민족적인 성격을 가진 사회라는 것을 인정하고, 제도 및 법적 정비를 해야 한다"고 밝힌 바 있다. 우리 사회는 자의든 타의든 다문화사회라는 것을 받아들이지 않을 수 없게 되었다고 볼 수 있다. 이제 한국사회는 단일민족의 신화를 넘어 다문화 사회를 향한 문턱을 넘어가야 할 때가 된 것으로 나타난다.

3) 다문화주의

다문화주의(multiculturalism)는 1970년대 미국, 캐나다, 스웨덴 등의 전형적인 다인종 국가들에서 논쟁이 시작됨으로써 본격적으로 공론화된 개념이다(이상길 · 안지현, 2007). 다문화주의는 가장 이상적인 방식으로부터 아주 정치적인 규정에 이르기까지 다양한 방식과 내용으로 그 개념이 규정될 수 있다(오경석 외, 2007). 광의의 이상주의적인 지평에서 '국적, 체류자격, 인종, 문화적 배경, 성, 연령, 계층적 귀속감 등에 관계없이 모든 인간이 인간으로서의 보편적 권리를 향유하고 각 삶의 방식을 존중하며 공존할 수 있기 위한 노력'을 의미할 수 있다. 또 협의의 제도적인 차원에서 '자유민주주의에 대한 광범위한 합의와 지지가 선결된 조건에서 다양한 문화적 주체들의 특수한 삶의 권리에 대한 제도적 보장'을 뜻할 수도 있다.

정치적인 스펙트럼에서 볼 때 가장 좌파적인 입장에서는 '대중들의 전 지구적 시민권' 확보를 목표로 하고, 적극적인 중도 입장에서는 '성찰적인 기획으로서의 정체성 정치' 추구를 핵심으로 설정한다. 자유주의 입장에서는 자유주의를 공유하면서도 문화적 권리를 지지하는 입장과 문화적 권리를 비판하는 입장으로 세분된다. 다문화사회의 핵심 주체로 어떤 주체들이 강조되느냐에 따라서도 다문화주의의 정치적 목표는 소수민족의 분리 및 자치, 토착민들의 권리 복원, 이주자들의 사회적 포용, 미등록 체류자들의 합법화 등으로 상이하게 설정될 수 있다(Kymlicka-He, 2005).

문화 규정방식에 따라서도 다문화주의의 내용과 범주가 달라질 수 있다. 문화를 일반적인 삶의 방식으로 포괄적으로 규정하는 경우, 다문화주의는 사회 집단들 간의 갈등과 혁신 전체를 포괄하는 전 사회적인 프로젝트가 될 수 있다. 반면 문화를 특수한 공동체 고유의 관습과 행위양식으로 좁게 규정하는 경우, 다문화주의는 소수문화공동체의 문화적 권리 보장을 목표로 하는 특수한 프로젝트로 제한된다(Kymlicka, 1995).

다문화주의의 적용범위와 방식에 대해 어떤 태도를 취하느냐에 따라서도 온건한 다문화주의, 정책적 다문화주의, 강경한 다문화주의 등으로 구분될 수 있다. 온건한 다문화주의와 정책적 다문화주의가 정책이나 제도 보완으로 다문화주의의 적용 범위와 방식을 제한한 반면, 강경한 다문화주의는 사회공동체에 대한 기존 개념 자체의 재구성을 목표로 한다.

다문화주의는 다문화 현상이 만들어가는 사회적 현실에 따라 지향하는 가치의 강조점과 정책 구현의 실천 과제가 달라진다. 정책으로서의 다문화주의는 다음 내용을 포함한다(한경구, 2008). 첫째, 복수의 시민권을 인정하여 이중국적이 허용된다. 둘째, 소수민 언어를 정책적으로 지원한다. 이는 소수민 언어의 신문·TV·라디오 등을 정부가 지원하는 방식으로 나타난다. 셋째, 소수민의 축제·축일 등을 정부가 지원하는 것이다. 넷째, 학교·군대·사회 일반에서 전통적 복장이나 종교적 복장 등을 인정하는 것이다. 다섯째, 소수민의 문화, 특히 음악과 미술 등을 지원하는 것이다. 그 외에도 정치적 영역은 물론, 과학·공학·기술·수학을 비롯하여 교육 일반 및 고용에서 소수민의 대표성을 증대시키는 프로그램을 수행하는 것이다. 한편, 다문화주의에 대한 비판도 증대하고 있다. 이는 다문화주의를 서구 문명의 근간에 대한 공격으로 간주하며 다문화주의가 본질적으로 분열적이며 국민 통합을 저해하고 문화적 게토를 형성하며 심지어 유럽의 이슬람화를 가져올 것이라는 목소리를 내고 있다.

다문화주의 정책을 추진하는 나라는 캐나다와 호주가 대표적으로 알려져 있다(한경구, 2008). 캐나다는 영국의 식민지였으며 구프랑스의 식민지였던 퀘백 주 등을 포함한다. 전쟁 이후 캐나다는 프랑스어 사용자가 다수인 상황에서 소수인 영국계 이민에 의한 정치가 이루어져 프랑스어 사용자와 원주민들은 불평등한 대우에 불만을 가지고 있었다.

캐나다는 1971년 다문화주의를 공식 정책으로 채택하고 인종이나 민족에 따른 차별을 일체 배제하며 모든 사람이 평등하게 캐나다 사회에 참여하는 것을 강조했다. 캐나다의 다문화정책은, 용광로 모델을 채택하면서 이민집단이 고유한 정체성을 유지하는 것을 실질적으로 허용하지 않았던 미국과 달리, 모든 민족을 평등하다고 선언함으로써 '모자이크'로 비유된다. 캐나다의 다문화주의는 원래 퀘백 주 프랑스계 캐나다인들의 분리운동을 차단하는 것이 당초 의도였지만 이후 소수인종 집단의 문화보호와 평등한 기회를 확장하는 방향으로 전개되었다는 평가를 받고 있다. 캐나다의 문화적 모자이크 개념은 캐나다 사회 내의 각 문화 또는 하위문화의 구별과 문화적 정체성의 유지에 관심을 가진다.

그러나 캐나다 내에서는 다문화주의가 캐나다 내 프랑스인의 지위를 하락시키기 위해 연방 수준에서 도입한 것이라는 비판도 제기되고 있다. 퀘백 주 내에서는 다원주의 사회임을 인정하면서 동시에 이민자들이 퀘벡 주의 주류 사회에 동화할 것을 촉구하고 있는 것으로 지적된다. 또 한편으로는 다문화주의가 결과적으로 소수민을 문화적·지리적 게토에 가두어둘 것이라는 우려도 있다.

호주는 영국의 식민지로 발전하여 1901년 영국으로부터 독립하여 연방정부를 구성하였다. 1970년대 초까지 백호주의(The White Australia Policy)를 통해 영국계 백인 사회로서의 정체성을 유지하려는 노력을 지속하였다. 그러나 제2차 세계대전 당시 일본의 침공을 받은 이후 '인구 증가 아니면 멸망'이라는 설박한 상황 속에서 1960년대 후반 비유럽인에 대한 이민 문호를 개방하고 1970년대 초에는 인종·피부색·종교·신념 등에 따라 차별하지 않는 이민정책을 추신하게 되었다. 호주는 전체 인구 2000만 명 중에서 43%가 부모 중 한쪽 또는 본인 자신이 해외에서 출생한 사람들로 구성되었다.

호주의 다문화주의는 초기에는 사회 구성원의 일부가 상이한 문화 출신임을 인정하는 것에 불과하였으나, 이후 주류 사회 내에 다른 문화들의 존재를 인정하는 것으로 변화했다. 호주의 다문화주의는 다양성과 차이를 단순히 인정하는 것이 아니라 호주의 핵심적 정체성이 다양성에 근거해 있음을 천명하는 것이었다고 할 수 있다. 호주의 다문화주의는 다수의 호주인을 희생하면서 소수민족의 권리를 과도하게 강조한다는 의견이 1984년에 제기되고 1998년에는 다문화주의가 호주의 아시아화에 대한 경고와 함께 다문화주의의 완전 철폐 주장이 제기되었다. 일부 호주인들은 다문화주의가 국가 충성보다는 이민자들의 고유한 문화에 대한 애착을 강조하는 것으로 변화한 것에 우려를 느낀다. 호주의 다문화주의는 국가가 다문화주의 정책을 주도해옴으로써 사회적 합의를 이루어갈 수 있는 시민적 역량을 증진시키는 노력은 부족했다는 지적도 제기된다.

한편, 한국의 다문화 정책으로서의 다문화주의는 사회통합의 방향으로 이주민의 지원뿐만 아니라 이주민과 한국인이 상호간의 문화와 가치를 존중하고 더불어 살아가는 환경을 조성하는 데 집중된다. 다문화 사회로의 이행을 준비하는 한국 사회에서 이주민 지원 정책은 출입국 관리나 사회복지, 인권보호 정책을 넘어서는 문화 간 이해 증진을 통한 다문화 상생의 사회를 만들어나가는 것을 목표로 한다. 이주민을 지원하는 결혼이민자 지원 센터 뿐만 아니라 시민단체들 모두 이주민과 그 가족, 나아가 시민사회 일반을 위한 문화 교육 및 다문화 교육의 필요성과 중요성에 동의한다. 정부에서는 '재한 외국인 처우 기본법'에서 매년 5월 20일을 '세계인의 날(Together Day)'로 지정하고 더 나아가 '다문화 가정'의 자녀들을 대상으로 한 교육 프로그램 지원 사업 등을 추진하고 있다(교육인적자원부, 2006; 2007). 그리고 민간 차원에서도 한글교육 및 사회적응프로그램 등을 지원한 다양한 사례들이 발굴되어 소개되고 있다(안경식 외, 2008).

그런데, 정부가 추진하고 있는 다문화 관련 정책들이 한국사회의 현실에 대한 진단과 충분한 사회적 논의 과정을 거치지 않은 채 마련되고 있어 '다문화주의'의 기본 방향과 모순적인 상황까지 전개되고 있다는 지적이 있다. 예컨대, 교육인적자원부가 정책 비전으로 제시한 "문화적 용해의 장(cultural melting pot)"이라는 용어는 20세기 초 미국에서 등장한 개념으로, 백인 우월주의적 관점에서 미국적 가치와 행동을 습득하게 하는 동화론적 이데올로기를 상징하는 표현이다

(Banks, 1995). 하나의 사회 내에 복수 문화의 공존을 인정하는 다문화주의는 '문화적 용해의 장'과는 이념적 지향을 달리하는 것으로 볼 때, 우리 정부의 다문화 교육 정책은 비전과 목표에서부터 심각한 모순을 드러내고 있다는 것이다. 결혼 이민자 지원 센터나 시민단체의 문화 교육 프로그램은 상당 부분 한국 음식 강좌, 전통 예절 교육, 지역 문화재 탐방, 한지 공예와 같은 전통문화 체험, 다도 체험 등으로 진행됨으로써(한경구, 2008), 궁극적으로 이주민들을 '전통 한국 문화'에 익숙하게 하는 '동화 교육'의 틀에 갇히게 한다는 한계도 지적된다.

2007년 교육과정 개정 내용에서는 국제결혼자나 외국인 근로자 등을 배려한다는 측면에서는 단일민족주의의 극복이 강조되는 반면, 탈북 이주민이나 재외동포를 배려할 때에는 민족 정체성 교육이 강조되고 있다는 지적도 있다(양영자, 2007). 이는 다문화 교육을 수용하는 과정에서 교육 이념에 대한 체계적이고 면밀한 검토 없이 그때 그때의 상황에 따라 관련 내용을 삭제하거나 삽입하는 방식으로 교육과정 개정이 진행되고 있다는 것으로 해석된다. 현재 한국에서 이루어지고 있는 다문화 교육 프로그램들은 다양한 문화에 속한 사람들과의 공존을 가르치기보다는 우리와 다른 사람들을 일방적으로 한국의 주류 사회에 편입 또는 동화시키려는 경향을 보이고 있고 체계성과 통합성을 결여한다는 문제가 있다(김이선 외, 2007; 양영자, 2007).

2. 문화충돌과 문화공존

오늘날 세계도처에서 문화충돌이 다양한 형태로 나타난다. 문화충돌은 자기문화와 타문화의 조화를 이루지 못하는 데에서 비롯된다고 볼 수 있다. 반면 문화공존은 자기문화의 정체성을 확립함과 동시에 문화의 세계공동체적 차원에서의 보편화, 단일화, 민주화를 추구하는 것이다. 문화공존의 장애물로 자문화중심주의와 문화제국주의를 들 수 있다. 향후 문화공존을 추구하기 위하여 문화상대주의의 진정한 의미를 이해할 필요가 있다.

1) 자문화중심주의

자문화중심주의는 오직 자신의 시각과 기준으로 사물을 판단하는 것으로서, 다른 사람들의 문화를 타민족의 문화를 열등한 것으로 보고 배격함으로써 자기민족의 지상주의를 내세우는 것이다. 이는 자국의 탐구를 지나치게 강조함으로써 다른 세계에 대한 안목을 제한시킴으로써 다른 문화에 대한 이해 능력을 결여한다. 자문화중심주의는 군사력과 경제력에서 우위에 있었던 19세기 유럽에서 절정에 달하였던 것으로 나타난다. 이들은 서구 문명이 인류가 도달한 최고의 상태라고 생각하였다. 자문화중심주의는 단일민족을 강조한 우리나라에서도 다양한 문화 공존을 이루어내기 위해 극복할 필요가 있는 부분이라 할 수 있다.

2) 문화제국주의

문화제국주의는 서구중심으로 세계질서를 편성하게 된 식민시대와 서구의 문화에 절대적 정당성을 부여하는 문화식민주의가 비서구 사회의 문화에 대한 비하와 부정적인 믿음을 만들어냄으로써 형성된 것으로 볼 수 있다. 이는 서구 선진국 문화에 무조건 호감을 갖고, 후진국 문화라면 무시하는 사람들의 인식에서 그 문제점이 나타난다. 우리나라의 경우 그 동안 식민통치와 서구지향의 현대화 작업을 통해 문화 정체성이 변질, 파괴되고 전쟁 폐허와 국제사회에서의 주변 위치로 인해 문화에 대한 중요성을 인식하지 못하였다고 볼 수 있다. 그리고 정치와 경제발전 논리에 의해 문화가 소외되고, 국가 내부적 문제해결에 급급하여 외부세계에 대한 기회를 충분히 가지지 못한 어려움이 있었다.

3) 문화상대주의

현대 인류학의 문화 개념은 모든 개별 문화가 동질적이고 고정된 것이 아니라 다양한 이질적 요소가 서로 경합하는 역동적인 것으로 설명한다. 따라서 개별 문화의 내부에는 구성원의 일부를 차별하고 억압하는 문화 요소들도 존재한다는 것을 인정한다.

문화상대주의는 특정한 문화의 가치는 해당 문화권에 대해서는 타당할 수 있지만, 이를 다른 문화에 일방적으로 강요하면 안 된다는 것으로 이해할 수 있다. 더 나아가 문화상대주의는 낯선 문화를 이해하는 방법론적 개념으로 이해되어야 한다. 예컨대 여성할례와 같은 문화적 관습의 경우 이러한 관습이 이슬람이나 아프리카 일부 지역의 문화적 관습이기에 맹목적으로 인정하거나 존중해야 한다는 의미는 아니다. 이러한 관습이 왜 이 지역 문화에서 생겨났고 유지되어 오는가를 이해하는 방법으로서 문화상대주의적 관점을 적용하여야 한다. 즉, 여성할례라는 의식을 통해 어린 소녀가 성숙한 여인으로 변화한다는 문화적 믿음이 형성되고 내면화되는 과정을 이해하고 해당 문화집단의 주류 세력이 재생산하는 문화자본의 작동 구조를 밝혀낼 수 있어야 한다.

현대 인류학의 문화 연구는 모든 문화가 내부적으로 다양한 이질성과 정치성을 포함하고 있음을 인정한다. 그리고 각 문화 안에 존재하는 차별과 억압의 문화 요소들은 그 개선 방법을 토론할 수 있는 대상이 된다는 점을 인정한다. 다문화주의에서 말하는 문화상대주의는 다른 문화가 형성되고 유지되어 온 상황을 이해할 수 있는 방법론적 도구로 이해될 필요가 있다.

4) 비판적 다문화주의

다문화주의를 둘러싸고 다음과 같은 쟁점들이 논의된다(한건수, 2008). 첫째 다문화주의가 기본적으로 전제하는 소수문화의 보호가 전체 공동체에 기여하는가 하는 것이다. 즉 이는 모든 문화가 존중받을 가치가 있는가 하는 문제가 있다. 예컨대, 여성할례나 아동학대와 같은 문화가 존중받을 수 있느냐 하는 것이다. 이러한 문제는 현대인류학의 문화 연구 또는 문화 상대주의(cultural relativism)에 대한 올바른 이해를 통해 해결될 수 있을 것으로 본다.

둘째, 소수문화를 보호하는 대상으로 문화의 주체를 개인으로 볼 것인가 집단으로 볼 것인가의 질문이 있다. 보호하고 지원해야 하는 정책 단위의 선정 과정에서 선정의 자의성, 집단 내에서 또다시 억압받는 개인의 출현, 집단 간의 이차적 차별과 같은 문제들이 제기된다. 이는 민족 정체성, 종교, 언어, 젠더, 성적 취향 등과 같은 다양한 범주가 복합적으로 작동하면서 소수 집단 내에서 위계적인 차별이 진행된다는 것이다. 이러한 문제는 소수문화를 보호하고 지원하는 것이 실질적으로 그 문화 내의 다양한 개인의 문화적 주체성이 확보되는 장으로 연계될 수 있도록 실천 방안을 모색하는 것으로 전환될 수 있어야 한다.

셋째, 다문화주의는 국민국가와 같은 기존의 공동체가 근거하는 공동의 가치를 파괴하여 공동체 자체를 붕괴시킨다는 비판이 있다. 이러한 문제는 다문화주의가 기존의 가치나 신념, 지식 체계를 무력화시킬 수 있다는 위기감에서 비롯된다. 특히 국민국가는 국가 정체성의 근원을 동질적 문화, 특히 동질적 민족문화에서 찾으려는 경향이 강하기 때문에 다문화주의에 대한 거부감을 표현하는 경우가 많다. 이는 혈연과 문화적 동질성을 토대로 민족과 국가의 정체성을 형성해온 한국 사회가 다문화 사회로 이행하는 과정에서 해결해야 할 큰 쟁점이기도 하다. 학자들은 공동체 유지와 관련된 반다문화주의자들의 문제 제기가 상당한 스펙트럼에서 통용되는 다문화주의 내부의 일부 주장에 기인한 것으로 평가한다. 일부 다문화주의자들이 문화 차이를 과다 강조하고 소수 집단의 문화적 가치를 옹호하기 위해 문화 자체를 낭만적 실체로 간주하였다는 것이다.

인류학자들 중 몇몇은 다문화주의의 문제점을 극복할 수 있는 대안적 다문화주의를 모색하면서 차이의 다문화주의와 비판적 다문화주의를 구분하였다. 그리고 다문화주의는 새로운 이익집단의 다원주의와 정체성의 쇼핑몰이 난무하고, 공유하는 것보다는 오직 차이만을 드러내는 데 열중하는 차이의 다문화주의에서 비판적 다문화주의로 전환되어야 한다고 주장한다. 비판적 다문화주의는 인류학의 문화상대주의에서 기원하며, 비판적 다문화주의는 문화적 차이에 관한 낭만적 태도나 정치적 이해관계를 추구하는 도구적 관심이 아니라 차이의 존중을 통해 새롭게 구성해내는 새로운 시민문화 창출로 제안된다.

<탐구과제>

- 다문화주의의 담론과 쟁점에 관한 자신의 입장을 서로 이야기해보자.
- 우리가 지켜야 할 문화정체성에는 어떤 것이 있으며, 우리가 이해하고 존중하여야 하는 타문화의 다양성에는 어떤 것이 있는지를 찾아보자.
- 문화상대주의가 오해되거나 남용된 경우를 이야기해보고, 문화상대주의의 올바른 적용에 대해 토론해보자.

〈참고문헌〉

교육인적자원부(2006). 다문화 가정 자녀교육 지원대책.

교육인적자원부(2007). 다문화 가정 자녀교육 지원계획.

김명섭 · 조성대 · 진시원(2003). 세계의 정치와 경제. 서울:한국방송통신대학교출판부.

김이선 외(2007). 다민족 · 다문화사회로의 이행을 위한 정책 패러다임 구축(Ⅰ). 한국 사회의 수용 현실과 정책 과제. 한국여성정책연구원.

법무부(2007). 2007년도 출 · 입국자 4천 만명 육박!

안경식 외(2008). 다문화교육의 현황과 과제. 서울: 학지사.

양영자(2007). 분단-다문화시대 교육 이념으로서의 민족주의와 다문화주의의 양립가능성 모색. 교육과정연구, 25(3), 23-48.

오경석 외(2007). 한국에서의 다문화주의: 현실과 쟁점. 서울: 한울.

정두용 · 신은숙 · 정득진 편저(2000). 세계 시민교육을 위한 국제이해교육. 정민사.

한건수(2008). 비판적 다문화주의. 한국적 다문화주의의 모색을 위한 인류학적 성찰. 유네스코 아시아 · 태평양 국제이해교육원 편. 다문화 사회의 이해. 경기도: 동녘.

한경구(2008). 다문화 사회란 무엇인가? 유네스코 아시아 · 태평양 국제이해교육원 편. 다문화 사회의 이해. 경기도: 동녘.

Banks, A. J. (1995). Multicultural education: Historical development, dimensions, and practice. In Banks, A.J. & Banks, A.M.C.(ed), Handbook of research on multicultural education. New York: Macmillan Publishing, 3-24.

Kymlicka, W. & B. He(ed). (2005). Multiculturalism in Asia. Oxford Univ. Press.

Kymlicka, W. (1995). Multicultural Citizenship. Oxford.

제12장 인권

이 미 식

〈개요〉

- 인권의 개념은 다양하고 명확하게 규정할 수 없지만 대체적으로 인권은 사람답게 살 권리로 정의할 수 있다.
- 인권은 인류 역사를 통해 발전한 개념으로 인권의 내용은 제1세대, 제2세대, 3세대 인권으로 구분할 수 있다.
- 인권의 개념이 분명하지 않고 역사적 개념이기에 이를 둘러 싼 논쟁들이 많다. 대표적인 논쟁은 인권 보편성과 관련된 절대주의와 상대주의 논쟁, 인권의 보편성의 범위와 의무 이행의 범위를 둘러싼 개인주의와 공동체주의 논쟁, 자유권과 평등권 논쟁, 국가와 국제사회의 개입에 관련된 논쟁이 있다.
- 인권은 국제사회의 진정한 발전을 위한 잣대가 되어야 한다. 국제사회의 인권 발전을 위해서는 각 국가의 책임 있는 노력, 국제기구들의 결단과 협력, 그리고 개인들의 자기 목소리 찾기가 필요하고 이것이 국제사회의 과제라고 할 수 있다.
- 국제사회의 인권향상을 위해서는 인권교육이 이루어져야 한다. 인권교육의 의미는 인권에 대한, 인권을 위한 그리고 인권을 통한 것으로 학습자의 인권 능력을 함양하여 인권적 삶을 누릴 수 있게 하기 위한 것이다.
- 인권교육은 국제이해교육의 주요한 영역으로 학교에서 형식적인 것은 물론 잠재적 교육과정을 통해 교육되어야 하고, 이를 위한 교육과정 및 교수학습 개발 등이 필요하다.

〈학습목표〉

- 인권의 의미를 이해한다.
- 인권의 발전과정을 이해한다.
- 인권의 발전 동향과 논쟁을 탐구한다.
- 국제사회의 인권의 발전 방향을 모색하고 토론에 참여한다.
- 인권교육의 특징과 방향에 대해 이해한다
- 외국의 인권교육의 동향과 특징에 대해 이해 한다
- 인권교육의 발전방향에 관한 토론에 참여한다.

1. 인권의 의미에 대한 이해

1) 인권의 의미

국제이해 교육에 주요한 영역이 인권교육이다. 인권교육에 대한 정의는 다양할 수 있지만 대체적으로 인권에 대한(about) 교육, 인권을 위한(for) 교육, 인권을 통한(through) 교육 등 인권과 관련된 전반적인 내용을 다루고 있다. 인권교육을 위해서는 인권개념에 대한 정의가 우선적이다.

국제사회에서 지대한 관심을 갖게 한 계기는 세계대전을 겪고 난 후 인류사회가 언제든지 인간적인 삶을 유지하는데 위기를 가져올 수 있다는 것을 절감하고 구제적 공조와 실존적 책임감의 필요성을 절박하게 느낀 결과이다.

페인의 『Right of man』 저서에서 처음 사용된[1] 인권 의미는 명확하게 규정할 수 없지만, 대체적으로 사람의 권리(rights of man)가 아니라 사람답게 살 권리(human rights)로 이해되고 있다.

인간이 인간답게 살 권리로서 인권은 동・서양을 막론하고 발견할 수 있는데, 서구의 역사에서 인권은 자연이나 하늘로부터 받은 권리라는 자연법사상에 연원을 둔다. 자연법사상에 근원을 둔 사회계약의 개념과 더불어 인권은 발달하게 되었다. 즉 신 중심의 사회나 신분이나 계급중심의 사회에서 인간을 위한 사회라는 근대사회의 시대적 정신이 인권개념 형성에 근간이 된 것이다. 이에 비해 동양에

1) 페인이 사용한 인간의 권리라는 개념은 프랑스 시민혁명 이후 프랑스 의회가 1789년 8월 29일 헌법서문으로 채택한 인간의 시민의 권리에 대한 선언(Declaration des Droits de l'Homme et du Citoyen)을 번역한 것으로 그가 사용한 인권의 개념은 자연권(droit natural)을 의미한다.

서는 인간의 본성이나, 인간을 널리 이롭게 해야 한다는 인간존중사상, 그리고 사람이 곧 하늘이라는 인내천(人乃天) 사상에서 인권 개념을 발견할 수 있다.

동서양을 막론하고 인권의 당위와 정당성의 근거를 자연이나 하늘 혹은 인간 본성에 보편성을 두었다. 인간은 누구든지 자연이나 하늘로부터 인간답게 살 권리를 부여받았다는 것이다.

그러면 인간의 권리가 자연적으로 보편적으로 모든 인간에게 주어져 있기 때문에 당위적인가? 그런데 역사발전의 과정을 보면 인류는 인권의 발달이 진정한 의미의 질적인 삶의 발달을 초래한다는 것을 자각하였기 때문에 인권 개념을 발달시켰다.

물론 인권의 역사 과정을 고찰해 보면 인권이 모든 인간에게 자연스러운 선물로서 주어진 것이 아니라 수많은 사람들의 헌신과 투쟁 그리고 참여와 실천을 통해 확대되어온 역사적 산물이다. 인권은 수많은 사람들이 보다 나은 삶에 대한 요구와 필요성 그리고 이를 위한 참여와 실천을 통해 이루어낸 역사적 과정이자 산물인 것이다.

최근에 방글라데시를 방문한 나는 지역발전위원회에서 진행하고 있는 법률교육을 참관하러 갔다. 울타리로 둘러싸인 어느 마을에 환한 색깔의 사리를 차려입은 한 무리의 여성들이 대나무 깔개위에 앉아 있었다. 그들은 소액대출제도의 수혜자들이었다. 그들은 조혼을 금지하고 결혼할 때 여성의 동의를 얻어야 그 결혼이 성립되는 법률에 대한 교사의 설명을 경청하고 있었다. 나는 그 중 한 사람에게 왜 여기에 참여했을지를 물었다. "제 권리에 대해 좀 더 알고 싶었어요." 그녀의 말이었다. 내 딸들은 나와 같은 고통을 겪게 하고 싶지가 않았어요. 그러려면 우리의 권리를 지키는 법을 배워야 하니까요." 빈곤을 종식시키기 위한 싸움을 물질적인 재화만을 늘이기 위한 것이 아니다. 그것은 자유와 정의, 존엄을 위한 투쟁이다. 인권문제를 제기하는 것이 우리에게 승리할 수 있다는 희망을 제시하는 이유이다. (아

이린한, 2009: 41)

인권 개념은 역사가 발달하면서 그 폭과 내용이 깊어지고 다양하게 되었다. 역사적으로 볼 때 인권의 개념은 주로 3세대로 구분이 된다.

유네스코의 법률자문위원이었던 Karel Vasak은 프랑스 혁명의 3대 이념인 자유, 평등, 박애를 기준으로 인권의 역사를 3세대로 구분하였다. 제1세대 인권은 개인의 자유를 중심으로 하는 것이라면, 제2세대 인권은 기회의 평등뿐 아니라 분쟁정의까지도 보장하고자 하는 사회권 중심의 의미한다. 이에 반해 제3세대 인권은 여성, 제3세계 등 집단의 특수성에 기초하여 독자적인 권리의 보장을 요구하는, 이른바 연대[2)]권을 가리킨다고 하고 있다(유네스코한국위원회, 1999 : 24-25),

2) 인권의 내용과 종류

인권 내용을 보다 구체적으로 고찰해 보면 제1세대 인권은 인간의 기본적인 권리인 언론의 자유, 결사의 자유, 사유 재산의 권리, 종교의 자유, 투표의 자유, 고문을 받지 않을 권리, 공정한 재판을 받을 권리 등 시민적 정치적 권리(civil and political rights)가 대표적이다. 기본적인 내용은 1789년 프랑스의 「인간과 시민의 권리선언」(The Declaration of the Rights of Man and Citizen), 1689년 영국의「권리장전」(Bill of Rights),「유럽 인권 규약」(The European Convention on Human Rights) 미국의 독립선언 등에서 구체적으로 표현되고 있다. 즉 권리장전은 모든 시민의 생명권, 자유권, 재산권의 보장을 주장하고 있고, 미국의 독

2) 인간으로서 기본적 인권을 선언적으로 해명하고 있는 것이 1948년의 세계인권선언과 1966년의 국제인권협약(A협약, B협약)이라고 할 수 있다. A규약은 "경제적, 사회적, 문화적 권리에 관한 국제협약(International Covenant on Economic, Social and Cultural Rights)" 이고, B규약은 "시민적, 정치적 권리에 관한 국제협약(International Covenant on Civil and Political Rights)이다.

립선언은 모든 인간은 평등하게 창조되었고 이에 따라 자유와 평등을 누릴 권리가 있으며, 생명권, 행복 추구권이 인간의 기본적인 권리임을 천명하고 있다.

그런데 제1세대 인권 내용은 사회경제적인 토대와 조건의 변화들로 인하여 사회권에 대한 요구와 필요성이 점차 증가하게 되었다. 그래서 20세기 이후 제1차 세계대전과 2차 세계대전을 겪으면서 국민주권이 확립되고, 국가의 의무가 국민생활을 보장해야 한다는 사회국가사상이 보급되면서 모든 국민이 정치에 참여할 수 있다는 참정권과 기본적 생활이 보장받아야 한다는 사회권이 인권 내용에 포함되었다. 그리고 제1차 세계대전 당시 산업화된 국가의 노동조합들이 형성되면서 노동조건의 세계적인 개선을 위하여 국제노동기구(ILO)가 창설되었고 이를 통해 노동조건의 개선, 노동시간, 임금, 사회보장, 연소자와 부녀보호, 노동조합의 자유와 관련된 내용이 강조됨으로써 사회권 발전을 위한 초석을 마련하였다.

그리고 무엇보다도 2세대 인권의 특징은 이때부터 인권을 위한 국제적 공조가 이루어졌고, 인도적이고 규범적 차원에서 접근되던 인권을 넘어서 국제법적인 차원으로 접근하게 되었다. 그 노력의 일환으로 UN헌장과 함께 세계인권선언(Universal Declaration of Human Rights)이 제정 발표되었다. 인권의 방향과 내용을 결정하고 있는 세계인권선언은 인류전체 구성원의 타고난 존엄성과 평등하고 양도할 수 없는 권리인 인권을 인정하는 것이 세계의 자유, 정의 평화의 기초이며, 인권에 대한 무시와 경멸은 인류의 양심을 짓밟는 야만적 행위를 낳으며, 인류가 언론의 자유와 신념의 자유, 그리고 공포와 궁핍으로부터의 자유를 누리는 세계가 모든 사람들이 열망하는 것이며, 사람들이 폭정과 억압에 대항하는 수단으로서 반란에 의해 강요받지 않으려면 반드시 인권이 법에 의해 보호되어야 한다고 선포하고 있다.

그리고 세계인권선언에서는 사회권을 강화하여 노동의 권리, 정당한 보수(임금)를 받을 권리, 최소한의 무상교육을 받을 권리, 휴식과 여가의 권리, 인간의 존엄성을 유지할 수 있는 삶의 권리, 의료보장을 받을 수 있는 권리 등을 강화시켰다. 제1세대 인권에 비해, 2세대 인권은 경제, 사회, 문화적 권리(economic, social and cultural rights)를 의미한다.

제3세대 인권의 내용은 연대권(solidarity rights)을 포함하고 있다. 국가가 발달하고 국제사회의 세계화가 급속하게 진행될수록 한 개인이나 국가가 인권피해의 상황에 처해졌을 때 그것을 개별적으로 해결하기는 어려웠다. 더구나 환경파괴, 빈곤, 전쟁, 테러, 경제적 위기 등 인권피해결과가 세계적으로 영향을 주는 경우도 많아지게 되었다. 이에 개인들 간의 조직과 연대를 강조하고 포함시킨 것이 제3세대 인권이다.

제3세대 인권은 사회나 국가로부터 소외된 계층인 여성, 노인, 아동에 대한 권리를 강화하였다. 그리고 모든 인간들에게 부여되어야 하는 자기 개발에 대한 권리, 평화에 대한 권리, 커뮤니케이션에 대한 권리, 건강하고 쾌적한 환경에서 살 수 있는 권리, 인류 공동유산으로부터 이익을 얻을 권리, 인도적 조력을 받을 권리 등은 거대한 사회 조직의 논리에 조직적으로 대항할 수 있는 권리를 인권내용에 포함시켰다. 그리고 정보 통신사회에서 요구되는 인권개념들 - 예를 들면, 개인정보의 유출, 포르노 산업의 무차별적 공략, 해커나 크래커의 불법적 행위 등이 가하는 인권침해로부터 보호하려는 것들 - 도 포함시켰다.(유네스코위원회, 1997: 24-25)

그리고 최근에는 전지구가 당면하고 있는 빈곤, 물질적 저발전, 실업, 차별, 산모의 건강의 위협, 질병과 건강의 위협, 환경의 존재 자체가 위협받을 수 있는 상황에서 전지구적 차원에서 연대와 협력의 필요성을 인권내용에 포함시켰다. 1986년은 유엔총회는 발전권((Declaration on the right to development)을 선포하면서 경제 문화적 발전은 강대국만의 문제가 아니라 모든 사람, 국가의 권리이기 때문에 모든 국가가 연대해서 책임을 져야 한다는 것을 제시하고 있다.

그리고 국제평화와 안보가 발전의 실현에 핵심적인 요소임을 고려하면서, 군비축소로 확보되는 자원은 모든 민족, 특히 개발도상국 민족의 경제적 · 사회적 발전과 풍요로운 삶에 바쳐져야 한다는 것을 재확인하였다.

그리고 인권증진과 보호를 위한 연대의 책임이 현 세대뿐만 아니라 미래세대까지라는 내용도 포함시켰다. 1997년 유엔총회에서 발표된 미래세대에 대한 현 세대에 대한 책임에 관한 선언 (Declaration on the Responsibilities on the Present Generations towards Future Generations)에서 전 세계가 현세대뿐만 아니라 미래세대를 위해 국제적으로 연대적 책임을 갖고 노력해야 한다고 하고 있다(류은숙, 2009: 244).

이렇게 인권 의미와 역사적 변화과정을 통해 볼 때 인권은 인간으로서의 존엄권과 합목적적 생명체로서 살아가기 위한 자유권, 그리고 인간이 행위하면서 살아가는데 필수적인 복지권과 사회권으로 발달하였고 이러한 권리가 인간다운 삶의 필수조건인 것이다.[3] 그리고 이러한 인권이 인간에게 보편적이고 당위적인 것이기 때문에 국가는 이를 보장한 의무가 있는 것이다.

이상 인권의 의미와 역사, 그리고 개념의 변화과정을 통해 볼 때, 인권의 특징은 다음으로 정리할 수 있다.

첫째, 인권은 인간이 가지는 권리이고, 이를 위해서는 인간의 존엄성과 자유가

---

3) 존엄권은 태어나면서부터 본래적으로 인간에게 부여된 것이다. 인간은 누구나 살 권리를 가지며, 이에 대한 것이 보장되지 못하면 인간다움이 상실된다. 존엄권은 인권의 사상적 근거가 되는 것이다. 자유권은 인간이 선택하고 행동하고 살 수 있는 주체적인 의지를 의미한다. 다른 사람에게 피해를 주지 않는 범위 내에서 자신의 선택에 따라 살아갈 수 있어야 한다. 자유권의 내용은 자유를 보장하는 '--로부터의 자유', 즉 소극적 자유에서 '--로의 사유', 즉 적극적 자유를 포함해야 한다. 자유의 구체적인 내용은 언론·출판의 자유, 거주이전의 자유, 직업의 자유 등이 있다. 그리고 자유권의 보장을 위해 참정권, 청원권, 및 권리구제를 위한 청구권으로 국가배상청구권, 범죄피해자구조청구권 등이 포함된다.
평등권은 법 앞의 평등을 의미한다. 근대 헌법상 평등의 원칙은 봉건적인 불평등한 신분제를 타파하기 위하여 1789년 프랑스의 '인권선언'에서 처음으로 선언되었다. 그 뒤 모든 근대 입헌국가들이 헌법에 규정하게 되었다. 이것은 실제에 있어서 모든 사람이 똑같지는 않지만 법률상 그 '권리능력'이 평등하다는 의미이다.
사회권은 사회적 존재로서 인간다운 생활을 위해 사회가 보장해야 하는 경제적 권리, 직업의 권리, 교육받을 권리, 환경권, 여자, 인종 소수민족의 권리 등을 포함한다.
연대권은 인권을 보호하는 것을 물론 침해당할 경우 적극적으로 연대하고 조직하여 이를 해결하고자 하는 저항의 권리이다

필수적으로 전제되어야 한다. 그리고 인간의 존엄성은 자유를 통해 실현된다. 인간의 자유는 저절로 보장되는 것이 아니다. 인간의 자유의 보장은 국가가 지켜야 할 의무이다.

둘째, 인권은 인간이면 누구나 누려야할 보편적인 권리이다. 인권이 보편적이라는 것은 성별, 연령, 그리고 종교, 사회적 계층을 막론하고 인간이라면 누구든지 차별 없이 보편적으로 누려야할 권리라는 의미이다.

셋째, 인권은 제도적인 권리나 법률적인 권리를 넘어서 도덕적이고 당위적인 권리라는 것이다. 그러므로 인권은 어떤 권력이나 자의적인 실정법으로 침해할 수 없는 불가침성을 가지며, 제도를 초월하여 갖는 권리이다.

넷째, 인권은 누구에게도 양도할 수 없는 권리라는 것이다. 그리고 인권은 초국가적 권리라는 것이다. 그러므로 국가의 주권에 따라 자의적으로 침해할 수 없는 권리이며, 아무리 국가의 주권이 주요하다고 해도 국민들이 인간으로서 존엄성과 가치를 훼손할 수 없다는 것이다. 따라서 인권은 국가권력의 남용을 전제하고 권력행사의 한계를 규정짓는 중요한 척도가 되어야 한다.

다섯째, 인권은 인간의 도덕적 권리이며, 기본권의 형태로 보장되는 실정법에 관련 없이 도덕원칙(moral principle)에 의해 보장되어야 하는 권리이다. 그러므로 인권이 실정법에 보장되지만 현실적으로 인권 보장이 실정법과 상충되는 경우도 있고, 실정법을 위반하는 경우마저 발생한다. 이러한 경우 일반적으로 법을 지켜야할 의무를 갖지만 인간이 누려야할 인권적 상황이 더 우선적으로 적용되어야 하며, 물론 이러한 경우 도덕적 위해(moral wrong)를 발생시키지 않는다면 인권을 지켜야할 권리를 가진다(김범수: 2009, 59).

여섯째, 인권은 역사적으로 발달되었고 그 내용이 다양하고 깊어진 실천의 개념이다. 그리고 인권은 약자를 위한 권리이며, 인권은 나와 동일한 다른 인간의 권리도 고려해야 하므로 책임을 동반하는 권리라는 것이다. 그리고 인권이 책임을 동반하는 권리라는 것의 의미는 자신의 권리를 알고 누려야 하는 책임과 함께 다른 사람의 권리를 존중하면서 지켜주어야 하는 측면 모두를 포함한다. 그리고 인권은 상호의존적이며, 사회적 연대를 필요로 한다(국가인권위원회, 2006, 이해주 외, 2009: 8, 재인용).

그런데 인권 개념을 명확하게 정의하기 어렵고, 인권문제가 발생하는 상황이 복잡하고, 다양한 계층 간에 이해관계가 그물망처럼 얽혀있기 때문에 인권과 관련된 다양한 논쟁이 발생하고 있다.

2. 인권과 관련된 쟁점

1) 절대주의와 상대주의

세계인권선언 제1조에 '모든 사람은 태어날 때부터 자유롭고 존엄성과 권리에서 평등하다. 사람은 이성과 양심을 부여 받았으며 서로를 형제의 정신으로 대해야 한다'고 명시되어 있는데, 모든 사람의 인권은 보편적으로 인정하고 타당하다는 견해와 관련해서는 의견들이 많다.

인권이 모든 인간에게 보편적인 권리라는 것과 관련된 논의는 크게 절대주의와 상대주의 관점이 있다. 절대주의 관점에서는 인권보편주의 견해가 대표적이다. 인권보편주의는 절대주의적 보편주의와 최소주의적 보편주의로 구분할 수 있다. 절대주의적 보편주의는 인간은 태어나면서부터 자연으로부터 인권을 부여받았기 때문에 이는 절대적으로 양도 불가능한 것이고 그 자체 보편적이라는 관점이다.

인권보편주의 관점에서 대표적인 관점은 자연권(natural rights)사상이다. 자연권 사상은 기본적으로 자연법사상에서 연원을 두고 있는데, 홉스, 로크 등의 사회계약론자들이 발전시킨 개념이다. 인간은 자연으로부터 절대적 자연적 권리인 생명권, 자유권, 재산권, 행복추구권을 부여받았다는 것이 자연권 사상이다.

인간은 자신이 부여받은 자연권을 보장받기 위해서 계약을 통해 국가를 형성하게 되었다. 국가 권력은 구성원들의 합의된 계약에 의한 것이며, 자연권을 보장하기 위해서 신탁된 것이다. 그러므로 국가가 자연권보장이라는 의무를 감당하지 못하면 국민들은 그 국가에 저항할 권리를 가진다. 그리고 인간의 자연권은 시민권을 통해 사회로부터 보장받아야 한다는 것이 근대국가의 초석이 되었다. 그래서 근대국가의 인권개념은 시민권 개념과 동일시되었다.

이에 비해 최소주의적 절대주의는 인권의 보편타당성을 자연이나 하늘이 아닌 도덕적으로 최소한으로 지켜야할 도덕적 원리에서 찾는다. 즉 인권의 정당성을 자연법의 전통을 계승하면서도 절차적 도덕성에 둔다.

최소주의적 보편주의에 의하면 인권적 상황과 인권의 주체들의 상황이 매우 다르고 인권 주체들 사이에서도 갈등이 발생한다. 그러므로 절대주의적 보편주의는 불가능하다. 단지 서로 다른 인권 상황과 인권주체들을 인권적 관점에서 판단할 수 있는 최소 원리가 필요하고, 원리는 구성원들의 합의를 통해 마련되어야 한다. 롤즈 (J,Rawls[4])는 인권은 인간이 부여받은 도덕적 권리이며, 도덕적 권리로서 인권이 사회제도와 질서를 평가하고 판단할 수 있는 규범적 기준이다. 그런데 그것은 최소한의 기준이 되어야 한다. 그리고 최소한이 기준을 마련하기 위해

4) 롤즈는 근대사회의 특징은 인간이성에 의해 자유롭고 다양한 신념체계를 발달시킨 사회이다. 그러므로 자유롭고 다양한 신념체계를 지닌 사회에서 인간의 행동이나 제도를 규제할 인권은 도덕적 합의의 대상이 되어야 하며, 합의의 과정 즉 절차적 공정성이 확보되어야 바람직한 것이라고 한다.

서는 공정한 절차가 확보되어야 한다고 본다.

롤즈는 인권의 근거가 되는 정의의 원칙을 합의하는데 필요한 공정한 상황으로 원초적 상황을 제시한다. 원초적 상황은 인간은 공정성과 불편부당함을 확보하기 위해서 계약당사자들이 개인적 가치관과 사회적 지위로부터 자유로울 수 있도록 무지의 장막에 있게 된다. 그리고 원초적 상황에서 합의된 제1원칙은 최대의 평등한 자유의 원칙으로서 각자는 다른 사람의 유사한 자유의 체제와 양립할 수 있는 가장 광범위한 기본적 자유에 대해 평등한 권리를 갖는다는 것이다. 그리고 제2원칙은 공정한 기회균등의 원칙과 차등의 원칙이 결합된 것으로 사회적 경제적 불평등은 공정한 기회균등의 조건하에서 최소수혜자에게 최대의 이익이 되도록 해야 한다는 것이다.

절대주의적 보편주의든, 최소주의적 보편주의든 인권은 모든 인간에게 보편적으로 적용되고 이에 대한 보장이 국가의 의무라는 관점이다. 이에 비해 문화상대주의는 인권이 서구 근대의 산물이기에 모든 사회에 타당하게 적용할 수 없다는 것이다. 즉 오늘날 세계의 문화와 가치가 다양하기에 서구의 개념을 모든 사회에 무차별적으로 적용할 수 없다는 것이다. 최근에는 서구와 다른 가치를 지닌 동아시아 인권개념을 제시하고 있는 이론도 있다.

그러면 절대주의와 상대주의는 양립이 불가능한가? 이에 대해 절대주의와 상대주의를 통합하고자 하는 이론들이 제시되고 있으며, 대표적인 것이 대화론적 관점이다.

대화론적 관점은 인권의 보편성을 자연법에 두는 것이 아니라, 비슷한 인권적 상황, 혹은 인권상황에 참여하는 행위자 혹은 체제간의 대화의 절차를 통한 합의성에 둔다. 누스바움(M.C.Nussbaum)의 가능성 접근(capabilities approach)[5] 나

5) 누스바움의 가능성 접근이란 한 개인이 실제로 무엇을 할 수 있으며, 무엇이 될 수 있는지를 질문하며, 인간의 삶에 중요해 보일 수 있는 다양한 기능에 대해 묻고 특정 개인이 그 기능을 할 수 있는지를 , 할 수 없지를 중요하게 생각한다. 누스바움은 인권의 가능성의 목록을 제시하고 이는 고정적인 것이 아니라 합의가 가능한 것이라고 한다.

파레크(B.Parekh)의 다원주의적 보편주의(pluralist universalism)는 문화간의 차이를 넘어서 대화를 통해 인권의 보편성을 확보할 수 있다는 견해를 제시하고 있다(이성수, 2008: 5).하버마스와 테일러 등도 다양한 세계관 , 문화, 종교, 등을 가진 들이 사람들이 서로 포함될 수 있는 합의를 통해 보편적인 인권에 합의할 수 있다고 한다.

그런데 인권이 보편성과 관련된 논쟁과 관련해서 우리가 진지하게 고찰해야 할 것은 인권의 보편성을 해결해야 하는 목적이 무엇인지를 분명하게 인식하고 있어야 한다는 것이다. 인권은 인류가 역사적으로 당면한 절박한 고통을 해결하기 위해 제시한 역사적 개념이다. 즉 전쟁과 폭정의 억압, 계층과 계급에 의한 인간성 말살, 그리고 약자들의 고통, 빈곤과 질병으로 인한 생존권의 파괴 등 실존적 위기에 직면한 인류가 생존을 위해 요구한 것이 인권이라는 것을 분명히 인식해야 한다. 그러므로 인권의 보편성은 결과로서 확보하는 것이 아니라 과정이 되어야 한다. 인권은 궁극적으로 지구에 생존하는 모든 인간들의 인간적인 삶을 보장하기 위한 것이다. 그러므로 인권의 보편성은 결과가 아니라 과정이며, 끊임없이 실천을 통해 확보되어야 하는 것이다. 그리고 현재의 상황에서 자기 목소리를 찾기 위한 책임 있는 행동에서 찾아야 하는 것이다. 이런 점을 고려할 때만 보편주의와 상대주의를 통합하고자 하는 대안적 관점들이 우리들에게 보다 의미 있게 받아들여질 수 있을 것이다.

> 인간해방의 역사를 돌이켜 보니, 몇몇 결정적인 순간들이 눈앞에 떠오른다. 노예제 페지, 여성의 투표권 획득과 해방 식민주의의 종식, 파시즘에 대한 승리, 노예제 페지, 여성의 투표권 획득과 해방, 식민주의의 종식, 파시즘에 대한 승리, 아파르트헤이트의 종식, 베를린 장벽의 붕괴, 각각의 투쟁은 고유한 역사와 동력을 갖고 있다. 그러나 이 위대한 투쟁들은 모두 부정할 수 없는 권리, 인종, 계급, 국적을 초월한 권리 그리고 어떤 경제 사회적 정책보다 우서하는 권리를 사람들이 가지고 있다는 외침을 그 핵심에 공통

적으로 담고 있다. (아이린 칸, 2009: 278)

2) 개인주의와 공동체주의

인권과 관련된 두 번째 논쟁은 인권의 권리 향유자의 범위와 의무를 이행해야 할 범위를 어떻게 설정할 것인가와 관련된 것이다. 이와 관련된 것으로는 개인주의와 공동체주의 논쟁이 있다.

개인주의는 사회보다 개인의 권리에 우선적 가치를 두는 반면 공동체주의는 공동선의 범위 내에서 권리를 중시 여긴다.

서양에서 인권은 개인주의 사상과 함께 한다. 개인주의적 관점에서 볼 때 인권은 모든 인간은 태어날 때부터 자유로우며 그 존엄과 권리가 평등함으로 각 개인의 권리를 존중되어야 한다. 그리고 인권을 존중한다는 것은 개인의 자기결정권과 자율적 자치능력을 존중하는 것이므로 자유권, 재산권, 사생활존중의 권리 등의 시민권이 보호되어야 한다. 각 개인은 사회나 국가를 구성하는 객체가 아니기 때문에 국가나 사회를 구성하는 주체로서 존엄성이 보장되어야 하고, 각 각의 개인들은 모두가 평등한 권리를 향유해야 한다.

개인주의의 관점 가운데 특히 보편적 개인주의 관점은 모든 인간의 권리는 존중되어야 한다고 한다. 누스바움은 모든 인간은 동등한 권리를 지닌다. 즉 모든 사람은 세계시민(world citizens)으로서 모든 인류를 우리의 동료 시민으로서 그리고 이웃으로서 동등하게 대해야 한다는 것이다. 그러므로 국적, 민족, 인종, 나이, 성별과 관계없이 모든 인간은 동등하게 주체적이고 존엄한 도덕적 가치를 지닌 존재이기 때문에 존중되이야 하고 이를 위한 책임과 의무를 모든 인류가 지니고 있어야 한다는 입장을 제시한다.[6]

---

6) 밴하비브(S. Benhabib)는 한나 아렌트(Arent)가 주장하는 권리를 가질 수 있는 권리(the right to have rights)를 평등하게 보장해 주는 성원권 개념이 등장해야 한다고 한다. 이러한 관

개인주의에 비해 공동체주의(commentarialism)는 개인의 인권보다 공동체의 가치를 중시한다. 공동체주의자들은 개인의 인권은 공동체 안에서만 완전하게 구현될 수 있다고 한다. 맥킨타이어(A. Mackintyre), 샌들 (M. Sandel), 테일러(C. Taylor), 왈쩌(M. Walzer) 등으로 대표되는 공동체주의자들은 개인은 공동체의 영향과 맥락 안에 있으며, 공동체는 개인의 자유와 권리를 보호하고 증진하기 위한 수단일 뿐만 아니라 그 자체 목적이기 때문에 구성원 개개인으로부터 독립적인 가치를 지니고 있다고 한다.

공동체주의 철학은 헤겔(G.W.F. Hegel),루소(J.J. Rousseau),아리스토텔레스(Aristoteles)로 거슬러 올라가는 긴 역사적 연원을 갖는 것이다. 헤겔 이후 현대의 공동체주의자들은 인권에 대해 다양한 입장을 취하고는 있지만 대체적으로 보편적으로 개인의 권리를 존중하고 인정해야 한다는 개인주의 관점에 대해 비판적이다. 인간은 공동체의 삶에 영향을 받고 영향 속에 살고 있기 때문에 인권을 보편적으로 적용할 수 없다는 것이다. 그리고 개인의 인권을 존중하고 보장해 주어야할 의무는 공동체 내부의 구성원들이 우선적(primary)이라고 한다. 이들은 인권보장의 의무가 공동체의 범위를 넘어서 모든 인간에게 인권보장의 의무를 주장하는 것은 추상적이고 인간본성을 무시한다고 비판하면서 생존권과 같은 기본적 인권의 보장 의무는 일차적으로 개별 공동체 내부에 있다고 한다. 예컨대 세계적 빈곤의 문제를 해결하는 것도 중요하지만 자국의 빈곤 문제가 더 중요하며, 각국의 빈곤문제는 해당 국가와 정부 그리고 국민들에게 있다고 한다. 그러므로 선진국이 개발도상국의 어려움과 고통을 해결하기 위해 자선이나 기부는 할 수 있지만 공동체구성원들이 아니기 때문에 도와야할 의무는 없다고 한다. 이들에게 있어 공동체외에 인권의 보호는 이차적(secondary)인 것이다. 공동체주의는 공동체성을 강조하며 인권이 개인과 공동체에서 갈등을 발생시킬 때 자기이익을

점에서 이민자, 난민, 그리고 망명자들에게도 보편적 인권을 보장해야 한다고 한다(김범수: 64)

버리고 공동선을 추구하고 타인과 타협하는 것을 추구한다.

그렇다면 인권의 권리 향유자와 의무 이행의 범위 문제와 관련해서 개인주의와 공동체내에서의 인권을 중시하는 이들의 논쟁사이에서 해결방안은 무엇인가?

절대주의와 상대주의 논쟁에서도 고찰했듯이 개인주의와 공동체주의 논쟁도 양자를 통합하는 것이 오늘날 흐름이다.

모든 인간은 인간답게 살 권리가 있으며, 이를 보호할 의무가 국가가 있다는 견해에 대해 인권이 보편성이 오히려 여성이나 노동자, 유색인, 동성애자들의 권리를 보장하기 못하기 때문에 각 집단의 특성에 맞는 집단 인지적 (group-differentiated) 인권을 주장하기도 하고, 다양한 문화와 언어와 종족의 차이를 인정하는 다문화 시민권(MulitICultural citizenship[7])을 대안으로 제시하는 이론 등이 있다.

그런데 이러한 대안적 견해에 대해 각 집단이나 공동체의 인권의 보호와 의무가 불평등을 야기하고 차별을 야기하여 인권의 정신에 위배된다고 비판하는 견해들도 있다. 그런데 집단이나 공동체의 인권은 다른 집단이나 공동체의 인권이 보장되어야 함을 전제해야 하고, 최근 국제사회의 흐름을 볼 때 각 집단이나 종족의 고유한 특성이 보편적인 특성[8])으로 나타나는 것을 볼 때 각 집단이나 공동체의 인권존중이 타 집단의 불평등과 인권침해를 야기한다고 볼 수 없다.

그러므로 개인주의적 관점에서 모든 인간의 인권을 존중하고 지켜주어야 할 의무가 있으면서도 각 집단이나 문화의 차이성을 존중하는 인권이 함께 존중되어야 한다는 것이 필요하다.

더구나 오늘날 세계는 지구화와 국제적으로 인구이동으로 인하여 한 국가 내에서 다양한 국적, 시민권, 그리고 종속 등이 함께 살아갈 수밖에 없는 다문화한 국제사회이다. 만약 공동체내에서 인권이 보장되어야할 구성원과 그렇지 못한

7) Will Kymlicka는 다문화시민권 이론을 제시한 대표적 인물이다. 그는 그의 저서에서 다양한 문화을 수용하기 위한 다문화시민권을 주장하는데, 그 내용으로 자치권과 집단 대표권, 다문화권, 그리고 차별 보상권을 주장한다(최현, 2009: 115).

8) 오늘날은 보편주의의 특수화 혹은 특수주의의 보편화가 나타나고 있다(최현, 2009, 112).

구성원들을 구분한다면 그것은 국적이나 시민권, 그리고 민족성이 다른 소수자, 소수민족, 그리고 무국적자들의 인권을 무시하거나 차별화할 가능성이 높다. 인권의 이름으로 인권을 침해할 가능성이 있는 것이다. 그러므로 인권의 보호와 의무 범위는 오히려 지구에 살고 있는 모든 인간에서 확대 시킬 필요가 있다.

그리고 세계가 당면하고 있는 환경위기, 빈곤, 전쟁, 기아, 경제위기 등은 먹이사슬처럼 세계가 함께 해결해야할 인권문제이다. 그러므로 세계의 시민들에게 인권보호의 권리와 의무를 동등하게 부여하여서 국제사회가 당면한 문제를 해결해야 한다.

이외에 인권과 관련된 논쟁으로 자유권이 평등권이 갈등을 야기 시킬 때 어떤 권리가 우선적인 것인지? 국가의 인권보호의 의무의 정도 문제, 인권과 관련된 국가와 국제사회의 개입 정도와 갈등 등과 관련된 다양한 논쟁들이 있다.

3. 국제사회에서 인권 실태와 앞으로 과제

인권의 역사에서 고찰했듯이 국제사회는 인권의 필요성을 절감하고 있으며, 이를 위한 국제사회의 협력과 노력을 증가시키고 있다. 국제교육에서 인권교육을 주요 영역으로 설정하고 강조하는 것도 그 때문이다. 즉 국제사회는 인권이 한 국가의 발전정도 혹은 국제사회의 인간적인 발전의 정도를 측정하는 잣대로 작용해야 한다는 것을 인지하고 있는 것이다.

국제사회가 인권발전을 위한 노력은 국제인권레즘(international human rights regime)현상으로 나타나고 있다. 국제인권레짐은 인권과 관련해서 국제사회의 각 행위자(국가, 국제기구, NGO, 개인)들이 요구가 기대 및 의견 들이 수렴되어진 일련의 국제적 규범체계 및 실행절차를 의미하는 것으로 국가간 합의로 성립된 국제 인권규약 및 실행절차는 물론 비록 국가간 명시적인 합의는 없더라도 묵시적으로 인정되고 있는 인권에 대한 국제적 기준 및 관행을 의미 한다. 인권의 레짐화 현상은 단지 국제인권 규약이나 협약에 가입하는 수의 증가 뿐만 아니라 인권 개념의 발전과 확대 차원에서도 뚜렷하다.[9]).

그런데 인권이 국제레즘화되고, 지역적으로 레즘화되고 있지만 여전히 오늘날에도 지구 곳곳에는 국가에 의한 학살과 고문, 정치적 실종, 인종차별, 빈곤과 아동과 산모의 문제, 여성과, 무국적자등 소외받은 계층이나 약자들의 인권침해 사례는 끊임없이 발생하고 있다.

> 오늘날 세계는 거대한 태풍과 같은 위기에 휘말려 있다. 지구온난화와 환경문제, 경기둔화, 평화와 안전에 대한 위협, 그리고 세계인구의 절반을 차지하는 가난과 어려움에 시달리는 사람들의 고통까지 이러한 위기들이 서루 연관되어 있으며, 또한 서로에서 영향을 미치고 있다.(아이린 칸, 2009: 38)

---

9) 세계인권 선언을 발표한 이후 국제사회는 인권과 관련된 선언과 조약을 체결하고 인권보호를 위해 노력해 왔다. 인종차별철폐에 관한 국제협약(Int'l Convention on the Elimination of All Forms of Racial Discrimination) 시민적·정치적 권리에 관한 국제 협약(Int'l Covenant on Civil and Political Rights (B규약), 여성차별철폐협약(Convention on the Elimination of All Forms of Discrimination against Women), 고문방지협약(Convention against Torture and Other Cruel, Inhuman or Degrading Treatment or Punishment) 아동권리협약(Convention on the Rights of the Child), 이주노동자권리협약(International Convention on the Protection of the Rights of All Migrant Workers and Members of Their Families), 강제실종협약(International Convention for the Protection of All Persons from Enforced Disappearances), 장애인권리협약(Convention on the Rights of Persons with Disabilities) 등이 대표적이다.

이러한 상황에서 우리는 어떻게 해야 하는가?

인권은 인류가 해결해야할 시급하고 주요한 과제라는 것을 인식하고 인권 신장을 위해 노력해야 한다. 국제사회가 인권적으로 성숙할 때만이 전 인류가 행복하고 인간적인 삶을 살 수 있기 때문이다. 실제 UN은 인권의 측면에서 인간의 발전 개념을 정리하고자 1990년 인간개발지수(The Human Development Index)를 제시하였다. 그리고 2000년에서 2015년까지 선진국과 개발도상국이 도달해야할 목표로서 밀레니엄 목표를 제시하였다. 그것의 내용은 절대빈곤과 기아의 제거, 보편적 초등교육의 달성, 남녀평등과 여성능력의 증진, 아동사망율의 감소, 모성보건 증진, 에이즈·말라리아·기타질병의 퇴치, 지속가능한 환경의 보장, 개발을 위한 전 세계적 파트너쉽 구축 등이 그것이다. 이러한 선언은 국제사회가 인간적인 삶을 위한 기본권을 실행이 시급한 과제라는 것을 암시하고 있다.

그러면 국제사회는 어떻게 해야 국제적 인권 수준을 향상시킬 수 있는가.

가장 시급한 것은 국제적으로 인권 레즘을 강화하는 것이다. 국제적으로 인권적 상황을 향상 발전시키기 위해서는 국제기구, 개인 사회 및 시민단체들이 노력이 활발하게 이루어져야 한다.

국제인권 레짐의 기능과 역할과 관련된 이론으로는 헤게모니 모델, 합리적 선택모델, 국제적 도덕성 모델 등이 있다. 헤게모니 모델은 국제인권 향상을 위해 강력한 패권국가의 존재와 의지가 가장 중요한 요인 가운데 하나라고 보는 것이다. 인권레즘을 위해 패권국가가 경제적이고 물리적인 우위성으로 여타 국가들에 대한 '도덕적 지도력'을 행사함으로써 인권문제가 해결된다고 본다. 헤게모니 모델은 완전한 의미의 자발적 '합의'도 아니고 군사력에 의한 일방적인 '강요'도 아닌 중간적인 형태의 국제질서 모델로 간주할 수 있다.

그런데 헤게모니의 역할을 하는 국가가 그 기능을 제대로 못하거나, 자의적인 판단에 의해 다른 국가를 강제적으로 개입할 수 있는 가능성, 그리고 국제인권에 영향력은 패권국가가 아닌 국제기구나 시민단체나 사회단체가 많을 영향력을 행사하는 것이 오늘날의 실정이기에 그다지 설득력이 없다고 할 수 있다.

이에 비해 합리적 선택모델은 국제사회의 상호의존을 강조하면서 패권국가의 역할이 아닌 국제인권 향상을 위해서 참여국가의 합리적인 협상과 자발적인 선택을 중시하는 합리적 선택모델이 있다. 그리고 여기서 합리성이란 인권규칙을 준수함으로써 기대되는 '예측 가능한 이익'을 말한다. 그런데 인권이라는 것이 이익과 연결될 때 수단적 가치로 전락할 수 있고, 이익과 관련해서 인권적 문제를 해결할 때 국가나 국제기구 혹은 단체가 위선적 행위를 할 가능성도 있기 때문에 다른 대안이 모색되어야 한다.

다음은 국제도덕성 모델인데, 국제 도덕성 모델은 인권이 인간에게 있어 본질적 가치를 지니는 도덕적 가치이기 때문에 도덕성을 통해 인권레즘을 형성하고 그 역할을 강조해야 한다는 견해이다.

국제도덕성 모델은 국제사회가 도덕적으로 상호의존적이라는 것을 중시한다. 만약 한 국가가 인권침해를 했을 때, 그 사실은 여타의 다른 국가들에게 그 사실이 알려지면 국제여론에 시달리거나 국제적인 압력을 받을 수 있는 가능성이 정보의 발달로 인해 가능하게 되었다는 것이다. 그런데 과연 국제사회 혹은 특정 국가가 다른 나라의 인권침해 사례에 개입해야 하는 도덕적 의무가 있는가? 어느 정도의 인권침해가 있을 때 국제사회는 국가주권을 침해하여 개입할 수 있는 도덕적 정당성을 갖는가? 또 누가 어떤 방법으로 특정 국가의 인권침해 사태를 판단하고 개입의 의무를 결정하는가? 이러한 의문들이 국가주권 원칙이 신성시되는 국제사회의 현실에 비추어 볼 때 해결되기 어려운 문제이다.

위의 이러한 사실을 염두 해 둔다면, 국제사회 인권 향상을 위해 노력해야할 우선적인 책임 국가라고 할 수 있다. 각국에서 국민의 인권보호를 위한 기구를 만들어 인권보호와 증진을 위해 노력을 해야만 국제사회의 인권문제는 해결될 가능성이 높다. 국가가 인권을 보호하고 증진하는 최종적인 책임을 지고 있는 동시에 인권을 침해하는 가해자라는 이중적 성격을 가지고 있다. 이러한 '국가 기능의 이중성' 때문에 인권 레짐은 국가의 인권유린 행위를 효과적으로 통제하지 못하는 한계를 보이기도 한다. 왜냐하면 오늘날 국제사회에서 대부분의 심각한 인권문제는 정치적 반대세력의 탄압 및 정권 유지방식과 관련된 문제이기 때문이다. 인권문제를 해결하려는 국제적 압력은 종종 '내정간섭'이라는 구실로 거부될 수 있기 때문이다. 국가의 책임 있는 인권적 노력은 국제 인권문제를 해결하는 열쇠라고 할 수 있다. 국제사회의 인권발달을 위해서는 국가가 인권적 관점에서 행동하고 반성할 수 있는 능력을 반드시 갖추어야만 한다.

그리고 국제사회의 인권을 발전시키기 위해서는 국가뿐만 아니라, 국가의 구성원들 각자의 노력도 필수적이다. 국가의 구성원 모두가 한결같이 인권적 차원에서 목소리를 갖고 책임 있는 행동을 한다면 국제사회에서 인권을 향한 발걸음은 희망적이다.

그리고 국제사회의 인권 향상을 위해서는 국제기구의 역량이 증대되어야 하고 인류의 인권증진을 위한 제도적인 노력이 적극적으로 이루어져하고 국제적인 공조체제가 필수적으로 수반되어야 한다.

그리고 국제사회의 인권발전은 세계시민의 성숙한 인권의식에 있는데, 이를 위해서는 인권교육이 선행되어야 한다.

4. 인권교육의 의미와 특징

1) 인권교육이란

인권은 의미와 논쟁이 의미 있게 작용하고, 국제사회의 인권수준이 향상되려면 지구상의 모든 인간들이 인권교육을 받아야 한다. 그러면 인권교육은 어떻게 정의할 수 있는가?

인권교육의 정의는 1978년 비엔나 선언상의 인권교육의 지침, 1993년도의 캐나다 몬트리올의 회의, 1994년 UN 인권교육 10개년에서 발표된 내용 등이 많이 활용되고 있다.

1978년 비엔나 인권교육에 관한 국제회의에서는 "인권교육은 인권에 내재되어 있는 관용과 존중, 연대의 태도를 배양하고, 국내적 · 국제적 수준에서의 인권에 관한 지식과 이행을 위한 체계를 알려주어야 하며, 국내적 · 국제적 차원에서 인권이 사회적 · 정치적 현실 속에서 실현될 수 있는 방안에 대한 자각을 높여야 한다."고 제시하고 있으며, 1985년 학교에서 인권의 교수 학습에 관한 유럽의회의 권고에서는 "인권교육은 민주주의 원리와 다원주의적 민주주의, 관용, 기회의 평등 그리고 갈등에 대한 비폭력적인 해결을 해 나갈 수 있도록 하는 것이어야 한다"고 하고 있다.

그리고 1993년 캐나다 몬트리올에서 열린 인권과 민주주의 교육에 대한 국제회의에서 채택된 '인권과 민주주의 교육 관한 세계 행동계획'에서는 "인권과 민주주의를 위한 교육은 인권 그 자체이며, 사회적 정의, 평화 및 발전의 완벽한 실현을 위한 전제조건이다. 그러한 권리의 구현은 포괄적인 의미에서 민주주의 보호와 사회발전에 일익을 담당할 것이다. 인권과 민주주의를 위한 교육은 인권보장과 인권침해의 방지를 위한 굳건한 토대를 제공할 것이다. 또한 "인권교육은 다양한 인권 침해를 제거하고 민주주의와 발전과 관용과 상호존경에 기초하여 평화의 문화를 만드는 수단이다. 이를 위한 행동계획의 궁극적인 목적은 인권문화를 창출하는 것이며 또한 개인이나 집단이 비폭력적 방법에 의해 불만이나 분쟁을 해결할 수 있는 민주적 사회를 발전시키는 것이다."라고 밝히고 있어 기존에 비하여 인권교육이 무엇이고 어떠해야 하는가에 대한 본질적인 측면을 제시하고 있다.

그리고 1994년에 발표된 유엔인권교육10년(The United Nations Decade for Human Rights Education)에서 인권교육의 목표와 개념을 좀더 확장하여 제시하고 있다. "인권교육은 인권과 기본적 자유를 존중하는 가치와 태도를 습득하여 개개인의 인성과 존엄성이 충분히 습득되도록 하는 교육활동이며, 동시에 이러한 변화를 통하여 인종이나 성별, 국적, 종교나 문화 및 기타 구분에 의한 사람들 간에 차별과 편견이 종식되고 평등한 관계와 관용, 이해와 우호 및 평화가 증진되는 사회 형성에 기여하는 활동이다." 그리고 이를 위해 구체적인 인권교육의 하위 목적을 '인권과 기본적인 자유에 대한 존중의 강화, 인격과 인간 존엄성의 완전한 발전 추구, 모든 국가, 선주민, 인종, 지역, 민족, 종교 및 언어집단 간의 이해, 관용, 성의 평등 및 우호관계의 증진, 모든 사람의 효과적인 참여, 평화유지를 위한 유엔 활동의 증진에 도달하기 위해 필요한 지식과 기술의 전달 및 태도의 형성을 통하여 보편적인 인권문화를 건설하는데 목적을 둔 훈련, 보급 및 전달의 노력'이라고 선언하고 있다.

그리고 최근 2004년 UN은 '인권교육은 지식과 기술, 태도 형성을 통해 인권에 관한 보편적 문화를 구축할 목적으로 이루어지는 훈련, 전파, 정보전달과 관련된 노력'으로 정의하고 있다(국가인권위원회, 2006).

그리고 인권단체와 국제기구에서 제시된 인권교육의 개념과 함께 인권교육을 연구하는 학자들의 견해에 의하면 리스터(Lister)는 '인권'이 갖는 의미와 특징에 비추어 다른 교육에 비해 인권교육이 단순히 인권 내용을 강조하는 인권에 대한 교육(education about human rights)으로 그쳐서는 안 되며 동시에 인권을 위한 교육(education for human rights), 인권을 통한 교육(education through human rights)이 되어야 한다고 밝히고 있다.[10)]

그리고 리스터와 조금 다른 관점에서 공동체 속의 한 인간이 타인과 살아가는 데 필요한 덕목이나 가치로서 인권을 이해하고 이를 교육하는 관점에서 인권교육을 이야기 하는 경우도 많다. 인권교육학자인 타로우 (Tarrow)는 인권교육을 '교육의 특별한 내용과 특별한 과정을 통해서 학습자들이 그들의 권리와 의무에 대한 의식을 발달시키고 다른 사람들의 권리에 대한 열린 태도를 갖추며, 모든 사람들의 권리를 보장하기 위하여 책임 있는 행위를 할 수 있도록 격려해 주는 의식적인 노력'이라고 보았다. 타로우는 개인의 입장에서 한 개인이 자신의 권리로서 인권을 이해하는 것과 그것에 기반한 타인에 대한 가치로서의 노력을 인권교육의 의미로 제시하고 있다.

그리고 인권교육을 개인이 갖는 가치나 덕목의 학습이라는 관점에서 확대하여 공동체 유지를 위하여, 즉 공동체 내에서 살아가는 타인을 위하여 필요한 기본원

10) 리스트에 분류에 의하면 Lister가 말하는 '인권에 대한 교육' 은 인권이 무엇인지 알도록 하는 것을 말하는 것으로, 인권에 내한 인지적인 측면으로 인권의 역사, 인권을 보장받는 가운데 만들어진 역사적 문건들, 인권 관련 정책 등을 통해서 자신이 가진 기본적인 권리와 권리 침해에 대해 이해하며, 이와 관련한 인권적인 행동을 할 수 있는 것 등이 포함된다. 그리고 '인권을 위한 교육' 은 실제로 인권을 위한 노력을 할 수 있도록 하는 교육을 말한다. 이를 위해 타인의 인권을 보호하려고 할 뿐만 아니라 학습자 스스로 자신의 의지로서 인권을 기꺼이 받아들이고 일상생활에서 인권의 관점을 적용하도록 지식과 기술을 갖도록 교육하는 것을 말한다. 마지막으로 '인권을 통한 교육' 은 인권은 인권을 알고 누리도록 하는 것이 때문에 인권에 관한 학습이 일어나는 곳에서 충분히 인권을 누리도록 설계되어야 한다. 폭력과 억압, 강제적인 행위가 일어나거나 인권에 역행하는 방식으로는 인권교육을 할 수 없다. 따라서 인권교육이 이루어지는 현장이 가장 인권적이어야 한다. 이점에서 인권교육은 그 과정 자체가 인권을 완성해 가는 것이며, 인권과 관련한 다양한 가치를 체득한다.

리나 가치로서 인권교육을 이야기 하는 리어든(Reardon)은 '인권교육의 틀은 도덕적 선택, 쟁점에 대하여 원칙적인 차원에서의 의견 제시, 시민행동의 민주적 과정을 행하도록 하는 능력을 갖도록 하는 표준에 기반한 것이어야 한다.'라고 하면서 '책임' 교육과 연관시켜서 공동체적 삶을 위한 기초로서 인권교육을 이야기하고 있다. 인권교육을 민주주의 사회의 궁극적인 가치로 보고 이를 교육시키는 측면에서 인권교육을 서술한 경우는 마틴(Martin)이 있다(국가인권위원회, 2006).

이상의 논의들의 보면 인권교육을 민주주의의 기본적 자질인 권리와 자유 평등의 가치를 실현시킬 수 있는 태도를 함양하는 것, 인권과 기본적 자유에 대한 존중을 강화하는 것, 상이한 인종, 국가, 민족, 종교, 언어 집단 사이에 이해와 관용, 양성평등, 우애를 증진시키는 것과 인권을 수호하고 인권침해를 방지하기 위한 실천행위 격려'하는 것, 인간의 기본적 권리로서 인권에 대한 보편적인 열망을 학습자들에게 인식시키는 것, 인권을 보호하는 국제기구에 대한 기본적 지식을 부여하는 것 등을 포함된다고 할 수 있다.

2) 인권교육의 방향과 국제이해 교육

인권교육의 목표가 인권적 사고능력과 자질을 함양하여 인권적 삶을 살 수 있도록 하는 것이라면 인권교육의 방향은 대체적으로 인간으로서 누려야할 권리를 인식하게 하는 권리교육이 되어야 한다는 관점, 인간으로서 인간답게 살 원리로서 인권의 개념을 인식하고 그것을 적용하고 실천하는 자질 및 태도 그리고 능력을 포함하는 예방교육이 되어야 한다는 견해 등이 있다. 그런데 대체적으로 학교에서 강조되어야 할 인권교육은 학생들의 인권능력을 함양하는 것에 관심을 가져야 한다고 한다. 인권능력은 인권적으로 사고하고 느끼고 행위 할 수 있는 역량이나 자질 뿐만 아니라 이를 갖추기 위해 노력하는 의지라고 할 수 있다.[11] 그러면 인권교육의 방향과 내용은 어떠해야 하는가? 인권은 보편적이면서도 특수적인 것이기 때문에 학자들마다 혹은 국가마다 그 내용이 다를 수 있기에 대체적인 것만 고찰할 수 있다. 지금까지 제시된 인권교육학자나 이론 및 실천가들의 내용을 정리해보면 인권교육은 다음의 방향과 내용을 담고 있어야 한다.

우선 인권교육은 권리 교육이다. 인간의 존엄하다는 막연한 개념이 아니라, 법적으로 보장받아야 하고 정치, 경제적으로 보장받아야 하는 권리로 나타나야 한다(Tarrow, 1987:194). 인간이 부여받은 시민권, 사회권, 환경권, 행복권, 연대권 등 시민적이고 정치적 경제적이고 사회문화적인 권리를 부여받고 있으며, 이러한 권리는 양도할 수 없는 것이고 보편적인 효력을 지니고 있어야 한다. 특히 아동이나 청소년의 경우 인간에게 보편적으로 부여된 권리 이외에 그들에게 특별하게 부여된 생존권, 보호권, 발달권, 참여권등과 관련된 내용을 알고 있어야 하고 자신의 권리는 물론 타인의 권리를 보호하고 존중할 의무가 인권교육의 내용과 방향이 되어야 한다.[12)]

둘째 인권교육은 인간의 존엄성 교육이 되어야 한다. 인권은 인간을 존엄한 그 자체로 존중하는 정신의 구현을 의미한다. 그러므로 인간은 성별, 신분의 차이,

---

11) 최근 독일에서는 학교전문가들과 행정과 인권관련 학자들이 "청소년·성인정치교육과 정치 교수법을 위한 모임" (Gesell-schaft fuer Politikdidaktik und politische Jugend-und Erwachsenenbildung, GPJE)을 구성하고 여기에서 학교정치교육 수업을 위한 국가 교육표준인을 마련하여 발표하였다. GJPE의 설계안은 정치적 판단력, 정치적 행위능력, 방법적 능력의 연결을 하나의 "개념적인 해석지식" 으로 정의하였고, 인권능력을 인권적으로 사고하는 판단력 능력, 인권적으로 행동하는 행위능력, 인권적으로 방법적 능력으로 구분하여 제시하고 있는데 설득력 있는 내용이라고 할 수 있다.

12) 유엔의 아동권리 협약은 (Convention on the rights of the child)는 아동과 청소년들을 권리의 주체로 보고 이들의 생존, 발달, 보호에 관한 기본권리를 명시한 협약으로 1989년 11월 20일 유엔총회에서 채택되었다. 우리나라는 1991년에 가입했다. 생존권은 아동이나 청소년들의 생존은 물론 삶을 살아가는데 필요한 영양, 가족, 의료 혜택, 기술을 익히고 교육을 받을 권리 등이 포함되고, 보호권은 양육 받을 권리, 신체적 학대, 모든 형태의 차별이나 처벌로부터 보호되고 착취로부터 보호되며 위기와 응급상황에서 보호되는 것 등이 포함되고, 발달권은 아동이나 청소년들이 건강하게 발달하기 위해 필요한 교육받을 권리, 정보접근권, 놀이와 오락의 권리, 문화활동의 권리, 표현의 자유등이 포함되고, 참여권은 표현의 자유, 결사의 자유, 참여와 실천의 권리 등이 포함된다.(이해주 외, 2009: 54)

인종, 나이, 지위고하를 막론하고 인간 그 자체 목적적 존재로서 인정받고 존중받을 수 있어야 하는 것이 포함되어야 한다.

셋째, 인권교육은 인간의 상호관련성을 강조하는 내용이 포함되어야 한다. 상호관련성은 자신의 권리를 존중함은 물론 상대방의 권리를 존중해야 하는 것을 인식하고 그 존중에 대해 책임감과 부담을 갖는 것이다(Tarrow, 1987: 193) 즉 자신은 물론 타인의 행동의 결과에 책임을 지니고 관심과 애정을 갖는 태도라고 할 수 있다. 상호관련성은 인권이라는 것은 삶의 맥락에서 발생하는 것이기 때문에 그것의 해결도 책임감을 갖고 함께 할 수 있는 의식을 의미한다.

넷째, 인권교육은 사회적 약자로서 조망능력을 길러주는 교육이 되어야 한다. 브라벡 (Brabeck)은 인권교육은 모든 사람의 권리를 위한 인권교육이 되기 위해서 특권층 혹은 사회의 지배적인 집단의 관점만이 아니라, 사회적 약자의 관점을 의도적으로 취하게 하는 조망 능력(perspective-taking)을 확장시키는 것이라고 보고 있다. 사회의 문제를 이해함에 있어서 학습자들이 지배적인 혹은 주도적인 집단의 가치관이나 세계관에 입각하여 이해하는 것뿐만 아니라, 약한 집단의 관점에서 사회를 이해하고 문제를 분석함으로써 사회적 약자의 권리도 지켜낼 수 있는 자세이다(국가인권위원회, 2006). 사회적 약자의 관점에서 인권상황을 이해할 수 있다는 것은 구체적으로 약자의 고통을 이해하고 느낄 수 있어야 가능하다고 할 수 있다.

다섯째, 인권교육은 인권상황이 발생했을 때 사회구조 혹은 사회전체의 관점에서 이해할 수 있는 능력을 함양하는 교육이 되어야 한다. 그러므로 인권교육은 개인적 · 심리적 수준에서부터 거시적 구조까지 넓은 수준을 포괄하는 것이어야 한다. 인권교육은 자신의 인권을 인식하게 되는 개인적 · 심리적 수준에서 시작하여, 타인의 인권을 인식하고 타인의 인권 침해 상황에 대해 책임을 느끼게 되는 관계적 수준으로 이해하는 능력을 키우는 것이다. 그리고 좀 더 거시적으로는 현재 우리의 사회제도나 사회구조가 인권 침해를 유발하거나 용인하지는 않는지에 대해 비판적으로 바라보는 단계로까지 나아가는 것이다.

여섯째, 인권교육은 인권감응성을 함양하는 교육이 되어야 한다. 인권감응성은 인권적 상황이나 사태를 정서적으로 느낄 수 있는 능력을 의미한다. 인권감응성은 타인에 고통에 민감하게 반응할 수 있는 정서능력과 함께 공감능력이 매우 중요하다고 할 수 있다. 공감능력은 타인의 요구나 필요에 민감하게 반응하는 것으로 타인의 정서를 자신의 상황으로 느낄 수 있는 정서반응이라고 할 수 있다.

일곱째, 인권교육은 사회에 참여하고 실천할 수 있는 주체적인 능력을 함양해 주어야 한다. 그리고 21세기는 삶의 영역이 세계가 지구촌의 영향권에 있으므로 나를 포함한 인류에 무한한 책임을 느끼고 참여할 수 있는 능력을 함양하게 해야 한다.[13] 이상에 볼 때 인권교육은 국제이해 교육의 내용에 주요한 내용이고 요소라고 할 수 있다.

3) 우리나라에서의 인권교육

우리나라의 경우 2001년 국가인권위원회에서 학교의 인권교육에 관한 관심을 갖게 되면서 그 이전에 인권 단체들에서 의해 이루어지던 활동들이 보다 적극성을 띄게 되었고, 현재는 학교 인권교육의 체계화 혹은 법제화 방안이 연구 중에 있다.

우리나라에서 인권교육이 대한 정의는 대체적으로 위에서 제시한 인권교육의 개념을 거의 벗어나지 않으나, 한국의 시대적 상황을 고려하여 그 강조점이 다소 차이가 있다. 현장에서 피해 받은 사람들의 인권에 관심을 갖는 인권운동가들은 인권교육의 실천성을 강조한다. 이들은 우리 사회에서 발생하는 반인권적 사례

13) 문미희는 인권의식으로 인권감수성, 인권추론능력, 인권가치에 대한 동기화, 인권행동 실천력 등로 구분하고 있고, 독일의 경우는 인권관련판단력, 인권방법 능력, 인권행위능력으로 구분하고 있다.

와 그것을 극복하기 위한 사회 운동적 맥락을 반영하는 의미의 인권교육을 강조하고 있다[14].

이에 비해 학교에서 인권교육을 적용하고자 하는 학자들의 견해는 학교의 상황과 교과의 구성 및 특징을 고려하면서 학교에서 아동 및 청소년의 권리를 강조하는 관점과 인간답게 살 권리를 인간존중 혹은 인간답게 살 수 있는 태도 혹은 자질이라는 측면에서 제시된 이론들이 있다. 그런데 한국의 인권교육은 대체적으로 인간의 권리 개념과 함께 학습자들이 실천과 참여를 강조하고 있다. 이는 인권의 개념이 논의된 역사가 그 다지 길지 않고, 제3세계로서 상황이 반영된 결과라고 보여 진다.

5. 국내 · 외 인권교육 프로그램의 실제

1) 국내외 인권교육 프로그램 사례

유엔 결의안을 따르기 위해 각 당사국들은 인권 교육에 대한 법적 근거와 실질

---

14) 대표적인 단체로는 인권운동 사랑방, 다산인권센터, 유네스코한국인권위원회 등이 있다. 유네스코한국인권위원회에서는 유네스코 한국위원회(2000)가 기획한 [인권교육 어떻게 할 것인가?]라는 책에서는 "인권교육은 자신을 삶의 주체로 세워나가기 위한 것으로 사람들의 삶과 경험을 이해하고 변화시키는 데 있다. 학생들에게 인간 존엄성의 존중을 발전시키고 인권의 기본적 원리를 주장하는데 적극적으로 참여케 하여 결과적으로 공정하고 인간적인 사회를 건설하게 하는 것이다. 인권교육은 사람들이 가진 수동적 행동을 거부하고, 변화지향적인 태도를 취해야 한다고 하고 있다."

적인 프로그램을 개발하였다. 흥미로운 것은 선진국이라서 인권교육이 잘 개발되고 후진국이라서 개발되지 못한 것은 아니라는 점이다. 각 국가 나름대로 처한 상황에 맞게 잘 개발된 프로그램들도 있다. 외국의 인권교육 프로그램들의 특징은 다음과 같다.

(1) 인권고등판무관실의 「ABC, Teaching Human Rights」

「ABC, Teaching Human Rights」 프로그램은 초・중등학교 학생들을 위해 유엔 인권고등판무관실에서 발간한 프로그램으로 인권에 대한 교육만이 아니라 인권을 위한 교육을 강조한다. 이 시기에 아동들이 때때로 자신감의 결여와 그것으로 인한 사회화의 어려움으로 고통 받고 있음을 발견할 수 있으므로 인권을 위한 교육은 우선 자신감과 관용을 가르치는데서 시작하여야 한다는 것이다. 인권교육을 통하여 인간에 대한 공감 능력을 길러줄 것이며 다른 어떠한 것보다도 인간 존재 자체가 중요하다는 사실을 확인할 수 있다. 인권을 위한 교육이 과연 어디서 실시되는가는 교실 안과 학교 환경 그 자체에서 인권을 존중하는 가운데서 교육하여야 한다는 점이 강조되고 있다. 교사는 인권을 보다 생동감 있게 가르쳐야 하며 경험 중심적 접근을 취해야한다고 제시한다. 그러기위해 역할놀이(Role play)와 브레인스토밍(brainstorming)을 최대한 활용할 것을 권한다.

초등학교 저학년을 위한 내용은 첫째, 자신감과 사회적 존중감 둘째, 믿음 셋째, 교실규칙 넷째 개인의 권리와 책임이다. 초등학교 고학년과 중등학교에서는 세계인권선언에 수록된 기본적인 인권에 대한 내용을 학년에 적합한 수준으로 가르친다.

(2) 필리핀의 「Makbayan」

필리핀교육개혁위원회(Philippine Commission on Educational Reforms; PCER)에 의해 모든 과목 영역의 통합에 가치를 둔 새로 구성된 Basic Education Curriculum (BEC)이 2002년 시작되었다. 통합적이고 상호작용적인 교수, 학습은 집단 학습, 교사 간/교사-학생 간/학생 간 지식, 경험을 공유하는 것을 강조한다(Miranda & Echano, 1987).

초등학교(1~6학년)에서는 1, 2학년에 영어, 필리핀어, 수학, Makabayan(Nationalistic)[15]을 배우고 3, 4학년에는 과학, 건강이 추가된다. 필리핀 아동들은 Makabayan을 통해 사회적 의식, 책임감, 공감, 자기신뢰, 애국시민, 권리에 대한 의식, 의무를 배움으로서 인권 개념이 모든 학습 영역에 자연스럽게 통합되어 가고 있다.

(3) 뉴질랜드의 「The Human Rights Pathway」

4학년, 8학년, 10학년의 공교육과정의 학습 내용에 초점을 맞추어 세 단원으로 구성되어 있으며 다시 각 단원은 인권을 이해하기 위한 6가지 단서를 기반으로 하여 구성되어 있다. 그것은 '첫째, 인권은 전반적, 절대적, 불가분의 상호의존적인 것이다. 둘째, 인권은 공적, 사적영역에서 각각 다르게 적용된다. 셋째, 인권은 구체적인 것이다. 넷째, 특별히 아동에게 적용할 때는 더욱 구체적이어야 한다. 다섯째, 인권은 타인의 개인적, 집단적 권리와 충돌될 수 있는 것이므로 다른 사람과의 균형 필요하다. 여섯째, 인권은 보호받아야 하는 것'이라는 점이다. '인권에서의 교육은 그 자체가 권리이며 많은 사람들이 그들의 권리를 알지 못해 인권을 유린당하는 경우가 빈번하므로 인권 교육은 인권유린을 방지하는 가장 효과적인 전략이다.' 라는 것이 이들의 기본적인 사고이다.

(4) 호주의 「Youth challenge : Teaching Human Rights and Responsibilities Education Module」

호주인권・평등기회위원회(Human Rights and Equal Opportunity Commission)

15) 현 필리핀정부에서는 초등학교 교육에 대해 우선순위를 두고 있다고 함. 특히 기초교육에서 최근 "Makbayan"이라는 주제 하에 가치관교육을 실시하고 있으며, 공립학교에서는 이를 토대로 교육을 재조정하고 있음(2004.9.14).

가 제공하는 호주의 중등학교 학급 내에서의 인권교육 시 사용되어야 할 자료들로서, 인종, 장애, 차별과 같은 실생활과 연결된 내용으로 이루어져 있다. 총 네 단원으로 구성되어 있으며 그 내용은 다음과 같다.

〈표〉 호주의 인권교육 각 단원의 주제

단원 1 : 학급 내에서의 인권 단원 2 : 장애인 차별 단원 3 : 일터에서의 젊은이들 단원 4 : 학급 내에서의 성적학대 논쟁

그 외, 인권에 대한 전반적 개념과 호주 내의 법에 대한 지식을 역할놀이, 개인의 이야기, 토론 등을 통해 알아가도록 하고 있다. 각 단원의 주제가 다르긴 하지만, 모든 단원이 '인권이란 무엇인가', '왜 인권이 중요한가', '어떻게 인권이 매일의 삶 속에서 성립될 수 있는가'에 대한 전반적 이해를 기본으로 하고 있다.

(5) 영국의 「Amnesty UK Human Rights in the Curriculum」

영국 내에서의 인권교육의 새로운 핵심은 시민교육으로 초등학교부터 중등학교 교육과정의 전반에 걸쳐서 시민권과 의무에 대한 내용을 남고 있다. 특히 영국의 중학교 학급에서는 각 교과목 교사들이 인권교육을 시도하고 있다. 즉, 각 과목 내에 인권교육의 내용이 포함하여 학생들이 자연스럽게 인권을 접할 수 있도록 하는 것이다. 특별히 프랑스어, 스페인어, 역사, 수학과목에서 교과과정에서 인권교육이 시도되고 있다. 프랑스어는 학생 자신의 관심이나 경험에 대한 활동이나 토론으로 아동권리에 대해, 스페인어는 매일의 삶 속에서 인권이 어떻게 지켜질 수 있을 것인지에 대해, 역사는 노예, 아동노동자, 여권투쟁, 수학은 시민권과 의무에 대해 가르친다(국가인권위원회, 2005).

2) 한국의 학교 인권교육 방향과 과제

국제사회의 측면에서 볼 때 인권교육은 인권신장을 위해 신중하게 노력해야 하는 인류의 과제이다. 전 지구적 차원에서 인권의식을 향상하기 위해서는 각국의 인권교육의 노력이 필요하며, 한국도 예외는 아니다.

그리고 인권교육의 주체는 무엇보다도 국가나 사회 혹은 시민단체나 학교가 가능할 수 있는데, 아동이나 청소년들에게 효과적인 교육은 무엇보다도 학교에서 이루어져야 할 것이다. 학교에서 이루어지는 인권교육은 대체적으로 구체적인 교육과정을 통해 이루어지는데, 한국도 예외는 아니다. 한국에서 학교 인권교육은 활성화된 상태가 아니기 때문에 많은 노력이 필요하다. 현재까지 학교의 인권교육은 아동 및 청소년의 권리를 인식시키는 것을 주 목적으로 하는 내용, 아동 및 청소년의 삶 속에서 인권능력을 함양하고 이를 인식할 수 있는 능력을 강조하는 교육, 아동 및 청소년의 현실적 참여와 연대를 강조하는 내용 등이 있다. 그런데 이러한 내용들은 서로 연결될 것이기 때문에 아동과 청소년들의 상황과 인권수준에 따라 적절히 활용할 수 있다고 본다.

그리고 학교에서 활용할 수 있는 인권교육 방법으로 개발된 것으로는 브레인스토밍(Brainstorming), 사례연구(Case Studies), 발표하기(Creative Expression), 토론하기(Discussion), 현지탐방(Field trips), 인터뷰해보기(Interviews), 연구과제(Research Projects), 역할놀이(Role Play), 시청각 자료 활용하기(Visual Aids)와 개념학습, 집단적 탐구학습, 가치 명료화 학습, 토의(론) 학습, 글쓰기, 모의 학습, 인터넷이용법, 신문 활동(NIE : News In Education), 인권에 관해 연설하기, 모의재판, 가정 상황, 피교육자의 능동적인 참여를 강조하는 ADIDAS[16] 방법 등이 있다.

그리고 인권교육 평가 방법으로는 사고 · 지식에 관한 평가에는 진위형, 완성형, 선다형, 배합형, 에세이 등 다섯 가지 방법을 사용할 수 있으며, 가치 · 태도에 관한 평가방법으로는 체크리스트(Checklist), 미완성 이야기, 그리고 완성형 문장과 같은 투영 검사법, 실습과 면접 등을 활용할 수 있다(국가인권위원회, 2004).

그런데 학교의 인권교육은 교육과정을 연결시키거나, 단위학교공동체에서 필요한 내용을 직접 제작하거나 제시된 자료를 재구성해서 가르치면 효과적이다. 그런데 학교에서 인권교육을 하고자 할 때 다음의 내용을 유의하면서 하는 것이 효율적이다.

첫째, 아동 및 청소년의 인권능력을 함양하는 것을 그 목적으로 하기 때문에 인권교육은 학교에서 이루어지는 교육활동들과 긴밀하게 연관성을 갖도록 해야 한다.

둘째, 아동 및 청소년의 전인적 발달 및 발달 능력과 역량을 고려하여야 한다. 아동 및 청소년의 역량과 능력은 성장하면서 발달하기 때문에 발달과 관심사에 맞게 인권교육이 이루어질 필요가 있다.

셋째, 아동 및 청소년의 발달에 필요한 것을 고려하지만 이들이 미성숙한 존재라는 점을 강조하는 교육이 되어서는 안 된다. 즉 아동 및 청소년의 취약성, 나약함 그리고 장애에 초점을 맞추지 않아야 한다는 것이다.

넷째, 교실이나 학교가 인권친화적인 환경을 구성할 수 있는 프로그램이 개발되어야 한다.

다섯째, 아동 및 청소년의 차이와 다양성 인정하여야 한다. 모든 아동과 청소년들의 경험과 상황이 다르다는 것을 인정하고, 이들이 처한 구체적인 삶에서 출

---

16) ADIDAS는 Activity, Discussion, Input, Deepening, Analysis, Synthesis의 앞 글자를 따서 만든 것으로 인권운동사랑방 자료실에 재인용.

발해야 한다. 인권교육은 구체적인 것에서 추상적인 것으로 출발해야 한다.

여섯째, 아동 및 청소년의 참여와 실천을 장려하는 교육이 되어야 한다. 아동 및 청소년들이 인권을 위한 주체적인 판단, 적극적인 행동양식을 지닐 수 있도록 해야 한다. 아동과 청소년들이 미래세대의 주체이기 때문에 이들이 만들어 가는 세상은 보다 아름답고 발전적일 수 있다는 확신을 가지고 이를 실현할 수 있도록 도와주는 프로그램이 되어야 한다. 인권교육은 조용하지만 새로운 삶의 패러다임을 열어주는 길이라고 인식하고 시작해야 한다. 그리고 인권교육의 시작이 국제이해교육을 활성화하고 인간적인 삶을 위한 디딤돌을 놓는 작업이라는 것을 인식하고 꾸준히 해야 한다.

<탐구 과제>

- 국제교육과 인권교육의 관계는 어떠해야 하는가?
- 국제사회에서 인권의 가치를 실현할 수 있는 구체적인 방법은 무엇인가?
- 현재를 사는 사람들이 미래세대의 인간적 삶을 위해 해야할 일은 무엇가?
- 국제이해 교육을 위한 방향의 하나라 학교에 활용할 수 있는 인권 교육 프로그램을 개발한다면 어떤 것이 있을까?

〈참고 문헌〉

국가인권위원회(2002), 『교사를 위한 인권교육 길잡이』, 서울: 국가인권위원회.

국가인권위원회(2004), 『교사를 위한 학교 인권교육의 이해』, 서울: 국가인권위원회.

국가인권위원회(2005), 『세계인권교육 프로그램』, 서울: 국가인권위원회.

국가인권위원회(2006), 『인권교육개념 및 방향 정립 모색 연구』, 서울: 국가인권위원회.

김대현・김인용(역)(1991), 『교육과 권리』, 서울: 양서원.

김동춘외(2006), 『편견을 넘어 평등으로』, 서울: 창작과비평사.

김범수, (2009), "공동체주의 인권담론 연구", 『정치사상연구』, 15(1), p.59.

강순원(2000), 『평화, 인권, 교육』, 서울: 한울아카데미.

김성재(2002), 『인권시대를 향하여』, 서울: 나남.

류은숙(2009), 『인권을 외치다』, 서울: 푸른숲.

문용린 외(2003), 『유・초・중・고 인권교육과정 개발 연구』, 서울: 서울대학교 교육연구소.

박정순(2006), "인권이념의 철학적 고찰", 『철학과 현실』, 봄호, pp.34-66.

부산교육연구소(2002), "교사들의 인권의식 조사 연구", 서울: 국가인권위원회.

아이린 칸, 우진하 역(2009), 『들리지 않는 진실: 빈곤과 인권』, 서울: 바오밥.

인권운동사랑방 인권교육실(2000), "교사를 위한 인권교육 워크숍자료집," 서울: 인권운동사랑방.

이미식(2004), "인권교육을 통한 도덕과 교육 개선 방향", 교육과정평가연구, 7(1), pp.131-152.

이미식(2007), "인권능력 향상을 위한 도덕교육 방법에 관한 연구", 『 열린교육연구』, 14(4).

이성수(2008), “인권의 심의적 보편성,” 고려대학교 대학원 박사학위논문.

이수광(1999), “학생인권신장방안연구”, 박사학위 논문. 강원대학교.

이원웅(1998), “국제인권레짐과 비정부기구(NGO)의 역할”, 『국제정치논집』, 38(1), pp.127-146.

이해주외(2009), 청소년과 인권의 참여, 서울: 한국방송통신대학교 출판부, 2009.

앤서니기든슨, 홍욱희역(2009), 『기후변화의 정치학』, 서울: 에코리브르.

유네스코한국위원회(1997), 『인권교육 어떻게 할 것인가』, 서울: 오름.

유네스코한국위원회(1999), 『유네스코포럼 제9호』, 서울: 한울.

유네스코한국위원회(2000a), 『인간은...』, 서울: 사람생각.

유네스코한국위원회(2000b), 『아시아의 인권교육』, 서울: 사람생각.

최현(2009), 『인권』, 서울: 책세상.

한홍구 외(2003), 『인권교육발전5개년 기본계획』, 서울: 성공회대학교 인권평화센터.

Bell, D(1978), 『The Cultural Contradictions of Capitalism』, N. Y.: Basic Bks, Inc.,Publishers.

Brabeck, M. M. & Rogers, L.(2000), “Human Rights as a Moral Issue: Lessons for Moral Educators from Human Rights Work”, 『Journal of Moral Education』, Vol 29. No 2.

Hugh Starkey(1991), 『The Challenge of Human Rights Education, London: Council of Europe』.

Magendzo, A.(2005), “Pedagogy of Human Rights Education: Latin American Perspective”, 『International Education』, Vol 16. No 2, May. 137-143.

Schwarz Bernard(1971), 『The Bill of Right: A Documentary History』, New York: McGrow Hill Book Company.

Louis, F & David Schimmel(1982), 『The Right of Students and Teachers』. New York: Harper and Row, Publishers.

Tarrow.N.B.(1987), 『Human Rights and Education』, USA: California State University.

제13장 세계시민성

이 진 석

〈개요〉

- 오늘날 세계화가 점점 진행되면서 정치・경제・제도상의 경계가 더 이상 국가의 경계와 일치하지 않는다는 사실은 시민성의 근거가 이동하고 있다는 것을 보여준다.
- 세계시민성의 개념에 대해 서로 양립하는 입장들이 있다. 특정한 공동체에 특별한 애정과 헌신을 보이는 삶을 선호하는 공동체주의(communitarianism)와 그러한 특정 공동체의 우선적인 가치를 부정하면서 보편적 가치와 인류애를 추구하는 세계시민으로서의 삶을 선호하는 세계시민주의(cosmopolitanism)는 서로 대립하게 된다.
- 세계시민성은 지구적 존재로서의 개인의 인식과 인류보편적 가치에 대한 확신, 다양성의 인정과 관용의 정신을 주요한 내용으로 보고 있다. 따라서 오늘날 국제사회의 과제는 다양한 문화 정체성을 존중하면서도 보편적인 세계시민 개념을 어떻게 정립하고 이를 실천할 수 있느냐는 것으로 요약된다.
- 현실적으로 지구촌 곳곳에서 여러 정치적, 경제적, 사회적 변수들이 일국적, 지역적, 국제적 수준에서 다양한 세력과 주체들에 의해 교환되고 있으며, 삶의 기회와 그 성격을 결정짓는 근본적인 과정들은 오늘날 개별 국민국가의 범위를 넘어서고 있다. 따라서 우리의 사회생활은 더 이상 한 국가의 테두리 내에서만 논하기는 어렵게 되었다.

〈학습목표〉

- 세계시민성의 역사적 발전과정을 이해한다.
- 세계시민성의 개념을 둘러싼 논쟁을 이해한다.
- 일국차원 시민성, 지역 시민성, 세계 시민성의 관계를 올바로 파악한다.
- 지구사회를 맞아 세계시민으로서 필요한 자질과 능력을 함양한다.

세계시민성은 하나의 수수께끼이다. 이것은 국민국가에서 일반적으로 수용되고 있는 시민권이라는 법적 정치적 의미에서 볼 때 아직 한 번도 실재하지 않았다. 그럼에도 불구하고 적어도 도덕적인 의미에서 국민국가의 시민권과 병행하는 세계시민성은 존재하거나 존재해야할 것이라는 명제, 이상, 기대는 옛날부터 지금, 그리고 앞으로 인류의 의식 속에 계속 주장될 것이다(Heater, 2002, 1).

1. 세계시민성의 역사적 발전과정

세계시민의 역사적 기원은 고대 헬레니즘 시대까지 거슬러 올라간다. 기원전 키니코스(Cynicos)학파는 세계시민(cosmopolites)이라는 개념을 처음 사용하였으며, 키케로, 세네카, 아우렐리우스와 같은 스토아학파는 이러한 세계시민주의를 수용하여 더욱 발전시켰다. 고대 그리스 도시국가에서 '시민권자'로 인정받은 사람들이 폴리스를 민주주의적으로 통치하기 위해 자신의 권리를 행사하던 것에서 비롯된 이념은 따라서 오랜 역사성을 지닌 개념이라고 할 수 있다. 시민권은 신분적 계급사회에 기초한 봉건적 왕정시대를 거치면서 역사의 이면에 잠재되어 있다가 신분적 계습사회의 혁파를 주장한 근대 부르주아 계층의 시민혁명과 더불어 다시 중요한 이념이자 실제적 통치원리로 부상되기 시작했다. 근대 세계시민주의는 볼테르와 칸트 사상, 프랑스 인권 선언 등에 나타난 계몽주의 사상을 수용하여 이론적 기반을 강화하였으며, 근대 국제법의 이론적 토대를 제공해 주면서 발전하였다(Appiah, 실천철학연구회 역, 2008, 19-21: 김지현 · 손칠성, 2009, 99재인용). 그리하여 근대사회에서 시민권은 근대국가를 건설했던 자유주의자들에 의해서 근대국가를 구성하는 성원들이 자신의 권리를 평등하게 실현하고 참여하는 보편적 권리이자 자격권으로서의 의미를 지니는 것으로 정의되었다(Dahrendorf, 1974, 292-296: 장미경, 2001, 61 재인용).

이처럼 도시국가든 국민국가든, 공화정이든 제정이든, 역사 속에서 시민권은 국가가 개인에게 부여하는 법적 · 정치적 지위이자 개인이 국가에 바쳐야 하는 충성의 증표였다(데릭 히터, 김해성 역, 2007, 379). 아렌트(Arendt)는 시민성에 대해 널리 통용되는 정의를 내렸는데 "시민성은 국가들 중에서 한 국가의 시민들 중에서 한 시민으로 시민의 권리와 의무는 같은 시민들에 의해서뿐만 아니라 영토의 경계로 정의되고 제한되어야 한다"고 보았다(Arendt, 1968, 81; Margaret 2008, 16 재인용).

그러나 최근 시민성이 영토와 한데 묶여있고 국민국가와 일치한다는 아렌트의 주장에 이의를 제기한 학자들이 있다. 1990년대 중반 미국 애국주의와 세계시민주의의 논쟁을 불러일으켰던 너스봄(Nussbaum)은 세계시민주의를 적극적으로 옹호한다. 그에 따르면 애국주의는 정의와 평등이라는 소중한 도덕적 가치를 위험에 빠뜨릴 수 있기 때문에 애국주의가 아니라 인류의 범세계적 공동체에 충성하는 세계시민주의가 요구된다. 우리는 모든 인류를 우리의 동료 시민이자 이웃으로 간주해야 하며, 우리가 우연적으로 갖고 태어난 국적, 민족적 소속감 등이 우리 동료들 사이에 경계선을 세우도록 해서는 안 된다는 것이다. 그래서 그는 전체 인류의 인류애에 의해 수립된 도덕 공동체에 일차적으로 충성해야 한다고 강조한다(김지현 · 손칠성, 2009,100).

오늘날 세계화가 점점 진행되면서 정치 · 경제 · 제도상의 경계가 더 이상 국가의 경계와 일치하지 않는다는 사실은 시민성의 근거가 이동하고 있다는 증거로 볼 수 있다. 현재 유럽연합(EU)은 이런 이동을 가장 극명하게 보여준다. EU 시민권은 어떤 측면에서 보면 유럽 내의 시민권의 극적인 재구성을 나타낸다. 유럽연합조약은 모든 시민은 회원국의 영토 내에서 자유롭게 이동하고 거주할 권리가 있다고 명시한다(Margaret, 2008, 16). EU 시민은 초국가적인 수준의 경제적 권리와 부분적으로 정치적 권리까지 누린다. 그럼에도 불구하고 EU 시민권은 회원국 시민권에 근거하고 파생된다. 유럽연합조약은 EU 시민은 회원국의 국적을 지닌 자로 명기하여 정의하고 있다(European Union Treaty, Article 17). 이처럼 자국민에 대한 국가의 행위는 갈수록 협약체결에 따른 의무 및 다국적 제도의 제약을 받는다. 과거에 '국외'나 '국제적'으로 생각했던 것은 이제 더 이상 국내 혹은 국가적 범주 밖의 것이 아니다(Margaret, 2008, 17).

현대의 세계시민은 고대의 사해동포주의를 바탕에 깔면서도 헬레니즘 제국시대나 제 1차 세계대전 이후에 강조되었던 세계국가의 시민이란 의미는 많이 약화되어 있다. 그 대신 '지구적 의식'과 '지구적 책임의식'을 가진 '세계시민사회'의 시민으로서 인류공통의 과제를 해결해 나가는 모습이 강조되고 있다. 그러나 이런 세계시민은 기존의 국가시민과의 관계에 있어서의 '정체성' 문제, 어느 정도의 문화적 동질성을 필요로 하고 이를 강화하기 위해서는 어떤 방법이 필요한가라는 문제가 여전히 과제로 남는다. 결국 현대에 요청되는 세계시민은 '도덕적 책임의식'을 가지고 인류공통의 과제를 해결해 나가면서 동질성을 키워나가는 위상을 가져야 할 것으로 생각(노찬옥, 2001, 89)되고 있다.

2. 세계시민성의 개념

국제법학자인 포크(Falk)는 오늘날 우리가 범주화할 수 있는 세계시민을 다섯 종류로 분류하고 있다(Falk, 1994, 132-139). 첫 번째의 세계시민은 세계 정부나 세계 국가 또는 더 강한 유엔을 옹호하는 지구적인 개혁가로서의 시민이다. 이들은 지구적 정치적 삶을 조직하는 더 나은 방법을 인식하면서 실천적 기능으로서 제시되는 유토피아적 기획을 선호하는 사람들이다. 두 번째는 오늘날 세계화의 결과로 초국가적인 의식을 획득하게 된 부류이다. 이들은 국제적 비즈니스에 종사하는 엘리트들로서 국가의식은 초월하고 있으나 세계적 차원의 책임감이라는 공적 의식은 결여된 특징을 보인다. 셋째는 지구적 질서의 관리 특히 환경적 경제적 차원에서 질서 관리에 초점을 맞춘다. 지구환경적 위기에 국가들이 위기의식을 가지고 전례 없는 협동을 하지 않으면 산업문명은 지속하기 힘들다는 위기의식을 공유하는 세계시민이다. 넷째는 오늘날 유럽연합과 같은 지역적 정치의식이 성장하는 것과 연관된다. 유럽연합이 기존의 영토 국가와 세계적으로 통합된 정치질서 간의 중간 매개체로 발전하는 최초의 예가 될 것은 분명해 보인다. 다섯째는 1980년대의 사회운동에 대단히 중요해지기 시작한 초국가적 행동주의와 연관이 있다. 환경, 인권, 여성 운동 등에 있어서 초국가적 운동은 이제 상당히 중요한 흐름이 되었다. 이것이 의미하는 것은 이제 정치의 영역이 더 이상 국가의 경계 내에 묶여있지 않게 되었다는 것이다(노찬옥, 2001, 92-93 재인용).

히터(Heater, 1996, pp. 170-176)는 20세기에 나온 세계시민의 개념을 4가지로 정의하고 있다. 첫째는 아주 막연한 수준에서 인류공동체의 일원이라는 의식으로서의 세계시민 개념인데 이는 과거로부터 내려온 사해동포주의 등의 범주를 넘지 않는 개념이다. 둘째는 세계정부를 건설하기위한 구체적인 실천을 하는 세계시민이다. 이는 1차 세계대전을 전후하여 연방주의자들을 중심으로 확산된 생각이며 전후에는 폭넓은 지지를 받았지만 전쟁의 기억이 희미해져 가면서 퇴조하게 된다. 셋째는 개인이 속한 국가보다 높은 수준의 도덕 법칙에 의해 개인이 구속되어야 한다는 생각에서 세계시민 개념이 제시된다. 특히 1945년 이후에 국제법이 발전하면서 개인은 이런 국제법과의 관련에 의하여 실질적인 세계시민이 된다는 생각이 확산되었다. 마지막으로 세계정부의 수립과는 상관없이 지구적 의식, 지구적 책임감을 의미하는 것으로 세계시민 개념을 사용하는 것이 오늘날의 점증하는 추세이다(노찬옥, 2001, 93-94, 재인용).

그런데 이러한 세계시민성의 개념에 대해 서로 양립하는 입장들이 있다. 특정한 공동체에 단단한 뿌리를 내리고 거기에 특별한 애정과 헌신을 보이는 삶을 선호하는 공동체주의(communitarianism)와 그러한 특정 공동체의 우선적인 가치를 부정하면서 보편적 가치와 인류애를 추구하는 세계시민으로서의 삶을 선호하는 세계시민주의(cosmopolitanism)는 서로 대립하게 된다(손철성, 2007, 106).

세계시민주의자들은 시민성에 대한 탈 국가적 관점으로 초국가적, 세계적, 국제적, 국제주의적 또는 탈 국가적 시민성과 같은 용어를 사용한다. 시민성이 국가로부터 점점 분리되고 있고 그렇기 때문에 시민성은 국가에 대한 소속과 거리를 두거나 아예 분리되어야 한다고 주장한다. 너스봄의 다음과 같은 물음은 이를 대변한다.

> 학생들에게 가장 우선적으로 미국 시민이라고 가르쳐야 하는지, 아니면 무엇보다 먼저 인류로 구성된 세계의 시민이고 우연하게 미국에 위치하게 되었지만 세상은 다른 나라의 시민과 공유해야 한다고 가르쳐야 할 것인가?(Nussbaum, 1996, 6; Margaret , 2008, 18 재인용)

이에 반해 공동체주의자들은 국가란 인간의 번영에 필수적인 요소인 소속감 그리고 공익성과 공동운명에 대한 감정을 육성할 수 있는 이 시기 유일한 제도적 환경이라고 주장한다. 공동체주의자들은 확고한 국가 정체성은 완전한 인간존재의 필연적 요소라고 본다. 힘멜파브(Gertrude Himmelfarb)는 아래와 같이 주장한다.

> 세계시민주의가 감추고 심지어 부정하는 것들은 삶에 있어서 기정 사실인 것들이다. 부모, 조상, 가족, 인종, 종교, 유산, 역사, 문화, 전통, 공동체 및 국적은 개인의 우연적 속성이 아니라 본질적이 속성들이다. 세계시민주의에 충성을 서약하는 것은 국적뿐만 아니라 개인의 정체성을 구성하는 삶의 실상, 특성 및 현실을 초월하고자 하는 일이다(Himmelfarb, 1996, 77; Margaret , 2008, 20 재인용).

세계 시민성에 대한 논쟁은 계속되지만, 대부분 학자들은 양자택일의 입장을 취하지는 않는다. 국경이 도덕적으로 중요하지 않을 수 있다는 점을 인정하면서, 구트만(Gutman)의 주장대로 국경이 정치적으로 중요하다는 점에 대부분 동의한다. 개인이 국내외로 정의구현에 기여할 수 있는 것은 주로 특정 국가의 시민으로서 권한이 부여되었기 때문이다. 시민으로서 권한을 행사하기 위해서는 자국의 정치체제뿐만 아니라 점점 국제화되는 사회에서 역할을 수행하는데 필요한 능력, 이해력 및 가치관을 배워야 한다(Margaret, 2008, 20).

3. 세계시민성의 내용

허영식은 세계시민성의 구성 요소로서 지구적 세계관, 인권과 다양성의 존중, 배려와 평화적 갈등해결의 3가지를 들고 있다. 지구적 세계관은 세계를 전체적인 관점에서 보고, 인류를 하나의 같은 운명공동체로서 간주하며, 그 인류가 미래대비 능력을 갖추고 있는지의 여부를 따질 수 있다. 이러한 지구적 사고는 적어도 국경을 넘어서는 사고, 초국가적 사고, 상호의존적이고 구조적인 사고, 조망할 수 있다는 사고로 구체화할 수 있다. 인권은 인간의 권리로서 다른 사람들의 동등한 인권도 역시 포함하고 있다. 서로 다양성을 존중하고 관용을 베풀지 않으면 안 된다. 서로 다른 문화 국가 민족 인종에 속하거나, 서로 다른 피부색 종교 등을 가진 사람들이 평화롭게 공동생활을 하고, 이해관계와 가치관의 차이로 인하여 갈등이 발생할 경우, 이것을 평화적으로 해결하기 위한 전제조건이 되는 것이다(허영식, 2008, 46-47). 너스봄(Nussbaum)은 세계시민의 세 가지 역량으로서 '자기 자신과 전통에 대한 비판적 검토', '스스로를 일부 지역의 시민으로서 뿐만 아니라 나아가 인정과 관심의 고리로 연결되어 있는 모든 다른 인간존재와 결속되어 있는 인간존재로 생각하는' 시민의 능력, 그리고 '서사적 상상력'을 들고 있다. 그에 의하면 서사적 상상력이란 '자신과 다른 입장에 처한 것처럼 생각하는 능력'을 의미한다(Nussbaum, 1997, 9-11; 김해성 역, 2007, 453 재인용). 이러한 학자들의 주장에서 보듯이 세계시민성은 지구적 존재로서의 개인의 인식과 인류보편적 가치에 대한 확신, 다양성의 인정과 관용의 정신을 주요한 내용으로 보고 있다.

따라서 오늘날 국제사회의 과제는 다양한 문화 정체성을 존중하면서도 보편적인 세계시민 개념을 어떻게 정립하고 이를 실천할 수 있느냐는 것으로 요약된다. 달리 말해서 다원주의 사회를 특성으로 하는 국제사회에서 다양성을 존중하면서도 보편성을 추구하는 세계 시민을 어떻게 성립되는가가 중요한 과제로 제기된다는 것이다(노찬옥, 2003, 22).

오늘날 세계적 과제를 해결하기 위해서 세계 시민은 시민들 간의 합의를 바탕으로 보편성을 적극 추구하여야 한다. 다만 과거 자유주의적 담론에서의 세계시민과 다른 점은 개인주의적 권리나 자유위주의 단순한 보편성을 일방적으로 강요하지 않는다는 것이다. 결과에 있어서는 개인주의적 기본적 인권이 보편성으로 합의될 수 있지만 다원주의 사회에서의 세계시민은 다양한 문화간의 대화와 합의를 중요시한다. 그리하여 합의의 과정에서나 합의된 보편성을 실천하는데 있어서도 문화적 특수맥락을 존중하여야 하는 것이다(노찬옥, 2003,50).

세계시민은 보편성을 추구할 뿐 아니라 문화적 다원성을 관용하고 존중할 줄 알아야 한다. 오늘날 세계시민 사회에서 선진국 시민들과 개발도상국 시민들 간의 연대에 장애가 되는 것이 이런 문화적 다원성에 대한 이해부족에 기인하는 경우가 많다. 세계시민 사회에서는 일방적인 보편성을 강요할 것이 아니라 상대방에 대한 이해를 바탕으로 연대가 이루어져야 진정한 협력이 가능한 것이다. 그러므로 세계시민은 이런 문화적 다원성을 이해하려고 노력하고 적극적으로 존중하여야 한다(노찬옥, 2003, 70).

세계시민은 한편으로는 보편성을 추구하고 다른 한편으로는 다원성을 추구하는 시민이다. 여기에서 보편성은 이전의 일방적이고 우월적인 자유주의적 보편성이 아니라 최대한의 다양성을 포용하면서 대화와 타협을 통하여 형성되는 가변적인 보편성인 것이다. 물론 보편성의 핵심은 인간의 공통된 본성상 상당히 안정적인 모습을 보일 것이다. 세계시민은 경험적인 중첩합의를 통하여 최소 보편성을 합의해 나가는 이것만으로는 미흡하다. 그러므로 세계시민은 이런 경험적 보편성의 토대 위에 대화와 반성적 사고력을 작동시켜 적극적으로 최소 보편성에 대한 합의를 이루어 나가야 한다. 결국 오늘날의 다원주의 사회에서는 세계시민이 보편성을 추구하면서도 최대한의 다원성을 포용할 것이 요청된다. 여기서 세계시민이 추구하여야 할 덕목을 다음과 같이 정리해 볼 수 있다.

1) 공존의 규칙, 제도의 추구
2) 적극적 대화를 통한 변증법적 합의
3) 타인의 고통감소에 대한 책임감
4) 인권과 기본수요, 환경보전 추구
5) 맥락 의존적 보편성 존중
6) 최소 보편성과 무관한 문화적 다양성에 대한 관용과 존중

위의 덕목들은 그에 상응하는 권리와 연계되어 있다는 점에서 다원주의 사회에서의 세계시민에게 의무와 헌신만이 요청되는 것은 아니다. 즉 세계시민에게 요구되는 덕목은 한편으로는 세계시민으로서의 다른 상대방에게 권리로서 인정되는 것이다. 세계시민은 다른 사람의 권리를 존중하면서 자신의 권리도 적극 주장할 것이 요청된다. 그러므로 세계 시민은 이런 권리에 대한 지식을 갖추고 적극적으로 자신의 권리를 주장하고 실천할 수 있는 태도와 능력도 아울러 갖출 것이 요청된다(노잔옥, 2003, 80).

4. 일국차원 시민성, 지역시민성, 세계 시민성의 관계

세계화와 지방화의 동시 진행은 국민국가의 위상을 약화시키는 결과를 가져왔고, 이로 인해 국가적 시민성과는 다른 탈 국가적 시민성이 대두되었다. 탈 국가적 시민성은 곧 세계화에 대응하는 세계시민성과 지방화에 대응하는 지역시민성으로 구분할 수 있다(설규주, 2001, 151). 그런데 국경을 넘는 세계시장과 세계시민사회가 출현했다고 해서 국민국가와 국민사회가 종언을 고한 것은 결코 아니다. 세계시장과 세계시민사회가 국민국가, 국민적 자본주의, 국민적 공공영역과 병존하면서 서로 경쟁하고 상호의존하며 상호침투하고 있는 것이 현 단계의 역사이다. 이런 경향은 상당기간 지속될 것이다(이병천 · 홍윤기, 2004, 4).

시민은 그 근본 바탕에서 튼튼한 공공 영역과 풀뿌리 지역자치, '공화국 속의 작은 공화국들'의 자양분을 먹고 자라야 한다. 이 모든 의미에서 시민정치의 사고는 '지역→ 국가/민족→ 지구세계'로 겹겹이 중첩된 경계선이자 시민정치의 다양한 실현 현장등과 투시하고 관통할 수 있도록 "경계관통적인" 입체적 통찰력을 구사해야 한다(이병천 · 홍윤기, 2004, 8).

지구화는 사회관계와 네트워크를 폭넓게 확장시켜 사회생활의 다양한 국면에 걸쳐 강력하고 신속한 변화를 야기하고 있다. 현실적으로 지구촌 곳곳에서 여러 정치적, 경제적, 사회적 변수들이 일국적, 지역적, 국제적 수준에서 다양한 세력과 주체들에 의해 교환되고 있으며, 삶의 기회와 그 성격을 결정짓는 근본적인 과정들은 오늘날 개별 국민국가의 범위를 넘어서고 있다. 따라서 우리의 사회생활은 더 이상 한 국가의 테두리 내에서만 논하기는 어렵게 되었다(이동수, 2005, 6).

우리는 민족국가가 어떠한 정의원칙에 의해 시행되어야 하는지, 어떤 종류의 정치적 권리들을 가져야만 하는지, 시민들은 어떤 종류의 덕성, 충성 및 헌신을 가져야 하는지 등에 대한 잘 발달된 이론을 갖고 있다. 그러나 세계시민성과 관련하여 초국가적 제도들에는 어떤 종류의 정의원칙들이나 민주화의 기준들, 덕 또는 충성의 규범들이 적용되어야 하는지에 대한 명백한 생각을 지닌 사람은 매우 드물다.

그러므로 민족국가를 정치이론의 유일한 또는 지배적 맥락으로 더 이상 간주할 수 없음은 점점 더 명백해진다. 이러한 문제들을 명시적으로 제시해주는 보다 세계시민주의적 관점의 민주주의 통치개념이 필요하다. 자유적 민주주의에 대한 가장 일반적인 반대 중의 하나는 이것이 초국가적 민주주의 이론에 대한 이러한 필요를 간과할 뿐만 아니라, 민주주의의 접착제로서 공통의 민족정신을 강조하는 것은 민족 및 언어적 경계를 초월하는 수준에서 민주주의를 이론화하는 것을 불가능하게 만든다는 것이다. 그렇지만 많은 자유적 민족주의자들은 초국가적 정치제도의 필요성에 동의한다. 문제는 자유적 민족주의의 설명에 나타난 정의에서와 마찬가지로 우리가 민족국가를 보다 세계시민주의적 관점의 민주주의에 대한 형성의 구획단위로 간주해야 되는지, 아니면 장애로 간주해야 되는지에 좌우된다(Kymlicka, 장동진 외역, 2008, 434-435).

민족국가들이 민주적 시민권 행사의 우선적 장소로 남을 것이다. 그렇지만 이 점이 국제제도 확립의 중요성, 사실상 필요성을 부인하는 것은 아니다. 물론 국제제도의 결정들은 일정 형태의 민주적 책임성에 예속되어야 할 것이다. 그러나 초국가적 차원에서 심의민주주의와 대중참여의 의미 있는 형태를 확립하는 데 어려움이 있다는 점을 감안한다면, 우리는 아마도 민족국가의 성취에 기반을 둠으로써 세계시민주의의 성공은 현재의 민족주의적 민주주의의 건강성에 좌우될 수 있다. 초국가적 정치제도들은 만약 그 규칙과 결정들이 민족주의적 민주포럼 내에서 논의되고 비준이 이루어진다면 가장 잘 작동될 것이다. 그렇다면 민족주의적 민주포럼의 유지에 필요한 덕성, 관행 및 충성에 초점을 맞추는 것이 우리에게 처음 비추듯이 그렇게 근시안적이지 않 수 있다(Thompson, 1999; Kymlicka, 장동진 외역, 2008, 437에서 재인용)

새로운 환경, 즉 지구화시대에 살고 있는 우리는 어떤 사회적 존재로서의 아이덴티티를 갖는가? 지구화와 더불어 오늘날 개인들은 자신의 개별성을 잃지 않은 채 한 국가의 일원으로서 뿐만 아니라 지구촌이 한 시민으로서의 의식도 강하게 느끼고 있다. 그런 점에서 근대 국민국가의 국민관을 넘어서 지구화 시대의 시민과 시민권의 문제를 다시 검토해 볼 필요가 있다 (이동수, 2005, 7)

무페는 공동체주의적 입장은 근대 민주주의를 발명해 낸 자유주의의 근본적인 공헌을 인정하지 않고 다시금 전근대적인 정치세계로 돌아가자는 주장으로서 위험한 발상이라고 본다(Mouffe, 1993, 62; 이동수, 2005, 10 재인용). 공동체주의가 주장하는 시민공화주의는 공동체를 강조하고 정치참여의 가치를 높이 평가한다. 하지만 이것이 개인의 자유와 어떻게 병립할 수 있는가하는 문제를 새로이 발생시킨다(이동수, 2005, 8-10).

무페는 공동체주의자들이 주장하는 공공선을 개인이 자유와 양립가능하게 만들어야 한다고 믿는다. 즉, 공공선의 중요성을 강조하기는 하되 그 공공선의 내용과 실체를 비워둠으로써, 개인들이 공통의 선을 함께 추구해야한다는 짐을 벗게 하고 자신의 자유를 향유할 있도록 해야 한다. 요컨대 민주적 사회가 되려면 공공선을 지향하되 그 공공선의 내용을 비워두는 이중성이 필요하다는 것이다. 무페는 자유주의가 지나치게 개인의 자유를 강조하는 반면, 공동체주의는 이에 대한 반작용으로 경직된 공동선의 추구를 주장함으로써 민주사회의 시민관을 형성하기에 적절하지 않다고 주장한다(이동수, 2005, 11).

무페의 논의는 현대사회 시민과 시민권의 특징, 즉 우리는 일국의 시민일 뿐만 아니라 세계시민으로서 살아가고 있으며, 이러한 세계시민의 시민권은 자신의 배타적인 자격과 권리로서만 이해되는 것이 아니라 세계를 구성하고 세계에 참여하는 능동적인 행위자로서의 행위능력으로 간주된다는 점을 인식하는 데 도움을 준다는 것은 부인할 수 없는 일이다(이동수, 2005, 20).

히터(Heater, 1990, 322-326)는 현대의 시민성이 다중시민성인 이유를 다음과 같이 네 가지로 정당화한다. 첫째 심리적인 정당화가 가능하다. 인간의 심리적인 능력은 다양한 정체성을 소화해 낼 수 있으며 개인의 상황적 맥락에 따라 다양한 정체성을 적용할 수 있다는 것이다. 교통과 통신의 발달로 국가적 정체성이 정립되면서 지방적 정체성이 낡은 것으로 받아들여졌듯이 오늘날에도 세계 시민적 정체성이 형성되면서 국가적 정체성은 점차 빛이 바래져 가고 있다는 것이다. 둘째 실제적 경험적 근거에서 정당화할 수 있다. 국가가 비록 시민들의 복지를 위하여 필요한 것이긴 하지만 항상 국가와의 동일시가 개인의 최선의 이익에 부합되는 것은 아니다. 자신이 살고 있는 지방이나 인류 전체와 동일시하는 것이 더 이익일 수 있을 때에는 이를 선택하는 것이 현명하다. 셋째, 다중시민성은 도덕 발달의 문제와 결부되어 정당화가 가능하다. 다양한 정체성을 수행할 수 없는 사람은 도덕적으로 성숙하지 못하다는 명제가 이와 연관이 있는 것이다. 넷째, 국가는 개인의 사생활에 전체적으로 관여할 도덕적 권리가 없기 때문에 국가 시민으로서의 개인의 정체성은 전체의 일부에 불과하다는 것이다. 게다가 국가가 정치적 실체가 아니라 공동체들의 집합에 불과하다고 한다면, 국가뿐만 아니라 이런 공동체적 정체성이 부정될 이유가 없는 것이다. 이런 이유로 히터는 현대의 시민성이 다중 정체성을 가지게 됨을 정당화 한다.

그런데 다중시민성에 있어서 상이한 수준의 시민성들이 서로 상충될 때 개인은 어떻게 해야 하느냐가 과제로 제기된다. 우리는 대체로 상황적 맥락에 따라 그에 적합한 시민성이나 정체성에 따라 행동하게 될 것이다. 다중 시민성의 정당화에 따를 때, 성숙한 인격의 소유자라면 이런 다중 시민성의 정당화에 어려움이 없을 것이다. 그러나 오늘날의 세계화 시대에는 다중시민성이라는 것 자체가 개별 시민에게 상이한 수준의 시민성을 조화시킬 것을 어려운 과제로 요구하는 것이다. “진정으로 훌륭한 시민만이, 이런 다중시민성에 대한 감각을 분명히 가지고 상이한 수준에서 요구되는 정책이나 목표들을 가능한 최대한 조화시키려고 노력한다.”(Heater, 1990, 326 ; 노찬옥, 2001, 97 재인용)

히터는 이런 딜레마를 해결하는 하나의 원리로 ‘지방성의 원리(the principle of subsidiarity)’를 제시하기도 한다(Heater, 1990, 325). 이것은 중앙정부와 지방정부의 관계에 있어서 지방 사람들의 생활에 직접 영향을 주는 사안들은 지방정부가 자치적으로 해결하는 것이 바람직하듯이 세계시민성과 국가 시민성의 관계도 그러하여야 한다는 것이다. 그러나 결국은 이런 정체성 갈등 문제를 해결하는 것은 개인의 양심과 용기의 문제라고 한다(Briks, 1997, 125; 노찬옥, 2001, 97 재인용).

오늘날에도 우리 인류가 직면한 상당수의 문제들은 편협한 국가 이익 등의 추구로 인한 위기의 성격이 강하다. 그러므로 지금처럼 강력한 주권을 행사하는 상태에서 다중시민성의 정체성 갈등 문제를 해결하는 것에는 한계가 있다. 시민들의 집단적 노력을 통하여 우리가 속한 국가가 인류 전체의 번영을 위하여 봉사할 수 있도록 장기적으로 국가를 재편하는 노력이 있어야 이 문제는 근본적으로 해결 가능할 것이다. (노찬옥, 2001, 98)

세계시민성에서 강조되는 것은 반성과 참여이다. 세계시민성이란 어느 특정 국가나 집단의 관점에서 본 시민성일 수 없다. 그것은 진정한 반성을 방해하기 때문이다. 그러므로 초국가적, 초집단적 반성이 강조되어야 한다. 즉, 환경, 인권, 평화, 구제, 전쟁 등의 쟁점과 과려하여 특정 집단이나 지역, 국가의 입장을 잠시 떠나 인류 전체의 관점에서 접근하고 그것의 해결을 위해 적극적으로 참여하는 태도가 필요한 것이다. 이는 곧 특정한 이해관계를 초월하여 보편적인 가치를 추구하고 그것을 위해 행동하는 시민성을 가리킨다. 바로 이러한 시민성이 곧 세계화 시대에 적합한 세계시민성이라 할 수 있다.

세계시민성은 현대사회의 다원성, 복잡성, 상호의존성 증대로 인해 어느 한 개인이나 집단, 국가의 힘만으로는 해결할 수 없는 당면 문제를 합리적이고 민주적으로 해결하기 위해 그리고 더 나아가 인류 전체의 보편적 가치를 찾아내기 위해 요청되는 것이라 할 수 있을 것이다(설규주, 2001, 157).

5. 세계시민성의 필요와 확산 배경

하나의 공동체로서의 '세계'에 대한 인식은 다양한 사회경제적 사건들을 계기로 형성되었다. 인구급증, 환경오염, 국제 무력 충돌 같은 세계적 이슈의 부상은 상호의존성에 대한 자각을 확산시켰다. 세계화는 국가와 국가, 국가와 사회, 사회와 사회 간의 상호작용과 연관성의 심화를 수반한다. 한 국가의 문제, 혹은 한 개인의 일상은 더 이상 지역적 한계에 머무르지 않으며 이제 세계를 단위로 하는 총체적인 변화의 일부로 이해된다.

세계화의 도래는 시민성의 재검토라는 과제를 제시하고 있다. '세계'에 대한 인식이 이루어지기 전의 시민권은 '국가'라는 공동체 속에서 일정 권리와 의무를 부여받은 존재로서의 시민을 논의 대상으로 하였다. 그러나 세계화와 더불어 '세계'라는 새로운 공동체가 도래하였을 뿐만 아니라 기존 국민국가의 지위에 변화가 나타나고 있다. 그리하여 세계의 구성원으로서의 시민에 대한 논의뿐만 아니라 변화한 국가의 위상을 고려하여 시민의 지위와 자질을 검토해야 할 필요성이 대두되었다(차경수, 모경환, 2008, 436-437).

자유주의적 '국민 만들기'가 과거에는 민족적 차원에서 민주주의를 공고화하고 증진하는데 기여하여 왔지만, 우리가 지금 필요한 것은 보다 광범위한 전 지구적 관점의 민주시민권이다. 우리가 경제적 세계화, 공동의 환경문제 및 국제적 안전보장의 쟁점들을 대처하기 위해서는 국제기구들이 필요하다는 인식은 점차 증대되고 있다. 결과로, 우리는 전후시기에 있어 이러한 국제기구의 확산을 진정으로 목격하고 있다. 그렇지만 이러한 제도들은 민족에 기반을 둔 기존이 민주주의 이론들과는 잘 부합되지 않는다. 현재에는 이러한 초국가적 기구들은 주요한 '민주성의 결핍'을 노정하고 있으며, 시민들의 눈으로 본다면 공적 정당성이 별로 없는 것으로 비추어진다. 이들 국제기구들은 기본적으로 정부간 관계를 통하여 조직되며, 개별 시민들로부터 오는 직접적 개입은 거의 없다. 더욱이 이들 기구들은 임시방편적으로 발전이 되어 왔다. 각 기구는 특수한 필요에 반응하여 발전이 되어 우리가 원하는 초국가적 기구와 같은 종류에 관한 기초적 이론이나 모델이 없이 발전되었다. 즉, 이들 기구들이 어떻게 통치되고 이들 상호간이 어떻게 연결되고, 그리고 어떤 종류의 원칙들이 이들의 구조와 행위를 규제해야 되는가에 대한 기본적 이론이나 모델이 결여되어 있다. 간단히 말해, 우리의 삶에 영향력을 점점 더 미치는 초국가적 제도들의 수가 증가일로에 있긴 하지만, 우리는 초국가적 제도들에 관한 정치이론을 가지고 있지 않다(Kymlicka, 장동진 외역, 2008, 433-434).

토레스(Toress, 2002)는 국가의 위상이 변화하게 된 원인을 국제 시장의 도래와 국제적 인권에 대한 관심의 확산에서 찾고 있다. 무역자유화, 직접 투자의 확대, 다국적 기업의 활동 등은 국가의 시장 개입을 약화시켜, 결과적으로 국가의 주권 약화에 기여한다. 인권 역시 국가의 영향력을 약화시킨다. 세계화 시대의 인권은 국가라는 한정적인 권력 기구에 의해서가 아니라 인간의 존엄성이라는 보편성에 의해 정당화되며 보호된다. 일례로 특정 국가의 강제력 행상에 대해 인권을 근거로 해서 국가, 국제기구 혹은 시민단체 등이 개입하고 있다. 이렇듯 세계 시장의 확대와 인권 개념의 확산에 따른 주권국가의 위상 변화는 자연히 강제력을 독점하는 국가와의 관계 속에서 정의되던 '시민'에 대한 재 개념화를 요구하고 있다 (차경수, 모경환, 2008, 436-437).

세계적인 규모에서의 중앙집권국가, 즉 '세계국가'에 대한 기대는 실현되기 힘들뿐만 아니라 바람직하지도 않다. 그럼에도 불구하고 오늘날 세계시민에 대한 관심이 새삼스럽게 증가하고 있는 이유는 무엇일까? 그것은 흔히 '세계화'로 지칭되는 사회변동과정을 거치면서 지구적 수준에서 진행되고 있는 상호연결과 상호의존으로 인하여 여러 국가와 민족이 과거와 비교해 볼 때 유례가 없을 정도로 서로 밀접한 관계를 맺게 되었다는 사실, 그리고 여러 가지 지구촌문제의 해결과 취급을 위해서는 전통적인 국민국가 중심의 사고와 행위를 가지고는 더 이상 안 된다는 요청에서 찾을 수 있다(허영식, 2003, 35).

지구촌관리(global governance)를 강화하기 위하여, 그리고 지방→ 지역→ 국가 →세계 수준의 정치가 서로 유기적으로 연결된 다수준(多水準) 체제에서 지구촌문제를 효과적으로 해결하기 위해서는 반드시 세계시민의식이 수반되어야 한다. 세계시민의식이 생겨나려면 우선 지구적 수준의 상호의존과 세계위험사회의 도전(즉, 지구촌문제)을 고려할 때 이 지구상의 모든 사람이 서로 연결되어 있다는 점을 분명히 하고, 또한 정의와 연대의 정신을 가지고 세계사회의 생활관계를 구성할 수 있는 기회가 있다는 점을 분명히 해야 한다(Hauchler 외편, 2001, 20-21; 허영식 38 재인용).

6. 세계시민성 함양을 위한 지구사회 교육의 필요성

교통 · 통신의 발달에 따라 세계 여러 나라간의 정치 · 사회 · 경제 · 문화 관계가 더욱 긴밀해 지고 또 국제적으로 서로 관련되게 되었다. 이러한 지구화 시대에서 인류와 사회 환경이 종래의 국가 중심에서 지구 전체로 변화되어 사회, 경제, 과학, 기술, 생활, 문화 등 모든 분야에 걸쳐서 더욱 지구화가 진전되어 지구사회의 성립이 예측되고 있다. 이것은 앤더슨(Anderson, 1977, 5-19)이 지적한 대로 지구사회 조직(global society system)이 이미 출현되고 있으며, 이에 따라 인류 생존 조건이 근본적으로 변혁되고 있다는 것을 의미하고 있다.

지구사회에서는 세계시민으로서 국익보다도 지구 또는 인류 전체의 이익에 근거하여 문제를 해결할 수 있는 능력과 이를 위한 관련 지식의 습득, 문제 해결에 주체적, 적극적으로 참여하는 태도와 책임감의 육성이 요구되고 있는 것이다. 즉, 인류 전체와 지구 사회적 관점에서 직면하고 있는 환경, 개발, 평화, 인권 등의 문제들에 대응하고, 인류의 평화와 번영을 위하여 다양한 분야에서 적극적으로 공헌하는데 필요한 지구사회의 성원(지구 시민)으로서의 책임감과 창조적 사고력이 요청되고 있는 것이다.

세계 곳곳에서 일어나고 있는 생태계 파괴와 환경오염에 대해 국제적인 시민단체의 활동이 그 영향력을 확대하고 있는 현상은 이러한 요청에 따른 구체적인 행동의 한 모습이다. 이렇듯 지구사회의 출현으로 그 동안 한 국가나 지역 사회의 성원으로서 정체성을 갖고 있던 개인들에게, 직면하는 문제나 해결해야할 과제들에 대해 지구사회의 성원이라 입장도 고려하면서 의사 결정해야 한다는 인식이 필요하게 된 것이다. 이러한 배경에서 지구 시민적 자질의 육성을 목표로 하는 지구사회 교육의 필요성이 인식되어, 이에 능동적으로 대응하고 또 적응할 수 있는 인간 육성이 중요한 과제로 등장하여 지구사회 교육에 대한 관심이 높아가고 있다(이진석, 2004, 4-6).

1970년대 앤더슨(Anderson, 1979), 알저(Alger, 1974) 베커(Becker, 1979), 핸비(Hanvey, 1975)의 연구를 통해 지구 시대(global age)를 대비한 시민적 자질을 개념화함으로써 지구사회 교육의 도입과 전개에 크게 기여하였다(Merryfield, 2001, 179). 베커는 '지구 사회를 위한 교육(Education for A Global Society)'에서 인류의 지구 유성적(遊星的: planet) 존재를 강조하고, 과학의 발전으로 지연 환경과 인간 사회가 모두 급격히 변화하여 우리들의 태도, 습관, 제도가 시대에 뒤떨어져 학교에서 가르치는 것들의 대부분이 변화하는 현실 세계와 동떨어져 있다고 지적하고 있다. 또 그는 인류사가 지금 전(前) 지구시대로부터 지구시대로 이행하고 있고, 이에 따라 학교와 교육기관이 광범위하고 다원적으로 변화될 필요가 있는데, 이것이 새로운 교육철학을 요구하게 되어 교육의 지구화로의 노력을 촉진한다고 주장하고 있는 것이다(永井滋郎, 1985, 16).

1990년대부터 활발하게 전개된 국제 관련 기구의 회의에서 지구적 이슈-평화, 인권, 개발, 환경, 성 등은 분명해졌고 이러한 문제들의 상호 관련성은 널리 인식되게 되었다. 이에 따라 인류가 당면하고 있는 문제인 인구 증가, 환경 파괴 및 핵 확산 위협, 식량 자원의 부족 등은 어느 한 국가에서 해결해야 할 문제가 아니라 지구 사회 공동체 의식에 바탕을 둔 해결책이 필요하게 되었고, 이에 따라 현대를 살아가는 학생들에게 지구 사회의 시민으로서 필요한 지식 이해와 가치 및 태도 육성을 목표로 하는 지구사회 교육이 관심을 끌게 되었다. 그리하여 한 국가의 시민으로서 뿐 아니라 지구 시민으로 요구되는 새로운 자질에 대한 교육의 필요성이 증대되고, 종래의 민주 시민 교육으로부터 지구 시민 교육으로의 이행이 불가피하게 되고 있다(전숙자, 2002, 109). 이에 따라 학생들로 하여금 지구 사회의 변화에 올바로 대처하고 지구 사회가 직면하는 문제에 대처할 수 있는 능력과 태도의 육성이 새로운 중요 과제가 되고 있는 것이다. 지구화의 흐름 속에서 올바른 지구사회의 성원으로서 갖추어야 할 능력으로 차별과 편견을 극복한 인권 의식과 지구적 관점에서 본 역사 인식, 이문화 이해, 다원적인 가치의 인식, 지구사회를 구성하고 있는 여러 민족과 함께 살아가는 공동체 의식, 인류 전체의 문제(환경이나 에너지 부족 등)에 대한 합리적 해결 능력 등이 필요한 것이다(이진석, 2004, 9).

<탐구과제>

- 포크(Falk)는 세계 시민의 종류를 어떻게 범주화하고 있는가?
- 세계시민성의 개념을 둘러싼 공동체주의자와 세계시민주의자들의 입장에 대해 비교 설명해 보자.
- 히터(Heater)는 현대의 시민성이 다중시민성을 갖는 이유를 어떻게 정당화하고 있는가?
-새로운 환경, 즉 지구화시대에 살고 있는 우리는 어떤 사회적 존재로서의 아이덴티티를 갖는가? 또 필요한 자질이나 능력은 무엇일까?

〈참고문헌〉

Appiah,K. A,『세계시민주의』, 실천철학연구회 역, 서울: 바이북스, 2008.

Falk, R., “The Making of Global Citizenship”, in Steenbergen, Bart Van(ed.), The Condition of Citizenship, London: SAGE Publications, 1994.

Hauchler, I. et.al.(Hg), Globale Trends 2002, Frankfurt/M: Suhrkamp, 2001.

Hearter, D., Citizenship : The Civic Idea in World History, Politics and Education, London: Longman, 1990

Heater, D., World Citizenship and Government: Cosmopolitan Idea in the History of Western Political Thought, New York: ST. Martins's Press, 1996.

Heater, D. World Citizenship : Cosmopolitan Thinking and Its Opponents, London New York, continuum, 2002.

Kymlicka, W., 장동진 외역,『현대정치철학의 이해』, 파주: 동명사, 2008.

Margaret, S. B., “civic education in an age of globalization: challenge and adaptations”, 제 4회 민주시민교육 국제심포지움, 서울, 2008 (10. 15-16);---

Merryfield, M.M., “Moving the center of global education: from imperial world views that divided world to double consciousness, contrapuntal pedagogy, hybridity, and cross-cultural competence”, In W. B. Stanley, (Ed.), Critical Issue in Social Studies Research for the 21st Century ; 179-207, 2001.

Nussbaum, M., Patriotism and Cosmopolitanism, Boston Review,19 (October/ November 1994).

Nuaabum, M., Cultibvating Humanity: A Classical Defense of Reform in Liberal Education, Cambridge, MA: Havard University Press,1997.

Toress, C.A., “Globalization, education, and citizenship: Solidarity versus markets?” American Educational Research Journal, Vol.39, No.2; 363-378, 2002.

김지현 · 손철성, “세계시민주의, 공동체주의, 자유주의”, 『시대와 철학』, 2009, 제 20권 2호; 93-126.

노찬옥, “세계 시민교육에 대한 시안적 연구-세계 시민의 위상과 세계 시민 교육의 방향 탐색-”, 『시민교육연구』 제 33집(2001년 9월); 89-108

노찬옥, “다원주의 사회에서의 세계 시민성과 시민 교육적 함의에 관한 연구”, 2003, 서울대학교 대학원 박사학위 논문.

데릭 히터, 김해성 역, 『시민교육의 역사』, 2007, 한울

설규주, “탈국가적 시민성의 대두와 시민교육의 새로운 방향”, 『시민교육연구』, 제 32집, 2001; 151-178.

손철성, “자유주의와 공동체주의의 주요 논쟁점에 대한 검토”, 『동서사상』, 제 3집, 경북대 동서사상연구소, 2007.

이동수, “지구화 시대 시민과 시민권”, 『한국정치학회보』 제 42집 제 2호, 2005,; 5-23.

이병천 · 홍윤기, 『다중적 시민정치와 시민국가의 전망』, 2004.

이진석, “사회과에서 지구사회 교육의 함의”, 『사회과 교육의 이론과 실제』 제1집, 1호, 2004.2; 5-25.

장미경, “시민권개념의 의미확장과 변화: 자유주의적 시민권 개념을 넘어서”, 『한국사회학』, 제 35집 6호(2001년); 59-77.

전숙자, 『사회과 교육의 새로운 이해』, 서울: 교육과학사, 2001.

차경수・모경환, 사회과교육, 서울; 동문사, 2008.

허영식, "세계시민의 개념에 관한 시론: 세계시민교육의 이론적 기초", 『한국민주시민교육학회보』, 2003.

허영식, "세계화 시대의 시민교육", 제 4회 민주시민교육 국제심포지움, 서울, 2008(10.15-16);---

永井滋郎. "21世紀社會科のビゾョン" (伊東亮三 編, 『社會科教育の 21世紀』,明治圖書), 1985.

찾아 보기

ㄱ

ㅂ

ㅅ

ㅇ

ㅈ

ㅊ

ㅋ

ㅌ

국제사회의 이해

초판 1쇄 인쇄　2011년 2월 25일
3판 1쇄 발행　2018년 2월 28일

편　자　사범대학 국제이해교육연구팀

펴낸이　전 호 환
펴낸곳　부산대학교 출판부
주소 - 부산광역시 금정구 부산대학로 63번길 2
전화 - (051) 510 - 1932, 1933, 1935
전송 - (051) 512 - 7812
등록 - 제카 11-2 1992. 9. 10.

값 15,000원

ISBN 978 - 89 - 7316 - 581 - 0　03300

「이 도서의 국립중앙도서관 출판예정도서목록(CIP)은
서지정보유통지원시스템 홈페이지(http://seoji.nl.go.kr)와
국가자료공동목록시스템(http://www.nl.go.kr/kolisnet)에서 이용하실 수 있습니다.
(CIP제어번호: CIP2018006270)」